# CAMINHOS DIVERGENTES

# Judith Butler

## CAMINHOS DIVERGENTES

### Judaicidade e crítica do sionismo

Tradução: Rogério Bettoni

© Boitempo, 2017
© Columbia University Press, 2012

Esta edição brasileira é a tradução integral da edição americana, especialmente autorizada pela editora original, Columbia University Press.

Título original: *Parting Ways. Jewishness and the Critique of Zionism*

| | |
|---|---|
| *Direção editorial* | Ivana Jinkings |
| *Edição* | Isabella Marcatti |
| *Assistência editorial* | Thaisa Burani e Camila Nakazone |
| *Tradução* | Rogério Bettoni |
| *Preparação* | André Albert |
| *Revisão* | Clara Altenfelder |
| *Coordenação de produção* | Livia Campos |
| *Capa* | Studio DelRey |
| | sobre foto de capa *A Palestinian boy and a Israeli soldier in front of the Israeli West Bank Barrier*, de Justin McIntosh, 2004 (CC 2.0), e foto de quarta capa *Aerial view of Makhtesh Ramon, in the Negev Desert, Israel*, de Andrew Shiva, 2013 (CC 4.0) |
| *Diagramação* | Crayon Editorial |

*Equipe de apoio*
Allan Jones, Ana Yumi Kajiki, Artur Renzo, Bibiana Leme, Eduardo Marques, Elaine Ramos, Ivam Oliveira, Kim Doria, Marlene Baptista, Maurício Barbosa, Renato Soares, Thaís Barros, Tulio Candiotto

CIP-BRASIL. CATALOGAÇÃO NA PUBLICAÇÃO
SINDICATO NACIONAL DOS EDITORES DE LIVROS, RJ

B992c

Butler, Judith, 1956-
    Caminhos divergentes : judaicidade e crítica do sionismo / Judith Butler ; tradução Rogério Bettoni. - 1. ed. - São Paulo : Boitempo, 2017.

    Tradução de: Parting ways. Jewishness and the critique of Zionism
    Inclui índice
    ISBN: 978-85-7559-535-0

    1. Judeus - Identidade - História. 2. Judeus - Identidade - Historiografia. 3. Judaísmo - História. 4. Judeus - História. I. Bettoni, Rogério. II. Título.

16-38476                                      CDD: 305.8924
                                                   CDU: 316.347(=411.16)

É vedada a reprodução de qualquer parte deste livro sem a expressa autorização da editora.

1ª edição: fevereiro de 2017; 1ª reimpressão: setembro de 2021

BOITEMPO
Jinkings Editores Associados Ltda.
Rua Pereira Leite, 373
05442-000 São Paulo SP
Tel.: (11) 3875-7250 / 3875-7285
editor@boitempoeditorial.com.br
boitempoeditorial.com.br | blogdaboitempo.com.br
facebook.com/boitempo | twitter.com/editoraboitempo
youtube.com/tvboitempo | instagram.com/boitempo

# Sumário

Agradecimentos ..................................................................7

Abreviações ......................................................................9

Introdução ......................................................................11

1 Tarefa impossível e necessária ..................................37

2 Incapaz de matar ........................................................61

3 Walter Benjamin e a crítica da violência ...................75

4 Lampejos ...................................................................103

5 O judaísmo é sionismo? ...........................................119

6 Dilemas do plural ....................................................155

7 Para pensar o presente, Primo Levi ........................183

8 "O que faremos sem o exílio?" ................................207

Índice remissivo ............................................................227

Sobre a autora ...............................................................237

# Agradecimentos

Finalizei o original desta obra graças a bolsas concedidas pelo American Council of Learned Societies, pela Fundação Ford, pela Humanities Research Fellowship da Universidade da Califórnia em Berkeley e pelo Mellon Foundation's Award for Distinguished Scholarship in the Humanities. Aproveitei ao máximo algumas conversas com diversos colegas, muitos dos quais leram ou ouviram versões dos capítulos durante os vários anos em que este texto foi tomando forma. Minhas ideias nem sempre correspondiam às deles, mas as ideias deles me foram importantes enquanto escrevi, e fiz o melhor que pude para me envolver com elas. Entre esses colegas, estão Jacqueline Rose, Amnon Raz-Krakotzkin, Samera Esmeir, Michel Feher, Étienne Balibar, Idith Zertal, Saba Mahmood, Joan W. Scott, Wendy Brown, Anat Matar e Amy Hollywood. Agradeço a meus alunos da European Graduate School e da Universidade da Califórnia em Berkeley por promoverem nos seminários a discussão do meu trabalho sobre Hannah Arendt e Walter Benjamin. Também aprendi com alunos e corpo docente da Faculdade Birkbeck, da Universidade de Birzeit, da Universidade de Paris VII, da Universidade de Nova York, da Faculdade Dartmouth, da Faculdade Pomona e da Universidade Columbia, onde apresentei partes desta obra, e em conversas com Omar Barghouti, Joëlle Marelli, Tal Dor, Manal Al Tamimi, Beshara Doumani, Mandy Merck, Lynne Segal, Udi Aloni, Leticia Sabsay, Kim Sang Ong-Van-Cung, Alexander Chasin e Frances Bartkowski. Agradeço a Amy Jamgochian, Colleen Pearl e Damon Young pela assistência indispensável que me deram com o original. E agradeço imensamente a Susan Pensak e Wendy Lochner, da Columbia University Press, por levarem a cabo a edição deste texto, mesmo quando eu relutava.

Embora alguns dos capítulos já tenham aparecido em outras publicações, todos foram retrabalhados para este livro. Tanto a introdução quanto o capítulo 1 se baseiam em duas fontes: no artigo "Jews and the Binational Vision", em *Logos*, v. 3, n. 1 (2004), depois de ser apresentado na Second International Conference on an End to Occupation, a Just Peace in Israel-Palestine: Towards an Active International Network in East Jerusalem, em 4 e 5 de janeiro de 2004, e "The Impossible Demand: Lévinas and Said", em *Mitaam*, n. 10 (2007), apresentado durante a Edward Said Memorial Lecture na Universidade Princeton, em 2006. O capítulo 2 é baseado em um ensaio mais curto publicado como "Être en relation avec autrui face à face, c'est ne pas pouvoir tuer", em Bruno Clément e Danielle

Cohen-Lévinas (orgs.), *Emmanuel Lévinas et les territoires de la pensée* (Paris, Presses Universitaires de France, 2007, coleção Epimethée). O capítulo 3 é uma versão revisada de "Critique, Coercion, and the Sacred Life in Benjamin's 'Critique of Violence'", publicado antes em Hent de Vries e Lawrence E. Sullivan (orgs.), *Political Theologies: Public Religions in a Post-Secular World* (Nova York, Fordham University Press, 2006). O capítulo 5 reformula argumentos sobre Hannah Arendt que apresentei numa resenha dos *Escritos judaicos* de Hannah Arendt chamada "'I merely belong to them", publicada na *London Review of Books*, v. 29, n. 9 (10 maio 2007), p. 26-30, incorporando uma parte significativa dos argumentos que desenvolvi em "Is Judaism Zionism?", publicado em volume coescrito com Cornel West, Jürgen Habermas e Charles Taylor, *The Power of Religion in the Public Sphere* (org. Jonathan van Antwerpen e Eduardo Mendietta, Nova York, Columbia University Press, 2011). O capítulo 7 é uma versão revisada de "Primo Levi for the Present", publicado antes em Frank Ankersmit, Ewa Domańska e Hans Kellner (orgs.), *Re-figuring Hayden White* (Stanford, Stanford University Press, 2008). O capítulo 8 foi apresentado como conferência na Edward Said Memorial Lecture, na Universidade Estado-Unidense do Cairo em novembro de 2010 e também foi publicado em *ALIF: Journal of Comparative Poetics*, v. 32 (2012).

# Abreviações

| | |
|---|---|
| AE | Lévinas, *Autrement qu'être* [Outramente que ser] |
| CV | Benjamin, "Para uma crítica da violência" |
| DF | Lévinas, *Difficult Freedom* [Difícil liberdade] |
| AS | Levi, *Os afogados e os sobreviventes* |
| EJ | Arendt, *Eichmann em Jerusalém* |
| EN | Lévinas, *Entre nós* |
| EN-F | Lévinas, *Entre nous* [Entre nós – edição francesa] |
| FNE | Said, *Freud e os não europeus* |
| FR | White, "Figural Realism in Witness Literature" [Realismo figurativo na literatura de testemunho] |
| IH | Zertal, *Israel's Holocaust and the Politics of Nationhood* [O Holocausto israelense e a política da nacionalidade] |
| JW | Arendt, *Jewish Writings* [Escritos judaicos] |
| NTR | Lévinas, *New Talmudic Readings* [Novas interpretações talmúdicas] |
| OT | Arendt, *Origens do totalitarismo* |
| PP | Lévinas, "Peace and Proximity" [Paz e proximidade – edição inglesa] |
| PP-F | Lévinas, "Paix et proximité" [Paz e proximidade – edição francesa] |
| FT | Benjamin, "Fragmento teológico-político" |
| CH | Benjamin, "Sobre o conceito de história" |

# Introdução

## Afastamento de si, exílio e a crítica do sionismo

Talvez, em um sentido formal, todo livro comece pela consideração de sua própria impossibilidade, mas a conclusão deste livro me exigiu trabalhar com essa impossibilidade sem uma resolução clara. Mesmo assim, precisei sustentar dentro da escrita uma parte dessa impossibilidade, ainda que esta ameace continuamente impedir a realização daquela. O que começou como um livro que buscava desmascarar a afirmação de que toda e qualquer crítica ao Estado de Israel é de fato antissemita se tornou uma reflexão sobre a necessidade de demorar-se no impossível. Tentarei esclarecer isso no que se segue, mas deixem-me declarar agora, desde o início, o risco dessa empreitada. Se eu conseguir mostrar que existem recursos judaicos para a crítica da violência de Estado, da subjugação colonial das populações, da expulsão e da despossessão, terei conseguido mostrar que uma crítica judaica da violência de Estado israelense é, pelo menos, possível – e talvez até eticamente obrigatória. Se eu mostrar, além disso, que alguns valores judaicos de coabitação com os não judeus são parte da própria substância ética da judaicidade diaspórica, será possível concluir que os compromissos com a igualdade social e a justiça social têm sido parte fundamental das tradições judaicas seculares, socialistas e religiosas. Embora isso não devesse surpreender, tornou-se necessário reiterar esse argumento diante de um discurso público segundo o qual toda crítica à ocupação israelense, às desigualdades internas de Israel, aos confiscos de terra e aos bombardeios violentos de populações aprisionadas (como os que vimos na Operação Chumbo Fundido) – na verdade, a quaisquer objeções aos requisitos de cidadania naquele país – é antissemita ou antijudaica, não está a serviço do povo judeu, tampouco de acordo com o que poderíamos denominar, de modo geral, valores judaicos. Em outras palavras, seria de fato uma ironia dolorosa se a luta judaica pela justiça social fosse moldada como antijudaica.

Digamos que eu consiga mostrar que existem tradições judaicas não apenas genuínas, mas também imperativas, que se opõem à violência do Estado e a modos coloniais de expulsão e confinamento. Assim, consigo afirmar uma judaicidade diferente daquela em cujo nome o Estado de Israel alega falar. E ajudo a mostrar que não há apenas diferenças significativas em meio aos judeus – seculares, religiosas, constituídas historicamente –, mas também lutas ativas, dentro da comunidade, sobre o significado de justiça, igualdade, e a crítica da violência de Estado e da subjugação colonial. Na verdade, se a argumentação parasse aqui e se mostrasse persuasiva, ela estabeleceria que certamente não é antijudaico ou contrajudaico oferecer uma crítica das formas de violência de Estado instituídas e mantidas pelo sionismo político (dentre as quais as despossessões em massa dos palestinos em 1948, a apropriação de terras em 1967 e os recorrentes confiscos de terras palestinas, que prosseguem hoje com a construção do muro e a expansão dos assentamentos). Isso em si já é importante, uma vez que Israel alega representar o povo judeu e a opinião popular tende a dar como certo que os judeus "apoiam" Israel, sem levar em conta as tradições judaicas de antissionismo e a presença de judeus em coalizões que se opõem à subjugação colonial dos palestinos por Israel.

No entanto, se eu for bem-sucedida com esses argumentos, terei de enfrentar imediatamente outro problema. Ao alegar que existe uma tradição judaica significativa que afirma modos de justiça e igualdade que inevitavelmente levariam a uma crítica do Estado de Israel, eu estabeleço uma perspectiva judaica não sionista, até mesmo antissionista. Com isso, corro o risco de transformar até mesmo a resistência ao sionismo em um valor "judaico", reafirmando assim, indiretamente, os recursos éticos excepcionais da judaicidade. Mas, para que a crítica do sionismo seja efetiva e substancial, essa afirmação de excepcionalidade haverá de ser recusada em nome de valores democráticos mais fundamentais. Por mais importante que seja estabelecer oposições judaicas ao sionismo, isso não pode ser feito sem um movimento crítico que questione a suficiência de um quadro de referência judaico – por mais alternativo e progressista que possa ser – como horizonte definidor do campo ético. A oposição ao sionismo requer o afastamento da judaicidade como referência de exclusão para pensar tanto a ética quanto a política.

Qualquer maneira legítima de pensar numa ordem política\* para a região teria de surgir das tradições éticas e políticas rivais que ali permeiam a conduta, o pensamento, os modos de pertença e o antagonismo. Em outras palavras, embora seja certamente possível dizer que há fundamentos judaicos para uma crítica da violência de Estado, uma crítica com o dever legítimo de se estender ao próprio Estado de Israel, esse continua sendo um tipo de argumento parcial para a atualidade, ainda que importante. Se os princípios de igualdade e justiça que orientam o movimento contra o sionismo político derivassem exclusivamente dessas fontes, eles provariam, de imediato, ser insuficientes, e mesmo contraditórios. Na verdade, até a crítica do sionismo, se exclusivamente judaica, amplia a hegemonia judaica para pensar sobre a região e se torna, apesar de si mesma, parte do que poderíamos chamar de efeito sionista. Certamente, qualquer esforço que expanda a hegemonia judaica na região faz parte do efeito sionista, quer se reconheça como sionista ou antissionista, quer não. Será que existe uma maneira de contornar esse enigma, se quisermos contestar a pretensão israelense de representar os judeus e a judaicidade, bem como cortar a conexão que tantos fazem hoje do Estado de Israel com o povo judeu, e, na verdade, com os valores judaicos?

Eu continuo me surpreendendo com o fato de que muitas pessoas acreditam que afirmar a judaicidade é afirmar o sionismo ou que toda pessoa que frequenta uma

---

\* A pedido da autora, o termo "polity" foi traduzido por "ordem política" no decorrer de toda a obra. (N. T.)

sinagoga é necessariamente sionista. Igualmente preocupante é a quantidade de pessoas que acham que agora devem renegar a judaicidade porque não aceitam as políticas do Estado de Israel. Se o sionismo continuar controlando o significado da judaicidade, serão então impossíveis uma crítica judaica de Israel e um reconhecimento daquelas pessoas de formação ou origem judaica que põem em questão o direito do Estado de Israel de falar pelos valores judaicos ou, de fato, pelo povo judeu. Embora decerto seja possível derivar determinados princípios de igualdade, justiça e coabitação a partir dos recursos judaicos, interpretados de maneira ampla, como se pode fazê-lo sem transformar esses mesmos valores em valores judaicos, e assim apagar ou menosprezar outros modos de avaliação que pertencem a outras tradições e práticas religiosas e culturais?

Talvez uma das saídas possíveis seja considerar o que significa derivar esses princípios a partir de recursos judaicos. A ideia de derivação implica uma consequente ambiguidade: se esses princípios têm fontes judaicas, será que continuam sendo exclusivamente judaicos uma vez que se desenvolvem e assumem novas formas históricas, ou será que, até certo ponto, se afastam desse quadro de referências exclusivo? Na verdade, poderíamos perguntar, de maneira mais geral, se os princípios de justiça e igualdade que estão em jogo em qualquer crítica ao Estado de Israel, ou a outros Estados que cometem formas semelhantes de injustiça, sempre derivam parcialmente desses vários recursos culturais e históricos específicos e, apesar disso, não "pertencem" exclusivamente a nenhum deles. Podemos incluir entre esses recursos a tradição grega clássica, o Esclarecimento francês e as lutas de descolonização do século XX. Nesses casos, como em outros, seria possível dizer que tais princípios derivam de recursos culturais específicos, mas isso não significa que pertençam exclusivamente à tradição de que derivam. Com efeito, para que um conceito de justiça derive de uma tradição específica, ele precisa de algum modo se afastar dessa tradição, demonstrar sua aplicabilidade fora dela. Nesse sentido, afastar-se da tradição é uma precondição de qualquer tradição que produza princípios políticos fortes. O dilema, então, é claro: se a crítica da violência de Estado se basear em princípios ou valores que são final, exclusiva ou fundamentalmente judaicos, entendidos de forma variável e ampla como um conjunto de tradições religiosas, seculares ou históricas, então a judaicidade se tornará um recurso cultural privilegiado, e o único enquadramento, ou o privilegiado, para se pensar a crítica da violência de Estado continuará sendo o judaico. Mas quando alguém realiza essa crítica porque se opõe aos princípios de soberania judaica que governam aquela região, a Palestina histórica, porque é a favor de uma ordem política que colocaria um fim à subjugação colonial na Cisjordânia e em Gaza, e porque reconhece os direitos de mais de 750 mil palestinos desalojados à força de suas casas e terras em 1948 – e pelas formas subsequentes e recorrentes de confisco de terras –, estará então defendendo uma ordem política que se aplicaria, de maneira igualitária e justa, a todos os habitantes daquela terra. Desse modo, não faria nenhum sentido dizer que os parâmetros judaicos podem formar a base de uma coabitação política ou, de fato, de um binacionalismo, uma vez que tudo se resume a desenvolver uma ordem política que não só abrigaria múltiplos quadros de referência, mas também se comprometeria com um binacionalismo que só se tornará plenamente concebível quando o domínio colonial chegar ao fim. Em vez de apresentar um multiculturalismo fácil, minha proposta é que a vasta e violenta estrutura hegemônica do sionismo político ceda seu controle sobre aquelas terras e populações e que se constitua então uma nova ordem política que pressuponha o fim do colonialismo de povoamento e implique modos complexos e antagônicos de viver junto, um aprimoramento das formas ignóbeis de binacionalismo já existentes.

Então, embora seja preciso contestar o controle hegemônico que o sionismo exerce sobre a judaicidade, é igualmente necessário contestar a subjugação colonial que o sionismo tem exercido sobre o povo palestino. Na verdade, não nos preocuparíamos com o primeiro movimento hegemônico (judeu = sionista) se não nos preocupássemos primeiramente com o fim da história de subjugação. Como se movimentar nas duas frentes ao mesmo tempo?

## Derivar um conjunto de princípios

Pensemos primeiro no que significa derivar um conjunto de princípios a partir de uma tradição cultural, e depois passemos para as questões políticas mais amplas. Como afirmei, dizer que os princípios são "derivados" dos recursos judaicos suscita a seguinte questão: esses princípios continuam sendo judaicos quando desenvolvidos em uma situação contemporânea, assumindo novas formas históricas? Ou são princípios que podem e devem ser, e sempre foram, derivados de vários recursos culturais e históricos, e por isso não "pertencem" exclusivamente a nenhum deles? Será que, na verdade, a possibilidade de generalizar os princípios em questão depende fundamentalmente de que, no fundo, eles não pertençam a nenhum local ou tradição cultural da qual possam ter surgido? Será que essa não pertença, esse exílio, ajuda a constituir a possibilidade de generalizar e transpor os princípios de justiça e igualdade?

Se tais princípios são derivados de fontes judaicas, há quem possa concluir que eles são original, fundamental e até mesmo finalmente valores judaicos. Isso resulta daquele argumento de que é preciso olhar para o conjunto de tradições religiosas, seculares ou históricas para compreender esses valores; nesse ponto, a judaicidade se torna um recurso cultural privilegiado, e o quadro de referência judaico continua sendo o único, ou pelo menos o privilegiado, para se pensar o problema da coabitação, e até mesmo do binacionalismo. Desse modo, não conseguimos nos afastar do quadro cultural exclusivo da judaicidade. E isso tem conclusões especialmente contraditórias e inaceitáveis se estivermos tentando pensar a respeito da igualdade e da justiça em Israel e na Palestina.

Embora tal conclusão seja inaceitável, parece não haver uma maneira fácil de contornar esse paradoxo. Um ponto, no entanto, já parece claro: igualdade, justiça, coabitação e crítica da violência de Estado só podem continuar sendo valores judaicos se *não* forem exclusivamente valores judaicos. Isso quer dizer que a articulação desses valores deve negar a primazia e a exclusividade do quadro de referência judaico, deve passar por sua própria dispersão. Na verdade, como espero demonstrar, essa dispersão é uma condição de possibilidade para pensar a justiça, e seria bom lembrarmos dessa condição no tempo presente. Alguém poderia dizer: "Ah, a dispersão –

um valor judaico! Derivado da difusão messiânica e de outras figuras teológicas para a diáspora! Você tenta se afastar da judaicidade, mas não consegue!". Se, no entanto, a questão da relação ética com os não judeus se tornou definidora daquilo que o campo judaico *é*, não podemos capturar ou consolidar o que é o judaico nessa relação. A relacionalidade desloca a ontologia, e isso também é uma coisa boa. A questão é não estabilizar a ontologia dos judeus ou da judaicidade, e sim entender as implicações éticas e políticas de uma relação com a alteridade que é irreversível e definidora, sem a qual não podemos dar sentido a termos tão fundamentais quanto *igualdade* ou *justiça*. Essa relação, que certamente não é singular, será a passagem obrigatória para além da identidade e da nação como quadros de referência definidores. Ela estabelece a relação com a alteridade como constitutiva de identidade, o que equivale a dizer que a relação com a alteridade *interrompe* a identidade, e essa interrupção é a condição da relacionalidade ética. Essa noção é judaica? Sim e não.

É claro, a réplica a tal posição costuma ser de que os judeus não podem sobreviver na dispersão, que o que ofereci como uma abordagem judaica/não judaica à ética colocaria os judeus em perigo. Mas o afastamento ético de si não é a mesma coisa que a aniquilação de si, nem o mesmo que correr o risco de aniquilação. Esse argumento pode ser combatido de diversas maneiras. Primeiro, nada nos faz correr mais risco de agressão do que instituir, por meios violentos, modos de subjugação colonial que negam à população subjugada direitos básicos de autodeterminação. Segundo, à parte as provas substanciais de que a dispersão foi de fato o modo de sobrevivência dos judeus[1], a ideia de que a dispersão é uma ameaça aos judeus que deve ser superada costuma se basear na noção de que a "dispersão" é uma forma de exílio da terra natal (uma condição de *galut* que só pode ser revertida pelo "retorno" à pátria)[2]. Se a dispersão é pensada não só como situação geográfica, mas também como modalidade ética, então ela é justamente o princípio que deve ser entendido por Israel/Palestina, que deve ser "posto ali na terra" a fim de fundamentar uma ordem política em que nenhuma religião ou nacionalidade reivindique soberania sobre a outra – um regime em que, na verdade, a própria soberania seja dispersa. Desenvolverei esse argumento posteriormente; por ora, notemos apenas que essa foi uma das aspirações políticas mais importantes de Edward Said nos últimos anos de sua vida.

Talvez pareça um paradoxo estabelecer a alteridade ou a "interrupção" no cerne das relações éticas. Mas, para chegar a saber disso, primeiro devemos considerar o que tais termos significam. Alguém poderia defender que a característica distintiva da identidade judaica seja o fato de ela ser interrompida pela alteridade, o fato de que a relação com os gentios define não apenas sua situação diaspórica, mas também uma de suas relações éticas mais fundamentais. Embora tal afirmação possa muito bem ser verdadeira (o que significa que ela pertenceria a um conjunto de afirmações verdadeiras), ela conserva a *alteridade* como um predicado de um

---

[1] Daniel Boyarin e Jonathan Boyarin, *Powers of Diaspora: Two Essays on the Relevance of Jewish Culture* (Minneapolis, University of Minnesota Press, 2002).
[2] Aqui e alhures tenho uma dívida profunda para com a obra filosófica e histórica de Amnon Raz-Krakotzkin, incluindo *Exil et souveraineté: Judaïsme, sionisme et pensée binationale* (Paris, La Fabrique, 2007).

sujeito prévio. A relação com a alteridade torna-se um predicado de "ser judeu". Outra coisa seria entender essa mesma relação como um desafio à ideia de "judeu" como um tipo estático de ser, um que é descrito adequadamente como sujeito. Se "ser" esse sujeito já é ter entrado em certo modo de relacionalidade, então o "ser" abre caminho para um "modo de relacionalidade" (sugerindo uma maneira de pensar Lévinas em relação com Winnicott). Tanto dizer que o ser deveria ser repensado como modo de relação quanto insistir que um modo de relação contesta a ontologia são, no fundo, coisas menos importantes do que a primazia da relacionalidade para pensar sobre esse problema. Além disso, a relacionalidade em jogo é do tipo que "interrompe" ou desafia o caráter unitário do sujeito, sua igualdade a si mesmo e sua univocidade. Em outras palavras, alguma coisa acontece com o "sujeito" que o desloca do centro do mundo; uma exigência de outro lugar reivindica a mim, exerce sua pressão sobre mim, ou mesmo me divide desde dentro, e é somente ao fissurar quem sou que tenho a chance de me relacionar com o outro. Seria apenas parcialmente certo dizer que essa é a formulação da "ética judaica" proposta neste texto. Ela é judaica/não judaica, e seu sentido consiste precisamente nessa disjunção conjuntiva. Entender essa perspectiva, que é necessariamente dupla, será importante para entender por que um quadro de referência diaspórico pode ser crucial para teorizar a coabitação e o binacionalismo, com a ressalva de que não há um "viver junto" factível em condições de subjugação colonial que não ratifique tal condição política. Como resultado, projetos de coexistência só podem começar com a desarticulação do sionismo político.

Essa visão da diáspora também ajuda a explicar por que faz sentido que perspectivas de "alhures" sejam aplicadas a assuntos regionais. O Estado de Israel se estabeleceu rechaçando as populações palestinas para alhures, e chega a ver os judeus de outros lugares como mal situados para entender as várias razões pelas quais, em nome da democracia, o domínio colonial deve continuar. O argumento de que ninguém de fora deveria julgar o que acontece lá busca restringir quaisquer debates que possam existir dentro do quadro nacionalista de Israel. Mas se olharmos lá "dentro", descobriremos que "alhures" já está dentro do regional, definindo-o essencialmente. Os palestinos estão tanto dentro quanto fora das fronteiras do Estado estabelecido; as próprias fronteiras estabelecem uma relação duradoura com as terras e com os povos que elas excluem e monitoram. A relação é caracterizada pela despossessão violenta, pela vigilância e pelo controle máximo, por parte do Estado de Israel, dos direitos dos palestinos à mobilidade, à terra e à autodeterminação política. Portanto, a relação é consolidada nessas linhas, e totalmente ignóbil.

Quando dizemos que essa ideia de relacionalidade ética é "derivada" de fontes judaicas, surge um problema semelhante. Por um lado, trata-se de uma afirmação verdadeira (o que não quer dizer que essas sejam as únicas fontes de que deriva, tampouco que tais ideias não derivem de nenhuma outra fonte). Como deixa claro o debate entre Jürgen Habermas e Charles Taylor[3], faz diferença afirmar (a) que

---

[3] Jürgen Habermas e Charles Taylor, "Dialogue", em Jonathan van Antwerpen e Eduardo Mendietta (orgs.), *The Power of Religion in the Public Sphere* (Nova York, Columbia University Press, 2011).

certos valores derivam de fontes religiosas e depois se traduzem num domínio de racionalidade que, por fim, é considerado como não pertencente a nenhuma religião (Habermas), ou (b) que as razões religiosas que damos para agir do modo como agimos pertencem a certos idiomas e jamais podem ser totalmente extraídas daqueles campos discursivos (Taylor). Quer assumamos a primeira posição, quer a segunda, não deixa de ser necessário entrarmos no campo da tradução, uma vez que ou, de algum meio, o conteúdo secular tem de ser extraído do discurso religioso, ou o discurso religioso tem de se fazer comunicável além da comunidade de quem compartilha o idioma. Assim, mesmo que certo conceito seja "derivado de" recursos judaicos, ele precisa passar pela tradução para ser mais amplamente comunicável, e para que sua relevância se estabeleça fora de um quadro comunitário (seja religioso, seja nacional). As origens de uma prática, como afirma Nietzsche, "estão a mundos de distância" de seu uso e sentido finais – essa é uma contribuição importante de sua noção de genealogia[4]. Ainda assim, para que esse cruzamento de mundos seja possível, é necessário um processo de tradução cultural. Certa transposição da tradição acontece com o passar do tempo (de fato, tradições não podem prevalecer sem uma repetição institucionalizada dessas transposições). E isso significa não só que a tradição se estabelece ao se afastar de si mesma, repetidas vezes, mas também que um recurso só se torna "disponível" para propósitos éticos se primeiro passar pelo campo da tradução e da transponibilidade. Isso não implica uma tradução *do* discurso religioso *para* o secular (sendo o "secular" entendido como um discurso que transcendeu suas formulações religiosas), tampouco significa necessariamente que ele continua sendo imanente a seu próprio quadro comunitário. Em vez disso, significa que o que começa como um "recurso" no qual nos baseamos passa por uma série de mudanças durante o processo de nos baseamos nele. Com efeito, para que um discurso se torne incisivo ou esclarecedor no presente, ele precisa passar por certa trajetória temporal; um "recurso histórico" só afeta o presente e se torna aplicável ou renova sua efetividade depois de passar por uma série de deslocamentos e transposições. Essa trajetória temporal é, ao mesmo tempo, espacial, posto que o movimento de um *topos* para o outro não pode assumir uma base geográfica única, contínua e estável; o movimento remapeia a própria topografia, principalmente quando as questões relacionadas à terra se vinculam a afirmações históricas. O que dá legitimidade a uma tradição muitas vezes é aquilo que atua contra sua efetividade. Para ser efetiva, uma tradição deve ser capaz de se afastar das circunstâncias particulares históricas de sua legitimação e provar ser aplicável a novas ocasiões no tempo e no espaço. Em certo sentido, tais recursos só podem se tornar efetivos ao perder seus fundamentos em precedentes históricos ou textuais. Isso significa que somente "cedendo espaço" um recurso ético do passado pode prosperar em outro lugar e de uma forma nova, no meio de reivindicações éticas convergentes e conflitantes, como parte de um processo de tradução cultural que é também um remapeamento dos vínculos sociais ou mesmo do próprio espaço geográfico.

---

[4] Friedrich Nietzsche, *On the Genealogy of Morals* (Nova York, Vintage, 1989) [ed. bras. *Genealogia da moral: uma polêmica*, trad. Paulo César Lima de Souza, São Paulo, Companhia das Letras, 2009].

### Ética, política e a tarefa da tradução

Voltar-se para a tradução põe em risco dois tipos de problemas. Por um lado, seria possível considerar que a tradução é uma integração de significados religiosos em quadros seculares estabelecidos. Por outro, seria possível considerar que a tradução é uma tentativa de encontrar uma linguagem comum que transcenda os discursos particulares. Mas se a tradução for vista como uma cena em que os limites de uma dada episteme são expostos, e forçados a se rearticularem de maneiras que não encerrem de novo a alteridade, teremos então aberto um terreno que não presume a superioridade dos discursos seculares nem afirma a autossuficiência dos discursos religiosos particulares. Além disso, se aceitarmos que o secularismo se origina de fontes religiosas que nunca são totalmente superadas nesse processo, essa forma específica de polarizar a discussão não mais parecerá útil.

Meus esforços para pensar sobre o lugar da tradução no encontro ético derivam em parte dos recursos judaicos, mas também são adaptados e reformulados para a filosofia política. Desse modo, minha própria trajetória marca dois sentidos de afastamento: o primeiro toma a tradição judaica como um ponto de partida para meu próprio pensamento; o segundo é entendido como uma ruptura com um discurso comunitário que não tem como fornecer recursos suficientes para a vida em um mundo de pluralidade social ou o estabelecimento de uma base para a coabitação com a diferença religiosa e cultural.

Como tentativa de superar uma divisão marcada entre a ética e a política, os capítulos que se seguem buscam mostrar como é recorrente a sobreposição dessas duas esferas. Uma vez que a ética deixa de ser entendida exclusivamente como disposição ou ação fundamentada num sujeito predeterminado e passa a ser vista como prática relacional que responde a uma obrigação que se origina fora do sujeito, ela então contesta as noções soberanas do sujeito e as afirmações ontológicas da identidade pessoal. De fato, a ética passa a significar o ato pelo qual se estabelece um lugar para aqueles que são "não-eu", conduzindo-me além de uma reivindicação soberana, na direção de um desafio à si-mesmidade que eu recebo de alhures. A questão de como, se e por qual caminho "ceder" ao outro torna-se parte essencial da reflexão ética; em outras palavras, a reflexão não devolve o sujeito a ele mesmo, mas deve ser entendida como uma relacionalidade ex-tática, um modo de ser conduzido além de si mesmo, um modo de ser despossado da soberania e da nação em resposta às reivindicações feitas por aquele que não se conhece plenamente e não se escolhe plenamente. Dessa concepção da relação ética segue-se uma reconceituação tanto dos vínculos sociais quanto das obrigações políticas que nos levam para além do nacionalismo.

Quero sugerir uma reforma dessa importante concepção de ética por uma linha diferente. A exigência do Outro, evocando por ora os termos de Lévinas, sempre chega por intermédio de uma linguagem ou de algum meio de comunicação; desse modo, se essa exigência for atuar sobre mim, solicitando uma resposta, ou, de fato, provocando meu senso de responsabilidade, ela tem de ser "recebida" por um ou outro idioma. Não adianta dizer que a exigência é pré-ontológica e, portanto, anterior a toda e qualquer linguagem. Faz mais sentido dizer que a exigência de alhures faz parte da própria estrutura de interpelação pela qual a linguagem opera para ligar as pessoas. Ainda assim, se aceitamos essa última interpretação, temos de aceitar também que a "própria" estrutura de interpelação é sempre conhecida e vivenciada por meio de "alguma" linguagem, "algum" idioma, meio de comunicação ou algo do tipo, ou ainda algum ponto de convergência entre eles. É claro, a estrutura de interpelação pode deixar de fora quem foi estabelecido como sujeito dentro de sua órbita. Às vezes há "alguém" que não é interpelado de modo algum, ou que é definido precisamente no limite – como o excremento – de um conjunto de interpelações estabelecidas. Esse alguém, então, não é interpelado; mas, para reclamar sobre isso, ele precisa ter algum senso de sua própria interpelabilidade. Esse alguém *poderia* ser interpelado se ao menos os modos de interpelação pendessem na direção dele. Ou então um termo ou uma descrição entram no caminho dele e estão de algum modo "errados", mas é na distância entre a interpelação falsificadora e o senso de inexatidão desse alguém que ele se encontra – uma condição intersticial, para ser exata.

É por isso que podemos ser multiplamente interpelados ou mal interpelados, ou solicitados a responder, de maneiras contraditórias ou inconsistentes, a certos chamados que recebemos ou que são registrados no nosso mundo ambiental. Além disso, alguns chamados vêm acompanhados por estática na linha, ou seja, nem sempre temos certeza do que exatamente nos pedem ou do que devemos fazer (as várias mensagens não entregues de Kafka parecem servir como uma importante ressalva de Lévinas nesse sentido, assim como as reflexões de Avital Ronell sobre telefonemas perdidos)[5].

O mandamento é um excelente exemplo. Se eu tiver de assumir uma exigência ética que me é dada, preciso ser capaz de discernir a linguagem em que ela me é passada e descobrir meu caminho dentro de seus termos. "Receber" o mandamento dificilmente é algo garantido, como sabemos pela história dos seguidores de Moisés, que perderam a fé na chegada do chamado, e do próprio Moisés, que quebrou as primeiras tábuas dos mandamentos antes de carregá-las até o povo. Ouvimos várias versões diferentes dessa história, que chega até nós vinda do passado. Para Lévinas, ela chega até nós, em cada momento presente, pelo "rosto", que nos ordena não matar e que não depende de nenhum precedente histórico ou textual. Para Lévinas, trata-se de um momento não interpretativo, embora saibamos que é possível discutir sobre o que conta como rosto e o que não conta[6]. Qualquer sinal de susceptibilidade conta como o "rosto". Se a exigência ética vem do passado, na forma de "recurso" para mim no presente – uma mensagem de um texto antigo, uma prática tradicional que de alguma maneira esclareça o presente ou possa me direcionar para determinadas condutas no presente –, ela só pode ser "tomada" ou "recebida" se for "traduzida" em termos presentes. A receptividade sempre é uma questão de tradução – um ponto psicanalítico sustentado por Jean Laplanche. Em outras palavras, não posso receber uma exigência, muito menos um mandamento, de um alhures histórico sem que haja tradução, e como

---

[5] Avital Ronell, *The Telephone Book* (Lincoln, University of Nebraska Press, 1989).
[6] Para Lévinas, o rosto não é necessariamente o rosto literal; é uma injunção à não violência conduzida por vários sentidos. Daí o porquê de Lévinas se referir à "nuca" como o rosto, sugerindo que o "rosto" é a dimensão da vida humana que carrega sua vulnerabilidade e impõe uma obrigação ética a quem ele se mostra. Ver o meu *Precarious Life: The Powers of Mourning and Violence* (Londres, Verso, 2004), p. 131-40.

a tradução altera o que transmite, a "mensagem" muda no decorrer da transferência de um horizonte espaçotemporal para outro. Segundo Gadamer, esses horizontes se "fundem" nos momentos da tradução[7], mas a isso eu contraponho o abismo que a tradução abre na própria presunção de continuidade histórica pressuposta por Gadamer e outros pensadores da tradição hermenêutica. O que acontece quando o horizonte falha ou quando não há horizonte? Até mesmo as tradições que parecem sustentar a continuidade não se reproduzem no tempo permanecendo iguais. Como iteráveis, elas estão sujeitas a desvios e sequências imprevisíveis. Certo abismo é a condição para que a tradição ressurja como nova. O idioma pelo qual se transmite uma exigência não é o mesmo pelo qual ela é recebida, principalmente se ela estiver passando de uma topografia temporal para outra. Algo se perde no caminho até chegar aqui e agora, e algo novo é acrescentado, pela forma de transmissão, ao que às vezes é chamado de "conteúdo" da mensagem. A continuidade é, em parte, rompida, o que significa que o passado não é "aplicado" ao presente nem surge intacto depois de várias viagens. O que se mostra vibrante no presente é a ruína parcial daquilo que foi anteriormente.

Então, se tentarmos refletir sobre o que isso significaria hoje para nós, descobriremos rapidamente que não sabemos exatamente o que queremos dizer com esse "nós", ou qual é a melhor maneira de pensar sobre a temporalidade em que vivemos. Não devemos lamentar essa desorientação, e sim considerá-la a precondição para qualquer tentativa de pensar sobre território, propriedade, soberania e coabitação de uma nova maneira. Afinal, se os recursos de uma tradição religiosa são múltiplos, então "exigências" de vários tipos podem nos ser feitas com base em diferentes ramos da tradição; isso é o que explica o debate aberto sobre as Escrituras, as disposições talmúdicas e as diferenças hermenêuticas na leitura do Alcorão. É também por isso que os mandamentos levinasianos, apesar das reivindicações do próprio Lévinas, não podem preceder ou anular a exigência por interpretação ou tradução. Como sabemos, a hermenêutica é não só a ciência de como interpretar melhor os textos religiosos, mas também a de como interpretá-los no presente e atravessar melhor as divisões temporais e geográficas que caracterizam as condições de seus primórdios e de sua aplicabilidade no presente[8].

---

[7] Ver Hans-Georg Gadamer, *Truth and Method* (Nova York, Continuum, 2004) [ed. bras. *Verdade e método*, trad. Flávio Paulo Meurer, Petrópolis, Vozes, 1999], para uma discussão importante, embora falível, sobre Walter Benjamin, tradução e a fusão de horizontes.

[8] O estudo contemporâneo da hermenêutica deve à obra de Dilthey e Schleiermacher – ambos fizeram referência a problemas da hermenêutica bíblica enquanto buscaram estabelecer o fundamento das ciências humanas (ou *Geisteswissenschaften* [ciências do espírito]). A questão de como ler passagens bíblicas com a vantagem de uma situação histórica posterior à escrita delas suscita a questão da ligação invariável da interpretação com a passagem do tempo. Embora Gadamer tendesse a estabelecer a continuidade histórica da tradição fazendo uso de um conceito da interpretação dialógica, suas ideias não explicavam aquelas formas de ruptura temporal em que modos anteriores de autoridade entram em crise e perdem sua legitimidade. Apesar de essa crítica ter feito com que Habermas tentasse explicar a legitimação por meios não tradicionais e pré-culturais, ela levou pensadores influenciados por Walter Benjamin àqueles atos de tradução em que o passado deve efetivamente se desmantelar para ser introduzido no futuro. As duas versões recusam aqueles modos de continuidade histórica que sustentam a tradição e a autoridade, mas enquanto a abordagem de Habermas é quase transcendental, a benjaminiana se concentra nas disjunções temporais pelas quais se dá a tradução. É a necessidade de desmanche, ou dispersão, que forma o verdadeiro pano de fundo deste estudo. É interessante que isso também apele a uma versão da tradição messiânica dentro do judaísmo. Mas se seguirmos aqui as ideias de Benjamin, a forma messiânica de dispersão que aparece em sua obra já é um afastamento das formas anteriores. Em outras palavras, é uma dispersão subsequente do já disperso.

Perante uma visão que consideraria a continuidade do "Verbo" através do tempo, desenvolvendo uma ideia de tradução como veículo puro de retransmissão dessa continuidade, precisamos voltar ao abismo que torna a tradução possível e considerar o que significaria, para um recurso ético do passado, entrar no campo da tradução com recursos oriundos de tradições bem distintas e internamente complicadas. E aqui não me refiro apenas a múltiplos ramos da tradição judaica (embora isso ainda seja importante), mas às maneiras pelas quais os recursos judaicos são tomados e elaborados nos discursos não judaicos e por que essa forma específica de cruzamento linguístico é de fato central para o que são e podem ser os recursos judaicos. Os recursos éticos específicos só se tornam generalizáveis e eficazes ao entrar no campo da tradução cultural. Essa não é apenas uma frase descritiva: as tradições religiosas só prosperam ao entrar em contato com outros valores, instituições e discursos religiosos e não religiosos. Ela é também um valor em si. A tradição só trava algum tipo de contato com a alteridade, com o campo do "não-eu", quando deslocada e transposta de uma configuração espaçotemporal para outra. O que adoto de Lévinas é a afirmação de que esse contato com a alteridade dá vida à cena ética, a relação com o outro que me compele. Desse modo, o abismo na tradução torna-se a condição de contato com o que está fora de mim, o veículo para uma relacionalidade ex-tática, e a cena em que uma linguagem encontra outra e algo novo acontece.

Ao pensar sobre como os preceitos éticos enredados na tradição tornam-se presentes, tendemos a rastrear as idas da tradição de um lugar e momento para outro. Mas, se a tradução serve como veículo que transpõe da linguagem na qual uma exigência é formulada para a linguagem em que ela será recebida, então precisamos pensar tanto a linguagem quanto a temporalidade de maneira diferente. Se uma exigência vem de alhures, e não imediatamente de meu próprio idioma, então meu idioma é interrompido pela exigência, o que significa que a própria ética requer certa desorientação do discurso que me é mais familiar. Ademais, se essa interrupção constitui uma exigência para a tradução, então a tradução não pode ser simplesmente a integração do que é estrangeiro naquilo que é familiar; ela deve ser uma abertura ao não familiar, uma despossessão do solo anterior, e até mesmo um desejo de ceder ao que não se pode conhecer de imediato dentro dos campos epistemológicos estabelecidos. Esses limites ao que é conhecível são estabelecidos precisamente pelos regimes de poder; portanto, se estamos dispostos a responder a uma reivindicação que não é de imediato assimilável a um quadro de referência já autorizado, então nossa disposição ética à exigência se envolve numa relação crítica com o poder. Nesse sentido, como afirma Spivak, "a tradução é um campo de poder"[9]. Ou, como observa Talal Asad sobre a prática da tradução cultural: ela está "inevitavelmente enredada nas condições de poder"[10].

---

[9] Gayatri Chakravorty Spivak, "More Thoughts on Cultural Translation", abr. 2008. Disponível em: <http://eipcp.net/transversal/0608/spivak/en>. Acesso em: 14 out. 2016.
[10] Talal Asad, "On the Concept of 'Cultural Translation' in British Social Anthropology'", em James Clifford e George E. Marcus (orgs.), *Writing Culture: The Poetics and Politics of Ethnography* (Berkeley, University of California Press, 1986).

Portanto, a ética só pode surgir dentro de uma matriz de poder ao passar por modos de conhecimento incertos e não autorizados. Tudo isso significa que as tradições cedem algo de sua continuidade e espaço em resposta às reivindicações que emergem de campos discursivos contradizentes, campos que põem em dúvida a idoneidade dos quadros epistemológicos tradicionais. Nesse sentido, a tradução representa um encontro com os limites epistêmicos de qualquer discurso dado, colocando-o numa crise da qual ele não pode emergir por nenhuma estratégia que busque assimilar e conter a diferença.

Se entendemos a obtenção de acesso a um conjunto original de exigências ou injunções como uma tradução, então esse acesso não acontece por meio de um retorno histórico ao tempo e ao lugar do conjunto original – o que, em todo caso, é impossível. Ao contrário, só podemos nos voltar para o que a tradução nos disponibiliza, nos mostra, ilumina, no presente. Desse modo, a perda do original é a condição de sobrevivência de determinada "exigência" transmitida pela linguagem e através do tempo. O que sobrevive, por conseguinte, é arruinado e também vibrante. As dimensões destrutiva e iluminadora da tradução se tornam o que quer que ainda esteja ativo, o que quer que ainda reluza, e isso significa que a tradução é o recurso religioso que afeta o presente. Em termos acadêmicos, seria possível dizer que só se pode entender a exigência levinasiana pelo relato benjaminiano da tradução – mais adiante voltarei a esse ponto. A tradução torna a exigência disponível, quando a torna. Mas isso também significa que a exigência pode nem sempre ser legível; ela apenas pode chegar – se de fato chegar – em pedacinhos, e assim ser apenas parcialmente cognoscível.

Se o processo da tradução chega a definir retroativamente os recursos religiosos para o pensamento ético, então derivar desses recursos um imaginário político alternativo é o mesmo que criá-los de novo ou, na verdade, dispersá-los e transmutá-los. Nesse sentido, é possível discernir na ideia de "disseminação" em Derrida um certo *retornante* da dispersão messiânica[11]. Talvez seja um exemplo de termo religioso que se traduz num significado textual (e que, é claro, sempre teve algo de significado textual) e questiona a possibilidade de retornar a origens hipotéticas. Sua significação implícita de uma dispersão cabalística da luz divina talvez dê sentido à própria passagem que Derrida faz da disseminação (em suas primeiras obras) para o messiânico (nas últimas). Seria um erro dizer que Derrida de repente se tornou religioso, ou que certos conceitos, como messiânico e messianicidade, continuaram furtivamente religiosos em sua escrita. Afinal, a escrita é o cenário da transposição e do deslocamento, não só inspirada pela ideia de "dispersão", mas também dispersando essa mesma ideia.

Debates recentes tendem a pôr em questão como os discursos religiosos podem ser traduzidos em discurso público e modos democráticos de participação e reflexão, com a consequência de que a tradução nulifica o primeiro discurso em prol do

---

[11] Para uma consideração do messiânico na obra de Derrida, ver Jacques Derrida, *Acts of Religion* (org. Gil Anidjar, Nova York, Routledge, 2002). Ver também Jacques Derrida e Gianni Vattimo (orgs.), *Religion* (Stanford, Stanford University Press, 1998); Gideon Ofrat, *The Jewish Derrida* (Syracuse, Syracuse University Press, 2001).

segundo. O princípio é o de que a religião é uma forma de particularismo, tribalismo ou comunitarismo que deve se "traduzir" numa linguagem comum ou racional para garantir um lugar legítimo e restrito na vida pública. Os termos do debate com frequência presumem que existe uma linguagem pública comum ou uma forma secular de razão que não são em si religiosas, mas que podem e devem servir como mediadoras das reivindicações religiosas. Fora isso, a religião ameaça se tornar a base do discurso público, da participação política, e o terreno que legitima o próprio Estado. Essas perspectivas foram contestadas pelas vastas obras de Talal Asad e Saba Mahmood sobre o islamismo, de Charles Taylor sobre o cristianismo e de muitos outros, para os quais a religião não é superada pelo secularismo, mas estabelece sua hegemonia usando os próprios termos do secularismo. Ou o secularismo é em si um produto religioso, imbuído de valores religiosos (Pellegrini, Jakobsen), ou a divisão entre o secular e o religioso é em si um instrumento para manter a hegemonia do cristianismo (Mahmood, Hirschkind) e o apagamento do islamismo.

O caso de Israel tende a complicar esses debates, pois suscita a questão da "judaicidade" em seus sentidos religioso e não religioso, a qual está ligada à questão do caráter religioso ou não da judaicidade do Estado de Israel. Alguns liberais afirmam que Israel é um Estado judaico e que deveria ou servir como exceção ao postulado liberal de que o Estado deve ser secular (por causa das circunstâncias excepcionais do genocídio nazista contra os judeus), ou ser defendido como uma democracia liberal exclusiva para os judeus, por mais paradoxal que isso pareça[12] – apesar de suas leis de cidadania que conferem privilégios impressionantes aos judeus no interior de suas fronteiras, permitindo e solicitando o retorno dos judeus diaspóricos à Palestina e, ao mesmo tempo, proibindo aos palestinos o direito de retorno a terras tomadas à força em 1948 e repetidamente durante os anos seguintes. Os sionistas de esquerda lamentam o advento da direita religiosa em Israel e veem a si mesmos como uma alternativa secular. Mas o que significa "secular" no contexto de um Estado judaico? Poderíamos argumentar que "judaico" não significa aderir ao judaísmo religioso; esse motivo levou Hannah Arendt a escrever intencionalmente sobre a "judaicidade" como uma categoria cultural, histórica e política que caracterizou a situação histórica de populações que podem ou não se envolver em práticas religiosas ou se identificar explicitamente com o judaísmo[13]. Na verdade, a *judaicidade*, na visão de Arendt, é um termo que tenta reunir uma multiplicidade de modos sociais de identificação sem ser capaz de conciliá-los. Não há uma única definição, nem pode haver. A visão dela seria suficiente se não trouxesse consigo o pressuposto da origem e da afinidade europeias: essa qualidade, "judaicidade", tende a não incluir os judeus *mizrahim*, cujas origens culturais são árabes[14], e os *sefardim*, cuja história de exílio da Espanha (ela própria um espaço liminar

---

[12] Ver Yael Tamir, *Liberal Nationalism* (Princeton, Princeton University Press, 1993).
[13] Ver Hannah Arendt, *The Jewish Writings* (org. Ronald H. Feldman e Jerome Kohn, Nova York, Schocken, 2008) [ed. bras.: *Escritos judaicos*, trad. Laura Degaspare M. Mascaro, Luciana Garcia de Oliveira e Thiago Dias da Silva, Barueri, Amarilys, 2016].
[14] Yehouda Shenhav, *The Arab Jews: A Postcolonial Reading of Nationalism, Religion, and Ethnicity* (Stanford, Stanford University Press, 2006); Ella Shohat, "Rupture and Return: Zionist Discourse and the Study of Arab Jews", *Social Text*, v. 21, n. 2, 2003, p. 49-74.

do imaginário europeu) resultou em entrelaçamentos culturais complexos com várias outras tradições (grega, turca e norte-africana, para citar algumas). Se *judaico* já é considerado um termo secular, então Israel não é um Estado religioso, mas tem de se defender dos extremistas religiosos. Será possível, de alguma maneira, extricar totalmente a judaicidade de seu pano de fundo religioso, ou será sua forma secular um resultado ou efeito de determinada história religiosa? Ou será endêmico aos religiosos – os judeus, nesse caso – se afastar constantemente de sua história religiosa?

Proponho essas questões sem saber as respostas, sem sequer saber se devo saber as respostas a fim de prosseguir com este livro. Afinal, não estou escrevendo um livro sobre história da religião, nem mesmo sobre filosofia da religião. Na realidade, o que tento é entender como o exílico – ou, mais enfaticamente, *o diaspórico* – está incorporado na ideia de judaico (não em termos analíticos, mas históricos, ou seja, no tempo); nesse sentido, "ser" judeu é estar se afastando de si mesmo, jogado num mundo dos não judeus, fadado a progredir ética e politicamente justo ali, naquele mundo de uma heterogeneidade irreversível. A ideia de exílio ou *galut* na cultura judaica caracteriza uma população que perdeu um lugar e não foi capaz de retornar a outro. A ideia de "retorno" continua implícita na ideia de exílico, na medida em que é ligada a Sião e ao sionismo. Assim, dentro do discurso sionista, a *galut* é considerada um domínio decaído, um domínio que só pode ser retificado e restaurado pelo retorno à pátria. O diaspórico funciona de modo diferente, significando uma população e até mesmo um "poder" que dependem da coabitação com os não judeus e evitam a ligação sionista da nação com a terra[15]. A distinção se dá de maneira bem diferente em relação aos palestinos de 1948, ou mesmo para todos os que foram despossados à força de suas terras na Palestina histórica. Quando não explicitamente destruídas, as populações judaicas certamente foram despossadas de suas terras e de suas casas sob o regime nazista, mas não da Palestina. A ideia de que a despossessão forçada de outros poderia compensar por direito o fato de terem sido despossados à força não segue nenhuma linha de raciocínio ética ou legal que seja legítima. Mas, caso se entenda que a base para a lei judaica do retorno é bíblica, teremos certamente de nos opor ao uso da religião como justificativa para perpetrar crimes internacionalmente reconhecidos de despossessão e despovoação contra os palestinos. Certamente será preciso pensar com cuidado sobre o direito de retorno (palestino) em relação à Lei do Retorno (israelense), especialmente quando o empenho em retificar uma forma de exílio instituindo outra claramente repete o crime em vez de resolvê-lo.

Espero mostrar por que trazer de volta à Palestina a ideia de diáspora – o que significa ver como ela já se dá na Palestina, de diferentes maneiras – pode ser útil para encontrar uma maneira de pensar a coabitação, o binacionalismo e uma crítica da violência de Estado. Seguindo as importantes reflexões de Edward Said em *Freud e os não europeus*, estou tentando imaginar o que aconteceria se duas "tradições" de deslocamento convergissem para produzir uma ordem política pós-nacional baseada nos direitos comuns dos refugiados e no direito de serem protegidos contra formas ilegítimas

---

[15] Ver Daniel Boyarin e Jonathan Boyarin, *Powers of Diaspora*, cit.

de violência do direito e militar. Para refletir a respeito dessa proposta de Said, teríamos de estabelecer as condições de tradução entre uma forma de deslocamento e outra – e também determinar os limites da traduzibilidade. As formações culturais de exílio e diáspora, diferentes entre si, serão importantes para qualquer tradução do tipo[16].

Por mais que o próprio Said fosse um defensor de ideais seculares, ele entendia o tipo de convergência de histórias e as proximidades de exílio que poderiam constituir um novo *éthos* e uma nova política na região. No último capítulo do livro falarei sobre como poderíamos pensar nisso. Para Said, trata-se de uma tarefa impossível, mas, justamente por isso, não menos necessária. Outra visão é apresentada por Étienne Balibar, que conecta a prática da tradução com uma defesa do secularismo e da promessa política da diáspora. Balibar escreve: "Processos de tradução podem ocorrer entre universos religiosos, mas essas traduções envolvem justamente o fato de tais universos não serem puramente religiosos. O 'religioso' como tal é um ponto de intraduzibilidade"[17]. Temos motivos para cogitar se esse é o caso[18]. A tradução sempre diz respeito ao que resta e ao que é apresentado. Alguma coisa deixa de ser apresentada, é claro, mas isso vale tanto em relação a uma tradução de Kafka a partir do alemão ou de Lispector a partir do português quanto em relação a diversas deliberações das Nações Unidas. Aliás, existe alguma tradução que não dependa, em algum nível, do intraduzível? Se não fosse assim, todas as traduções seriam perfeitas, o que significaria que todo elemento de um primeiro texto encontraria correspondência adequada num segundo texto. Na verdade, acho que essa ideia da traduzibilidade plena pertence justamente àquelas tradições religiosas que buscavam traduzir o Novo Testamento com perfeição – ou seja, sem sobras – em diversas línguas. De fato, se a palavra putativa de Deus – ou as injunções divinas, de modo mais geral – tiver de ser transmitida integralmente e sem falhas, é preciso aceitar a possibilidade de uma tradução perfeita e transparente. No entanto, Balibar identifica a religião como o "intraduzível", sugerindo que ela perde sua qualidade religiosa pelo veículo da tradução; a tradução, portanto, desnuda toda afirmação de seu elemento religioso[19].

---

[16] Ver Najat Rahman e Hala Khamis Nasser (orgs.), *Mahmoud Darwish, Exile's Poet: Critical Essays* (Northampton, MA, Olive Branch, 2008).
[17] Étienne Balibar, "Cosmopolitanism and Secularism: Controversial Legacies and Prospective Interrogations", *Grey Room*, n. 44, 2011, p. 21.
[18] Para uma ideia alternativa, ver Talal Asad, "On the Concept of 'Cultural Translation' in British Social Anthropology'", cit.
[19] Étienne Balibar, "Cosmopolitanism and Secularism", cit., p. 21. Balibar escreve que as diferenças religiosas "devem ser 'mediadas' pela introdução do discurso, que [...] deve parecer 'herético' do ponto de vista de todas e quaisquer religiões. Portanto, para que os vários discursos religiosos se tornem mutuamente compatíveis no mesmo espaço público ou se envolvam numa conversa 'livre', é preciso a introdução ou intervenção de um elemento arreligioso adicional" (p. 21-2). Além disso, ele afirma que o elemento herético "é 'performativo' e, em primeira instância, performa sua própria *parresia*, ou enunciação de verdade, contra todas as teologias e mitologias que exercem poder" (p. 23). A questão suscitada por esse argumento é se o momento herético é invariavelmente "arreligioso" – nesse caso, apenas o "arreligioso" pode fazer a mediação entre as diferenças religiosas. Mas se o momento herético ou a possibilidade herética são constitutivas da própria religião, como muitos argumentaram, então o herético se torna a ocasião para a tradução entre as diferenças religiosas sem presumir que essa mediação só é possível pela transcendência ou negação da religião. Essa ideia, no entanto, pressupõe a pergunta sobre se a tradução deve ou deveria afinal ser considerada como mediação.

Mas se a tradução tem uma história teológica, será que essa história teológica simplesmente desaparece quando a tradução é posta como árbitro neutro das ideias religiosas? Aliás, e se a tradução for em si um valor religioso, como sugerem as primeiras obras de Benjamin[20]? Como descrevemos a situação? A tradução já superou totalmente sua procedência religiosa? Ou ela simplesmente reformula para nós, em um conjunto diferente de termos, o problema do significado religioso? A tradução estabelece a heteronomia como um risco constitutivo de qualquer "transmissão" religiosa. Nesse sentido, a tradução "dissemina" o original, projetando-o no não religioso e no profano, dispersando-o, podemos dizer, justamente em uma heteronomia de valores. Nesse sentido, a tradução percorre as ruínas, suscitando o passado de vez em quando.

Balibar volta ao processo de tradução quando a conecta à diáspora, numa tentativa de articular formas transnacionais de cidadania. Para ele,

> o que parece formar a condição do multiculturalismo efetivo [...] também está intimamente associado aos processos transculturais de hibridização e filiações múltiplas, o que dificulta a vida para indivíduos e grupos "diaspóricos" – pois tais processos estão ligados à melancolia do exílio –, mas forma a condição material para o desenvolvimento dos processos de tradução entre universos culturais distantes.[21]

No entanto, se nos recusamos a santificar o momento da tradução como puramente secular (e o secularismo tem seus modos de autossantificação), segue-se que as significações religiosas são continuadas, disseminadas e transmutadas na ocasião da tradução. Nós não abandonamos o campo religioso por um não religioso, tampouco permanecemos dentro de um universo religioso autorreferente. No processo, o religioso é transmutado em outra coisa, e não exatamente transcendido. Ao mesmo tempo, essa transmutação barra um retorno a algum sentido original, o que significa que o religioso é disseminado e disperso, significando apenas no contexto de uma trajetória diaspórica, pós-nacional e não identitária – uma impureza afirmativa.

Por um lado, estou descrevendo uma trajetória contra-hegemônica da tradução. Um discurso é interrompido por outro; ele cede do terreno hegemônico para dar espaço ao que desafia seu esquema de inteligibilidade. A tradução torna-se a condição de um encontro transformativo, um modo de estabelecer a alteridade no núcleo da transmissão. Por outro lado, estou considerando maneiras de formular a ética que comecem com a questão das condições para receber mensagens, injunções ou comandos de outra esfera discursiva, uma esfera que não é prontamente integrada à nossa. Assim, injunções como "não matarás" ou "amai ao próximo" só podem ser entendidas e assumidas sob a condição de serem traduzidas nas circunstâncias concretas em que se vive, no ambiente dotado de sentido histórico e geográfico, nas cenas de violência que permeiam a vida cotidiana. Nesse sentido, não

---

[20] Walter Benjamin, "A tarefa do tradutor", em *Escritos sobre mito e linguagem* (trad. Susana Kampff Lages e Ernani Chaves, São Paulo, Duas Cidades/Ed. 34, 2011), p. 101-19.
[21] Étienne Balibar, "Cosmopolitanism and Secularism", cit., p. 21.

há resposta ética à reivindicação do outro sobre nós se não houver tradução; do contrário, estaríamos eticamente vinculados apenas a quem já fala como nós, na língua que já conhecemos. Por essa razão, se tomamos a relação com o não judeu e o não judaico como uma obrigação ética e uma exigência de judaicidade, aquilo que estou descrevendo como trajetória histórica da tradução será, ao mesmo tempo, o movimento ético de responder às reivindicações feitas por quem não é plenamente reconhecível como parte da "nação" e cujo status ético implica um deslocamento da nação como quadro exclusivo das relações éticas. Esse deslocamento é seguido de uma luta coletiva para encontrar formas de governo político que instituam princípios de igualdade e justiça para toda a composição demográfica da região. Desse modo, poderíamos dizer que existe um caminho judaico para certa ideia de justiça social e política democrática, posto que a igualdade e a justiça estariam disponíveis para todos, independentemente de religião, raça, nacionalidade, origem. Pode parecer paradoxal dizer que existe um caminho judaico para a constatação de que a igualdade deve ser assegurada a uma população independentemente da filiação religiosa, mas essa é a consequência de uma universalização que mobiliza um traço ativo dessa formação com outra, bem como uma ruptura com sua forma original.

## Além de formas ignóbeis de binacionalismo

É claro que existem muitos argumentos excelentes, articulados num quadro de referência que se autodeclara secular, para combater o sionismo político, estabelecendo uma ordem política fundada na igualdade para palestinos e judeus nas terras da Palestina histórica; para combater formas racistas de cidadania dentro das fronteiras de Israel; para deter e reverter décadas de confisco de terras e de assentamento de colonos pelo Estado de Israel, dando apoio à autodeterminação palestina; e para se contrapor ao uso brutal da força policial e militar voltada a manter uma ocupação ilegal e privar populações inteiras de direitos reconhecidos internacionalmente[22]. De fato, esses argumentos têm a grande vantagem de falar numa linguagem entendida como universal, requerendo direitos para se contrapor à subjugação colonial que se aplicaria a toda e qualquer população privada de autodeterminação efetiva, mobilidade e cidadania. Esses argumentos são muito fortes, e espero promover alguns deles nas próximas páginas. Minha única divergência quanto a essa importante tradição secular é que sugiro que alguns de nós chegamos a esses princípios por meio de diferentes formações, e nossas formações não são necessariamente anuladas no momento em que chegamos a constatações

---

[22] Ver, por exemplo, Ilan Pappé, *The Ethnic Cleansing of Palestine* (Oxford, Oneworld, 2006). Num debate sobre de que maneira os intelectuais judaicos deveriam formular sua oposição ao sionismo como violação de direitos humanos, Anat Biletzki defendeu que os direitos humanos devem se basear na razão, ser identificados estritamente com o secularismo, e, assim, não podem ser coligidos de fontes religiosas. Se há boas razões para defender os direitos humanos nos textos religiosos, é pelo fato de eles se basearem numa forma de razão que funciona independentemente de toda religião. Ver "The Sacred and the Humane", *The New York Times online*, The Opinionator, 17 jul. 2011. Disponível em: <http://opinionator.blogs.nytimes.com/2011/07/17/the-sacred-and-the-humane/?_r=0>. Acesso em: 5 nov. 2016.

como essas: somente com o fim do sionismo político, entendido como a insistência em fundar o Estado de Israel nos princípios da soberania judaica, é que se pode realizar naquela região os princípios mais amplos de justiça. Isso deixa de lado a questão do sionismo cultural, que não está necessariamente ligado à defesa de uma formação estatal específica, e que ocasionalmente insiste na distinção entre *Israel*, entendido como nação, e *Eretz Yisrael*, entendido como a terra. Na verdade, debates sionistas iniciais, nas décadas de 1920 e 1930, questionaram se o sionismo implica alguma reivindicação territorial à terra. Escrevo não como uma sionista cultural ou política, embora acredite que a história da distinção mostre que tais termos passam por reversões e transmutações históricas que efetivamente esquecemos.

Na maioria das vezes, nos Estados Unidos, quando perguntam "Você é sionista?", o que querem dizer é "Você acredita no direito de existência de Israel?". A pergunta sempre pressupõe que consideramos que a forma atual do Estado fornece fundamentos legítimos para sua própria existência. Mas a declaração de que os fundamentos atuais para sua existência, bem como a forma atual do Estado, podem não ser legítimos é tida como uma posição genocida. Desse modo, uma discussão política sobre o que constitui os fundamentos legitimadores de qualquer Estado naquela região é imediatamente silenciada, pois perguntar sobre a legitimidade (sem saber de antemão como a pergunta será respondida) é tido não como um momento reflexivo essencial para qualquer ordem política democrática, mas como um desejo dissimulado de ver determinada população aniquilada. Obviamente, nenhuma discussão ponderada sobre a legitimidade pode acontecer sob condições como essas. Além do mais, dado que o sionismo se tornou equivalente a reivindicações de soberania judaica sobre terras antes pertencentes aos palestinos e habitadas por eles, uma pergunta melhor seria: que forma de ordem política poderia ser considerada legítima para terras atualmente habitadas por israelenses judeus, palestinos israelenses e palestinos que vivem sob ocupação, e que não são mais habitadas por centenas de milhares de palestinos despossados de suas terras por um padrão sistemático e recorrente de confisco de terras, parte integrante do projeto continuado de colonialismo de povoamento? Quem pergunta que tipo de ordem política honraria todas essas reivindicações aparentemente não é mais sionista no entendimento contemporâneo do termo. Nesse cenário foram deixadas de lado não apenas as várias formas de sionismo que rejeitavam as reivindicações territoriais, mas também aquelas formas primeiras que pretendiam autoridades confederadas para estabelecer o binacionalismo. Ser a favor do binacionalismo hoje é, supostamente, uma posição antissionista, embora nem sempre tenha sido assim. De todo modo, dadas as formações contemporâneas do sionismo, acredito que não se pode ser sionista e lutar por um fim justo à subjugação colonial ao mesmo tempo. Até mesmo os experimentos de caráter socialista que caracterizaram o movimento *kibutz* faziam parte do projeto colonial de povoamento, o que significa que, em Israel, o socialismo era entendido como compatível com a subjugação e a expansão colonial.

É claro, muitas pessoas de formações e afiliações judaicas chegaram a posições antissionistas e concluíram que não podem mais ser judias. Tenho a impressão de que o Estado de Israel as parabenizaria por terem chegado a essa conclusão. Aliás, se a oposição de alguém às políticas atuais do Estado de Israel, ou ao sionismo de modo mais geral, levar essa pessoa à conclusão de que não pode mais se denominar judia, tal decisão ratifica efetivamente a noção de que ser judeu é ser sionista, uma equação histórica que deve ser contra-atacada caso se queira que a judaicidade permaneça ligada à luta pela justiça social. Há ainda outras pessoas de formações e afiliações judaicas que se encontram silenciadas pelo estado atual da política israelense. Com frequência elas abominam a ocupação, ficam estarrecidas pelos ataques militares de Israel contra civis em Gaza, e às vezes até desejam formas de binacionalismo que propiciassem estruturas políticas mais justas, mais viáveis e menos violentas para a região. Mas elas temem que encampar essa crítica vá atiçar o antissemitismo, e sustentam que é inaceitável fazer uma crítica pública que poderia ser instrumentalizada para aumentar o antissemitismo e os crimes violentos contra o povo judeu. Na verdade, esse dilema praticamente se tornou constitutivo para muitos judeus na diáspora.

O que significa não ser capaz de expressar abertamente os princípios que foram de extrema importância para a dessubjugação do próprio povo judeu? No que se segue, vou considerar como esse impasse mudo se deu no discurso público de Primo Levi e Hannah Arendt e examinar quais são suas implicações para a crítica pública contemporânea, seus limites autoimpostos e os riscos que ele corre. Afinal, se aceitamos que toda e qualquer crítica sobre Israel é efetivamente antissemita, então ratificamos essa equação específica toda vez que nos calamos. A única maneira de lutar contra a equação que associa a crítica de Israel ao antissemitismo é mostrar clara e repetidamente, e com um forte apoio coletivo, que a crítica de Israel é justa e que todas as formas de antissemitismo, assim como outras formas de racismo, são absolutamente inaceitáveis. Somente quando essa dupla posição se tornar legível no discurso público é que será possível "apreender" uma esquerda judaica, não sionista, e, portanto, uma esquerda judaica/não judaica que possa se colocar como "parceira pela paz".

Ainda que meus pontos de vista sejam claros, é importante considerar que eu tenha chegado a esses princípios e valores graças a uma formação específica, a saber, a educação escolar e a formação que tive, na primeira infância, dentro de comunidades judaicas, bem como um envolvimento com programas educacionais da minha sinagoga que me estimularam a estudar filosofia. Eu diria que alguns dos valores que se formaram nessa infância e adolescência reaparecem agora na minha resistência ética e política ao sionismo. É claro, tenho uma história pessoal – provavelmente diversas –, mas introduzo o elemento autobiográfico nessa conjuntura não para ir atrás dessa história específica (embora, talvez, eu venha a fazê-lo em outro lugar, explicando algo sobre as perdas da minha família sob o regime nazista e como isso afetou meu trabalho sobre gênero e até mesmo meu entendimento da fotografia e do cinema). Para esse fim, no entanto, quero destacar que: (a) certo entendimento dos valores judaicos diaspóricos é crucial para formular uma crítica sobre o nacionalismo e o militarismo; (b) a relação ética com os não judeus foi e continua sendo parte de uma abordagem antisseparatista e não identitária da relacionalidade ética, da pluralidade democrática e dos modelos de coabitação global; (c) a resistência ao uso ilegítimo da violência do direito e de Estado (que também ratifica e sustenta a exploração econômica e a regulação do empobrecimento) pertence a uma história de movimentos sociais radicalmente democráticos em que estiveram envolvidos, de modo central, judeus contrários: à destruição gratuita infligida a populações por Estados que buscavam manter o controle hegemônico ou totalitário; e a formas legalmente sancionadas de racismo, junto com todas as formas de subjugação colonial e despossessão territorial coercitiva. Além disso, destaco que: (d) as condições dos apátridas e dos refugiados foram cruciais para meu entendimento dos direitos humanos e da crítica do Estado-nação, das prisões e das detenções, da tortura e de sua ratificação pela lei ou pela política, e por fim me levaram, depois de um atraso de muitos anos, à obra de Hannah Arendt, cuja crítica do Estado-nação e do sionismo em particular permitiu uma ligação fundamental entre a despossessão sofrida pelos judeus na Europa e a justiça das exigências daqueles que foram coercitivamente despossados de suas casas, terras e direitos de autodeterminação política, incluindo os palestinos. Por fim, destaco que: (e) as práticas de luto (o repouso da *shivá* e a reza *kadish*) na tradição judaica acentuam a importância do reconhecimento comunitário e público das perdas como uma maneira de continuar afirmando a vida. A vida não pode ser afirmada enquanto estamos sozinhos – ela requer outras pessoas com quem e diante de quem podemos lamentar abertamente. Mas se apenas certas populações são consideradas dignas do lamento e outras não, lamentar-se abertamente por uma série de perdas torna-se o instrumento de negação de outra série de perdas. Se os judeus só lamentam a perda de judeus nos conflitos no Oriente Médio, então afirmam que somente os que pertencem à sua religião ou nação são dignos de luto. Essa forma de diferenciação entre populações valiosas e não valiosas não é apenas o resultado de conflitos violentos; ela também dá a condição epistemológica para o próprio conflito. Ouvimos repetidas vezes no discurso público israelense que uma única vida israelense vale mais do que inúmeras vidas palestinas. No entanto, para que o princípio da igualdade social e política comece a ser determinante, antes é preciso que esses cálculos obscenos falhem em definitivo e todas as populações sejam consideradas dignas de lamento. Nesse sentido, a capacidade de lamentar a perda de vidas é uma precondição de valor, e não pode haver tratamento igualitário sem a compreensão prévia de que todas as vidas têm o mesmo direito de serem protegidas da violência e da destruição.

Embora eu recorra a alguns conceitos religiosos, meu objetivo com isso não é "fundamentar" meu argumento numa base religiosa. Em vez disso, estou rastreando a generalização de certos princípios que derivaram de formações religiosas, modos de pertença cultural e histórica, padrões de autorreflexão e análise, e convenções específicas que controlam modos de resistência e a articulação de ideais de justiça social. Seria fácil dizer que essa criatura formada que sou simplesmente extrapolou de minha formação e de meu ambiente para chegar a princípios universais cuja legitimidade e aplicabilidade são totalmente separadas dos caminhos pelos quais cheguei até eles. Se isso fosse verdade, então minha formação – na verdade, qualquer formação cultural – seria como uma escada usada para atingir determinado objetivo, mas que é abandonada – ou jogada fora – quando o objetivo é atingido. Na verdade, os valores com que nos colocamos em questões políticas desse tipo surgem, em parte, de nossas formações culturais. Aliás, sem dúvida cometemos um erro quando reduzimos a questão da religião à fidelidade de um sujeito estabelecido a certas "crenças", sendo que a religião geralmente funciona como um conjunto de práticas e, de fato, como uma matriz da formação do sujeito. Talvez eu não pudesse ser quem eu sou sem que tivesse havido determinada formação religiosa, o que de modo algum implica um conjunto específico de crenças religiosas a respeito de Deus (a redução metafísica) ou modos de crença distintos da razão (a redução epistemológica). Certos valores impregnam as práticas e não podem ser "extraídos" facilmente delas e transformados em "crenças" explícitas formuladas em proposições. Eles são vividos como parte de práticas incorporadas, formadas e sustentadas dentro de certas matrizes de valor.

No entanto, como sou pouquíssimo determinada por essa formação, embora me oriente parcialmente por seus termos (às vezes certamente sem querer), luto com uma série de transposições que nem sempre são previsíveis e, aliás, nem sempre são amplamente compartilhadas. De modo semelhante, como vivo com outras pessoas que não compartilham da mesma formação que eu, encontro-me desorientada na minha própria orientação, expulsa de seu quadro, e essa é a trajetória desorientadora de movimentos tanto éticos quanto contra-hegemônicos. As perspectivas para os processos de tradução cultural que desprovincializam minha orientação surgem à medida que deparo com quadros conflitantes e reconheço as formações políticas específicas que procuram estabelecer certos aspectos de minha formação como marcadores de hegemonia ou nacionalidade (como faz o sionismo político). Realmente, eu chego a princípios generalizáveis graças a uma série de interrupções e transposições do quadro dado. Mesmo que os processos de universalização possam acontecer e aconteçam por meio de formas mais específicas de tradução, não existe universal que não seja transposto na (ou *como* a) conjuntura dos discursos[23].

Certos regimes do universal se mostram limitados, ou são instrumentalizados para inviabilizar certas reivindicações ou obliterar o modo como elas são feitas. Assim, o que parece idiomático ou extrínseco ao processo de universalização contradiz seu caráter "universal". Se o processo de universalização se torna um processo que integra discursos específicos num regime estabelecido, então ele eleva o particularismo do regime ao status de universal e efetivamente oculta seu próprio poder hegemônico. Os modos de universalização que contrariam os regimes de poder em questão de forma mais efetiva são aqueles que, ao mesmo tempo, expõem o "inassimilável" como precondição de um modo corrente de universalização e exigem a dissolução e a reformulação do processo de universalização em nome do inassimilável. A questão não é converter o inassimilável em assimilável, mas contestar os

---

[23] Ver meu argumento em "Competing Universalities", em Judith Butler, Slavoj Žižek e Ernesto Laclau, *Contingency, Hegemony, Universality: Contemporary Dialogues on the Left* (Londres, Verso, 2000).

regimes que requerem a assimilação a suas próprias normas. A universalização só tem a chance de se renovar dentro de um projeto radicalmente democrático quando essas normas são desmontadas.

No caso da judaicidade, ou até do judaísmo, esse deslocamento caracteriza certa sequência diaspórica de ideias. Ele também confirma um conjunto de valores éticos que nos vincula a quem, de imediato, não tem nenhuma semelhança nacional, cultural, religiosa ou racial em relação às normas que governam as definições culturais que temos de nós mesmos. É interessante que Lévinas tenha afirmado que estamos vinculados a quem não conhecemos e não escolhemos, e que essas obrigações são, estritamente falando, pré-contratuais. Sim, foi o mesmo Lévinas que deu a entender numa entrevista que os palestinos não tinham rosto[24], que ele só queria estender as obrigações éticas a quem estivesse unido por sua versão das origens judaico-cristãs e gregas clássicas[25]. De certo modo, ele nos deu o próprio princípio que traiu. E isso significa que somos não apenas livres, mas também obrigados a estender esse princípio ao povo palestino, exatamente porque ele não pôde. Afinal, Lévinas também nos deu uma concepção de relações éticas que nos torna eticamente responsivos às pessoas que extrapolam nossa esfera imediata de pertencimento e a quem, não obstante, pertencemos, independentemente de qualquer escolha ou contrato.

Um ponto de contato obscuro entre Lévinas e Arendt serve-me de guia nesse momento. Arendt estava certa ao argumentar que Eichmann achava que podia escolher com quem coabitar a Terra. Na visão dela, a coabitação não é uma escolha, mas uma condição da nossa vida política. Estamos vinculados uns aos outros antes de um contrato e antes de qualquer ato volitivo. O quadro de referência liberal pelo qual cada um de nós participa de um contrato, de modo consciente e voluntário, não leva em consideração que já estamos vivendo na Terra com pessoas que não pudemos escolher e cuja linguagem não é a mesma que a nossa. Para Arendt, uma das razões para o genocídio ser radicalmente inadmissível é o fato de não podermos escolher com quem coabitamos a Terra. Essa população diversa sempre nos precede; ela é sempre plural, multilíngue e distribuída no espaço. Não existe uma parte sequer da população que possa reivindicar a Terra para si. Fazer isso é entrar numa política de genocídio. Isso significa que a proximidade não desejada e a coabitação não escolhida são precondições de nossa existência política, o que é a base de sua crítica do Estado-nação (e sua presunção de nação homogênea) e implica a obrigação de viver na Terra e numa ordem política que estabelece modos de igualdade para uma população necessariamente heterogênea. A proximidade

---

[24] Ver os comentários de Lévinas de que os palestinos não têm rosto (e que por isso sua vulnerabilidade humana pode ser o fundamento para que não haja obrigação de não matar) em "Ethics and Politics", publicado em Emmanuel Lévinas, *The Lévinas Reader* (org. Sean Hand, Oxford, Blackwell, 1989), p. 289.

[25] Ver também os comentários de Lévinas sobre as "hordas asiáticas" que ameaçam a base ética da cultura judaico-cristã em "Jewish Thought Today", em Emmanuel Lévinas, *Difficult Freedom: Essays on Judaism* (Baltimore, Johns Hopkins University Press, 1990), p. 165. Discuti esse assunto mais profundamente em *Giving an Account of Oneself* (Nova York, Fordham University Press, 1995, p. 84-101) [ed. bras.: *Relatar a si mesmo: crítica da violência ética*, trad. Rogério Bettoni, Belo Horizonte, Autêntica, 2015, p. 113-31].

não desejada e a coabitação não escolhida também servem como base para nossa obrigação de não destruir nenhuma parte da população humana ou impossibilitar as condições de vida das pessoas. Se Arendt estiver correta, então o colonialismo de povoamento nunca foi legítimo, tampouco o foram as expulsões de povos nativos com base em sua nacionalidade ou religião, ou ainda os confiscos e deslocamentos continuados do povo palestino. O sionismo nunca buscou se justificar em princípios de igualdade política, e, por essa razão, nunca abordou uma condição substantiva de democracia. Não é possível encontrar soluções nesses termos, posto que eles requerem e estendem o Estado-nação com base na subordinação, na destruição ou na expulsão dos nativos.

Embora seja ensinado com muita frequência que Israel se tornou uma necessidade ética e histórica para os judeus durante e após o genocídio nazista, Arendt e outros acreditavam que a lição a aprender com o genocídio é de que os Estados-nação jamais deveriam se fundamentar por meio da despossessão de populações inteiras que não se encaixam na ideia purificada da nação. E para os refugiados que nunca quiseram ver de novo a despossessão de populações em nome da pureza nacional ou religiosa, o sionismo e suas formas de violência de Estado não foram a resposta legítima às necessidades prementes dos refugiados judeus. Para quem extraiu princípios de justiça a partir da experiência histórica do internamento e da despossessão, o objetivo político é estender a igualdade independentemente da formação ou da bagagem cultural, através de línguas e religiões, a quem nenhum de nós escolheu (ou não reconhece que escolheu) e com quem temos a obrigação permanente de encontrar uma maneira de conviver. Pois quem quer que sejamos "nós", também somos aqueles que não foram escolhidos, que surgem nesta Terra sem o consentimento de todos os outros e que pertencem, desde o início, a uma população mais ampla e a uma Terra sustentável. E essa condição, paradoxalmente, gera o potencial radical para novos modos de socialidade e política além dos vínculos ávidos e ignóbeis de um colonialismo pernicioso que se autoproclama democracia. Nesse sentido, somos todos não escolhidos; no entanto, somos não escolhidos juntos. Com base nisso, é possível começar a repensar o vínculo social.

Não só Arendt, mas também Levi, Martin Buber, Hans Kohn e outros questionaram a narrativa que faz parte do discurso legitimador do Estado de Israel. Decerto se pode dizer que os refugiados judeus e não judeus na Europa, depois da Segunda Guerra Mundial, necessitavam de santuário, mas, como sabemos, aconteceram debates intensos sobre o lugar para onde os judeus queriam ir e quais eram suas aspirações culturais. *In the Shadow of the Holocaust* [À sombra do Holocausto], escrito por Yosef Grodzinsky, oferece um importante arquivo das disputas a respeito da ideologia política e do sionismo dentro dos campos de deportação[26]. Segundo ele, alguns judeus foram induzidos, por meio de coerção econômica ou de outros tipos, a emigrar para a Palestina, e muitos dos que emigraram não eram necessariamente sionistas dedicados. Mas a disputa entre judeus e sionistas nos

---

[26] Yosef Grodzinsky, *In the Shadow of the Holocaust: The Struggle between Jews and Zionists in the Aftermath of World War II* (Monroe, ME, Common Courage, 2004).

campos foi prolongada e intensa. Alguns defendiam que as cotas impostas pelos Estados Unidos e pelo Reino Unido à imigração de judeus deveriam ser abolidas, outros preferiam voltar para a Europa, e outros ainda buscavam ingressar em Estados comunistas. Além disso, como sabemos, também houve conflitos intensos entre judeus exilados sobre se deveria haver uma autoridade federal na Palestina, um modo de binacionalismo, uma comunidade [*commonwealth*] gerida por autoridades internacionais ou um Estado baseado na soberania judaica que garantiria efetivamente o domínio majoritário para sua população judaica. Desde 1948, no entanto, como mostram Idith Zertal e outros historiadores, os elos narrativos foram forjados repetidas vezes, de modo que hoje qualquer pessoa "razoável" acredita que o genocídio nazista contra os judeus determinou a fundação do Estado de Israel – e a fundação do Estado de Israel naqueles princípios de soberania judaica apoiados por David Ben-Gurion, envolvendo uma implantação militarizada do colonialismo de povoamento, uma fundação que ocorreu simultaneamente à Nakba, a destruição catastrófica de lar, terra e pertença para os povos palestinos.

Na verdade, nesse ponto no tempo reina uma grande confusão. Como a fundação do Estado nessas bases é compreendida como uma necessidade histórica para proteger o povo judeu, hoje muitas pessoas creem que qualquer crítica a Israel contribui para a deslegitimação do Estado e, portanto, busca reverter essa causalidade histórica e expor o povo judeu a uma nova destruição, representada repetidamente como o genocídio nazista. Mas se é histórica e politicamente necessário entender essa história como uma catástrofe fundadora e localizar aquela formação estatal específica (e não outra) como lugar de seu surgimento contingente, podemos ser capazes de começar a pensar fora dessa prisão narrativa. Uma das reivindicações é a de que era preciso um Estado naquelas terras ou os direitos dos refugiados dos campos nazistas teriam de ser assegurados em outras terras; outra reivindicação é a de que era preciso um Estado naquelas terras no qual os judeus pudessem ficar seguros (o que ainda não é necessariamente um argumento sionista, por mais que seja uma visão que preza pela segurança dos judeus acima de todos os outros refugiados possíveis); uma terceira demanda é a de que era preciso um Estado que assegurasse o autogoverno judeu à custa dos habitantes palestinos. Por fim, com o pleno entendimento do genocídio nazista e das despossessões traumáticas decorrentes dele, seria possível desenvolver a ideia de que os judeus sobreviventes são refugiados, e a de que os direitos dos refugiados devem ser honrados por meios legais e políticos. Porém, mais uma vez, isso não significa que o direito de um grupo de refugiados deve ser atendido legalmente por um meio que produza uma nova classe de refugiados.

Essa contradição fundante é ocultada pelo argumento causal que, além de ligar o genocídio nazista à fundação do Estado de Israel, dá pelo menos dois passos adiante e afirma que: (a) a fundação do Estado naquelas bases, e não em outras, foi legítima, e (b) quaisquer tentativas de criticar o Estado de Israel por sua política de expulsão, ocupação e confisco de terras resulta numa "deslegitimação" que ameaça inverter o curso da história e expor o povo judeu à violência genocida. Esses argumentos foram elaborados *ex post facto* para legitimar um aparelho estatal e uma ocupação colonial militarizada, para construir um sentido de direito de posse nacionalista e para renomear todos os atos de agressão militar como autodefesa necessária. Na verdade, quando questionamos a fundação ou a associamos à catástrofe, presume-se que somos insensíveis à destruição do povo judeu. Mas essa presunção só se sustenta se também presumirmos que o genocídio nazista determina o colonialismo de povoamento e a produção de novas classes de não cidadãos, cidadãos parciais e apátridas. Aliás, parece que outros tipos de valores e aspirações políticas surgiram e surgem à luz do genocídio nazista, valores e aspirações que buscam entender e evitar todas as formas de fascismo e todas as tentativas de despossessão coercitiva. Talvez pareça que acabei de propor abandonar o quadro de referência judaico. É verdade, mas também não o é. Parte do que pretendo é mostrar como a judaicidade tem estado, continua estando e deve continuar separada do sionismo. E parte do meu projeto neste livro é justamente sair do quadro de referência centrado no judaísmo para pensar o problema do sionismo e situar a judaicidade no momento de seu encontro com o não judaico, na dispersão do si-mesmo que segue desse encontro. É por isso que o leitor encontrará aqui ligações com o trabalho de escritores palestinos, mais notoriamente Edward Said e Mahmoud Darwish.

Afirmo que conseguir se afastar das amarras comunitárias tal como se formaram historicamente é uma batalha difícil e necessária, e que alguns aspectos da ética judaica exigem que nos distanciemos de uma preocupação voltada apenas para a vulnerabilidade e o destino do povo judeu. Proponho que esse afastamento de nós mesmos é a condição para certa relação ética, decididamente não egológica: ele é uma resposta às reivindicações de alteridade e cria a base para uma ética na dispersão.

Dito isso, este livro é errante desde o início – ele luta contra um comunitarismo sentimental e ofuscante que caracteriza tantos esforços, no interior do pensamento judaico, para continuar dentro do quadro sionista. Ele é uma documentação oblíqua de uma formação, e uma ruptura que, espero, será útil para outros que empreenderam uma luta análoga. Este livro não pretende ser uma história intelectual do pensamento judaico não sionista europeu, mas ele discute principalmente com alguns textos de tradições intelectuais europeias, submetendo-os à contestação dupla promovida pela visão política de Said e pela interpretação poética de Darwish das dificuldades de proximidades desejadas e não desejadas. O texto é distorcido pela minha própria formação, mas visa documentar o que pode e deve ser feito com a formação do próprio sujeito, como ela pode ser repetida de novas maneiras e em que sentido o afastamento dessa formação se torna ética e politicamente obrigatório (por razões tanto interiores quanto exteriores a essa formação). Então é isto: meu sintoma, meu erro, minha esperança...

# 1
# Tarefa impossível e necessária*

## Said, Lévinas e a exigência ética

Embora mesmo entre os que veem uma solução uniestatal e um ideal de binacionalismo com boa vontade se costume dizer que estes são objetivos impraticáveis, é igualmente verdade, sem dúvida, que um mundo onde ninguém sustentasse uma solução uniestatal e ninguém pensasse mais no binacionalismo seria um mundo radicalmente empobrecido. Considero que podemos dizer o mesmo sobre o pacifismo. Ele pode ser desacreditado como carente de pragmatismo político [*Realpolitik*], mas será que gostaríamos de viver num mundo em que não houvesse mais pacifistas? Que tipo de mundo seria esse?

Para mim foi uma surpresa, e também um presente, ler um dos livros mais recentes de Edward Said, *Freud e os não europeus*[1], não só pelo envolvimento vivo e renovado de Said com Moisés, mas porque Moisés torna-se para ele uma oportunidade de articular duas teses que, na minha opinião, vale a pena considerar. A primeira é a de que Moisés, um egípcio, é o fundador do povo judeu, o que significa que o judaísmo não é possível sem uma implicação determinante no que é o árabe[2]. Essa formulação contraria as definições asquenazes hegemônicas de judaicidade. Mas também encerra uma origem mais diaspórica para o judaísmo, o que sugere conceder um status fundamental à condição de que não é possível definir o judaico sem uma relação com o não judaico. Não se trata apenas de que, na diáspora, os judeus devam viver e vivam com os não judeus, e devam refletir sobre como exatamente viver em meio à heterogeneidade religiosa e cultural, mas também de que o judaico nunca pode ser separado totalmente da questão de como viver entre não judeus. A figura de Moisés, no entanto, representa um ponto ainda mais enfático – a saber, o de que, para alguns, judeu e árabe não são categorias plenamente

---

\* Apresentei esboços deste ensaio entre 2004 e 2006, e uma versão não autorizada apareceu na internet com o título "Jews and the Binational Vision" em *Logos*, v. 3, n. 1, 2004. O texto que aqui segue representa uma versão inicial do meu argumento e foi revisado para publicação neste livro.

[1] Edward W. Said, *Freud and the Non-European* (Londres, Verso, 2003) [ed. bras.: *Freud e os não europeus*, trad. Arlene Clemesha, São Paulo, Boitempo, 2004].

[2] É claro, alegar que Moisés é um judeu árabe já é em si algo discutível. Ver Jan Assman, *Moses the Egyptian: The Memory of Egypt in Western Monotheism* (Cambridge, Harvard University Press, 1998). O que é importante nesse aspecto, no entanto, é que Moisés emerge do Egito e, nesse sentido, também faz parte da história dessa nação, embora certamente fosse um escravo naquelas terras. Aliás, como errante, Moisés não está no exílio apenas de sua futura pátria, mas também do Egito, o que sugere que ele mesmo é uma imagem do exílio em que duas tradições se encontram.

separáveis, pois são vividas e incorporadas juntas na vida dos judeus árabes[3]. É claro que há motivos para suspeitar de todo recurso às origens, bíblicas e metafóricas, mas Said realiza aqui um experimento mental para nos incitar a pensar diferente. Na verdade, ele nos remete à figura de Moisés para mostrar que um momento fundacional do judaísmo – aquele em que a lei é transmitida para o povo – centra-se numa figura para a qual não existe distinção de vida entre árabe e judeu. Uma coisa está implicada na outra – será que essa figura também não seria útil para entendermos como as duas identidades se articulam entre si fora dos termos da situação presente, em que Israel, reivindicando representar um Estado baseado em princípios de soberania judaica, pratica formas de domínio colonial sobre os palestinos mediante privação de direitos, ocupação, confisco de terras e expulsão?

A segunda dimensão desse texto efetivamente deriva da primeira, uma vez que o texto de Said tem algo de súplica, de incentivo a considerar que o "deslocamento" caracteriza tanto a história do povo palestino quanto a do povo judeu, e, portanto, para Said, constitui a base de uma aliança possível e até desejável. Obviamente, essas formas de deslocamento não são precisamente iguais ou análogas. O Estado de Israel é responsável pelo deslocamento forçado dos palestinos e por sua subjugação constante; a despossessão dos judeus da Europa e sua destruição constituem sua história catastrófica própria, separada. Consideremos que existem modos historicamente específicos de catástrofe que não podem ser medidos ou comparados por nenhum padrão neutro ou comum. No entanto, não seria possível entender a despossessão dos outros e fazer frente a ela com base em outras extrapolações de sua própria história de despossessão?

Said pede ao povo judeu que atente para sua própria experiência de ter sido despossuído de suas terras e de seus direitos para forjar uma aliança com quem havia sido despossuído por Israel. Seu apelo supõe que deve ou deveria existir uma resistência judaica a Israel, que o povo judeu deve seguir uma trajetória histórica diferente da que seguiu Israel. Ainda que aceitemos, como devemos aceitar, a história singular da opressão judaica, não podemos concluir que os judeus serão sempre as vítimas, seja qual for o cenário político; que sua violência será sempre considerada justa autodefesa. Na verdade, admitir a singularidade de uma história é implicitamente se comprometer com a singularidade de todas as histórias, e nesse ponto já se pode fazer uma pergunta diferente. A questão não é corroborar que o sionismo seja como o nazismo, ou uma repetição inconsciente do nazismo com os palestinos no papel dos judeus. Analogias desse tipo não consideram os modos bem diferentes de subjugação, despossessão e condutas letais que caracterizam o nacional-socialismo e o sionismo político. Em vez disso, é preciso perguntar como certos tipos de princípios podem ser inferidos a partir de um conjunto de condições históricas para depois se prenderem a outro conjunto de condições históricas, um lance que requer um ato de tradução política que se recusa a assemelhar a experiência de um à do outro e, ao mesmo tempo, recusa o tipo

---

[3] Yehouda Shenhav, *The Arab Jews: A Postcolonial Reading of Nationalism, Religion, and Ethnicity* (Stanford, Stanford University Press, 2006), p. 185-204; Gil Anidjar, *The Jew, the Arab: A History of the Enemy* (Stanford, Stanford University Press, 2003).

de particularismo que nega qualquer possibilidade de articular princípios que digam respeito, por exemplo, aos direitos dos refugiados baseando-se na consideração comparativa desses e de outros casos de despossessão histórica. De fato, um possível legado moral e político do genocídio nazista contra os judeus (que foi, na realidade, um genocídio contra várias populações minoritárias) é uma oposição a todas as formas de racismo de Estado e suas modalidades de violência, uma reconsideração dos direitos de autodeterminação a serem concedidos a qualquer população mantida ou como minoria permanente (em Israel), ou sob condições de ocupação (Cisjordânia e Gaza), ou despossuída de terras e direitos (palestinos diaspóricos de 1948 e 1967).

Talvez o binacionalismo seja uma impossibilidade, mas esse simples fato não é razão suficiente para ser contra o binacionalismo. Não se trata apenas de um ideal "por vir" – algo que poderíamos esperar para um futuro mais ideal –, mas de um fato lamentável que está sendo vivido como uma forma histórica específica do colonialismo de povoamento e das proximidades e exclusões que reproduz por meio das práticas militares e reguladoras cotidianas de ocupação. Mesmo que nem os "judeus" nem os "palestinos" sejam populações monolíticas, eles vivem atualmente em Israel/Palestina vinculados um ao outro de maneiras insociáveis por um regime de lei e violência militar israelenses, um regime que tem produzido um movimento de resistência expresso em formas violentas e não violentas. Mas, em vez de começar com a história do sionismo como projeto colonial para entender de que maneira judeus e palestinos foram reunidos em uma só terra, Said sugere que é preciso repensar as origens bíblicas. Não por achar que a Bíblia algum dia já foi fonte legítima de fundação de qualquer ordem política – não é o caso –, e sim porque ela oferece uma imagem que pode nos ajudar a pensar de uma nova maneira. Moisés é a figura de catexia dos dois povos, uma conjuntura viva. Se considerarmos que Moisés não era europeu, isso significa que o judeu não europeu, o judeu árabe, está na origem do nosso entendimento do judaísmo – uma figura na qual "árabe" e "judeu" não podem ser dissociados. Esse fato tem implicações contemporâneas não só para repensar a história do povo judeu de maneiras que não presumem uma origem europeia e, portanto, incluem os judeus *mizrahim* e *sefardim* como centrais para sua história, mas também para entender que o "judeu árabe" constitui a conjuntura, o quiasma e a coabitação (entendida como coarticulação com a alteridade) como princípio fundador da vida judaica.

Desse modo, Said observa que o não europeu, do ponto de vista dos judeus asquenazes, é fundamental para o significado do judaísmo. Quando leio as palavras de Said sobre esse assunto, agradeço pela compreensão de judaicidade que eu jamais teria sem ele. Desse modo, ele age como o "não europeu" que poderia "fundar" o povo judeu de novo. Por mais que possa soar insolente, para mim é comovente evocar uma aliança originária e insuperável. Embora Said não tenha sido um entusiasta do pós-estruturalismo e sua crítica do sujeito (em *Orientalismo*, por exemplo, ele faz duras advertências contra a crítica foucaultiana do humanismo)[4], fica claro

---

[4] Edward W. Said, *Orientalism* (Nova York, Vintage, 1978) [ed. bras.: *Orientalismo: o Oriente como invenção do Ocidente*, trad. Rosaura Eichenberg, São Paulo, Companhia de Bolso, 2007].

que aquilo de que ele mais gosta na defesa freudiana de Moisés como o não europeu, o fundador egípcio dos judeus, é o desafio que a figura de Moisés representa a uma política estritamente identitária. Se Moisés representa uma aspiração política contemporânea, é uma que recusa se organizar exclusivamente sobre princípios de identidade nacional, religiosa ou étnica, uma que aceita certa impureza e mistura como condições irreversíveis da vida social. Além disso, para Said, Freud exemplifica corajosamente a ideia de que mesmo a identidade comunal mais definível, mais identificável, mais obstinada – e, para Freud, essa era a identidade judaica – tem limites inerentes que a impedem de ser totalmente incorporada numa identidade monolítica e unificada, singular e exclusiva. Said sustenta que não se pode pensar ou analisar a identidade por si só; ela não pode se constituir nem mesmo se imaginar "sem aquela quebra ou falha original radical que não será reprimida, porque Moisés era egípcio e, portanto, sempre esteve fora da identidade dentro da qual tantos se posicionaram e sofreram – e, depois, talvez, até triunfaram" (FNE, p. 82)[5].

É notável que, embora Said reflita sobre as origens do judaísmo, ele encontre lá, no local dessa origem, uma impureza, uma mistura com a alteridade (o que os filósofos continentais chamariam de alteridade inerradicável), que se revela constitutiva do que é ser judeu. Diz ele: "A força desse pensamento é que ele pode ser articulado dentro e dirigir-se a outras identidades sitiadas [...], as tratando como feridas seculares, perturbadoras, desabilitadoras, desestabilizadoras" (FNE, p. 82). Embora não fique claro de imediato o que significam "feridas seculares", pode-se dizer que, para Said, o secularismo fere ou rompe modos não seculares de pertencimento político; nesse sentido, o secular fere laços sociais putativamente tradicionais. Todavia, ao que parece, depois de uma ferida tornam-se possíveis novas formas de pertencimento. Ele questiona se deveríamos continuar pensando em termos de dois povos diaspóricos vivendo juntos, em que o diaspórico, entendido como uma maneira de realizar a identidade apenas com o outro e por meio do outro, torna-se a base para certo binacionalismo. Poderia essa ideia aspirar à condição de uma política da vida diaspórica? Said pergunta: será que um dia poderia se tornar o alicerce não tão precário, na terra de judeus e palestinos, de um Estado binacional em que "Israel e Palestina sejam partes e não antagonistas da história e da realidade subjacente um do outro?" (FNE, p. 82). Gostaria de examinar mais além: será que o binacionalismo se torna pensável justamente por meio de uma política que *afirma* a irresolução da identidade? Será que podemos pensar um binacionalismo que nos leva além tanto da nação quanto do par judeus/palestinos, um binacionalismo negado tanto pelos judeus árabes quanto pelos árabes israelenses?

A serviço desse projeto – binacionalismo, irresolução de identidade, e por que pode valer a pena considerar politicamente os dois –, espero tratar a questão de uma resistência judaica ao sionismo como um fenômeno contemporâneo intelectual e político. Esse fenômeno tem uma história que não só é "arcaica" no sentido exemplificado por Moisés, mas também foi formulada de diversas maneiras (em geral pouco reconhecidas) durante toda a história judaica europeia do século XX.

---

[5] Ibidem, p. 54.

Acredito que conseguimos encontrar, por assim dizer, premonições históricas do pós-sionismo – que defino como um chamado à sua dissolução feito por quem se formou em sua matriz – anteriores ao próprio sionismo, ou então como parte de versões iniciais do sionismo.

Estranhamente, a posição liberal clássica é geralmente vista como "pós-sionista", sugerindo que essa referência política do século XVIII representa uma ameaça futura ao projeto do sionismo. No entanto, a posição classicamente liberal – em particular, a de que raça, religião e etnia não deveriam ser requisitos para a cidadania – é alvo de críticas ferrenhas. Quando um israelense declara publicamente que gostaria de viver num Estado secular, um Estado que não discrimine com base em religião, etnia ou raça, é comum que tanto ele quanto sua posição sejam censurados por ajudar e encorajar a "destruição" do Estado judaico, ou por cometer traição. Se um palestino (israelense ou não) expõe a mesma posição, a saber, de que a cidadania não deveria ser determinada por pertencimento religioso ou étnico, isso chega a ser considerado um ato "terrorista". Como se tornou historicamente possível que os preceitos do liberalismo clássico fossem igualados ao terrorismo e ao genocídio no início do século XXI?

Como devemos entender essa acusação de "destruição"? Nós a ouvimos com bastante frequência, acredito, e a palavra *destruição* ressoa com aquela outra expressão, a destruição do povo judeu, que era, afinal de contas, o objetivo declarado do genocídio de Hitler. Quando ouvimos a palavra *destruição* de novo, como consequência lamentável de sustentar uma visão crítica do sionismo, as ressonâncias do termo são usadas contra a pessoa que defende tal visão. Acredita-se que quem clama pela dissolução de um regime injusto, mas não pela destruição da população, é alguém que não consegue enxergar que aparentemente apenas um regime injusto pode proteger a população judaica. Desse modo, acredita-se que essa pessoa, ao pedir justiça, pede um genocídio. A crítica do sionismo, portanto, é entendida como oriunda de uma insensibilidade fundamental ao genocídio nazista contra os judeus, ou como uma forma de cumplicidade com esse mesmo genocídio. A crítica do sionismo e de seu comprometimento estrutural com a violência de Estado contra as minorias é, então, associada à violência maciça contra os judeus, à reiteração da inefável catástrofe, e, com isso, à colaboração mais inescrupulosa com a política hitleriana. De fato, assim que essa associação é feita – e eu diria que isso acontece instantaneamente –, a conversa chega ao fim, e aquele ponto de vista, curiosamente, é excluído do domínio do discurso político aceitável. Se o que a crítica oposta ao sionismo pede é o estabelecimento de uma nova ordem política baseada em princípios elaborados pelo liberalismo clássico – ou seja, com a rígida separação da religião, por exemplo, em relação a quaisquer condições de cidadania, formal e substantiva, e não precisamos ir além de Locke ou Montesquieu para reivindicar isso –, então parece que o liberalismo clássico é justamente o que ameaça o Estado de Israel. Por conseguinte, quando a "destruição" daquele Estado surge como consequência de se sustentar a ideia de que religião e condições da cidadania deveriam ser coisas separadas, impede-se um debate aberto sobre a possibilidade de desenvolver e implantar naquela região critérios não excludentes para os direitos de cidadania. Na verdade, é possível adotar essas ideias e ser rigorosamente pacifista ou acreditar que tal transição para uma nova ordem política deveria acontecer por meios não violentos, pela elaboração de novas formas de leis e projetos de redistribuição de terra que busquem compensar décadas de confisco de terras. Porém, nesses casos, quem sustenta essas ideias é acusado de incitar a "violência" e a "destruição", como em "essas visões levam à destruição do Estado de Israel".

Se prestarmos a devida atenção a essa linha, no entanto, veremos que a acusação de que "essas visões levam à destruição do Estado de Israel" se baseia ilicitamente na afirmação de que "essas visões levam à destruição do povo judeu", ou, de maneira mais elíptica, "dos judeus". Mas está claro que uma coisa é perguntar sobre as condições políticas e econômicas sob as quais judeus e não judeus poderiam viver de maneira justa e pacífica, e pensar em formas de governo que exigiriam a transição do regime atual para outro que constituiria uma solução uniestatal ou uma forma de poder federado; outra coisa completamente diferente é pedir a destruição violenta de um Estado ou a violência contra sua população. Na verdade, a razão para imaginar uma nova ordem política depois do sionismo pode muito bem se basear no reconhecimento de que nenhum Estado consegue se manter de maneira legítima pela subjugação violenta de uma população nativa e minoritária daquela terra. Na verdade, imaginar uma ordem política depois do sionismo pode muito bem ser a única saída para a violência e a destruição.

A enunciação pública dessa tese pede ao Estado de Israel que cogite levar adiante atos formais que garantam uma igualdade mais inclusiva e que acabem com as formas contemporâneas de discriminação, violência diferencial e assédio diário ao povo palestino. Essas perspectivas requerem um novo conceito de cidadão, uma nova base constitucional para o país, uma reorganização radical da estrutura fundiária, uma distribuição das terras em estado ilegal e, mesmo que minimamente, um conceito de multiculturalismo que se estenda para habitantes judeus, árabes e cristãos daquelas terras. Ora, é possível dizer que todas essas proposições são irracionais e ingênuas, mas mesmo assim teríamos de perguntar se a recusa de reorganizar uma ordem política com base em princípios de igualdade, proteção contra a violência e justa redistribuição de terras é, em si, fundada em desejos tácitos ou explícitos de garantir uma vantagem demográfica judaica ou em noções de pureza cultural e religiosa. Parece-me que, nesse ponto, os riscos afetivos do nacionalismo circunscrevem efetivamente o domínio do discurso político aceitável.

De maneira semelhante, quando a pergunta "vocês aceitam o direito de Israel existir?" é feita (repetidamente) aos palestinos, ela costuma ser interpretada como sinônimo de "vocês são a favor da destruição física de Israel, entendida como a propriedade, a vida, as instituições e os atuais limites territoriais israelenses considerados como uma totalidade indissolúvel?". No entanto, a pergunta relativa ao "direito" de existir é de outra ordem, pois faz indagar se as reivindicações territoriais e o aparelho estatal se fundam em bases legítimas (e se a contínua expansão territorial que se dá por novos caminhos, como o muro de separação e os novos assentamentos, não passa de apropriação ilegal de terras). Pode-se dizer, por exemplo, que a fundação não foi de modo algum legítima, mas que a política prática requer que se negocie com o Estado de Israel e que se encontre um modo de cooperação entre os palestinos e o Estado israelense atual. Tal visão realista também pode alegar que, embora sua fundação tenha sido ilegítima, Israel tem maneiras concretas de oferecer restituição pelas terras roubadas e populações deslocadas desde 1948 e deveria fazê-lo. Em outras palavras, não se pode concluir que contestar a legitimidade da fundação de Israel e suas contínuas reivindicações de certas terras implica ser a favor da destruição violenta do atual Estado de Israel. Ao contrário, isso indica que atos de injustiça como expulsão, matança e destituição de direitos não só caracterizam a fundação do Estado, mas continuaram e continuam sendo os modos básicos de reprodução do Estado e seu efeito de legitimação. Pedir o fim dessas práticas e uma nova ordem política para a região constitui pontos de vista políticos, e isso não pode ser comparado à artilharia direcionada a Haifa ou Tel-Aviv. A análise pode esclarecer por que um povo, despossuído e submetido ao poder militar, recorre aos próprios recursos militares para resistir e reverter essas injustiças. Mas, para o que me proponho aqui, quero apenas enfatizar que, quando usamos fundamentos políticos para tratar a questão da legitimidade do Estado israelense e de suas ordens políticas, temos razões para pensar que a reflexão e a negociação políticas podem ser os meios para estabelecer o Estado sobre fundamentos novos e legítimos. Mas, caso se considere que tratar a questão da legitimidade é uma declaração de guerra, então a questão da legitimidade não pode ser admitida na esfera da política. Assim, a própria rejeição da questão estabelece a guerra como modo necessário de expressão para essa perspectiva política.

## DE BUBER A ARENDT: LEGADO MISTO

Hannah Arendt estava longe de brandir armas quando, entre o final dos anos 1940 e o início dos anos 1950, criticou Israel como Estado baseado em noções de soberania judaica. Agora ela se torna um recurso para o pós-sionismo, até mesmo um traço do pós-sionismo que já existia antes de seu início histórico. Arendt talvez tenha sido a mais ávida crítica judia secular do sionismo no século XX, e ela conseguiu articular razões pelas quais considerava o estabelecimento do Estado de Israel ilegítimo sem, no entanto, clamar por uma guerra contra essa ordem política. Chamá-la de judia secular é uma afirmação complicada, uma vez que o tipo de secularismo que ela defendia só podia ser entendido se contraposto a um judaísmo religioso. Ela não era, por exemplo, uma cristã secular, o que significaria outra coisa. E seu secularismo só poderia ser entendido em relação à religiosidade específica que ela rejeitava. Em outras palavras, seu modo de habitar o judaísmo passava por seu secularismo, e eu diria ainda que seu secularismo guardava uma orientação especificamente judaica – uma orientação que, no caso, lhe permitiu manter uma identidade judaico-alemã no exílio. Nesse sentido, seu secularismo não nega seu judaísmo, mas constitui seus modos particulares de vida, e é por isso que "judeu secular" não é uma contradição em termos, mas uma descrição historicamente adequada desde meados do século XX.

As vigorosas críticas de Hannah Arendt aos fundamentos de Israel foram reunidas num livro chamado *The Jew as Pariah* [O judeu como pária] e, mais recentemente, publicadas pela editora Schocken como *Hannah Arendt's Jewish Writings*\*. Embora fosse judia, ela defendia que Israel *não* devia ser um Estado judaico e achava que os esforços do Estado para legitimar suas reivindicações à terra por meio da violência eram formas racistas de colonização que só podiam ter como resultado o conflito permanente. Ela também contestou o papel das superpotências no, digamos, engendramento da solução de 1948, pois argumentava que nenhuma ordem política podia ser fundada e sustentada sem o exercício democrático e popular da liberdade. De fato, 1948 – como solução imposta a uma comunidade, em parte por forças que não habitavam aquela terra – foi o exato oposto da revolução democrática que ela abordou em *Sobre a revolução*, em que uma pluralidade age por meio de uma ação conjunta para fundar uma ordem federalista legal e política.

Embora Arendt se identificasse com o sionismo na década de 1930, ela deixou claro, numa entrevista realizada em 1972, que não poderia mais se identificar dessa maneira: "Não pertenço a grupo nenhum. Os sionistas foram o único grupo ao qual já pertenci. Só por causa de Hitler, o que é compreensível. E só de 1933 a 1943. Depois disso, rompi"[6].

As críticas de Arendt ao Estado de Israel advêm de sua crítica do Estado-nação e do colonialismo[7]. Martin Buber, por outro lado, era um sionista cultural, nada secularista, e, embora defendesse iniciativas conjuntas, não erigiu críticas a Israel como uma forma de colonialismo de povoamento. Sua versão do sionismo se tornou tão anatêmica à luz dos enquadramentos contemporâneos do sionismo que hoje é tida como "pós-sionista" ou simplesmente "antissionista". Sua posição política foi firmemente derrotada pelo estabelecimento de Israel como Estado judaico em 1948, um ato que, para ele, solaparia de modo definitivo o próprio sionismo. Na época, ele e outros membros da organização Ihud questionaram a legitimidade da declaração da soberania política de Israel como Estado judaico, feita em 1948 por Ben-Gurion. Com Judah Magnes e Hannah Arendt, ele defendeu, em 1946 e 1947, uma ordem política binacional que funcionaria em um modelo federativo. Na época, os Estados Unidos e a Grã-Bretanha estavam fechando as portas para a imigração judaica. E, como hoje sabemos, Ben-Gurion pediu às principais potências que fechassem suas portas a judeus requerentes naquela mesma época, a fim de garantir que muitos judeus encontrassem refúgio apenas na Palestina e, com isso, reunir a população judaica para constituir uma maioria demográfica de judeus em relação aos árabes. Depois disso, ele declarou a fundação do Estado de Israel com base nos princípios da soberania judaica em 1948.

---

\* Publicado em 2008. Ed. bras.: *Escritos judaicos* (trad. Laura Degaspare M. Mascaro, Luciana Garcia de Oliveira e Thiago Dias da Silva, Barueri, Amarilys, 2016). (N. E.)
[6] Hannah Arendt, "I Do Not Belong to any Group", conversa com Hans Morgenthau e Mary McCarthy, em Hannah Arendt, *The Recovery of the Public World* (org. Melvyn A. Hill, Nova York, St. Martin's, 1979).
[7] Ver minhas discussões sobre as ideias de Arendt nos capítulos 4 e 5.

As ideias de Buber têm sido regularmente postas de lado como idealistas, embora se reconheça que elas forneceram o *éthos* para o início do movimento kibutziano. A cegueira mais significativa de sua posição, no entanto, foi em relação à impossibilidade de tentar cultivar certos ideais de cooperação nas condições estabelecidas pelo colonialismo de povoamento. Buber parece não ter entendido que o projeto do colonialismo de povoamento, com o confisco de terras e a subjugação dos trabalhadores palestinos, destruiu a possibilidade de realizar seus ideais cooperativos. Embora sua obra inicial defendesse um sionismo espiritual que se distanciaria das reivindicações de terra e soberania nacional, ele acabou idealizando a prática do trabalho com a terra, incorporando a suas ideias uma lógica neolockeana para a apropriação de terras. Ele de fato compreendia o assentamento das terras como uma realização do sionismo, mesmo que não aceitasse a reivindicação da soberania política para o povo judeu. Em vez disso, ele vislumbrava esforços agrícolas cooperados como a base de qualquer ordem política futura. Penosamente, no entanto, descrevia em termos neutros os assentamentos judeus como "colonização", e chegou a aceitar que a colonização tinha suas virtudes. E buscou, paradoxalmente, formas humanas de colonização, defendendo o que chamava de colonialismo concentrador, em vez de um colonialismo "expansionista"[8]. O uso da palavra *concentrador* no início da década de 1940 deve ter carregado ressonâncias terríveis, dadas suas associações com o *Konzentrationslager* alemão; no entanto, a ideia torna-se ainda mais preocupante quando vemos o "sucesso" do colonialismo concentrador na Cisjordânia e, mais enfaticamente, em Gaza, onde as condições de vida são restritas e pobres em consonância com o modelo concentrador.

Embora Buber claramente não estivesse preparado para realizar uma crítica do colonialismo, ele defendeu, admiravelmente, a ideia de um Estado federado no qual a autonomia cultural judaica e palestina pudesse ser mantida, e no qual a maioria jamais pudesse se colocar na posição de tiranizar a minoria. Ele também exigiu iniciativas econômicas conjuntas, a devolução das terras árabes tomadas em 1948 e redistribuídas ilegalmente em 1950, e pediu ao povo israelense que tentasse entender por que a violência palestina contra os judeus existia. Criticou os israelenses por terem traído a confiança dos árabes e não realizado um autogoverno cooperativo, a justa distribuição de terras aráveis, a justa adjudicação dos direitos de propriedade, e também por não terem reconhecido a humanidade de seus vizinhos[9]. Para Buber, os modos de cooperação civil e econômica levariam organicamente a uma forma de governo baseada num modo de vida compartilhado entre árabes e judeus. Recomendou que o processo de paz e cooperação começasse no

---

[8] Para a discussão de Martin Buber sobre o "colonialismo concentrativo", ver "Concerning Our Politics", em *A Land of Two Peoples: Martin Buber on Jews and Arabs* (org. Paul Mendes-Flohr, Chicago, University of Chicago Press, 2005), p. 137-42.

[9] Em seus escritos públicos, Buber criticou os israelenses por terem traído a confiança dos árabes e ofereceu uma maneira de compreender, sem condenar, a resistência árabe à violência militar sionista em agosto de 1929. Ver sua resposta ao repúdio do sionismo por parte de Hans Kohn, sob a alegação de que sua política em relação aos "árabes" – palestinos – não tinha nenhuma justificação ética: "Hans Kohn: 'Zionism Is Not Judaism'", em Martin Buber, *A Land of Two Peoples*, cit., p. 97-100.

nível cultural, com a organização da própria vida, e achava que uma forma de Estado não deveria ser imposta. Na visão dele, uma forma internamente complexa de governo federativo para a região poderia surgir e surgiria de uma vida comum elaborada em conjunto[10]. O que Buber não entendeu é que nenhum projeto "comum" poderia fazer com que se esquecessem os confiscos de terra já ocorridos, e que seus fundamentos para reivindicar o direito judeu à terra instalaram um nacionalismo agressivo no cerne da sua ideia de cooperação. Curiosamente, ele acreditava que os objetivos do sionismo político, que eram distintos de sua forma de sionismo cultural, "perverteriam" o espírito do sionismo. Em seus escritos públicos anteriores a 1948, ele deixava claro que o sionismo não deveria ter nada a ver com território político e Estados políticos. De maneira semelhante, Franz Rosenzweig escreveu em *The Star of Redemption* [A estrela da redenção] que a vida judaica era, por definição, uma vida errante e de espera. Para ele, chegar a uma terra e tornar a judaicidade uma questão de propriedade e Estado representava uma má compreensão da base diaspórica dos valores judaicos.

## Lévinas

Se voltarmos à formulação de Said, veremos que a figura de Moisés oferece uma concepção de "coabitação" diferente da que vemos na ideia de "cooperação" em Buber. A figura de Moisés une em sua pessoa tradições díspares – judaica e não judaica. Se o vínculo do judeu ao não judeu é condição da vida judaica, então judeu e não judeu são inseparáveis: não podemos pensar o judeu, pelo menos, sem o não judeu, embora não saibamos se a relação recíproca também é verdadeira. Ser judeu, contudo, significa viver em relação ao não judeu, encontrar uma maneira de recusar o fechamento identitário. Desse modo, Said talvez esteja mais próximo da posição ética de Lévinas do que Buber. Afinal, para Lévinas, o sujeito é constituído pelo outro, e, embora algumas vezes o filósofo tenha em mente o outro "infinito", ele também está certo de que essa infinidade só se faz conhecer pelo rosto, o rosto de outra pessoa que carrega consigo uma exigência infinita. Pode-se dizer que a outra pessoa está "ali", ela "não sou eu", e, por isso, é uma "alteridade" num sentido claramente localizável. Mas, ao mesmo tempo – e essas ideias precisam, de algum modo, ser pensadas juntas –, esse outro também me constitui, e, por dentro, eu sou cindida por essa exigência ética que, simultânea e indissoluvelmente, está "ali" e "aqui dentro" como condição constitutiva de mim mesma.

Essa posição difere do "Eu-Tu" de Buber, que sustenta identidades separadas, culturalmente distintas, que, não obstante, unem-se como iniciativa e diálogo cooperativo. A posição levinasiana assume a assimetria da relação entre o sujeito e o Outro; também assume que esse outro já sou eu, não assimilado como "parte" de mim, mas inassimilável como aquilo que interrompe minha própria continuidade e impossibilita um si-mesmo "autônomo" a certa distância de um outro "autônomo". De fato, se tomada a sério, a posição levinasiana destruiria a noção

---

[10] Ver o manifesto de Buber de 1947, "Two Peoples in Palestine", em *A Land of Two Peoples*, cit., p. 194-202.

filosófica de diálogo em Buber, apesar das ressonâncias superficiais entre elas. Gostaria de sugerir que a "interrupção" levinasiana pelo outro, o modo como a ontologia do si-mesmo se constitui baseando-se na erupção prévia do outro no meu próprio cerne, envolve uma crítica do sujeito autônomo e da versão do multiculturalismo que considera que as culturas são domínios autônomos cuja tarefa é estabelecer o diálogo com outras culturas. Na visão de Lévinas, há uma heterogeneidade que antecede meu ser e constantemente descentra o sujeito autônomo que pareço ser. Ela também complica permanentemente a questão da localização: onde "eu" começo e termino, e quais são os parâmetros localizáveis do "Outro"? Essa posição está mais próxima das ideias de Said que das de Buber, por mais estranho que pareça. Afinal, a política de miscigenação decorrente da visão de Said a respeito de Moisés aparenta constituir a alternativa mais radical.

Na verdade, inicialmente eu esperava conseguir extrair de Lévinas a mais forte declaração judaica de uma obrigação ética para com o outro, uma vez que tal obrigação não seria contingente, mas resultaria da constituição da subjetividade pela alteridade e na alteridade. É claro, fazer uso de Lévinas para uma política de esquerda é justamente interpretá-lo contra seu próprio sionismo e sua recusa de aceitar que os palestinos tenham uma exigência ética legítima em relação ao povo judeu. Em termos filosóficos, Lévinas esboça uma cena ética na qual somos obrigados, na maioria das situações, a preservar a vida do outro – obrigados pela alteridade que ali encontramos. Sob uma análise mais detalhada, no entanto, descobre-se que essa cena, que parecia nos obrigar universalmente, é restrita em termos culturais e geográficos. A obrigação ética para com o rosto do outro não é uma obrigação que alguém pode ou consegue sentir em relação a todo e qualquer rosto. Aliás, em determinado momento numa palestra na Universidade da Califórnia em Irvine, Derrida afirmou que, se tivesse de responder a todo e qualquer rosto, inevitavelmente acabaria se tornando irresponsável. Se isso for verdadeiro, então a exigência ética não precede as noções de autonomia cultural, e sim é enquadrada e restringida de antemão por certas noções de cultura, etnia e religião. Isso tem implicações concretas na compreensão do mandamento "não matarás". Para Lévinas, a proibição da violência é restrita às pessoas cujos rostos me exigem algo, e, ainda assim, esses "rostos" são diferenciados em virtude de seus fundamentos religiosos e culturais. Isso nos leva a perguntar se existe alguma obrigação de preservar a vida de quem aparece "sem rosto" na visão dele, ou, talvez, para ampliar sua lógica, de quem não aparece de modo nenhum, em virtude de não ter um rosto.

Ainda não vimos um estudo sobre os "sem-rosto" em Lévinas, mas vamos supor que ele esteja em curso. O fato de os palestinos continuarem sem rosto para ele (ou de serem um paradigma para os sem-rosto) gera um dilema um tanto complexo, pois Lévinas nos dá muitas razões para extrapolar politicamente a proibição de matar. Por exemplo, para Lévinas, a tradição messiânica busca explicitamente combater a política da vingança, e o leitor poderia concluir razoavelmente que isso o levaria a uma política não nacionalista e a uma via de violência mínima. Quando se opõe à vingança, ele argumenta que não se obtém justiça nenhuma ao matar quem matou os nossos próximos, ou matar quem tememos que nos mate. Lévinas afirma que a violência em nome da justiça produz um sofrimento que jamais atua como juízo final. Essa afirmação é estranha e merece uma análise mais detalhada. O sofrimento não é um "sinal de juízo", tampouco o ato pelo qual se lida com ou se administra o juízo. Portanto, não podemos, como resultado, interpretar nosso próprio sofrimento como juízo, nem fazer o outro sofrer como se esse sofrimento fosse um juízo do que é verdadeiro e correto. Lévinas parece argumentar que é um erro pensar que quem sofre violência deve ter feito algo de errado. O pressuposto da tragédia grega é refutado por uma visão especificamente judaica do sofrimento: os crimes da história nem sempre abatem os inocentes; às vezes abatem os culpados, mas trata-se de uma contingência, pois a ordem do julgar e a ordem do sofrer (que pertence à ordem da história) são radicalmente distintas. Quando os criminosos sofrem e são "abatidos, não há a mão de Deus por trás disso; essas formas de 'abater' não são o mesmo que 'juízos'. Acontecimentos históricos como esses não transmitem propósitos divinos nem a retidão ética da sequência histórica. Não é possível dizer que ser abatido significa ter sido julgado como errado e, por isso, sofrer o resultado de um juízo. 'Hilel sabia que a história não julga'" (DF, p. 23). Nenhum acontecimento histórico pode julgar uma consciência. Não importa o quanto os acontecimentos sejam calculados, eles em si são considerados "insensatos": não contêm nem implicam nenhuma forma de juízo.

Para Lévinas, então, o messianismo parece ligado ao fato de que o juízo não ocorre e não pode ocorrer na história. A ordem da moral não se evidencia em nenhuma sequência de acontecimentos na história, e não podemos considerar que os acontecimentos históricos, por mais terríveis ou felizes, exercem ou revelam juízos morais de qualquer tipo. No entanto, existe uma forma de juízo perante a qual somos chamados, por assim dizer, e que assume a forma de uma atribuição incontestável, uma atribuição que não acontece na cronologia ou na história, uma atribuição advinda de uma modalidade que não o tempo histórico, constituindo sua própria anterioridade. Cada um é chamado a responder eticamente, e esse chamado é a ação efetiva do messiânico na vida humana. Se o messianismo está envolvido com uma forma de espera, uma espera pelo Messias e, na verdade, uma espera por justiça, ele também é exatamente uma espera que não pode ser satisfeita no tempo histórico. O messianismo é diferente da escatologia[11]. Quem espera o juízo no tempo espera por aquilo que o próprio tempo *nunca* pode dar. Se há algum sentido no messiânico, ele consiste na interrupção do tempo histórico por algo exterior a ele. Benjamin parece ter uma visão semelhante, principalmente em "Sobre o conceito de história". Sem dúvida, vemos indícios disso em Kafka também.

Em "La pensée juive aujourd'hui" [Pensamento judaico hoje], Lévinas oferece uma interpretação de um comentário de Rashi, no qual se relata uma discussão entre estudiosos talmúdicos. Eles perguntam: "como poderíamos saber quem é o

---

[11] Para Lévinas, a tradição messiânica articula uma relação com o sofrimento. Ele cita duas declarações rabínicas: "O dia de chuva é tão grandioso quanto o dia em que nos foi dada a Torá" e "O dia de chuva é tão grandioso quanto o dia em que se criou o céu e a terra". Ele então relaciona essa igualdade de grandiosidades à ideia de justiça e diz que "talvez seja esse estado de espírito o que normalmente chamamos de messianismo judaico" (DF, p. 36).

messias?", e um deles conclui que "o messias poderia (muito bem) ser eu" (DF, p. 89). Rashi não responde nada, apenas deixa a questão no ar. De fato, trata-se de uma pergunta permanentemente aberta: o Messias poderia ser eu? Então, o "quem, eu?" aparece nessa frase com um ponto de interrogação. É uma pergunta que não pode ser respondida em definitivo, mas apenas repetida, pois cada "eu" que põe a questão será um "eu" diferente. É a operação retórica da "infinidade" da exigência ética, no sentido de Lévinas. De acordo com esse comentário específico, se o Messias é o homem justo que sofre, ele é também o homem que toma o sofrimento dos outros e que deve carregar parte da responsabilidade partilhada infinitamente, característica do messiânico.

Embora nosso sofrimento não reflita um juízo, o sofrimento dos outros formula a substância da exigência ética que nos é imposta continuamente. Para Lévinas, não existe "escapatória" dessa responsabilidade: "o fato de não escaparmos do fardo imposto pelo sofrimento dos outros define o si-mesmo". Em seguida, ele diz que "todas as pessoas são o Messias", e "O Eu (*Moi*) é aquele que se prometeu carregar toda a responsabilidade do mundo" (DF, p. 86).

O messiânico, portanto, é não só uma experiência de espera e sofrimento, mas também uma receptividade involuntária e infinita ao mandamento que torna a responsabilidade pelo outro coincidente com a responsabilidade pelo si-mesmo. Na verdade, a responsabilidade pelo outro constitui a estrutura ecstática do si--mesmo, o fato de eu ser chamada fora de mim mesma e de que essa relação com uma alteridade me define essencialmente. Quando perguntamos "Quem poderia ser o Messias?", e depois colocamos a questão "serei eu?", indicamos com essa última pergunta que o sofrimento dos outros pode muito bem ser de nossa responsabilidade e de mais ninguém. Perguntamos: "Será que estou sendo interpelado pelo sofrimento de alguém, e, se sim, de quem?". Desse modo, embora o messiânico seja geralmente identificado com uma única pessoa que pode ou não chegar a tempo, para Lévinas o messiânico está presente toda vez que fazemos a pergunta: "quem, eu?". Para ele, esse momento não é estritamente histórico – ou seja, não acontece em resposta a essa ou aquela situação de sofrimento. A exigência atravessa o tempo histórico e não pode ser "relativizada" em razão da localização histórica, ou assim parece, se levarmos esse argumento à sua conclusão lógica. O messiânico não aparece no tempo sincrônico, e não existe uma verificação final de "quem" é o Messias, uma vez que o propósito do messiânico é manter aberta a questão do "quem". O messiânico se revela oblíqua e infinitamente na forma da pergunta que articula a exigência ética. *Quem, eu?* Na verdade, não há razão a ser encontrada fora da pergunta de que deveria ser eu, mas a pergunta me implica, assim como implicaria qualquer pessoa a quem ela se dirigisse (e, presumivelmente, ela se dirige a todas as pessoas).

Mas se essa exigência surge de uma zona não histórica, do que ele chama a ordem do juízo distinta da ordem do acontecimento, que é a história, fica difícil entendermos a que, exatamente, somos obrigados a responder. Parece que não às nossas circunstâncias históricas ou formas históricas específicas de sofrimento. Para Lévinas, o messianismo estabelece uma perspectiva que considera tanto a história quanto a política arbitrárias, injustificadas, até mesmo absurdas: se não sentirmos o elemento absurdo na história, é porque uma parte de nossa sensibilidade messiânica se perdeu.

Em *Difficile liberté* [Difícil liberdade], fica claro que Lévinas está se referindo à sensibilidade messiânica de um coletivo específico, os judeus, que, na visão dele, vivenciaram a violência arbitrária dos acontecimentos históricos. E, muito embora tenhamos ouvido que essa perspectiva ética atravessa o tempo histórico, Lévinas parece se esquecer de seu preceito e entra rapidamente na discussão de Israel como um lugar, um povo e um Estado históricos. De fato, ele chega a dizer que a sina dos judeus é agir nos termos de um particularismo universalista. Essa sina não é arbitrária, mas necessária. E embora, na visão dele, a natureza dos acontecimentos históricos seja arbitrária, a tarefa dos judeus – sua sina – é reconciliar o particular com o universal. Por um lado, essa tarefa é sina e não acontece "na história". É um destino ou tarefa singular e predestinada, uma tarefa recorrente que continua indiferente aos acontecimentos históricos particulares. Por outro lado, essa "sina" a-histórica fundamenta sua defesa do sionismo como realidade histórica e contemporânea. Se essa sina é necessária e a-histórica, então não é o mesmo que a história, entendida como sequência arbitrária e campo de acidentes, distinta do domínio do juízo e da moral. Evoca-se, portanto, a absurdidade dos acontecimentos humanos para refutar a ideia de que o sofrimento histórico é uma forma de "juízo" moralmente necessário a respeito dos que sofrem. Mesmo assim, o sionismo se torna uma "sina" que exerce certa necessidade *na* história.

Desse modo, surge a questão crítica: o sionismo é um movimento e um conjunto de crenças e práticas formados historicamente, ou uma "sina" a-histórica que se repete na história em virtude de um tipo de necessidade? Se for histórico, é porque nele não há razão moral; se for a-histórico, constitui uma necessidade moral que atravessa o tempo histórico e tem um significado fora de qualquer história. De maneira semelhante, descobrimos que as descrições da relação ética em Lévinas requerem uma despossessão do si-mesmo que é contestada por suas descrições do sionismo, nas quais ele recorre a noções estabelecidas de autonomia e identidade e busca a superação da despossessão para os judeus (mas não a da despossessão para todos, exceto na medida em que o judeu é implicitamente universal e, portanto, uma forma privilegiada de particularismo). Por exemplo, Lévinas escreve: "O sionismo e a criação do Estado de Israel significam, para o pensamento judaico, um retorno a si mesmo em cada sentido do termo, e o fim de uma alienação que durou mil anos" (DF, p. 164). E, embora o messianismo seja definido antes como uma certa indiferença à história, o sionismo agora se separa do messianismo, gerando um problema para aquelas leituras que, como a de Jacqueline Rose em *The Question of Zion*, traçam uma firme ligação entre a tradição messiânica e as estratégias sionistas de autolegitimação política[12]. Lévinas escreve,

---

[12] Ver a especulação de Kafka sobre sua própria escrita num registro de seu diário feito em janeiro de 1922: "não fosse a intervenção do sionismo, ela facilmente teria se desenvolvido numa nova doutrina secreta, uma cabala. Há indícios nesse sentido". Franz Kafka, *Diaries, 1910-23* (org. Max Brod, Nova York, Schocken, 1975).

por exemplo: "Embora a personalidade espiritual de Israel tenha justificado durante séculos sua falta de participação na história do mundo sob a alegação de ser uma minoria perseguida – nem todo mundo tem a chance de estar com as mãos limpas por ter sido perseguido! –, o Estado de Israel é sua primeira oportunidade de adentrar na história produzindo um mundo justo" (DF, p. 164).

Mas que justiça é essa que o Estado de Israel supostamente produz? Para Lévinas, trata-se claramente de uma justiça na qual toma forma o exemplo de universalismo incorporado no particularismo, o que significa que esse povo (os judeus) carrega o universalismo como seu destino particular através do tempo. Esse universalismo, essa justiça, "adentra" na história, o que sugere que ele se originou numa relação não histórica, sincrônica, e de algum modo passou para o histórico ou diacrônico.

O que é essa relação ética? Será que Lévinas está sustentando que articular e abrigar esse modo de ética é tarefa específica de Israel? É importante lembrar que o nosso modo comum de pensar a responsabilidade se altera na formulação de Lévinas. Nós não assumimos a responsabilidade pelo sofrimento do Outro apenas quando está claro que provocamos seu sofrimento. Em outras palavras, não assumimos a responsabilidade apenas pelas escolhas livres que fazemos e seus efeitos. Embora, é claro, esses atos sejam elementos importantes de qualquer explicação da responsabilidade, eles não indicam sua estrutura mais fundamental. Segundo Lévinas, nós afirmamos a falta de liberdade no cerne de nossas relações com os outros, e é só quando cedemos nesse sentido que entendemos a responsabilidade. Em outras palavras, não posso renegar minha relação com o Outro independentemente do que o Outro fizer ou do que eu possa querer. Na verdade, a responsabilidade não é uma questão de cultivar uma vontade (como diriam os kantianos), mas de usar uma susceptibilidade não desejada como recurso para se tornar capaz de responder ao Outro. Não importa o que o Outro tenha feito, ele continuará impondo sobre mim uma exigência ética, continuará tendo um "rosto" ao qual sou obrigado a responder – ou seja, eu sou, digamos, impedida de me vingar justamente em virtude de uma relação responsiva com esses outros que jamais escolhi.

Obviamente, é uma espécie de ultraje ser eticamente responsável por alguém sem que isso tenha sido uma escolha, mas é nesse ponto que Lévinas chama a atenção para aqueles modos de estar implicado na vida dos outros que precedem e estão por baixo de quaisquer condições possíveis de escolha. Como mencionei antes, Arendt desenvolve uma posição semelhante, a saber, a de que a coabitação não desejada é uma condição da nossa vida política, e não algo que temos o direito de destruir. Ninguém pode escolher com quem vai coabitar a Terra (esse foi o erro profundo de Eichmann). Para Lévinas, há situações em que responder ao "rosto" do outro é horrível, impossível, e até o desejo por vingança assassina parece avassalador e irresistível; no entanto, uma relação primária e não desejada com o Outro exige que desistamos tanto de um voluntarismo quanto de uma agressão impulsiva resultantes de objetivos egoístas e de autopreservação. O "rosto", portanto, comunica uma enorme proibição contra a agressão impulsiva direcionada ao perseguidor. Em "Éthique et esprit" [Ética e espírito], Lévinas escreve:

O rosto, por sua vez, é inviolável; aqueles olhos, absolutamente sem proteção, a parte mais nua do corpo humano, oferecem-me, no entanto, uma resistência absoluta à posse, uma resistência absoluta em que se inscreve a tentação ao assassínio. [...] O Outro é o único ser pelo qual é possível se sentir tentado a matar. A tentação de matar e a impossibilidade de fazê-lo constituem a mesma visão do rosto. Ver um rosto já é ouvir "Não matarás", e ouvir "Não matarás" é ouvir "justiça social" (DF, p. 8).

Se a "perseguição" pelo Outro se refere à variedade de ações impostas unilateralmente sobre nós sem a nossa vontade, e às vezes contra a nossa vontade, ela assume um sentido mais literal para Lévinas quando ele fala de injúrias e, por fim, do genocídio nazista. Surpreendentemente, Lévinas escreve que, "no trauma da perseguição", a ética consiste em "passar do ultraje sofrido para a responsabilidade pelo perseguidor [...], do sofrimento para a expiação do outro"[13]. A responsabilidade, portanto, surge pelo perseguido, para quem o dilema central é saber se é permitido ou não matar em resposta à perseguição. Trata-se, digamos, do caso-limite da proibição da matança, a condição em que sua justificativa pareceria a mais questionável.

Em 1971, Lévinas refletiu explicitamente sobre o significado do Holocausto para suas reflexões sobre a perseguição e a responsabilidade. Ele certamente sabe que deduzir a responsabilidade a partir da perseguição sofrida é algo que pode encontrar eco perigosamente entre quem põe a culpa de sua própria sina nos judeus e em outras vítimas do genocídio nazista. Lévinas claramente rejeita essa visão. No entanto, ele estabelece a perseguição como certo tipo de cena ética, ou, pelo menos, uma dimensão da ética que não pode ser suplantada. Situa o nexo específico da perseguição e da responsabilidade no núcleo do judaísmo, até mesmo como essência de Israel. Por "Israel", Lévinas refere-se ambígua e consequentemente aos dois sentidos da palavra: o povo judeu e a terra da Palestina. E oferece esta formulação controversa:

> A essência central de Israel deriva de sua predisposição inata [*innée*] para o sacrifício involuntário, sua exposição à perseguição. Não que precisemos pensar na expiação mística que cumpriria como anfitrião. Ser perseguido, ser culpado sem ter cometido nenhum crime, não é um pecado original, mas o anverso de uma responsabilidade universal; uma responsabilidade pelo Outro [*l'Autre*] que é mais antiga que qualquer pecado. É uma universalidade invisível! É o reverso de uma escolha que põe em evidência o *eu mesmo* [*moi*] antes mesmo que ele seja livre para aceitar ser escolhido. Cabe *aos outros* decidir se querem se aproveitar [*abuser*] dele. Cabe ao *eu mesmo* livre [*moi libre*] estabelecer os limites dessa responsabilidade ou reivindicar total responsabilidade. Mas ele só pode fazê-lo em nome daquela responsabilidade original, em nome desse judaísmo. (DF, p. 225)

Esse trecho é complexo e problemático por muitas razões, sobretudo pela ligação direta que estabelece entre o sofrimento dos judeus sob o regime nazista e o sofrimento de Israel (entendido tanto como *terra* quanto como *povo*) de 1948 a 1971, época em que o texto foi escrito. A equiparação do destino de Israel com o

---

[13] Emmanuel Lévinas, *Otherwise than Being, or Beyond Essence* (Pittsburgh, Duquesne University Press, 1998), p. 111.

destino dos judeus é controversa por si só, pois rejeita tanto a tradição diaspórica quanto a tradição não sionista do judaísmo. De maneira mais enfática, é claramente errado dizer que *apenas* o Estado de Israel sofreu perseguição durante esses anos, dado o deslocamento forçado e em massa de mais de 750 mil palestinos de suas casas e vilarejos só em 1948, sem mencionar a guerra contínua, a ocupação e os chamados assassinatos extrajudiciais, que ceifaram a vida de milhares de palestinos nos anos seguintes. Nesse aspecto, é curioso e problemático que Lévinas arranque "perseguição" de suas aparições históricas concretas, estabelecendo-a como uma essência aparentemente atemporal do judaísmo. Afinal, ele se refere à campanha nazista de extermínio dos judeus da Europa como acontecimento histórico, e presumivelmente o diz de maneira inequívoca para evitar qualquer possível implicação do revisionismo. Se agora a "perseguição" caracteriza a "sina" dos judeus e é, assim, uma dimensão recorrente e a-histórica de existência, então qualquer argumento histórico que sugira que os judeus nem sempre estão na situação de perseguidos poderia ser refutado apenas por razões de definição: os judeus não podem ser persecutórios porque, por definição, são os perseguidos. Essa atribuição da perseguição a "Israel" como característica necessária e definidora da identidade parece corroborada por sua visão da estrutura pré-ontológica do sujeito. Se os judeus são considerados "escolhidos" justamente por carregarem uma mensagem de universalidade, e se, para Lévinas, o "universal" é a estrutura inauguradora do sujeito pela perseguição e pela exigência ética, então o judeu se torna modelo e exemplo dessa perseguição pré-ontológica. O judeu, por conseguinte, deixa de ser histórico. Na verdade, o problema é que o judeu é uma categoria que pertence a uma ontologia constituída histórica e culturalmente (a não ser que seja o nome para acessar o próprio infinito); desse modo, se o judeu mantém uma condição "eletiva" em relação à responsividade ética, então a obra de Lévinas confunde totalmente o pré-ontológico com o ontológico. O judeu não faz parte nem da ontologia, nem da história – não podemos entender o judeu como pertencendo à ordem do tempo histórico; e, no entanto, Lévinas usa essa isenção para fazer reivindicações sobre o papel de Israel, em si mesmo formado e sustentado historicamente, como objeto de perseguição eterna e exclusiva e, por definição, jamais perseguidor. Como resultado, somos incitados a considerar que se trata de um Estado político histórico que sofre uma perseguição eterna – não um Estado com uma história específica (que inclui a perseguição aos palestinos), um presente (que inclui produzir quase 1 milhão de pessoas deslocadas no Líbano) e uma série de possíveis futuros (que incluiria o empenho em ir além da política de vingança e das alegações infinitamente autolegitimadoras de ser perseguido, rumo a uma nova ideia de relacionalidade que não presuma e reforce a perseguição como sua condição).

Essa mesma confusão entre os dois domínios se torna clara em outros contextos em que Lévinas afirma que o judaísmo e o cristianismo são as precondições culturais e religiosas da própria relacionalidade ética, e, com um racismo descarado, alerta quanto ao "advento de incontáveis multidões de asiáticos [*des masses innombrables des peuples asiatiques*] e povos subdesenvolvidos [que] ameaçam a recém-fundada autenticidade" (DF, p. 165) do universalismo judaico. Isso, por sua vez, é um eco de sua advertência de que a ética não pode se basear em "culturas exóticas". Ele sustenta que, eticamente, não deveríamos condenar a fome dos outros, mas prossegue e diz que, "sob o olhar guloso daquelas incontáveis hordas que querem ter esperança e viver, nós, judeus e cristãos, somos empurrados para as margens da história, e logo ninguém mais se dará ao trabalho de diferenciar católico de protestante, ou judeu de cristão". Até o marxismo, cujo universalismo poderia ter unificado essas religiões numa nova unidade, "se perderá na vastidão dessas civilizações estrangeiras e desses passados insondáveis" (DF, p. 165). E então Lévinas clama por uma nova afinidade entre cristãos e judeus para combater a ascensão "do que só podemos chamar de barbárie".

Gostaria de destacar que, para Lévinas, há uma vacilação entre o sentido pré-ontológico de "perseguição" – associado a uma influência que acontece antes de qualquer ontologia – e o sentido plenamente ontológico que define a "essência" de um povo. De maneira semelhante, por meio de uma aposição no final do parágrafo supracitado, o "nome da responsabilidade original" alinha-se ao "nome desse judaísmo", e nesse ponto parece claro que essa responsabilidade original – e, por isso, pré-ontológica – é igual à essência do judaísmo. Para que seja uma característica distintiva do judaísmo, ela não pode ser uma característica distintiva de todas as religiões, e Lévinas deixa isso claro quando faz um alerta contra todas as tradições religiosas que não se referem à "história dos santos e a Abraão, Isaac e Jacó" (DF, p. 165). Ainda que sua versão seja um relato implausível e ultrajante do povo judeu, identificado problematicamente com Israel e concebido apenas como objeto de perseguição e nunca como perseguidor, Lévinas pode ser interpretado contra ele mesmo, por assim dizer, chegando-se a uma conclusão diferente. Na verdade, as palavras de Lévinas nesse aspecto carregam feridas e ultrajes, e colocam um dilema ético para quem as interpreta. Embora ele circunscreva determinada tradição religiosa como a precondição da responsabilidade ética, colocando outras tradições como ameaças à ética, para nós faz sentido insistir, digamos, em um encontro cara a cara justamente aqui, quando Lévinas diz que tal encontro não pode ocorrer. Além disso, por mais que suas palavras nos firam aqui, ou talvez justamente por nos ferirem, somos responsáveis por ele, mesmo quando a relação se prova dolorosa em sua falta de reciprocidade.

Ser perseguido, diz Lévinas, é o anverso da responsabilidade pelo Outro. As duas coisas estão fundamentalmente ligadas, e vemos o correlato objetivo disso no duplo valor do rosto: "A tentação de matar e a impossibilidade de fazê-lo constituem a mesma visão do rosto". Ser perseguido pode ter como resposta o assassinato, até mesmo o deslocamento da agressão assassina em direção àqueles que de modo algum foram autores das injúrias pelas quais se busca vingança. Para Lévinas, no entanto, a exigência ética surge exatamente da humanização do rosto: este que estou tentado a matar em defesa própria é "aquele que me faz uma reivindicação, impedindo-me de me transformar, inversamente, em perseguidor". É claro que uma coisa é defender que a responsabilidade surge da situação de ser perseguido – trata-se de uma afirmação atraente e nada intuitiva, principalmente se a responsabilidade não significa identificar-se como causa da ação injuriosa do outro. Mas defender que um grupo constituído historicamente sempre ocupa, por definição, a posição de perseguido e nunca a de perseguidor parece não só misturar os níveis ontológico e pré-ontológico como também permitir uma irresponsabilidade inaceitável e o recurso ilimitado à agressão em nome da "defesa própria". Certamente, os judeus têm uma história culturalmente complexa que inclui o sofrimento com antissemitismo, *pogroms* e campos de concentração onde mais de 6 milhões de pessoas foram assassinadas. Mas também existe a história de tradições religiosas e culturais, muitas delas pré-sionistas, e a história – mais controversa do que se costuma reconhecer – de uma relação com Israel como uma forma política e um ideal problemáticos e até inaceitáveis. Dizer que a perseguição é a essência do judaísmo é não só passar por cima da ação e da agressão realizadas em nome do judaísmo, mas também inviabilizar uma análise cultural e histórica que deveria ser complexa e específica por meio do recurso a uma única condição pré-ontológica – uma condição que, entendida como universal, é identificada como a verdade trans-histórica e definidora do povo judeu.

## Quem tem rosto?

O que aconteceu, então, com o rosto nesse ensaio de Lévinas? Onde estão sua diretriz humanizadora, seu mandamento de ficar em sintonia com a vida precária do outro, sua exigência para que eu me torne despossuída numa relacionalidade que sempre coloca o outro em primeiro lugar? De repente, surge a figura não de um rosto, mas de uma horda sem rosto, e essa horda ameaça tragar não só a mim, mas a um "nós" coletivo que, contrariando o entendimento do messianismo, encontra-se na posição histórica de carregar sozinho, ou com seu parente cristão, o próprio espírito da universalidade. Aqui não há islamismo que possa ser identificado, não há árabe que possa ser identificado, apenas algo vagamente *asiático*, sem rosto, que ameaça tragar, mas também ameaça o povo escolhido para a tarefa de carregar a universalidade, e por isso ameaça a própria universalidade. Nenhum mandamento pode resultar do rosto desse outro, pois esse outro, sem rosto, ameaça destruir toda a tradição da qual o rosto surge, o legado inteiro do próprio mandamento.

Aqui vemos o pressuposto asquenaze que subscreve a cena ética levinasiana, a ideia de que a história judaica substantiva é a história dos judeus europeus, e não dos *sefardim* (descendentes dos judeus da Espanha e de Portugal) ou dos *mizrahim* (descendentes das culturas do Norte da África e da cultura árabe-judaica). Entre essas linhas ou no fim delas, também encontramos um argumento franco a favor de um domínio de maioria judaica em Israel. Esse medo de ser tragado é justamente o medo de alguns israelenses que temem o que poderia significar o poder compartilhado ou a coabitação. Além disso, nessa perspectiva, qualquer sentido de sionismo como filosofia da coabitação certamente se perde. Lévinas se refere livremente ao "destino excepcional" do judaísmo e se opõe ao islamismo como uma "religião fundada", querendo com isso dizer que o islamismo foi levado com carisma por um líder que encontrou seu caminho entre povos irreflexivos. No entanto, Lévinas decerto só pode fazer essa afirmação sobre a deficiência do islamismo ao esquecer que o judaísmo também foi fundado – e por Moisés, um egípcio.

Esse último esquecimento tem suas consequências. Portanto, é importante recorrermos não só a Freud, que se lembrava disso, mas também a Said, que recorda que se houver algum sentido no judaísmo será em virtude de sua implicação fundadora naquilo que não é judaico. Aquelas "hordas famintas" que Lévinas teme, que ameaçam se levantar e destruir a fundação judaico-cristã de sua ideia de "civilização", são, na perspectiva de Said, o povo necessitado, os despossuídos e refugiados com quem o judaísmo diaspórico mantém uma solidariedade ética. Paradoxalmente, é Said que se torna nesse momento o fundador não europeu do judaísmo, ou, pelo menos, aquele que roga o retorno do judaísmo a sua relação constitutiva para com os não judeus. Recordemos sua referência ao caráter desalojado e diaspórico da vida judaica, que a associa, "em nossa era de vastas transferências populacionais", aos "refugiados, exilados, expatriados e imigrantes" (FNE, p. 81). É contra essas "hordas" que Lévinas busca proteger o judaísmo, mas, para Said, são justamente essas populações que nos impõem uma exigência ética e política, e os judeus, que historicamente sofreram perseguição e deslocamento, têm bons motivos para responder a elas como puderem. Essa responsividade parece ser o que Lévinas queria dizer com o ético, mas se as hordas são "sem rosto", nenhuma resposta é possível ou obrigatória.

Uma resposta obrigatória exigiria, no entanto, que as ideias de Said constituíssem para nós um futuro político diferente do fornecido explicitamente por Lévinas. O outro não está simplesmente no extremo da fronteira, imposta e mantida de forma violenta, e não existe um muro de separação que possa anular a exigência ética de responsabilidade ao sofrimento do outro. Como poderíamos pensar essa responsabilidade se há uma fronteira feita para diferenciar as populações, evitar sua mistura e destituir de rosto uma população inteira? Buber não imaginou o muro de separação, embora soubesse que alguns sempre seriam contrários à ideia de "viver junto". Mas, agora que "viver separado" é determinado por fronteiras e muros policiados de forma violenta, como pensamos a obrigação do outro quando o rosto, de maneira bem literal, não pode mais ser visto, quando os meios de comunicação de massa não mostram o rosto, quando o *Haaretz* usa imagens explícitas para arrecadar fundos para os pobres em Israel, mas não para quem está sujeito à desnutrição dentro das fronteiras violentamente policiadas de Gaza, cujo sofrimento é sistematicamente escondido? Sem dúvida, Buber tinha um motivo para acreditar que os estilos de vida que envolviam viver e trabalhar junto de maneiras desinstitucionalizadas podiam dar origem a formas de aliança política, e que essas alianças poderiam servir de fundamento e modelo para associações colaborativas que busquem soluções justas e não violentas para conflitos que parecem insolúveis. E, embora seja fundamental formar essas comunidades – instituições de educação bilíngue, produções teatrais bilíngues, movimentos cooperativos de resistência –, o problema maior tem a ver com certa falta de rosto que se tornou a norma nos meios dominantes de comunicação. Se pertencer à nação de Israel é a precondição de uma atitude ética, então não pode haver atitude ética para com quem está fora dos muros do Estado-nação, a ponto de não haver um outro, o que significa a anulação da reivindicação ética. Além disso, Buber acreditava ser possível buscar a coexistência dentro de uma estrutura de colonialismo, afirmando os direitos dos judeus de reivindicar mais terras. Seu ponto de vista – binacional, colonialista e culturalmente sionista – continua assombrando aqueles projetos de coexistência que acreditam em sua viabilidade no interior de uma estrutura de subjugação colonial. Só será possível pensar a coexistência acabando primeiro com a subjugação colonial.

Mesmo assim, o que levará os colonizadores a cogitar a reconfiguração dessa ordem política tendo como base os princípios de igualdade e pluralidade social? Said aponta na direção de uma aliança ética e política que só pode ser atingida quando se vive à margem do nacionalismo de alguém, colocando as fronteiras no centro da análise e permitindo o descentramento de um *éthos* nacionalista. Eu acrescentaria que é importante considerar se esse nacionalismo é o de um Estado--nação militarizado ou o de quem nunca conheceu um Estado. Mesmo assim, devemos tomar sua afirmação como uma maneira de pensar sobre qualquer nação futura possível (Israel, Palestina, ou Israel/Palestina), sobre como seu compromisso com seu próprio povo deve envolver concomitantemente um compromisso com a coabitação com os outros.

## Nações

O que significaria começar a anular o nacionalismo, refutar suas reivindicações, começar a pensar e sentir fora de seu alcance? Seria algo semelhante ao que Said observou sobre a importância de sustentar uma condição diaspórica para uma nova ordem política, uma condição em que a identidade nunca retorna plenamente para si mesma, em que a identidade permanece lançada em uma rede de relações incapaz de erradicar a diferença ou retornar à simples identidade? Não se trata apenas de descobrir que aquilo que sou depende de um "tu" que não sou eu, mas também de que minha própria capacidade de me apegar e, efetivamente, de amar e de ser receptiva requer uma sólida despossessão desse "eu". Eu diria que essa ideia é mais radical do que a concepção do Eu e do Tu em Buber. Ela pertenceria a um Lévinas diaspórico, aquele que encontramos incorporado de maneira mais interessante na obra de Edward Said.

Surpreendentemente, precisamos levar em conta o que as pessoas podem finalmente amar a fim de que se possa sair das reivindicações do nacionalismo. Vejamos duas citações, uma de Hannah Arendt e outra de Mahmoud Darwish. Eles parecem conversar um com o outro, e ofereço-os como exemplos de uma maneira de viver mais à margem do nacionalismo. Como é bem sabido, Arendt foi criticada por Gershom Scholem e outros depois de publicar *Eichmann em Jerusalém*. Scholem chama Arendt de "insensível" por se concentrar nas visões da política judaica da época que ela considerava inadequadas. Scholem escreveu para ela em 1963, de Jerusalém:

> Na tradição judaica, existe um conceito difícil de definir, e mesmo assim concreto o bastante, que conhecemos como *Ahabath Israel*: "O amor ao povo judeu"... Em ti, querida Hannah, bem como em tantos intelectuais oriundos da esquerda alemã, vejo poucos traços disso.

Arendt replica: primeiro contesta a alegação de ter vindo da esquerda alemã (e, de fato, ela não era marxista), mas depois responde algo bem interessante à acusação de não amar o povo judaico bem o suficiente:

> Você está certíssimo – não sou movida por esse tipo de "amor", e por duas razões: nunca na minha vida "amei" qualquer pessoa ou coletivo – nem o povo alemão, nem o francês, nem o estadunidense, nem a classe trabalhadora ou outra coisa desse tipo. Na verdade, eu amo "apenas" meus amigos, e o único amor que conheço e no qual acredito é o amor às pessoas. Em segundo lugar, esse "amor aos judeus" me parece algo um tanto suspeito, uma vez que eu mesma sou judia. Não posso amar a mim mesma ou algo que sei ser uma parte essencial da minha própria pessoa. Para esclarecer, vou lhe contar uma conversa que tive em Israel com uma notável personalidade política que defendia a não separação – desastrosa, na minha opinião – entre religião e Estado em Israel. O que ele disse – não tenho mais certeza de quais foram as palavras exatas – foi mais ou menos isto: "Você entende que, como socialista, eu não acredito em Deus, é claro; acredito no povo judeu". Achei essa declaração chocante, e por ter ficado chocada, não respondi na época. Mas eu poderia ter respondido: a grandeza desse povo foi um dia ter acreditado em Deus, e ter acreditado n'Ele de modo que a confiança e o amor por Ele fossem maior do que o medo d'Ele. E agora esse povo só acredita em si mesmo? Que bem pode resultar disso? Bem, nesse sentido eu não "amo" os judeus, tampouco "acredito" neles; eu simplesmente pertenço a eles, queira eu ou não, além de qualquer discussão ou argumentação.[14]

Em *Memory for Forgetfulness* [Memória para o esquecimento], de Darwish, seu relato literário dos bombardeios a Beirute em 1982, ele descreve uma cena com sua amante judia. Eles estavam fazendo amor e ele fica com sono. Sabe que precisa se apresentar à polícia israelense para evitar ser preso ou expulso permanentemente. A voz em primeira pessoa da citação a seguir é a dele:

> Perguntei, "A polícia sabe o endereço desta casa?".
> Ela respondeu, "Acho que não, mas a polícia militar sabe. Você odeia judeus?".
> Eu disse, "Eu amo você agora".
> Ela disse, "Não é uma resposta clara".
> Eu disse, "E a pergunta também não foi clara. É como se eu lhe perguntasse: 'Você ama árabes?'".
> Ela disse, "Isso não é uma questão".
> Eu perguntei, "E por que a sua pergunta seria uma questão?".
> Ela disse, "Porque nós temos um complexo. Necessitamos mais de respostas do que vocês".
> Eu disse, "Você enlouqueceu?".
> Ela disse, "Um pouco. Mas você não me disse se ama ou odeia os judeus".
> Eu disse, "Não sei, e não quero saber. Mas sei que gosto das peças de Eurípides e Shakespeare. Gosto de peixe frito, de batatas cozidas, da música de Mozart e da cidade

---

[14] Hannah Arendt, *The Jew as Pariah: Jewish Identity and Politics in the Modern Age* (org. Ron Feldman, Nova York, Grove, 1978), p. 247.

de Haifa. Gosto de uvas, de uma conversa inteligente, do outono, do período azul de Picasso. E gosto de vinho, e da ambiguidade da poesia madura. Quanto aos judeus, eles não são uma questão de amor ou ódio".
Ela disse, "Você enlouqueceu?".
Eu disse, "Um pouco".
Ela perguntou, "Você gosta de café?".
Eu disse, "Eu amo café, e amo o cheiro do café".
Ela se levantou, nua, até mesmo de mim, e senti a dor de quem tem um braço ou uma perna amputados.[15]

Depois, ele muda o tom, só para poder mudá-lo de novo: ela pergunta: "E você, sonha com o quê?". Ele responde: "Que paro de te amar". Ela pergunta: "Você me ama?". Ele responde: "Não, não amo. Você sabia que sua mãe, Sara, levou minha mãe, Agar, para o deserto?". Ela pergunta: "A culpa é minha, então? É por isso que você não me ama?", e ele responde: "Não, a culpa não é sua; e por causa disso, eu não te amo. Ou amo"[16].

A última linha traz um paradoxo. Eu não te amo. Ou amo. Como interpretar essa disjunção conjuntiva final? É tanto uma proximidade quanto uma aversão; é incerto; são opiniões em desacordo. Poderíamos dizer que é o afeto, o teor emocional de uma união impossível e necessária, a estranha lógica pela qual alguém quer seguir adiante mas insiste em ficar. Decerto o binacionalismo não é amor, mas podemos dizer que existe um apego necessário e impossível que faz troça da identidade, uma ambivalência que surge do descentramento do *éthos* nacional e que forma a base de uma exigência ética permanente. Algo não resolvido, a inquietação da ambivalência, as condições diaspóricas de uma nova ordem política, uma tarefa impossível e, por isso mesmo, ainda mais necessária[17].

---

[15] Mahmoud Darwish, *Memory for Forgetfulness: August, Beirut, 1982* (Berkeley, University of California Press, 1995), p. 124-5.
[16] Ibidem, p. 125.
[17] Ou assim escreve o poeta Mahmoud Darwish em "Counterpoint" [Contraponto], sua elegia a Said (discutida no capítulo 5), na qual ele assume a voz de Said:
"Minha nostalgia é a luta por um presente que se agarra ao futuro. [...]
Ele diz: Se eu morrer antes de você, deixarei para você a tarefa impossível!
Eu pergunto: O caminho é muito longo?
Ele responde: De uma geração.
Eu digo: E se eu morrer antes de você?
Ele responde: vou consolar os montes da Galileia e escrever: 'A beleza é apenas a conquista da adequação'. Muito bem! Mas não se esqueça que se eu morrer antes, deixarei para você a tarefa impossível!"
Mahmoud Darwish, "Counterpoint", *Le Monde Diplomatique* (edição em inglês). Disponível em: <http://mondediplo.com/2005/01/15said>. Acesso em: 19 nov. 2016.

# 2
## Incapaz de matar*

### Lévinas contra Lévinas

> Na exposição a feridas e ultrajes, no sentimento próprio à responsabilidade, o si-mesmo é provocado como insubstituível; como devotado aos outros, sem ser capaz de renunciar; e, assim, como encarnado para se oferecer, para sofrer e para dar.
> — Lévinas, *Autrement qu'être*

### O que o rosto impõe

Lévinas apontou em diferentes ocasiões que "o rosto é o que não se pode matar". O que ele notou é certamente notável, ainda que somente porque saibamos, de modo bem literal, que o corpo pode ser morto, e com ele um rosto de determinado tipo. Mas se Lévinas estiver certo – e vamos partir do pressuposto de que esteja –, então, embora o corpo possa ser morto, o rosto não é morto com ele. Lévinas não diz que o rosto é eterno e por isso não pode ser extinto. Antes, o rosto carrega uma interdição contra o assassínio que vincula a si quem encontra o rosto e se torna sujeito dessa interdição. Se o sujeito tenta desafiar a interdição, ele perde o rosto de vista. E se vê o rosto, mas não vê a interdição, perde o rosto de outra maneira. Seria bastante fácil se disséssemos que o rosto é apenas mais uma palavra para definir a interdição contra o assassínio, um sinônimo, mas o rosto não é uma palavra, não é apenas uma palavra, embora possa ser transmitido por palavras. Se o rosto transmite o mandamento, então as palavras falam por meio do "rosto" e, na verdade, o que quer que anuncie o mandamento se torna um rosto. Poderíamos também perguntar se a interdição contra o assassínio pode ser comunicada por outro meio que não o rosto. Mas, nessa pergunta, tomamos o rosto de modo muito literal. Se a interdição é comunicada, nós somos vinculados a essa interdição, o que significa que nos tornamos sujeitos ao rosto. Então, no fim, pareceria não haver como separar o rosto da interdição em si. Ou melhor, que não há como separar o rosto do encontro preciso com o rosto ao qual estamos sujeitos, ao qual não há como evitar estarmos sujeitos, o rosto diante do qual na verdade não temos escolha, pois estamos presos

---

\* A versão original deste ensaio foi publicada como "Être en relation avec autrui face à face, c'est ne pas pouvoir tuer", em Danielle Cohen-Lévinas e Bruno Clément (orgs.), *Emmanuel Lévinas et les territoires de la pensée* (Paris, Presses Universitaires de France, 2007, coleção Epimethée). Ele foi reescrito para esta edição.

à interdição que nos é imposta. Não se trata de uma interdição à qual possamos dizer não; em outras palavras, não é um rosto para o qual podemos dar as costas, embora às vezes façamos exatamente o que não podemos, usurpando um poder que não temos ou que, pelo menos, não deveríamos ter.

Desse modo, existe nessa interdição contra o assassínio uma questão implícita sobre o que "pode" ser feito, e assim uma questão de capacidade ou poder (*pouvoir*). Precisamos entender o seguinte paradoxo: não temos poder de dar as costas a esse rosto, embora seja verdade que as pessoas dão as costas para rostos o tempo todo. As pessoas podem dar as costas para o rosto, e quando o fazem, buscam escapar dessa impotência (*sans pouvoir*), se tornar um sujeito com poder. Se dizemos que as pessoas podem dar as costas, deram as costas e dão as costas o tempo todo, estamos dizendo que elas podem afirmar um poder onde não há poder nenhum e, assim, anular a afirmação de que não podemos dar as costas, de que o responder ao rosto antecede a escolha, recorrendo a um poder que não é propriamente nosso. Mas mesmo se dissermos isso, identificando essa reivindicação ética, que nos é imposta, como anterior a qualquer poder, e com isso a qualquer política, temos de entender como e por que damos as costas. Quando afirmamos, por exemplo, que as pessoas dão as costas o tempo todo, dizemos que elas ganham certo poder apesar da exigência de permanecer com uma falta de poder; essa é outra maneira de afirmar que o político suplanta o ético. É claro, seria possível responder o seguinte: o fato de todos darem as costas o tempo todo é sinal de que deveríamos, em massa, repudiar o domínio do poder, o domínio do político, em nome dessa reivindicação ética, e de que deveríamos considerar a invariável deformação do ético pelo político. Mas essa conclusão recusa o político de maneira efetiva, e Lévinas claramente não pensava que isso fosse possível.

O próprio Lévinas deixa claro que a relação ética exigida pelo rosto não é a mesma do domínio do político. O político envolve muitas pessoas, e não só a díade ética, o "eu" e o "tu". Essa díade é rompida pelo "terceiro" – uma maneira abreviada de se referir a quem nos referimos na terceira pessoa, àqueles cujos rostos não vemos, mas com os quais somos obrigados a viver sob condições contratuais que nos tornam substituíveis. Com o terceiro e a superação da díade, somos colocados na ordem da calculabilidade, da justiça distributiva, das leis aprovadas pela maioria e, assim, no domínio do político, entendido como um conjunto de regras que pode ser formalizado. Muito embora a dimensão social do político não negue o ético e sua reivindicação, continua não sendo fácil dizer de que maneira a reivindicação ética sobrevive no domínio social e político. Afinal de contas, o ético parece girar em torno do mandamento "Não matarás", ainda que Lévinas, em sua política, não tenha aderido a um pacifismo. O rosto sobrevive no domínio do político? Se sim, que forma ele assume? E como deixa seu rastro?

Faço essas perguntas porque existe a propensão de dizer que Lévinas considera o mandamento "Não matarás" absoluto e fundacional, que é esse mandamento, mais do que qualquer outro, que o rosto transmite, que esse mandamento compõe o próprio sentido e o "dizer" (*le dire*) do rosto. Quando ele se refere ao "rosto" do outro, se refere ao rosto "antes de toda mímica [...] antes de toda expressão verbal" [*avant toute mimique... avant toute expression verbale*] (EN, p. 217; EN-F, p. 175), sendo o rosto uma voz, uma voz que não surge do rosto, pela boca, mas que é outro nome para o rosto e, assim, um nome para o que jamais pode ser nomeado apropriadamente[1]. Esse rosto nos é dado como uma voz, e nos é solicitado permitir essa mistura específica de metáforas entre o que aparece e o que é ouvido. A voz que é o rosto é uma "imposição" (*une voix qui comande*; DF, p. 175) e também uma "interpelação" direcionada a mim e que me ordena "não ficar indiferente àquela morte". A morte do outro está no rosto, mas com isso Lévinas quer apenas dizer que "o olhar" (*le regard*) pelo qual o outro encara o mundo tem um significado duplo: por um lado, é frágil e precário, mas, por outro, é "uma autoridade" (*une autorité*), a autoridade da própria imposição. Assim, diante do rosto do outro, estamos cientes da vulnerabilidade desse outro, de que a vida do outro é precária, exposta e sujeita à morte; mas *também* estamos cientes da nossa própria violência, da nossa própria capacidade de causar a morte do outro, de ser o agente que pode expor o Outro à dissolução. Assim, o rosto significa a precariedade do Outro, e também um dano que pode ser causado por minha própria violência; significa também a interdição da violência que gera em mim um temor por minha própria violência, o que Lévinas chama de "temor por tudo o que meu existir, apesar da inocência de suas intenções, corre o risco de cometer como violência e usurpação" [*crainte pour tout ce que mon exister, malgré l'innocence de ses intentions, risque de commettre du violence et d'usurpation*] (EN, p. 218; EN-F, p. 175).

A responsabilidade que eu assumo – ou melhor, que me reivindica nesse instante – resulta da precariedade que vejo, da violência que posso causar, do temor dessa violência. Como resultado, o temor precisa conter a violência, mas isso não acontece de repente. Na verdade, a responsabilidade ilimitada que tenho para com o outro resulta justamente de uma luta constante entre o temor em mim provocado pelo mandamento e a potencial violência de minha existência em relação ao Outro. Se temo pelo Outro, é porque sei que o Outro pode ser destruído por seres como eu. Se sou obrigado a não ser indiferente para com a morte do outro, é porque o outro aparece para mim não como um entre muitos, mas precisamente como *aquele* que me diz respeito. Por conseguinte, escreve Lévinas:

> [É] como se, na multiplicidade humana, o outro homem fosse brusca e paradoxalmente – contra a lógica do gênero (*la logique du genre*) – aquele que *me* concernia por excelência; como se [eu], um entre outros, me descobrisse – precisamente *eu* (*je*) ou *eu* (*moi*) – como aquele que, convocado (*assigné*), ouviu o imperativo na posição de destinatário exclusivo (*destinataire exclusif*), como se para mim somente, para mim antes de tudo (*avant tout*), este imperativo fosse dirigido; como se eu, doravante eleito (*élu*) e único, tivesse que responder pela morte e, consequentemente, pela vida de outrem (*d'autrui*) (EN, p. 244 – com leves alterações; EN-F, p. 198-9).

---

[1] Scholem explica que os cabalistas interpretam a Torá de diversas maneiras alegóricas. Uma delas, proposta pelo Zohar, é que "cada palavra, aliás, cada letra, tem setenta aspectos, ou 'rostos'". Gershom Scholem, *On the Kabbalah and Its Symbolism* (Nova York, Schocken, 1965), p. 62.

O rosto do Outro, portanto, abala todos os formalismos, pois o formalismo me faria tratar todo e qualquer outro com importância *igual*, e por isso nenhum outro jamais teria uma única reivindicação a meu respeito. Mas será que podemos realmente dispensar todos os formalismos? E se não pudermos dispensar todos os formalismos – incluindo o princípio de igualdade radical –, então como pensar o rosto em relação a tais normas políticas? O rosto precisa ser singular sempre, ou pode se estender à pluralidade? Se o rosto não é necessariamente um rosto humano – pode ser um som, ou um grito –, e se não se reduz ao rosto de uma única pessoa, será que pode ser generalizado a toda e qualquer pessoa, na medida em que me dizem respeito igualmente (mas apenas pessoas e não animais, nessa visão)? Seria isso uma ruptura no modo como pensamos a pluralidade, ou representaria uma entrada do ético precisamente na formulação da própria pluralidade? Significaria uma desformalização da pluralidade? Pode o rosto servir como injunção contra a violência direcionada a todo e qualquer indivíduo, incluindo aqueles cujos rostos, no sentido literal, eu não conheço? Será possível derivar uma política de não violência a partir da injunção levinasiana, e será possível responder aos rostos dessa multidão?

## Onde encontrar o rosto?

Quero sugerir que a injunção ética, apesar de "anterior" ao domínio político, surge, para Lévinas, exatamente nos termos do conflito político. Embora para ele esses dois domínios sejam separados e separáveis, pode ser que a exigência ética tenha um significado específico para nós em contextos políticos específicos. Parece que quando encontramos o rosto do Outro como frágil, como aquilo que requer proteção contra nossa própria agressão, esse encontro acontece no meio de uma socialidade que já tem o conflito como parte de sua história e de seu presente. Será que eu me inclinaria a matar o Outro se já não tivesse alguma relação com ele? Será que esse Outro é frágil e meu desejo de matar surge em virtude dessa fragilidade? Ou será que vejo minha própria fragilidade bem ali e não consigo suportá-la, ou minha própria capacidade de prejudicar, e não consigo suportá-la? Lévinas trata do assunto claramente: "o rosto do outro, em sua precariedade e indefensabilidade, para mim é, ao mesmo tempo, a tentação de matar e um chamado à paz, o 'Não matarás'" [*le visage d'autre dans sa précarité et son sans-défense... est pour moi à la fois la tentation de tuer et l'appel à la paix, le 'Tu ne tueras pas'*] (PP, p. 167; PP-F, p. 344)[2]. A luta com nossa própria violência, então, acontece em relação ao rosto do Outro.

Será que eu me inclinaria a matar se já não tivesse sofrido alguma injúria, ou se pelo menos não a tivesse previsto? Por acaso entramos numa história política para encontrar apenas *in medias res* a exigência ética? Lévinas nos dá vários exemplos que sugerem que o ético surge no meio de um conflito já em curso. Mas ainda que encontremos o outro de uma maneira que constitua uma ruptura com

---

[2] Emmanuel Lévinas, "Peace and Proximity", em Adriaan T. Peperzak, Simon Critchley e Robert Bernasconi (orgs.), *Emmanuel Lévinas: Basic Philosophical Writings* (Bloomington, Indiana University Press, 1996).

a socialidade e a pluralidade, pode ser que o campo social rompido e interrompido pelo surgimento do rosto seja o mesmo campo social que forma um contexto necessário para esse encontro com o rosto.

Quando Lévinas descreve o encontro com o rosto como "ao mesmo tempo a tentação de matar e a interdição a matar", ele se refere tanto à angústia quanto ao desejo que a interdição produz. Como discuti alhures[3], Lévinas reconta a história de Esaú e Jacó. Jacó espera a chegada de Esaú, e a cena é tensa por causa da impressão de que vai eclodir uma guerra pelos direitos de herança e terra. Lévinas cita a Bíblia: "Jacó teve grande medo e sentiu angústia (*angoisse*)". Lévinas nota que, para o comentador Rashi, Jacó exemplifica "a diferença entre medo e angústia" e conclui que "[Jacó] tinha medo da própria morte, mas sentia angústia por talvez ter de matar" (PP, p. 164). Se Jacó tivesse de matar, o faria por sua própria vida. Mas destruir a vida do outro para defender a sua própria é precisamente virar as costas para o rosto. Curiosamente, matar em nome da autopreservação não encontra justificativa em Lévinas. Quer dizer, então, que ele propõe um pacifismo absoluto, até mesmo uma política de autossacrifício que, em qualquer circunstância, daria as costas à violência ao encarar o rosto? O mandamento se traduz em uma política, fornecendo uma base bíblica para uma interdição absoluta da violência?

Aparentemente, não. Ele evoca o conselho talmúdico de que, se você souber que será morto por alguém, deve acordar cedo e se preparar para matar primeiro. Desse modo, o rosto tem suas exceções. E, embora Lévinas nunca afirme verdadeiramente a autopreservação como valor supremo, parece que a autodefesa é outra questão. Se Jacó decidisse não matar Esaú, teria de encontrar outra coisa na qual descontar seu desejo de matar, um desejo internamente ligado ao medo da morte. A única maneira de os dois irmãos não travarem uma guerra é guerreando consigo mesmos e com o mandamento. Por conseguinte, se a não violência aparece, é apenas como consequência de outra guerra, aquela que o impulso assassino do próprio sujeito trava contra a interdição que proíbe sua realização.

Desse modo, a não violência, para Lévinas, não vem de um lugar pacífico, mas de uma tensão constante entre o medo de sofrer violência e o medo de infligir violência. A paz é uma luta ativa com a violência, e não pode haver paz sem a violência que ela busca combater. A paz nomeia essa tensão por ser, invariavelmente e até certo ponto, um processo violento e, ao mesmo tempo, um tipo de violência que acontece em nome da não violência. Na verdade, a responsabilidade que devo assumir pelo Outro advém diretamente do fato de eu ser perseguida e ultrajada pelo Outro. Consequentemente, existe violência na relação desde o início: o outro me reivindica contra minha vontade, e minha responsabilidade pelo Outro vem dessa sujeição. Se pensamos no rosto como aquilo que me ordena a não ficar indiferente à morte do outro, e essa imposição como aquilo que se apodera de mim antes de qualquer escolha que eu faça, podemos dizer que essa imposição me persegue, faz de mim uma refém – o rosto do Outro é persecutório desde o início. E

---

[3] Ver o capítulo 5 do meu *Precarious Life: Powers of Mourning and Violence* (Londres, Verso, 2004), onde partes da discussão que faço aqui já foram publicadas.

se a substância dessa perseguição é a interdição do assassínio, sou perseguida pela injunção de manter a paz.

É claro, paradoxalmente, o mandamento de não matar me é imposto de maneira violenta: é imposto contra minha vontade, por isso é violento nesse sentido preciso. O mandamento não diz que sou moralmente errada e não me acusa de nenhum crime específico. Se o rosto é "acusatório", é no sentido gramatical: ele me toma como seu objeto, apesar da minha vontade. É essa forclusão da liberdade e da vontade por meio da imposição que é sua operação "violenta", entendida alternadamente como persecutória e acusatória. Sem essa violência, não posso me tornar sujeita à interdição da violência. Lévinas escreve em *Autrement qu'être* que "a perseguição é o momento exato em que o sujeito é alcançado ou tocado sem a mediação do Logos"[4] – ou seja, de maneira vívida, sem consciência e sem causa, em conformidade com nenhum princípio. Não sou perseguida por uma razão, e não sou perseguida por outro sujeito, apenas pelo rosto, a voz, o mandamento, que me toca sem razão e antes de qualquer vontade. Também em *Autrement qu'être*, Lévinas diz que o sofrimento (*la souffrance*) é a base da responsabilidade, e que não há responsabilidade sem que se tenha sido feito refém[5]. É importante notar que esse tipo de perseguição não me deixa intacta; na verdade, essa perseguição mostra que eu nunca estive intacta. Sou responsável pelo que o outro fez, o que não significa que eu o tenha feito; significa que sofro com o que foi feito e que, ao sofrer, assumo a responsabilidade. Deixo de ocupar meu próprio lugar. Assumi o lugar do outro, mas, mais importante, o outro assumiu meu lugar, me usurpou, fez de mim refém. Algo "outro" coloca-se no meu lugar, e então só posso entender meu lugar como esse lugar já ocupado pelo outro. O outro não está "ali" (*la bas*), além de mim, e sim me constitui fundamentalmente. O outro não só me constitui – ele me *interrompe*, estabelece essa interrupção no cerne da ipseidade que sou. Se aqui uso "ocupação" metaforicamente, é com uma intenção mista, pois o próprio Lévinas recusa um entendimento estritamente metafórico da ocupação ou da perseguição. Ele comenta, por exemplo, que *a experiência histórica* da perseguição fundamenta a ética da responsabilidade.

> É claro que não devemos o judaísmo ao antissemitismo, não importa o que Sartre possa dizer. Mas talvez a essência última de Israel, sua essência carnal anterior à liberdade que vai marcar sua história – essa história manifestamente universal, essa história por todos, visível a todos –, talvez a essência última de Israel derive de sua predisposição inata para o sacrifício involuntário, sua exposição à perseguição. [...] Ser perseguido [...] não é um pecado original, mas o avesso de uma responsabilidade universal – uma responsabilidade pelo Outro – que é mais antiga que qualquer pecado. (DF, p. 225)

---

[4] Emmanuel Lévinas, *Otherwise than Being, or Beyond Essence* (Pittsburgh, Duquesne University Press, 1998), p. 116-7; *Autrement qu'être ou au-delà de l'essence* (Paris, Le Livre de Poche, 2004), p. 193.
[5] Em francês, Lévinas escreve: "Responsabilité dont l'entrée dans l'être ne peut s'effectuer que sans choix" (AE, p. 183); "être soi – condition d'otage – c'est toujours avoir un degré de responsabilité de plus, la responsabilité pour la responsabilité de l'autre" (AE, p. 185-6).

> Nous ne devons certes pas le judaïsme à l'antisémitisme, quoi que Sartre ait pu en dire. Mais, peut-être, l'ultime essence d'Israël, son essence charnelle antérieure à la liberté qui aura marqué son histoire – cette histoire manifestement universelle, cette histoire *pour tous*, à tous visible – peut-être l'ultime essence d'Israël tient-elle à sa disposition innée au sacrifice involontaire, à son exposition à la persécution. [...] Être persécuté, [...] n'est pas péché originel, mais l'envers d'une responsabilité universelle – d'une responsabilité pour l'Autre – plus ancienne que tout péché.[6]

É claro, existe uma ambiguidade importante na aposição que Lévinas oferece nessa passagem. Pode parecer que a perseguição é uma *"disposition innée au sacrifice involontaire"*, mas também uma *"exposition à la persécution"*; no primeiro caso, ele parece sugerir que essa exposição involuntária é específica dos judeus, mas depois, no segundo caso, a exposição parece ser o que há de historicamente específico na experiência judaica. Na terceira formulação, essa especificidade interna ou histórica é entendida como a perseguição que fundamenta a responsabilidade como a conhecemos. É possível interpretar Lévinas de diversas maneiras nessa ocasião; uma delas é que a responsabilidade advinda da perseguição aos judeus torna necessário um certo tipo de responsabilidade, que também se forma dentro de um quadro de referência judaico. Mas quero fazer uma leitura na contracorrente, por assim dizer, e sugerir que esse tipo de enquadramento nacional ou religioso da responsabilidade não seria compatível com a linha que temos seguido no pensamento de Lévinas. Afinal de contas, ele se refere à ideia metaforicamente carregada de "ocupação" para elaborar o que poderia ser a responsabilidade. Nesse contexto, descobrimos que existir em qualquer lugar já é ser interrompido e definido pelos outros que estão naquele lugar. Trata-se de um ato de substituição, o que ele às vezes chama de usurpação, mas um ato que fundamenta a responsabilidade para com o outro. Com isso, qualquer "nação" que se fundamentar no lugar do outro estará vinculada a esse outro e terá uma responsabilidade infinita para com ele, posição claramente consoante com a dos últimos escritos de Said. Se o outro persegue esse si-mesmo, esse sujeito nacional, isso de modo algum isenta de responsabilidade o sujeito nacional: pelo contrário, a responsabilidade nasce exatamente dessa perseguição. E o que essa responsabilidade implica é justamente uma luta pela não violência, ou seja, uma luta contra a ética da vingança, uma luta para não matar o outro, uma luta para encontrar e honrar o rosto do outro.

Evidentemente, é interessante ver como Lévinas lida com essa questão de Israel, a terra que Israel ocupa, a questão do outro que está lá – que estava lá, em meio a esse lugar, aquele cujo lugar lhe foi tomado e que agora persiste nesse lugar usurpado. Mas prefiro pensar com Lévinas contra Lévinas e seguir uma direção possível para sua ética e sua política, uma direção que ele mesmo não seguiu. Vamos nos lembrar de que, se alguma coisa me substitui ou ocupa meu lugar, isso não quer dizer que ela passe a existir onde eu estive antes nem que eu não exista mais ou que tenha sido totalmente negada em virtude de ser substituída de alguma maneira. O

---

[6] Emmanuel Lévinas, *Difficile liberté* (Paris, Le Livre de Poche, 1984), p. 336.

outro reivindica, mas eu já estou exposta, vulnerável à reivindicação, e, embora para Lévinas essa situação não seja recíproca, vemos que nesse ritmo de exposição e reivindicação se dá uma espécie de paixão. A substituição, na verdade, significa que uma certa transitividade entre o "mim" e o Outro é irredutível e não depende do meu controle (está fora do meu controle). Nesse sentido, a substituição não é um ato singular; na realidade, ela torna impossível a singularidade do ato ("*la substitution n'est pas un acte, elle est une passivité inconvertible en acte*"; AE, p. 185); se de algum modo isso acontece, então acontece o tempo todo. Eu sou sempre possuída por um alhures, feita refém, perseguida, invadida contra minha vontade, e ainda assim existe esse "eu", ou melhor, esse "mim", que é perseguido. Dizer que meu "lugar" já é o lugar do outro é dizer que o lugar em si nunca é possuído singularmente, e que essa questão da coabitação é inevitável. É à luz dessa questão da coabitação que surge a questão da violência. Aliás, se sou perseguida, esse é o sinal de que estou vinculada ao outro. Se eu não fosse perseguida por essa reivindicação a mim imposta, eu não conheceria de modo nenhum a responsabilidade. É a reivindicação ética para que eu não mate que me persegue, e me persegue justamente porque posso muito bem ser incitada a matar ou posso muito bem ter de renunciar à minha vontade no instante em que o mandamento de não matar me interpelar.

O Centro Simon Wiesenthal pretendia construir um museu da tolerância em cima de um cemitério palestino em Jerusalém[7]. A construção custaria 150 milhões de dólares, e os esqueletos teriam de ser removidos do local. O objetivo autoproclamado do museu é "promover a unidade e o respeito entre os judeus e entre pessoas de todas as fés". O terreno serviu de cemitério por mil anos, e o Centro Simon Wiesenthal afirma que ele pertence legalmente a Israel, independentemente de sua posse passada. A assessoria jurídica palestina diz que se trata de algo "inacreditável, imoral. Não se pode construir um museu da tolerância em cima dos túmulos alheios. [...] Isso vai gerar o oposto da tolerância". Podemos dizer, então, que a base ou o fundamento desse museu da tolerância é uma situação intolerável, e precisamos perguntar que relação esse chamado à tolerância tem com o solo em que se ergue. Já existem disputas legais sobre quem é o dono das terras, mas será que podemos parar um instante e pensar nesse problema específico do lugar, antes da questão da lei, da propriedade e dos direitos? Esse lugar onde alguém vive, onde alguém busca construir e fundar sua própria memória, é também o lugar onde outros viveram e deixaram seus vestígios, e onde esses outros buscam honrar os restos mortais de seus antepassados. Um constrói sua memória com o apagamento da memória do outro; e isso acontece exatamente pelo recurso à terra, uma terra que as duas partes compartilham e que remete a questão para os tribunais e para as ruas. Talvez possamos pensar numa relação ética que divida a terra, por assim dizer, ou melhor, que mostre que a terra, possuída, já está ocupada pelo outro, e que, para governar o problema do lugar, a responsabilidade terá de acontecer justamente pelo entendimento da substituição como uma relação ética.

---

[7] Ver a discussão de Wendy Brown em *Regulating Aversion: Tolerance in the Age of Identity and Empire* (Princeton, Princeton University Press, 2006).

Se a substituição implica que uma certa transitividade entre "mim" e o Outro é irredutível e está fora do meu controle, então o lugar "onde um está" já é interrompido pela reivindicação do outro, e com isso ocorre uma usurpação que me vincula ao outro. Embora esperemos que um se vincule ao outro por meio de um conflito legal ou violento, aparentemente Lévinas nos oferece outra maneira de imaginar os elos desse vínculo. Estar vinculado ao outro que já está no lugar do um é precisamente reconhecer que "lugar" é onde se dá essa relacionalidade ética, aquela reivindicação à qual se está vinculado para honrar o rosto do outro e assim não matar, e não reivindicar o controle exclusivo sobre o lugar. A reivindicação exclusiva desconsidera o fato de que o outro já está lá e de que essa coabitação é a própria cena da relacionalidade ética. É possível se sentir tentado a reivindicar a propriedade, a expulsar o outro do lugar onde se está, mas só se pode fazer isso quando se recusa a violência do mandamento em nome da violência que o mandamento proíbe. Nesse sentido, se alguém é perseguido por essa obrigação para com o outro, então já reconheceu que o lugar não é apenas seu, mas já, desde o início, o lugar do outro. Qualquer política que parta desse reconhecimento será contra a usurpação que associamos com as apropriações políticas de terra e a negação dos direitos da população que já está nas terras em questão. A usurpação agora se dará no sentido oposto. O que quer que alguém reivindique como seu já não é seu, e apenas essa formulação permitirá a busca da não violência que honra os laços que, queiramos ou não, nos vinculam.

Em *Novas interpretações talmúdicas*, Lévinas explica que oferece uma interpretação talmúdica "sem a erudição tradicional"[8]. Na verdade, ele se justifica na forma de uma condicional, e bem prolixa, por sinal:

> Se aceitei fazer essa interpretação talmúdica sem a erudição tradicional, sem a acuidade de espírito que ela pressupõe ou aprimora, é unicamente com a intenção de atestar que um "amador", desde que atencioso às ideias, pode deduzir, mesmo que numa abordagem superficial desses textos difíceis – de que o judaísmo já deixou de carecer, mas textos cuja linguagem e interesses parecem tão estranhos desde o princípio que nós, judeus de hoje, temos certa dificuldade de voltar a eles –, algumas sugestões essenciais para sua vida intelectual, sobre questões que em todas as épocas perturbam a humanidade, quer dizer, a humanidade moderna. (NTR, p. 48)

Por um lado, Lévinas começa reconhecendo que é um amador, que lhe falta a erudição tradicional e até mesmo a acuidade de espírito que a erudição tradicional pressupõe e aprimora, mas também põe essa afirmação em dúvida. O que de início parece um passo humilde se transforma em algo mais ousado, quiçá arrogante, quando ele sugere que ser "atencioso às ideias" é outra coisa – algo que ele mesmo pode fazer e faz – e que é desse ser "atencioso às ideias" que "o judaísmo deixou de carecer". Desde o início, portanto, parece que somos apresentados a um conjunto de alternativas, formuladas numa gramática que não é de todo simples. Parece haver aqueles que acreditam que a erudição tradicional por si só sustenta a acuidade de

---

[8] Emmanuel Lévinas, *New Talmudic Readings* (Pittsburgh, Duquesne University Press, 1999), p. 48 [ed. bras.: *Novas interpretações talmúdicas*, trad. Marcos de Castro, Rio de Janeiro, Civilização Brasileira, 2002].

espírito necessária para ler o Talmude, e então parece haver Lévinas, que sugere que a "atenção às ideias" é possível a qualquer instante e que ela não depende da erudição. Ele aceita que ler o Talmude envolve uma passagem difícil do presente para o passado, mas parece pensar que essa passagem não exige nenhum exercício hermenêutico específico. Nós, que vivemos no presente, "temos certa dificuldade" de retornar a esses textos, que para nós são, por necessidade, tanto estranhos quanto difíceis. O que encontramos lá, no entanto, não é historicamente específico, e não estou certa de que o que encontramos está enredado na página ou na escrita de uma maneira que impossibilita separar as ideias da linguagem. Pelo menos aqui, e talvez apesar de sua própria prática, Lévinas sugira que as ideias e questões podem e devem ser extraídas tanto da época quanto da textualidade delas. Isso lhe permite escrever que a tarefa é "deduzir" o que é "essencial", que se revela como "questões que em todas as épocas perturbam a humanidade, quer dizer, a 'humanidade moderna'".

Obviamente, essa última justaposição é destoante, pois, como vemos, o que é "moderno" suscita aquelas questões que preocupam os seres humanos "em todas as épocas" e, assim, "universalmente" (NTR, p. 48). Fica claro que, para Lévinas, a modernidade é o lugar em que surge certa universalidade ou generalidade, um ponto do qual somos afastados tanto pelo textualismo quanto pelo historicismo. Sua própria prática de leitura é descrita como uma escavação, e depende de levar bastante a sério certos tipos de figuras. Escavar uma palavra é retirá-la de seu contexto histórico, e é justamente nessa descontextualização que as palavras se "incendeiam" (NTR, p. 48). Ele afirma que é preciso "soprar" as palavras para que suas chamas faísquem, utilizando previsivelmente um clichê cabalístico para justificar o que parece um presentismo descarado em sua abordagem. As palavras devem iluminar, e isso só acontece quando elas são "sopradas" da maneira correta. O sopro não surge de outro lugar; não é um sopro divino, mas humano, o sopro do leitor que descobre sua leitura no modelo da palavra falada. Palavra de quem? De Lévinas?

Embora eu esteja apontando para uma dimensão anti-hermenêutica da interpretação de Lévinas, e sugerindo que ela busca libertar as ideias das palavras por meio de um certo tipo de leitura que é retratado como uma exalação, penso que temos de questionar novamente se as "ideias" libertadas das "palavras" são "universais". Pelo menos nesse aspecto, é possível que Lévinas esteja apontando para um tipo recorrente de exercício de respiração ao qual nem todos têm acesso em todas as condições. Essa atenção às "ideias" não é o mesmo que um exercício de abstração ou o uso da razão. Para ser mais exata a respeito do que está em jogo, faz sentido retornar a "Paix et proximité" [Paz e proximidade] (1984), de Lévinas, para entender como esse exercício que ele propõe pode ser e é "judaico" sem, no entanto, ser "universal" de acordo com os padrões comuns de racionalidade.

No ensaio, Lévinas defende que a consciência "europeia" se divide internamente entre as tradições grega e hebraica. Nessa concepção, a ideia de paz derivada da tradição grega é a que acredita que a "paz é esperada tendo em conta o Verdadeiro" (PP, p. 162). Segundo ele, a posição grega acredita que a paz só poderá surgir com base no "conhecimento", que "une" aqueles que discordam apenas aparentemente. Essa noção de "paz" se esforça pela "unidade", a superação da diferença "em que o outro é reconciliado com a identidade do idêntico em cada um" (PP, p. 162). Ele também observa que essa concepção grega se baseia numa "persuasão" na qual cada indivíduo se percebe como participante "do todo" e descobre a "tranquilidade" e o "repouso" nessa unidade. Podemos contestar essa caracterização, mas sem dúvida é importante entendê-la em seus próprios termos para ver o que está em jogo para Lévinas. Em primeiro lugar, ele quer enfatizar que a Europa que acredita nessa presunção grega é aquela que não consegue explicar sua própria história sangrenta, o surgimento do fascismo, do imperialismo, da exploração. De maneira algo áspera, ele faz troça da máxima socrática, buscando "uma ruptura na universalidade da razão teórica, que surgiu cedo no 'conhece-te a ti mesmo' para buscar o universo inteiro na consciência-de-si" (PP, p. 163). Lévinas encontra dentro da Europa traços de "outra lógica que não a de Aristóteles", e a descreve timidamente como uma "exaltação talvez explicada por um remorso" em relação às guerras coloniais; ela parece ser o resultado de uma "indiferença de longa data quanto às tristezas de um mundo inteiro" (PP, p. 163).

Aqui os traços de outra tradição, uma tradição enfaticamente não grega, parecem entrar por meio de modalidades humanas que existem à margem de uma razão universalizante: *exaltação*, *remorso* e *tristeza*. Ele acusa a tradição grega de construir uma razão teórica incapaz de explicar o derramamento de sangue e a tristeza. Na verdade, quando confrontada com a história de suas guerras, a Europa mergulha numa angústia sobre sua própria capacidade de violência. Ele escreve:

> O drama da Europa não é a fraude intelectual de um sistema desvelada pelas incoerências do real, tampouco é o perigo da morte a única coisa que assusta a todos. Existe angústia no cometimento de crimes mesmo quando os conceitos concordam entre si. Existe uma angústia da responsabilidade que pesa sobre todos na morte ou no sofrimento do outro. (PP, p. 164)

Dadas essa angústia e essa responsabilidade em relação à vida do outro, chega a mim justamente uma exigência que não é universalizável. Essa exigência é feita ao indivíduo e transmitida pelo mandamento. Por conseguinte, é uma obrigação ética que pode muito bem ser comunicada a cada pessoa, mas que, como consequência, não é universalizável. Essa interpelação singular anula a universalidade da reivindicação, e é por isso que não podemos verificar se os outros estão honrando a "mesma" reivindicação exatamente da mesma maneira.

Nesse contexto, e sabendo que, para Lévinas, a não violência só surge como consequência de uma guerra interna ao si-mesmo contra os seus próprios impulsos assassinos, podemos voltar à questão do que significa interpretar o Talmude no interior da modernidade, que tipos de questão são levados para o texto e que tipos de ideia hão de ser incendiados e iluminados pelo tipo de leitura que Lévinas propõe. No terceiro capítulo de *Novas interpretações talmúdicas*, traduzido como "O 'eu mesmo' – quem é?" (mas que deveria ser traduzido no sentido de "Quanto ao eu-mesmo...")\*, Lévinas recorre ao trecho 88-b-89-a do Tratado Chulin, no qual Raba

---

\* A autora refere-se, originalmente, à edição em inglês; no entanto, como o mesmo equívoco de tradução se verifica na edição brasileira, mantivemos o comentário. (N. E.)

gratifica Abraão por ter dito "eu sou cinzas e pó" (NTR, p. 109). Lévinas cita o dito rabínico: "*o mundo subsiste apenas pelo mérito de Moisés e Arão. Deles, o valor das palavras: 'somos nada' [ou, 'O que somos nós?']*" (NTR, p. 112). As duas frases são interpretadas como equivalentes de alguma maneira. Nós não somos nada, portanto perguntamos quem somos. Perguntamos sobre o que somos e descobrimos que não somos nada, que não existe resposta para essa pergunta, não existe uma substância que chegue a definir ou estabelecer o "nós" que pergunta sobre si dessa maneira. Para Lévinas, somos os que são interpelados singularmente pelo mandamento, e por isso diferenciados uns dos outros de tal modo que a universalidade se torna impossível. Por outro lado, como nós não "somos" nada, e como a interpelação não traz em si uma resolução ontológica para o "eu" ou o "nós", acabamos reconhecendo que, num nível ontológico, somos despossuídos justamente por essa exigência. Realmente, a exigência comunicada pelo mandamento nos esvazia de toda substância ontológica. A criatura humana é destituída, mas vale destacar que é com base nessa destituição que se elabora a obrigação de proteger a vida do outro: "Na abnegação, no pó e nas cinzas [...] há uma elevação da criatura humana a outra condição, a outro nível do humano que, autêntico sob a incessante ameaça de sua mortalidade, permanece alguém que pensa na salvaguarda dos outros" (NTR, p. 114). Desse modo, Abraão é "pó e cinzas", mas aparentemente suas palavras também são "cinzas", como são as palavras do Talmude. "A Torá é exata. Deve-se soprar as 'cinzas' de ideias e imagens para que a chama ternamente apareça para o homem. Ainda assim ganhamos alguns traços de um 'eu' que é afirmado em sua devoção ao outro e que *é* porque é obrigado" (NTR, p. 121).

Essa obrigação pode muito bem subscrever alguns dos sistemas éticos e das leis que buscam universalizar as obrigações, mas qualquer codificação dessas obrigações também subscreve o que Lévinas chama de "anarquismo" de uma tal obrigação[9]. Esse "anarquismo" é um afastamento do Logos e constitui outro "fundamento" para pensarmos a relacionalidade humana como tal. Nessa concepção, a relacionalidade humana não é grega – e não é racional de maneira nenhuma. Em vez disso, ela é o que só pode ser elaborado por meio de figuras que exploram esse lado do conceito, que ligam a destituição humana a certa responsabilidade de proteger a vida dos outros. É como se devêssemos proteger a vida como se fôssemos (ou justamente porque somos) transitórios, pó e cinzas: a vida é perecível; por isso, devemos lutar para não deixar que ela pereça. É com base nessa perecibilidade que surge uma obrigação e não uma agressão assassina, nem tampouco outra forma de niilismo. Não podemos ser descuidados em relação a essa perecibilidade, pois nós a conhecemos justamente por intermédio da injunção de cuidar dela, e cuidar dela não por nós, mas pelos outros. Essa até poderia ser uma variação de um mandamento,

---

[9] Lévinas escreve: "O nascimento do Eu num remorso torturante, que é justamente um recolhimento para dentro de si mesmo; esta é a recorrência absoluta da substituição. A condição ou não condição do si-mesmo não é originariamente uma afecção de si que pressupõe o Eu, mas precisamente uma afecção pelo Outro, um *traumatismo anárquico* [an-árquico, sem princípio, e assim, seguramente, enigmático, para o qual não se pode dar nenhuma causa clara], esse lado da afecção de si e da identificação de si, um traumatismo da responsabilidade e da não causalidade" (*Otherwise than Being*, cit., p. 93-4).

mas *não é* o Logos: ela revela a vida, o sopro, a tristeza, o remorso, a atenção e a obrigação de um tipo enfaticamente não universalizável. "Aquele" a quem se pede para seguir o mandamento também é derrotado ontologicamente por essa interpelação – reduzido, por assim dizer, a pó e cinzas. Torna-se nada mais do que essa obrigação e é mantido em vida pelo próprio mandamento; é, assim, sustentado e derrotado por essa interpelação. Isso significa que o si-mesmo não é substância, e que o mandamento não é uma lei codificável: cada um existe apenas à maneira de uma interpelação que escolhe, derrota e obriga. O Talmude leva Lévinas a um tipo estranho de anarquia, uma anarquia que, segundo ele, caracteriza toda relação entre aquele que recebe a exigência ética e a própria exigência. Essa ideia o precede na obra de Walter Benjamin, que sustenta uma crítica do tipo de violência que atua por meio de regimes legais. Derrubar o regime requer uma relação anárquica com uma exigência ética que supera a lei, embora, para Lévinas, o ético envolva invariavelmente essa ideia de anarquia, ao passo que o político, essencialmente preocupado com a justiça, funciona por meio da lei formalizável. Mas o que acontece quando o Estado de direito formal é injusto? Que lugar existe para a anarquia sob tais condições?

# 3
# Walter Benjamin e a crítica da violência*

Seria possível perguntar sobre as ideias de Walter Benjamin sobre o sionismo e consultar suas consagradas discussões com Gershom Scholem para distinguir essas políticas. Neste texto, no entanto, estou menos interessada nas questões específicas que ele levantou a respeito do sionismo nas décadas de 1920 e 1930 do que em suas próprias visões sobre violência, e sobre a violência do direito em particular. É fato conhecido que Scholem tentou convencer Benjamin a emigrar para a Palestina e aprender hebraico, mas Benjamin não quis. Em determinado momento, Scholem conseguiu que a Universidade Hebraica pagasse uma bolsa para Benjamin, mas ele foi para a Rússia com o dinheiro e não fez muita questão de dar explicações a seus patrocinadores. Mas talvez mais importante que a ambivalência de Benjamin em relação ao sionismo fosse sua crítica da violência do Estado e suas ideias sobre história e opressão. Neste capítulo e no próximo, tento entender como Benjamin se baseia em fontes judaicas e não judaicas para oferecer (a) uma crítica da violência do direito – o tipo de violência que os Estados cometem precisamente por meio de sua estrutura jurídica – e (b) uma crítica daquelas formas de história progressiva segundo as quais um ideal se realizaria com o passar do tempo – uma perspectiva com implicações críticas claras para o sionismo. Seu primeiro ponto nos mostra que não é possível tratar a lei como alternativa à violência, mas também suscita a questão de como é possível recusar formas acríticas de obediência a regimes injustos. O segundo ponto, centrado na ideia de como o messiânico reconfigura a história, trata da possibilidade de encontrar uma forma presente para a história dos oprimidos, uma que não pertença a uma única nação, mas que exija uma súbita transposição da opressão através do tempo e do espaço.

O messiânico assume diferentes formas na obra de Benjamin, mudando no decorrer de suas reflexões e evocações do termo[1]. Numa de suas primeiras obras, sobre a pintura, Benjamin parece entender o messiânico como um núcleo extrassensível de significado que, não obstante, organiza o campo sensível – concentrando-se na

---

\* Uma versão preliminar de algumas partes deste ensaio foi publicada anteriormente como "Critique, Coercion, and Sacred Life in Benjamin's 'Critique of Violence'", em Hent de Vries e Lawrence E. Sullivan (orgs.), *Political Theologies: Public Religions in a Post-Secular World* (Nova York, Fordham University Press, 2006).
[1] Ver Peter Fenves, *The Messianic Reduction: Walter Benjamin and the Shape of Time* (Palo Alto, Stanford University Press, 2010).

transmissibilidade e na dispersão do "nome". Em "A tarefa do tradutor"*, somos levados a considerar como o messiânico constitui certa ruptura na possibilidade da transmissão, ilustrada no muito discutido conceito do "vaso quebrado" cujos cacos não podem ser restaurados a sua unidade original. Embora algumas dessas reflexões iniciais se concentrem no messiânico como uma forma de perdão, um perdão que requer o esquecimento de todas as marcas de culpa, seu "Para uma crítica da violência"** (1921) tende a conceber a força messiânica da violência divina como uma ruptura com a violência do direito (que também é uma escusa da culpa). Em "Sobre o conceito de história"*** ele liga o messiânico à luta para salvar a história dos oprimidos de um esquecimento imposto. Não existe nenhum tipo de doutrina do messiânico para Benjamin, e devemos começar nossa consideração dizendo que o messiânico é um esforço contradoutrinal de romper com os regimes temporais que geram a culpa e a obediência, ampliam a violência do direito e encobrem a história dos oprimidos. O messiânico parece funcionar a favor do esquecimento nos primeiros exemplos e lutar contra ele apenas em versões posteriores simplesmente porque a história da culpa não corresponde à história da opressão. Quando Benjamin deixa mais claro que é preciso combater o apagamento da história da opressão, é justamente no sentido contrário ao engrandecimento do mundo dos culpados: estes continuam ligados a uma versão do direito e da violência que busca encobrir a destruição que causou e ainda causa. Desse modo, o messiânico surge como modo de mandar pelos ares essa cronologia e essa história específicas para restabelecer numa forma dispersa aqueles vestígios do passado de sofrimento que, de maneiras indiretas, nos servem para acabar com regimes cuja violência é, ao mesmo tempo, moral e física.

Ao considerar o ensaio "Para uma crítica da violência", faz sentido começar com o que parece ser a pergunta mais elementar: que sentido o termo *crítica* assume quando se torna uma crítica da violência? Uma crítica da violência é uma investigação sobre as condições para a violência, mas também um questionamento sobre como a violência se circunscreve de antemão pelas perguntas que fazemos a respeito dela. O que é a violência, então, para que possa ser colocada em questão? Não precisamos saber como tratar essa questão antes de perguntar, como devemos, quais são as formas legítimas e ilegítimas de violência? Entendo que o ensaio de Walter Benjamin fornece uma crítica da violência *do direito*, o tipo de violência que o Estado exerce por instaurar e manter o status vinculante que o direito impõe sobre quem está a ele sujeito[2]. Em sua crítica,

---

\* Trad. Susana Kampff Lages. Em Walter Benjamin, *Escritos sobre mito e linguagem* (São Paulo, Duas Cidades/Editora 34, 2011), p. 101-19. (N. E.)
\*\* O termo usado por Benjamin para designar "violência" é *Gewalt*, que pode significar tanto "violência" quanto "poder". Daí alguns tradutores terem refletido essa ambiguidade ou oposição entre "poder como violência" e "violência como poder" em suas versões do ensaio: João Barrento, por exemplo, em *O anjo da história* (Belo Horizonte, Autêntica, 2013), traduz como "Sobre a crítica do poder como violência"; Willi Bolle, em *Documentos de cultura, documentos de barbárie* (São Paulo, Cultrix, 1986), traduz como "Crítica da violência – Crítica do poder". Essa dinâmica também aparece no texto de Judith Butler quando ela usa um ou outro termo. (N. T.)
\*\*\* Em Walter Benjamin, *O anjo da história*, cit. (N. E.)
[2] Todas as citações em português neste ensaio são extraídas de "Para uma crítica da violência", trad. Ernani Chaves, em Walter Benjamin, *Escritos sobre mito e linguagem* (São Paulo, Duas Cidades/Editora 34, 2011), p. 121--56; as em alemão, de Walter Benjamin, *Kritik der Gewalt und andere Aufsätze* (Frankfurt, Suhrkamp, 1965). Doravante, "Crítica da violência".

Benjamin oferece pelo menos dois tipos diferentes de explicação. No primeiro exemplo, ele pergunta: como a violência do direito se torna possível? O que é o direito a ponto de requerer a violência ou, no mínimo, um efeito coercitivo com a finalidade de ter esse caráter vinculante sobre os sujeitos? Mas também: o que é a violência de modo que possa assumir essa forma legal? Ao fazer essa última pergunta, Benjamin abre uma segunda trajetória para seu pensamento: existe outra forma de violência que não seja coercitiva, aliás, uma violência que possa ser invocada e empreendida contra a força coercitiva do direito? Ele prossegue e pergunta: haveria uma violência que não seja apenas empreendida contra a coerção, mas que seja em si não coercitiva e, nesse sentido (ou ainda em outros), fundamentalmente não violenta? Ele se refere a essa violência não coercitiva como "não sangrenta", e isso parece implicar que ela não é empreendida contra corpos humanos e vidas humanas. Como veremos, no fim não fica claro se ele consegue cumprir essa promessa. Se tivesse conseguido, defenderia uma violência que é destrutiva da coerção, sem derramar sangue algum no processo. Isso constituiria a possibilidade paradoxal de uma violência não violenta, e espero levar em consideração, nas páginas seguintes, essa possibilidade no ensaio de Benjamin.

O ensaio de Benjamin é notoriamente difícil. Temos de lidar com muitas distinções, e parece que lidamos com elas apenas por alguns momentos, para então as abandonarmos. É preciso trabalhar com dois grupos básicos de distinções para tentar entender o que ele faz. O primeiro distingue violência *instauradora do direito* (*rechtsetzend*) e *mantenedora do direito* (*rechtserhaltend*). A violência que mantém o direito é exercida pelos tribunais e, certamente, pela polícia: ela representa o esforço repetido e institucionalizado de garantir que o direito continue exercendo seu caráter vinculante sobre a população que governa; representa os modos cotidianos pelos quais o direito repetidamente impõe sua obrigação a quem está sujeito a ela. A violência que instaura o direito é diferente. O direito é colocado como algo feito quando uma ordem política surge e o direito é criado, mas também pode ser uma prerrogativa exercida pelas forças militares ao introduzir ações coercitivas para lidar com uma população indisciplinada. Curiosamente, as forças militares podem ser um exemplo tanto do poder instaurador do direito quanto do poder mantenedor do direito, dependendo do contexto; voltaremos a esse ponto quando perguntarmos se existe ainda outra violência, uma terceira possibilidade que exceda e se oponha tanto à violência instauradora quanto à mantenedora do direito. Os atos pelos quais o direito é instituído não são em si justificados por outro direito ou pelo recurso a uma justificação racional que precede a codificação do direito; o direito tampouco se forma de maneira orgânica, com o lento desenvolvimento de costumes e normas culturais em direito positivo. Pelo contrário, a instauração da lei cria as condições para que se deem os procedimentos justificativos e as deliberações justificativas. Isso acontece por decreto, por assim dizer, e isso faz parte do que se pretende com a violência desse ato fundador. Com efeito, a *violência* da violência que instaura o direito é resumida na afirmação de que "isso vai ser lei", ou, mais enfaticamente, "isso agora é lei". Essa última concepção da violência legal – a que instaura o direito – é entendida como uma operação do destino[3], termo que tem um sentido

---

[3] A palavra usada por Benjamin para "destino" é *das Shicksal*.

específico para Benjamin. O destino pertence ao campo helênico do mito, e a violência que mantém o direito é, de muitas maneiras, o subproduto dessa violência que instaura o direito, porque o direito que é mantido é exatamente o direito que já foi instaurado. O fato de que o direito só pode ser mantido caso reitere seu caráter vinculante sugere que ele é "mantido" apenas por ser imposto vez após outra como vinculante. No fim, ao que parece, o modelo da violência instauradora do direito, entendido como destino, uma declaração por decreto, é também o mecanismo de funcionamento da violência mantenedora do direito.

Por serem o exemplo de instituição que tanto instaura quanto mantém o direito, as forças militares podem fornecer um modelo para entender a ligação interna entre essas duas formas de violência. Para que o direito seja mantido, seu caráter vinculante precisa ser reafirmado. Essa reafirmação impõe o direito como vinculante mais uma vez, e assim repete o ato fundador de uma maneira regrada. Além disso, notamos aqui que se o direito não se renovasse, não fosse mantido, ele deixaria de funcionar, deixaria de ser mantido, deixaria de ser imposto mais uma vez como vinculante. Esse lugar do colapso do direito seriam as forças militares, pois elas parecem ser a instituição que exemplifica ao mesmo tempo a manutenção e a instauração do direito, e, assim, o lugar em que o direito poderia ser reprimido, deixar de funcionar, até mesmo tornar-se sujeito à destruição.

Para entendermos a violência presente tanto na violência que instaura o direito quanto na que o mantém, precisamos considerar outra violência que não pode ser entendida nem pela ideia de destino, nem como violência helênica ou "mítica". A violência mítica estabelece o direito sem nenhuma justificativa. Só depois que o direito é estabelecido é que podemos começar a falar sobre a justificação. De maneira crucial, o direito é fundado sem justificação, sem referência à justificação, mesmo que faça referência à justificação possível como consequência de sua fundação. Primeiro o sujeito é vinculado pelo direito, depois surge um quadro legal para justificar o caráter vinculante do direito. Como consequência, produzem-se sujeitos que têm de responder pelo direito perante o direito, que passam a se definir por sua relação com a responsabilização legal. Tendo em conta esse campo do direito em suas duas instâncias, a fundadora e a preservadora, Benjamin postula uma "violência divina", uma violência que visa o mesmo quadro de referência que estabelece a responsabilização legal. A violência mística é desencadeada contra a *força coercitiva* desse quadro legal, contra a responsabilização que vincula o sujeito a um sistema legal específico e o impede de desenvolver um ponto de vista crítico, quiçá revolucionário, sobre esse sistema legal. Quando um sistema legal precisa ser desfeito, ou quando sua coercitividade leva a uma revolta por parte de quem sofre sua coerção, é importante que esses vínculos de responsabilização sejam rompidos. Na verdade, *para dissolver um corpo de leis estabelecidas que é injusto, é preciso justamente parar de fazer o que as leis estabelecidas definem como a coisa certa.*

Esse é certamente o argumento de Georges Sorel em *Reflexões sobre a violência\**, que influenciou profundamente as discussões de Benjamin sobre a greve geral, a

---

\* Georges Sorel, *Reflexões sobre a violência* (trad. Paulo Neves, São Paulo, Martins Fontes, 1992). (N. E.)

greve que leva à dissolução de todo um aparelho de Estado. Segundo Sorel, a greve geral não busca efetuar essa ou aquela reforma específica em uma ordem social dada, e sim desfazer toda a base legal de determinado Estado. Benjamin agrega a posição de Sorel a um pensamento messiânico que dá à sua perspectiva um significado ao mesmo tempo teológico e político. Não só somos libertos, pela violência divina, das formas de responsabilização coercitiva – uma forma forçada ou violenta de obrigação –, como essa libertação é, ao mesmo tempo, uma expiação da culpa e uma oposição à violência coercitiva. É possível reagir a tudo isso com um certo temor de que os únicos resultados possíveis seriam o anarquismo ou uma revolta geral, mas é preciso ter em mente algumas proposições. Benjamin não diz em lugar nenhum que é preciso se opor a todos os sistemas legais, e nesse texto não fica claro se ele se opõe a certos Estados de direito e não a outros. Além disso, se nesse ponto ele conversa com o anarquismo, deveríamos pelo menos pensar um pouco sobre o que o anarquismo significaria nesse contexto, tendo em mente que Benjamin leva a sério o mandamento "Não matarás". Paradoxalmente, Benjamin vislumbra a libertação da responsabilização legal e da culpa como um caminho para a compreensão do sofrimento e da transitoriedade na vida, da vida, como algo que nem sempre pode ser explicado pelo quadro da responsabilização moral ou legal. Essa compreensão do sofrimento e da transitoriedade pode levar, segundo ele, a um tipo de felicidade. Apenas a noção benjaminiana do messiânico permite que se veja como a compreensão do sofrimento – um sofrimento que pertence ao domínio da vida que continua sem explicação quando se recorre à responsabilização moral – leva a um tipo de felicidade ou o constitui. Retornarei a essa noção de felicidade na consideração final do "Fragmento teológico-político".

Benjamin trabalhou com diversas fontes para escrever esse ensaio, entre elas *Reflexões sobre a violência*, de Sorel, *Ethic of the Pure Will* [Ética da vontade pura], de Hermann Cohen, e as investigações cabalísticas de Gershom Scholem. Ele trabalhou em duas frentes de uma vez: a teológica e a política, elaborando, de um lado, as condições para uma greve geral que resultasse na paralisação e dissolução de todo um sistema legal, e, de outro, a noção de um deus divino cujo mandamento *oferece um tipo de injunção irredutível ao direito coercitivo*. Não é fácil interpretar juntos os dois ramos do ensaio de Benjamin. Há quem diga que a teologia está a serviço da teoria da greve, e há quem diga que a greve geral é apenas um exemplo – ou uma analogia – da destrutibilidade divina.

O que parece importante aqui, porém, é que a violência divina é comunicada por um mandamento que não é nem despótico nem coercitivo. Na verdade, assim como Franz Rosenzweig antes dele, Benjamin retrata o mandamento como um direito que não é vinculante nem imposto pela violência legal[4]. Quando falamos

---

[4] Franz Rosenzweig argumenta, em *The Star of Redemption* (Notre Dame, IN, University of Notre Dame Press, 1985, p. 267-70), que o mandamento é um esforço verbal e escrito por parte de Deus para solicitar o amor de seu povo. Seu enfoque no amor vai ao encontro dos esforços da época de reviver a dimensão espiritual do judaísmo, indo contra as reformas rabínicas que se concentravam na elaboração de regras e na ciência de sua interpretação. O interesse de Rosenzweig pelo judaísmo como movimento espiritual o levou a dizer que "[o povo judeu] deve negar a si mesmo a satisfação de que gozam constantemente outros povos do mundo com o funcionamento de seu Estado"

de violência legal, nos referimos à violência que mantém a legitimidade e a obrigatoriedade das leis, o sistema de punição que se põe na espreita quando as leis são transgredidas, a força policial e militar que respalda um sistema de leis, e as formas de responsabilização legal e moral que, à força, obrigam os indivíduos a agir de acordo com a lei, ou melhor, a obter sua definição cívica em virtude de sua relação com a lei.

Curiosamente, é reconsiderando o mandamento bíblico, especificamente o mandamento "Não matarás", que Benjamin articula sua crítica da violência do Estado, uma violência exemplificada de muitas maneiras pelas forças militares na sua dupla capacidade de impor e criar o direito. Costumamos pensar que o mandamento divino funciona como algo imperativo, que determina nossa ação e já se mostra preparado com um conjunto de reações punitivas caso não obedeçamos. Benjamin, porém, se utiliza de um entendimento judaico diferente sobre o mandamento, que separa estritamente o imperativo articulado pelo direito e a questão de sua obrigatoriedade. O mandamento transmite um imperativo justamente sem ter capacidade para, de algum modo, impor o imperativo que comunica. Ele não é a vocalização de um Deus furioso e vingativo, e, nessa visão, o direito judaico, de maneira mais geral, decisivamente *não é* punitivo; além disso, o mandamento associado ao Deus judaico aqui *se opõe* à culpa, até busca uma expiação da culpa, que, segundo Benjamin, é uma herança específica das tradições míticas ou helênicas. Na verdade, o ensaio de Benjamin oferece, em forma fragmentada e potencial, a possibilidade de refutar uma compreensão equivocada do direito judaico que o associa à vingança, à punição e à indução da culpa. Em oposição à ideia de um direito coercitivo e que induz a culpa, Benjamin invoca o mandamento como uma ordem apenas para que o indivíduo lide com a determinação ética comunicada pelo imperativo. Esse imperativo *não* impõe, mas *deixa em aberto* os modos de sua aplicabilidade e suas possibilidades de interpretação, incluindo as condições em que pode ser recusado.

No ensaio de Benjamin, a crítica da violência do Estado é inspirada em parte pelos recursos teológicos judaicos, uma crítica que se contrapõe à violência que afeta o que ele chama de "alma do vivente" (*die Seele des Lebendigen*; CV, p. 152). É importante pisar com cuidado aqui, pois seria um erro dizer que o ensaio constitui uma "crítica judaica", ainda que seja perpassado pela teologia judaica – e certamente não faz sentido chamá-lo de "crítica judaica" apenas porque Benjamin era judeu. Se a crítica puder ser justificadamente chamada de judaica, é apenas como resultado de alguns dos recursos críticos usados por Benjamin. É importante lembrar que Sorel, que não era judeu e não usou claramente nenhum recurso

---

(p. 332). Depois, argumenta que "o Estado simboliza a tentativa de eternizar as nações nos confins do tempo". Para que essa eternidade seja garantida, no entanto, as nações têm de ser perpetuamente refundadas, e, para se perpetuarem, elas requerem a guerra. Na concepção de Rosenzweig, a vida se constitui pela preservação e renovação. O direito surge como uma antivida na medida em que ele estabelece uma resistência e uma estabilidade que agem contra a vida e se tornam a base para a coerção do Estado. Rosenzweig procurou entender o judaísmo como estando além das contradições que afligem as nações, e com isso procurou distinguir a ideia de povo judeu da ideia de nação judaica (p. 329).

judaico em sua crítica (a menos que consideremos Bergson como tal), certamente influenciou o ensaio de Benjamin tanto quanto Scholem ou Cohen. Embora Benjamin claramente se equivoque sobre a possibilidade e o sentido da não violência, sugiro que o mandamento, como concebido por Benjamin, é não só a base para a crítica da violência legal, mas também a condição para uma teoria da responsabilidade que tem em seu núcleo um esforço contínuo pela não violência.

## Um judaísmo diferente

Essa interpretação que gostaria de destacar tem pelo menos duas implicações políticas. Se parte da representação comum que se faz do judaísmo é de que ele endossa um conceito de Deus ou uma concepção de direito baseados na vingança, na punição e na inculcação da culpa, vemos nas linhagens cabalísticas que influenciaram o pensamento de Benjamin um vestígio que lança luz sobre um judaísmo diferente. Desse modo, se parte do reducionismo visto nas representações populares do significado do judaísmo consiste em identificá-lo com um Deus colérico e punitivo, e o cristianismo com um princípio de amor ou *caritas*, temos de reconsiderar essas distinções. Acredito que também vemos, no início do século XX, os traços de um movimento de oposição ao rabinismo que inspirou a obra de Rosenzweig e, por fim, Martin Buber – um movimento associado à ideia de renovação espiritual e preocupado tanto com o assimilacionismo, por um lado, quanto com a escolástica rabínica, de outro. Esse movimento também era crítico dos esforços para estabelecer uma territorialidade legal e política para o judaísmo, e alguns desses argumentos ressoaram de maneira importante na crítica contemporânea do sionismo.

Rosenzweig, por exemplo, opôs-se à coerção legal e também invocou o mandamento a fim de ilustrar uma lei não coercitiva. Ele observa que todo e qualquer mandamento comunica a exigência de amar a Deus, sejam quais forem suas estipulações específicas[5]. Realmente, em *The Star of Redemption*, Rosenzweig escreve que os mandamentos de Deus podem ser resumidos à declaração "Amai-me!". Nas décadas de 1910 e 1920, tanto Rosenzweig quanto Buber, depois dele, se opunham à ideia de um "Estado" para o povo judeu; ambos pensavam que o poder crítico e até espiritual do judaísmo seriam arruinados, ou, nas palavras de Buber, "pervertidos" pelo estabelecimento de um Estado fundado na coerção legal e na soberania[6]. Rosenzweig morreu cedo demais para poder desenvolver sua concepção, mas Buber acabou adotando uma versão de sionismo que incluía um Estado federado administrado conjunta e igualmente por "dois povos". Benjamin, até onde sei, não pensava assim sobre a fundação de um Estado em nome do sionismo, e evitou a

---

[5] Ibidem, p. 176.
[6] Ver a importante distinção de Rosenzweig entre "Israel" como povo judeu e "Israel" como reivindicação de terra em *The Star of Redemption*, cit., p. 326, 351-2. Além disso, ele afirmou que "esperar e vagar" (p. 329) era parte de uma tradição messiânica que sobreveio à ideia de "Israel" nos dois sentidos (p. 404), afirmando o importante caráter diaspórico do judaísmo. Ver as ideias de Buber de 1948 sobre a "perversão" do sionismo, na medida em que este buscava se realizar na forma de um Estado: Martin Buber, "Zionism and 'Zionism'", em *A Land of Two Peoples: Martin Buber on Jews and Arabs* (org. Paul Mendes-Flohr, Chicago, University of Chicago Press, 2005), p. 220-3.

questão sempre que pressionado pelo amigo Scholem em suas correspondências[7]. O que parece importar aqui, para quem busca usar esse texto como recurso cultural para pensar essa época, tem pelo menos dois aspectos: opõe-se àquilo que às vezes resulta numa redução antissemita da judaicidade a uma enorme carnificina e, ao mesmo tempo, estabelece uma relação crítica com a violência de Estado, uma relação que pode muito bem fazer parte de um esforço para mobilizar perspectivas críticas judaicas contra as políticas atuais, quiçá contra a base constitucional da cidadania no Estado de Israel.

É claro, hoje a crítica da violência elaborada por Benjamin tem muitos detratores, e muitos deles sem dúvida diriam que o texto não prevê a investida do fascismo no Estado de direito e nas instituições parlamentares. Entre a escrita do ensaio de Benjamin em 1921 e seus leitores contemporâneos aconteceram diversas catástrofes históricas, incluindo o assassinato de mais de 10 milhões de pessoas nos campos de extermínio nazistas. Pode-se argumentar que o fascismo deveria ter sido contraposto justamente por um Estado de direito considerado vinculante sobre seus sujeitos. Mas, da mesma maneira, se o direito que vincula os sujeitos faz parte de um aparelho legal fascista, esse aparelho é exatamente o tipo de direito a cuja força vinculante deveríamos nos opor e resistir até que o aparelho entre em colapso. A crítica do direito de Benjamin, no entanto, continua não sendo específica, tanto que uma oposição geral ao caráter vinculante e até coercitivo do direito parece menos saborosa quando consideramos a ascensão do fascismo, bem como o escárnio tanto do direito constitucional quanto do internacional que caracteriza a política externa dos Estados Unidos em suas práticas de guerra, tortura e detenção ilegal. Contudo, é certamente à luz da ascensão do fascismo europeu que alguns críticos se distanciaram do ensaio de Benjamin.

O ensaio de Benjamin teve uma interpretação mordaz de Jacques Derrida em *Força de lei* e se tornou uma trilha controversa para Hannah Arendt em *Sobre a violência*. Na época em que Derrida escreveu seu ensaio sobre Benjamin, ele se preocupava abertamente com o que chamou de "marxismo messiânico", que percorreria todo o ensaio de Benjamin. Derrida buscou afastar da desconstrução o tema da destruição, bem como valorizar e afirmar um valor de justiça que vai além de qualquer lei específica ou positiva. É claro que depois ele revisitaria o messianismo, a messianicidade e o marxismo em *Espectros de Marx*\* e em vários ensaios sobre religião. No escrito sobre Benjamin, Derrida deixou claro que, para ele, Benjamin foi longe demais ao criticar a democracia parlamentar. Em determinado momento, Derrida afirma que Benjamin surfa numa "vaga antiparlamentar", a mesma que carregou o fascismo[8]. Derrida também se incomodou com o fato de Benjamin ter escrito para Carl Schmitt no mesmo ano em que publicou "Crítica

---

[7] Para um registro da relação incerta de Benjamin com o sionismo, ver a correspondência entre Benjamin e Scholem no verão de 1933 em *The Correspondence of Walter Benjamin and Gershom Scholem, 1932-1940* (Nova York, Schocken, 1989).

\* Jacques Derrida, *Espectros de Marx* (trad. Anamaria Skinner, Rio de Janeiro, Relume Dumará, 1994). (N. E.)

[8] Ver Jacques Derrida, *Force de loi* (Paris, Galilée, 1994), p. 69. [ed. bras.: *Força de lei*, 2. ed., trad. Leyla Perrone--Moisés, São Paulo, Martins Fontes, 2010, p. 63].

da violência", mas não sabemos o que havia de preocupante na carta, se é que havia algo. Aparentemente, a carta tinha duas linhas e era apenas um agradecimento a Schmitt por ter enviado seu livro. Mas esse agradecimento formal dificilmente permitiria inferir que Benjamin concordou com o livro de Schmitt em parte ou no todo.

Arendt, em *Sobre a violência*, também teme que visões como as de Benjamin não levem em conta a importância do direito para a união das pessoas de uma comunidade. Ela sustenta que Benjamin não entendeu que a fundação de um Estado pode e deve ter um início não coagido, e, nesse sentido, ele é não violento em suas origens[9]. Ela procura basear o direito democrático numa concepção de poder que o distingue da violência e da coerção. Nesse sentido, Arendt busca resolver o problema estabilizando certas definições, empregando o que poderíamos chamar de estratégia estipulativa. Em seu léxico político, violência é definida como coerção, e poder é definido como não violento e, especificamente, o exercício da liberdade coletiva. De fato, ela sustenta que o direito seria ilegítimo caso se baseasse na violência e discorda da afirmação de que ele é instaurado ou mantido pela violência.

Com efeito, enquanto para Arendt as revoluções instauram o direito e expressam o consentimento conjunto do povo, Benjamin sustenta que o que dá origem ao direito é o destino. E enquanto a interpretação de Derrida para esse ensaio situa o messiânico na operação performativa pela qual o próprio direito se origina (e o mesmo vale para o poder que estabelece o direito, para o destino e para a esfera mítica), está claro que, para Benjamin, o messiânico está associado com a destruição do próprio quadro legal, uma alternativa distinta ao poder mítico. No que resta de minha análise, gostaria de examinar essa distinção entre destino e violência divina, de considerar as implicações da noção benjaminiana de messiânico para o problema da crítica.

### Violência, destino e o direito

Se consideramos o problema das condições fundadoras da violência do Estado, vamos lembrar que, em "Crítica da violência", Benjamin está fazendo pelo menos dois tipos de distinções sobrepostas, uma entre violência fundadora do direito e violência mantenedora do direito, e outra entre violência mítica e violência divina. Como é no contexto da violência mítica que recebemos o relato da violência fundadora e da mantenedora do direito, então analisemos primeiro esse aspecto para entendermos o que está em jogo. A violência origina um sistema de direito, e essa violência fundadora do direito é do tipo que atua sem justificação. O destino produz o direito, mas o faz primeiro manifestando a fúria dos deuses. Essa fúria toma a forma do direito, mas um direito que não serve para nenhum fim particular. Ele constitui um puro meio; seu fim, por assim dizer, é a própria manifestação.

---

[9] Hannah Arendt, "On Violence", em *Crises of the Republic* (Nova York, Harcourt Brace Jovanovich, 1972), p. 103-98 [ed. bras.: *Sobre a violência*, trad. André Duarte, Rio de Janeiro, Civilização Brasileira, 2010].

Para mostrar isso, Benjamin recorre ao mito de Níobe. Seu maior erro foi dizer que ela, uma mortal, era superior a Leto e mais fértil que ela, a deusa da fertilidade. Ela ofendeu Leto profundamente e também buscou, por meio de seu ato de fala, destruir a distinção entre deuses e humanos. Quando Ártemis e Apolo chegam para levar embora os filhos de Níobe como punição por sua afirmação ultrajante, podemos entender que, no sentido de Benjamin, esses deuses estão estabelecendo um direito. Mas essa atividade criadora do direito não deve ser entendida, em primeiro lugar, como punição ou penitência* por um crime cometido contra um direito já existente. O orgulho de Níobe, nas palavras de Benjamin, não transgride o direito; se o transgredisse, teríamos de considerar que o direito já existia antes da transgressão. Na verdade, com a petulância de seu ato de fala, ela desafia ou provoca o destino. Ártemis e Apolo agem, portanto, em nome do destino, ou tornam-se o meio pelo qual o destino se institui. O destino vence essa batalha, e um resultado do triunfo do destino é justamente o estabelecimento do próprio direito (CV, p. 147).

Em outras palavras, a lenda de Níobe ilustra a violência instauradora do direito porque os deuses reagem a uma injúria estabelecendo um direito. A injúria não é vivida primeiro como infração ao direito; antes, ela se torna a condição precipitante do estabelecimento do direito. Desse modo, o direito é a consequência específica de um ato de fúria que responde a uma injúria, mas nem a injúria nem a fúria estavam antes circunscritas pelo direito.

Essa fúria age performativamente para marcar e transformar Níobe, definindo-a como a culpada que assume a forma de uma rocha. O direito, portanto, petrifica o sujeito, interrompendo a vida no momento da culpa. E embora Níobe continue viva, ela está paralisada nesse viver: torna-se permanentemente culpada, e a culpa transforma em rocha o sujeito que a carrega. A penitência que os deuses lhe impõem é aparentemente infinita, bem como sua reparação. De certo modo, ela representa a economia da penitência e da reparação infinitas que alhures Benjamin afirma pertencer à esfera do mito[10]. Ela é parcialmente enrijecida, endurecida na culpa e pela culpa, mas ainda cheia de tristeza, lamentando eternamente naquele manancial petrificado. A punição produz o sujeito vinculado pelo direito – responsabilizável, punível e punido. Ela seria morta por inteiro pela culpa se não fosse sua tristeza, suas lágrimas; portanto, é algo significativo que Benjamin retorne

---

* No original, *retribution*. O termo alemão que Butler assim traduz é *Sühne*, que em português costuma ser traduzido como "expiação" ou "penitência". Para designar a expiação, no entanto, Butler usa *expiation*. Para manter essa distinção, traduzimos *expiation* por "expiação" e *retribution* por "penitência", opção adotada em algumas traduções de Benjamin. Vale destacar, porém, que *retribution* tem conotações negativas e sentidos que extrapolam o significado de "retribuição" em português. Em suas conotações negativas, além de significar "castigo", *retribution* também pode ser uma punição divina que expurga os pecados, ou uma retaliação ou represália – sentidos claramente discerníveis em determinados argumentos de Butler. (N. T.)

[10] Benjamin associa a expiação e a punição com o mito tanto nesse ensaio quanto em outros do mesmo período. Ele também opõe claramente a operação da crítica ao mito, que, na visão dele, trava uma guerra contra a verdade. Ver, por exemplo, Walter Benjamin, "Goethe's Elective Affinities", em *Walter Benjamin: Selected Writings*, v. 1, 1913-1926 (orgs. Marcus Bullock e Michael W. Jennings, Cambridge, Harvard University Press, 1996), p. 297-362 [ed. bras.: "As afinidades eletivas de Goethe", trad. Mônica Krausz Bornebusch, em *Ensaios reunidos: escritos sobre Goethe*, São Paulo, Duas Cidades/Editora 34, 2009, p. 11-121]. Esse ensaio foi escrito entre 1919 e 1922.

a essas lágrimas quando considera o que é liberado com a expiação da culpa (CV, p. 150-1). A culpa de Níobe, inicialmente, é imposta de fora. É importante lembrar que ela só se torna responsável pela morte dos filhos por meio de uma causalidade mágica. Afinal, eles não são assassinados pela mão dela, embora ela assuma a responsabilidade por esse assassinato como consequência do golpe desferido pelos deuses. Pode parecer, assim, que a transformação de Níobe em sujeito legal envolva redefinir a violência exercida pelo destino como uma violência que se segue da própria ação de Níobe, e pela qual ela, como sujeito, assume responsabilidade direta. Ser um sujeito nesses termos é assumir a responsabilidade por uma violência que precede o sujeito e cuja operação é ocluída por ele, que passa a atribuir a violência que sofre a seus próprios atos. A formação do sujeito que oclui a operação da violência ao se estabelecer como única causa do que sofre é, portanto, mais uma operação dessa violência.

Curiosamente, o destino caracteriza o modo como o direito se estabelece, mas não explica como o direito, ou a coerção legal em particular, pode ser desfeito e destruído. Em vez disso, estabelece as condições coercitivas do direito manifestando o sujeito da culpa; seu efeito é vincular a pessoa ao direito, colocando o sujeito como única causa do que sofre e mergulhando-o numa forma de responsabilização dominada pela culpa. O destino também explica a tristeza perene que brota desse sujeito, mas, para Benjamin, não se pode descrever como destino o esforço para abolir as condições de coerção. Para entender essas condições, devemos passar do destino para Deus – ou do mito, a esfera a que pertence o destino, para o divino, a esfera a que pertence certa destruição não violenta. Embora não esteja de todo claro no que consiste exatamente essa destruição não violenta, ela parece ser o tipo de destruição que Benjamin imagina direcionada ao próprio quadro de referência legal, e, nesse sentido, seria distinta da violência por este exigida e empreendida.

De maneira bem abrupta, no final de seu ensaio, Benjamin conclui que a *abolição* de toda violência legal se torna obrigatória (CV, p. 150). Mas não sabemos se essa é uma violência exercida por sistemas legais específicos ou uma violência que corresponde ao direito de maneira mais geral. Sua discussão prossegue no nível geral, o que leva o leitor a supor que é o direito em geral que Benjamin vê como um problema. Quando escreve que a abolição de toda violência legal é obrigatória, pode parecer que ele diz isso no momento e em determinado contexto que permanece indefinido no ensaio.

Antes, ele tinha feito a distinção entre a greve geral política, que é instauradora do direito, e a greve geral proletária, que destrói o poder do Estado e, com ele, a força coercitiva que garante o caráter vinculante de todo direito – a própria violência legal. Ele afirma que o segundo tipo de greve é destrutivo, mas *não violento* (CV, p. 143). Aqui ele já propõe uma forma não violenta de destrutibilidade. Nas últimas páginas, ele recorre a uma discussão de Deus para exemplificar e entender essa forma não violenta de destrutibilidade. Certamente pode-se dizer que Deus tem algo a ver com a greve geral proletária, pois ambos são considerados destrutivos e não violentos ao mesmo tempo. Deus também tem a ver com o que Benjamin chama de anarquismo, e não com a instauração do direito. Desse modo, se pensarmos que Deus é aquele que nos dá o direito ou que, por meio de Moisés, transmite um preceito do que deveria ser o direito, precisaremos considerar mais uma vez que o mandamento não é a mesma coisa que o direito positivo, o qual mantém seu poder pela coerção: como forma de direito, o mandamento é justamente não coercitivo e inimputável.

Se o que é divino na violência divina não instaura nem mantém o direito, ficaremos num dilema sobre qual é a melhor maneira de entender o mandamento e, em particular, seu equivalente político. Para Rosenzweig, *o mandamento, sem nenhuma dúvida,* não é *exemplo de violência legal ou coerção*[11]. Pensamos no Deus de Moisés como quem instaura o mandamento, e, no entanto, Benjamin não vê o mandamento como exemplo de instauração do direito. Para ele, o mandamento estabelece um ponto de vista sobre o direito que leva à sua destruição como coercitivamente vinculante. Entender o mandamento como exemplo de violência divina pode parecer estranho, principalmente quando o mandamento citado por Benjamin é "Não matarás". Mas e se o sistema legal positivo ao qual estamos vinculados exigir que matemos? Ao contrariar a legitimidade desse sistema legal, o mandamento se tornaria um tipo de violência que se opõe à violência? Para Benjamin, essa violência divina tem o poder de destruir a violência mítica. Deus é o nome daquilo que se opõe ao mito.

É importante lembrar que o poder divino não só destrói o poder mítico, mas também *expia*. Isso sugere que o poder divino age sobre a culpa num esforço de anular seus efeitos. A violência divina age sobre a instauração da lei e todo o campo do mito, buscando expiar aquelas marcas de más ações em nome de um perdão que não assume expressão humana. O poder divino executa então seu ato, seu ato destrutivo, mas apenas se o poder mítico tiver constituído o sujeito culpado, sua transgressão punível e um quadro legal para a punição. Curiosamente, para Benjamin, o Deus judaico não leva à culpa e, por isso, não está associado aos terrores da repreensão. Na verdade, o poder divino é descrito como letal sem derramar sangue. Ele atinge os entraves legais pelos quais o corpo foi petrificado e condenado à tristeza infinita, mas, na perspectiva de Benjamin, não atinge a alma do vivente. Na verdade, a violência divina age em nome da alma do vivente. Por conseguinte, também deve ser a alma do vivente que é posta em risco pelo direito que paralisa o sujeito pela culpa. Essa culpa ameaça se tornar uma espécie de assassinato da alma. Ao distinguir entre a alma do vivente e a "vida" em si, Benjamin nos incita a levar em consideração que valor tem a vida uma vez que a alma tenha sido destruída.

Quando perguntamos o que motiva essa virada contra a violência legal, essa obrigação de destruir a violência legal, Benjamin se refere à "culpa inerente à mera vida natural" (CV, p. 151). Em "As afinidades eletivas de Goethe", ele esclarece que a "culpa natural" não é ética e não é o resultado de nenhuma transgressão:

> com o desvanecimento da vida sobrenatural no homem, sua vida natural torna-se culpa, mesmo que em seu agir não cometa nenhuma falta em relação à moralidade.

---

[11] Franz Rosenzweig, *The Star of Redemption*, cit., p. 191-2.

Pois agora está no território da mera vida, o qual se manifesta no ser humano enquanto culpa.[12]

Ele não desenvolve essa ideia de vida natural em "Crítica da violência", embora se refira em outro momento do ensaio à "mera vida" (*blosse Leben*). Escreve ele: "A violência mítica é violência sangrenta [*Blutgewalt*] exercida, em favor próprio [*um ihrer selbst*], contra a mera vida; a violência divina e pura se exerce contra toda a vida, em favor do vivente [*reine Gewalt uber alles Leben um des Lebendigen*]" (CV, p. 151-2). O direito positivo, portanto, busca restringir a vida "em favor próprio", mas o poder divino não salvaguarda a vida em si, e sim a vida apenas em favor "do vivente". Quem constitui "o vivente" nessa noção? Não podem ser todos os que simplesmente vivem, pois a alma do vivente é diferente, e o que é feito "em favor do vivente" pode muito bem envolver a aniquilação da mera vida. Isso parece claro quando Benjamin se refere, por exemplo, à situação de Coré como exemplo de violência divina, uma cena bíblica em que uma comunidade inteira é aniquilada pela fúria de Deus por não ter se mantido fiel à palavra dele (CV, p. 151).

Desse modo, é com certa consternação que devemos perguntar se o mandamento "Não matarás" busca salvaguardar a vida natural ou a alma do vivente, e como ele diferencia as duas coisas. A vida em si não é um fundamento necessário ou suficiente para ser contraposto ao direito positivo, mas a "alma" do vivente pode ser. Essa oposição pode se dar *em favor* do vivente, ou seja, em favor de quem está vivo em virtude da alma ativa ou vivente. Sabemos, por um trecho no início do ensaio, que se deve "evitar resolutamente o mal-entendido do direito natural, segundo o qual este sentido consiste na diferenciação entre uma violência para fins justos e [uma] para fins injustos" (CV, p. 125). A violência que ele chama de "divina" não se justifica por um conjunto de fins, mas constitui um "puro meio". O mandamento "não matarás" não pode ser uma lei na ordem das leis que são destruídas. Deve ele mesmo ser um tipo de violência que se contrapõe à violência legal da mesma maneira que a mera vida controlada pelo direito positivo difere da alma do vivente, que continua sendo o foco da injunção divina. Numa virada bastante peculiar, Benjamin parece interpretar o mandamento de não matar como um mandamento de não matar a alma do vivente, e, portanto, um mandamento para exercer violência contra o direito positivo que é responsável por tal assassinato.

Um exemplo do controle que o direito positivo exerce sobre a mera vida é a pena capital. Ao se opor à violência legal, Benjamin parece agora se opor à pena de morte como a forma de violência imposta legalmente que articula e exemplifica de modo mais completo a violência do direito positivo. Em contraste com um direito que poderia sentenciar e sentenciaria um sujeito à morte, o mandamento representa um direito que atua justamente para salvaguardar algum sentido da vida contra tais punições, mas que sentido? Claramente não se trata de uma vida simplesmente biológica, mas do estado mortuoso induzido pela culpa, a condição pétrea de Níobe com suas lágrimas infindáveis. No entanto, é em nome da vida

---

[12] Walter Benjamin, "As afinidades eletivas de Goethe", cit., p. 32.

que se daria a expiação de Níobe, o que nos leva a perguntar se a expiação da culpa é, de algum modo, uma motivação ou um fim para a revolta contra a violência legal. Os vínculos da responsabilização a um sistema legal que se atribui a prerrogativa da pena de morte serão rompidos por uma revolta contra a própria coerção legal? Será que algo na reivindicação do "vivente" motiva a greve geral que expia a culpa, que por sua vez mantém o controle da coerção legal sobre o sujeito? *O desejo de libertar a vida de uma culpa assegurada pelo contrato legal com o Estado seria um desejo que dá origem a uma violência contra a violência, uma violência que busca libertar a vida de um contrato de morte com o direito, uma morte da alma vivente pela força cada vez mais dura da culpa.* Essa é a violência divina que se move sobre a humanidade, como uma tempestade, para apagar todos os traços de culpa, uma força expiadora divina, portanto, e não uma penitência.

A violência divina não atinge o corpo ou a vida orgânica do indivíduo, e sim o sujeito formado pelo direito. Ela purifica o culpado não da culpa, mas de sua imersão no direito, e assim dissolve os elos de responsabilização decorrentes do próprio Estado de direito. Benjamin deixa essa ligação explícita quando se refere ao poder divino como um poder puro que "se exerce contra toda a vida, em favor do vivente" (CV, p. 152). O poder divino constitui um momento de expiação que ataca sem derramar sangue. A separação desse status legal do ser vivente (que seria uma expiação ou libertação desse ser vivente das amarras do direito positivo) é justamente o efeito do golpe, do ataque, e seu efeito sem sangue.

Mas se essa violência pode envolver a aniquilação das pessoas, como na história de Coré, ou se é baseada numa distinção questionável entre uma vida natural e a alma do vivente, será ela verdadeiramente sem sangue? Existe um platonismo tácito presente na ideia da "alma do vivente"? Gostaria de defender que não há nenhum significado ideal ligado a essa noção de "alma", pois ela pertence exatamente àqueles que são viventes, e espero deixar claro, na discussão com que concluo este texto, como isso funciona.

### Em nome do vivente

Benjamin começa a articular a distinção entre vida natural e alma do vivente quando afirma que a violência pode ser aplicada "de maneira relativa, com respeito a bens, direito, vida e que tais", mas nunca aniquila a alma do vivente (*die Seele des Lebendigen*) de maneira absoluta (CV, p. 152). Embora a violência divina seja violência, ela nunca é "aniquiladora" no sentido absoluto, apenas de maneira relativa. Como entendemos esse uso da expressão *de maneira relativa* (*relativ*)? E como exatamente Benjamin pode dizer em seguida que essa tese não confere aos seres humanos o poder de usar a violência letal uns contra os outros? A pergunta "Posso matar?" encontra sua resposta irredutível (*Unverruckbare*: inalterável, fixado – literalmente, incapaz de enlouquecer ou desviar do caminho) no mandamento "Não matarás". Que o mandamento seja irredutível ou inalterável não significa que não possa ser interpretado e até contestado. Quem se atenta para o mandamento "na sua solidão tem de se confrontar [*sich auseinanderzusetzen*] com ele e assumir, em casos extremos [*ungeheuren*], a responsabilidade de não o levar em conta" (CV, p. 153).

Em oposição à cena mítica em que a ação movida pela raiva estabelece um direito punitivo, o mandamento exerce uma força que não é igual à de ser marcado pela culpa. A palavra divina, se é performativa, é um ato de fala perlocucionário que, para se consolidar, precisa fundamentalmente ser apreendido. Só funciona por meio de sua apropriação, e isso certamente não é garantido. Benjamin descreve os poderes não despóticos do mandamento: "este permanece inaplicável, incomensurável, em relação ao ato consumado" (CV, p. 152), o que sugere que qualquer temor provocado pelo mandamento não vincula imediatamente o sujeito ao direito por meio da obediência. No exemplo do direito mítico, a punição instila a culpa e o medo, e Níobe exemplifica a punição reservada a quem se comparar aos deuses.

O mandamento de Benjamin não implica tais punições e carece de poder para impor as ações que requer. O mandamento, para Benjamin, não tem força de polícia. É inalterável, proferido, e se torna a ocasião para uma luta com o próprio mandamento. Não inspira medo nem exerce o poder de impor um julgamento depois do fato. Por isso, escreve ele: "Do mandamento não pode ser deduzido nenhum julgamento do ato" (CV, p. 152). Realmente, o mandamento não pode ditar a ação, forçar a obediência ou julgar quem cumpre ou não cumpre seu imperativo. Em vez de constituir um critério de julgamento para um conjunto de ações, o mandamento funciona como *diretriz* (*Richtschnur des Handelns*). E o que o mandamento manda é uma luta com o mandamento cuja forma final não pode ser determinada de antemão. Na interpretação surpreendente de Benjamin, nos confrontamos com o mandamento na solidão.

Como forma de interpelação ética, o mandamento é aquilo com que cada indivíduo deve se confrontar sem contar com nenhum modelo. Uma resposta ética ao mandamento é recusá-lo (*abzusehen*), mas mesmo assim deve-se assumir a responsabilidade por recusá-lo. A responsabilidade é algo que se assume em relação ao mandamento, mas ela não é ditada pelo mandamento. Na verdade, ela se distingue claramente do dever e mesmo da obediência. Se há um confronto, então há algum aspecto de liberdade. Não se é livre para ignorar o mandamento. Deve-se, digamos, confrontar-se consigo mesmo em relação a ele. Mas o confronto consigo pode gerar um resultado, uma decisão, um ato que recusa ou altera o mandamento, e, nesse sentido, a decisão é o efeito de uma interpretação ao mesmo tempo compelida e livre.

Seria de esperar que Benjamin salvaguardasse o valor da vida em relação à violência e criasse uma noção de violência não violenta para nomear essa ação de salvaguarda, esse golpe contra as amarras do direito, essa expiação da culpa e renovação da vida. Mas ele deixa claro que quem valoriza mais a existência do que a felicidade e a justiça endossa uma posição que é tanto "falsa" quanto "ignóbil" (*niedrig*). Benjamin discorda do entendimento da "existência" como "mera vida" e sugere que existe "uma verdade poderosa" na proposição de que a existência deve ser mais valorizada que a felicidade e a justiça: se considerarmos que a existência e a vida designam "a condição de composto irredutível do 'homem' [...], o homem não se reduz à mera vida do homem" (CV, p. 154). Como fica claro quando Benjamin concorda com a visão judaica de que matar em autodefesa não é proibido pelo mandamento, o mandamento contra o assassínio não se baseia no sagrado (*heiligkeit*) da própria vida (noção correlata à culpa), mas em outra coisa. Ele não recusa a noção do sagrado ao tentar estabelecer os fundamentos e objetivos do mandamento contra o assassínio, mas quer claramente distinguir entre o que é sagrado na vida e a vida natural ou a mera vida.

Quando Benjamin se refere àquela vida no homem "que existe idêntica na vida terrena, na morte e na continuação da vida" (CV, p. 154), por um momento ficamos tentados a interpretar que ele endossa uma doutrina sobrenatural da alma ou do sagrado. Mesmo assim, ele apenas se refere ao sagrado por um apelo parentético: "[Não importa] quão sagrado seja o homem [*so heilig der Mensch ist*] [...], tão pouco o são os seus estados", o que inclui a vida corporal e sua susceptibilidade. O que é sagrado é um sentido restrito da vida que é idêntico nesta vida e no pós-morte, mas que sentido isso faz para nós? Benjamin apenas apresenta o problema do sagrado e da justiça no contexto de uma conjectura, sugerindo que pertence a um futuro indefinido, se é que haverá um. Como entender o que Benjamin afirma? Será esse apelo a outra vida, a um sentido de vida para além do corpo, a tática do "terrorista intelectual" (*der geistige Terrorist*) que fornece os "fins" que justificam a violência? Isso parece em desacordo com a afirmação anterior de que a violência divina não age de acordo com fins específicos, e sim como puro meio. Com isso, ele parece sugerir que a violência divina consuma um processo, mas não o "causa", que não podemos separar os "fins" que ela atinge dos "meios" pelos quais eles são atingidos, e que cálculos instrumentais desse tipo são aqui deixados de lado.

Vamos primeiro entender esse sentido restrito de vida que surge na conjectura de Benjamin. Se existe algo de sagrado ou divino nesse sentido restrito de vida, parece ser justamente aquilo que se contrapõe à culpa e à violência impositora do direito positivo. Consistiria no que resiste ou age contra aquela forma de violência legal, e vimos que esse tipo de contraviolência hostil é em si a expressão do que permanece desvinculado, sem culpa ou expiado. Nesse ensaio, no entanto, vemos que a violência divina está associada à greve geral proletária e ao que é revolucionário, e isso, por sua vez, está ligado ao que contesta e devasta o quadro legal do Estado. Minha sugestão é a de que esse sentido sagrado ou divino da vida também se associa ao anárquico, ao que está além ou fora de princípio. Já vimos esse momento anárquico quando a pessoa solitária é vista como aquela que se confronta, sem modelo ou razão, com o mandamento. Trata-se de um confronto anárquico, que acontece sem recurso ao princípio, que acontece entre o mandamento e quem deve agir em relação a ele. Razão nenhuma liga os dois. Nessa aceitação-do-mandamento solitária, existe um momento não generalizável que destrói a base do direito, momento este evocado por outro direito em nome da vida e com a esperança de um futuro para o vivente fora das amarras da coerção, da culpa e da responsabilização que mantêm incontestado o *status quo* legal. A destruição ou a aniquilação do poder do Estado não pertence nem à violência instauradora nem à mantenedora do direito. Embora uma época se funde por meio dessa abolição ou destruição revolucionária da violência legal, direito nenhum é criado desse lugar, e a destruição não faz parte de uma nova elaboração do direito positivo. Existe uma permanência estranha dessa destruição, e isso faz sentido se consideramos que o momento anarquista, em um esforço para lidar com o mandamento, destrói a base do direito positivo. Também faz sentido quando consideramos o significado teológico do messiânico – com o qual o próprio Benjamin lida nesse ensaio –, que não só permeia o sentido restrito de vida que estamos investigando, como também se opõe à interpretação platônica desse entendimento da alma.

O anarquismo (ou destruição) a que Benjamin se refere não deve ser entendido como mais um tipo de Estado político, tampouco como uma alternativa ao direito positivo. Antes, ele se repete constantemente como a condição do direito positivo e como seu limite necessário. Não prognostica uma época ainda por vir, mas subjaz à violência legal de todos os tipos, constituindo o potencial para a destruição que subscreve cada ato ao qual o sujeito está vinculado pelo direito. Para Benjamin, a violência fora do direito positivo é representada ao mesmo tempo como revolucionária e divina – nesses termos, ela é pura, imediata, genuína. Ela lança mão da linguagem em que Benjamin descreve a greve geral proletária, a greve que põe de joelhos todo um sistema legal. Há algo de especulativo aqui quando Benjamin afirma que a violência expiatória não é visível aos homens e está ligada às formas eternas: a vida no homem existe de maneira idêntica na vida terrena, na morte e na continuação da vida. Ao ler "Crítica da violência" junto com o "Fragmento teológico-político"[13], escrito mais ou menos na mesma época, percebemos afirmações dignas de uma consideração cuidadosa: primeiro, que nada histórico pode dizer respeito ao messiânico; segundo, que essa violência expiatória pode se manifestar tanto numa guerra verdadeira quanto no juízo divino da multidão sobre o criminoso (CV, p. 156).

Nesse ponto, ainda parece haver motivo para preocupação. Estaria Benjamin oferecendo uma justificação para uma guerra verdadeira fora de toda legalidade ou para que a multidão se revolte e ataque um criminoso que apenas ela própria considera como tal? Sua referência final à execução sagrada também parece evocar imagens semelhantes das massas sem lei revoltando-se para praticar todo tipo de violência física em nome de alguma força sagrada. Será que, com isso, Benjamin estaria surfando na "vaga antiparlamentar" que perigosamente o aproximaria do fascismo? Ou a dita execução sagrada ataca apenas as reivindicações totalizantes do direito positivo? Ele já havia dito que a violência divina ou sagrada não deve ser justificada por um conjunto de fins, embora pareça afirmar que, na violência divina, existe uma relação específica entre o ator e o divino[14].

Por fim, como interpretamos aqui suas afirmações? Benjamin não conclama à violência, e sim sugere que a destruição já existe como pressuposto do direito

---

[13] Walter Benjamin, "Fragmento teológico-político", em *O anjo da história*, cit., p. 21-4; publicado originalmente em Walter Benjamin, *Kritik der Gewalt und andere Aufsätze*, cit., p. 95-6.
[14] A razão do mandamento, escreve Benjamin, deve ser encontrada "não mais naquilo que o homicídio faz ao assassinado, mas no que ele faz a Deus e ao autor desse ato" (CV, p. 153).

positivo, e, na verdade, da própria vida. O sagrado não designa o que é eterno, a menos que consideremos a própria destruição um tipo de eternidade. Além disso, a noção de sagrado invocada por Benjamin pressupõe que a destruição pode não ter fim e não é redimida nem pela imposição das leis, nem por uma história teleológica. Nesse sentido, a destruição é, ao mesmo tempo, o momento anárquico em que a apropriação do mandamento ocorre *e* o ataque ao sistema legal positivo que agrilhoa os sujeitos à culpa sem vida. É também *messiânica* num sentido bastante preciso.

Consideremos então o significado exato de destruição na concepção messiânica com que Benjamin trabalha. Vejamos primeiro sua afirmação, no "Fragmento", de que "na felicidade tudo o que é terreno aspira à sua dissolução [*im Glück erstrebt alles Irdische seinen Untergang*]" (FT, p. 24). Essa dissolução ou queda não acontece de uma só vez, mas continua a acontecer, faz parte da própria vida e pode muito bem constituir justamente o que é sagrado na vida, aquilo que se quer dizer com "a alma do vivente". Para o Benjamin de "Fragmento teológico-político", o homem interior, ligado à preocupação ética, é o lugar da intensidade messiânica. Isso faz sentido se tivermos em mente o confronto solitário com o mandamento que constitui a ideia de responsabilidade em Benjamin, ideia que encontra ressonâncias na posição de Lévinas e que continua sendo radicalmente diferente da obediência forçada e oposta a ela. A intensidade messiânica do homem interior é condicionada ou provocada pelo sofrimento, entendido como infortúnio ou destino. Sofrer em razão do destino é exatamente não ser a causa do próprio sofrimento, é sofrer fora do contexto da culpa, como consequência de acidentes ou forças além de seu próprio controle. No entanto, quando o destino consegue criar o direito positivo, vemos uma importante transmutação desse sentido de destino. O direito forjado pelo destino consegue fazer o sujeito acreditar que é responsável por seu próprio sofrimento na vida, que seu sofrimento é consequência causal de suas ações. Em outras palavras, o destino causa um sofrimento que o direito então atribui ao sujeito como sendo de sua própria responsabilidade.

É claro, isso não equivale a dizer que não existe, ou não deveria existir, responsabilidade. Pelo contrário. Mas o objetivo de Benjamin é mostrar pelo menos três pontos interligados: (1) que a responsabilidade tem de ser entendida como uma forma solitária, embora anarquista, de enfrentar uma exigência ética, (2) que a obediência forçada ou coagida assassina a alma e destrói a capacidade da pessoa de se haver com a exigência ética que lhe é imposta, e (3) que o quadro de referência da responsabilização legal não pode nem interpelar nem retificar as plenas condições do sofrimento humano. O sofrimento a que Benjamin se refere é um sofrimento tão extenso quanto a vida, que não pode ser resolvido de maneira decisiva dentro da vida e que não tem explicação causal ou teológica adequada. Não há uma boa razão para esse sofrimento, tampouco aparecerá uma boa razão com o tempo. O messiânico ocorre precisamente nessa conjuntura, em que a dissolução parece ser eterna.

No "Fragmento", a dissolução perpétua da felicidade humana estabelece a transitoriedade como eterna. Isso não significa que haja apenas ou sempre a dissolução, e sim que o ritmo da transitoriedade é recorrente e sem fim. O que se chama imortalidade, na visão dele, corresponde a uma restituição "que conduz à eternidade de uma dissolução; e o ritmo dessa ordem do profano eternamente transitório, transitório na sua totalidade, na sua totalidade espacial, mas também temporal, o ritmo da natureza messiânica, é a felicidade" (FT, p. 24). Para Benjamin, a felicidade deriva da apreensão do ritmo da transitoriedade. De fato, a dimensão rítmica do sofrimento se torna a base da forma paradoxal da felicidade à qual ela é pareada. Se o ritmo do messiânico é a felicidade, e o ritmo consiste na compreensão de que tudo está fadado a se extinguir, a passar por sua dissolução, então esse ritmo, o ritmo da própria transitoriedade, é eterno, e é justamente o que conecta a vida interior da pessoa que sofre àquilo que é eterno. Isso parece explicar aquele sentido restrito de vida invocado pelo mandamento. Não é o oposto da "mera vida", pois a transitoriedade certamente caracteriza a mera vida, mas é a mera vida apreendida como o ritmo da transitoriedade, e isso nos fornece uma perspectiva contrária à ideia de que a própria vida é pecaminosa, de que a culpa deve nos vincular ao direito e de que o direito deve, portanto, exercer uma violência necessária sobre a vida.

Por conseguinte, existe uma certa correlação entre a vida interior e um sofrimento que é eterno, isto é, irrestrito à vida desta ou daquela pessoa. A vida interior, agora entendida como sofrimento, é também a condição não generalizável do confronto com o mandamento de não matar; mesmo que o mandamento seja contestado, ele deve ser sofrido. Esse confronto e esse sofrimento solitários também são o significado do anarquismo que motiva atitudes fatais para o direito coercitivo. O direito coercitivo visa transformar todo sofrimento em defeito, todo infortúnio em culpa. Ao ampliar a responsabilização para além de seu domínio apropriado, no entanto, o direito positivo subjuga a vida e sua transitoriedade necessária, tanto seu sofrimento quanto sua felicidade. Ele transforma seus sujeitos em pedras lamuriosas. Se o direito positivo estabelece um sujeito responsabilizável pelo que sofre, então o direito positivo produz um sujeito impregnado de culpa, obrigado a assumir a responsabilidade por infortúnios que não se originam de seu próprio fazer, ou um sujeito que acha que, em virtude apenas de sua própria vontade, pode pôr um fim a todo sofrimento. Embora certamente os seres humanos possam prejudicar uns aos outros, nem tudo que qualquer um de nós sofre pode ser ligado às ações dos outros. A expiação do sujeito culpado por meio da violência divina acontece quando a noção egocêntrica do sujeito como causa prejudicial é atenuada e oposta pela realização de um sofrimento que acusação nenhuma pode mitigar. Essa expiação livra o sujeito do narcisismo efêmero da culpa e promete devolver o sujeito à vida – não à mera vida, e não a algum além eterno, mas vida nesse sentido de transitoriedade sagrada. Uma transitoriedade eterna significa que ela nunca terá fim e, portanto, que o perecer modula o ritmo de toda vida. Benjamin, portanto, não defende a vida contra a morte, mas encontra na morte o ritmo, quando não a felicidade, da vida – uma felicidade que, para o sujeito, requer a libertação expiatória da culpa, uma expiação que resulta na anulação do próprio sujeito, a decomposição daquela existência pétrea.

Nos primeiros escritos de Benjamin, ele se referiu a algo no campo da obra de arte que chamou de "violência crítica", até "violência sublime"[15]. O que é vivente na obra de arte se move *contra* a sedução e a beleza. Apenas como um resto pétreo de vida é que a arte pode revelar alguma verdade. A obliteração da beleza requer a obliteração da aparência, que constitui o belo, e a obliteração da culpa requer a obliteração das marcas; então, no fim, tanto os signos quanto as marcas têm de ser detidos para que a obra de arte mostre sua verdade. Essa verdade deve assumir a forma da linguagem, da palavra no sentido absoluto (perspectiva que se mostra problemática por entender o campo visual como algo distinto do campo linguístico). Essa palavra, no sentido benjaminiano, confere unidade organizacional ao que aparece, embora ela mesma não apareça; ela constitui uma idealidade imbricada na esfera da aparência como estrutura organizadora.

Em "Crítica da violência" a palavra é o mandamento, o mandamento de não matar, mas ele só pode ser recebido se entendido como uma espécie de idealidade que organiza a esfera da aparência[16]. O que é sagrado na transitoriedade não se encontra fora dela, mas também não se reduz à mera vida. Se a condição de "mera vida" tem de ser superada pela transitoriedade sagrada, então a mera vida não justifica o mandamento que proíbe matar. Ao contrário, o mandamento se direciona ao que é sagrado e transitório na vida humana, o que Benjamin chama de ritmo do messiânico, o qual constitui a base de uma apreensão não coercitiva da ação humana. Benjamin parece sugerir que a noção de uma transitoriedade extramoral permite uma apreensão do sofrimento humano que expõe os limites de uma noção de moralidade baseada na culpa, a metalepse de uma causalidade moral que produz paralisia, autocensura e tristeza infinita. Mesmo assim, parece haver algo de uma tristeza infinita que Benjamin preserva desse relato. Afinal de contas, Níobe não só se arrepende do que fez, mas pranteia o que perdeu. A transitoriedade excede a causalidade moral. Como resultado, pode ser que a imagem das lágrimas de Níobe nos faça entender a transição da violência mítica para a violência divina.

Níobe se orgulha de ser mais fértil que Leto, por isso Leto manda Apolo matar os sete filhos de Níobe. Ela continua se orgulhando, e Leto manda Ártemis matar suas sete filhas, embora algumas fontes digam que uma delas, Clóris, sobreviveu. O marido de Níobe se mata, e Ártemis então transforma Níobe numa pedra de onde jorram lágrimas eternamente*. Há quem possa dizer que Níobe causou sua própria punição e é culpada de um orgulho arrogante. Mas acontece que foi

---

[15] Ver as observações de Benjamin sobre a "violência crítica" em "On Semblance", escrito entre 1919 e 1920. Em *Walter Benjamin: Selected Writings, v. 1, 1913-1926*, cit., p. 224, e em "As afinidades eletivas de Goethe", cit., p. 92.

[16] Benjamin afirma que "resta em todas as línguas e em suas composições, afora o elemento comunicável, um elemento não comunicável", que, segundo ele, "no devir das línguas é aquele núcleo da pura língua". Em "A tarefa do tradutor", cit., p. 116.

* Algumas fontes dizem que Anfion, marido de Níobe, não se matou, mas foi assassinado por Apolo ao tentar se vingar da morte dos filhos. E quem transforma Níobe em pedra, na verdade, não é Ártemis, mas Zeus (ou "os deuses", em algumas versões) – Níobe se refugia no monte Sípilo e apela aos deuses que acabem com seu sofrimento. Ela é então transformada num rochedo, mas suas lágrimas não deixam de cair. Conferir Junito de Souza Brandão, *Mitologia grega*, v. 1 (29. ed., Petrópolis, Vozes, 2009). (N. T.)

Leto quem definiu a punição e ordenou o assassinato dos filhos de Níobe. Também foram os filhos de Leto, Apolo e Ártemis, que executaram sua autoridade legal, constituindo sua legitimidade retroativamente. É somente com essa punição que surge o direito, gerando o sujeito culpado e punível que efetivamente dissimula e realiza o poder instaurador do direito. Se a violência divina não estivesse envolvida na instauração do direito, mas mobilizasse o messiânico em seus poderes de expiação, o poder divino libertaria da culpa o sujeito punido.

Como seria a expiação de Níobe? Será que conseguimos imaginar? A justiça nesse caso exigiria uma conjectura, a abertura da possibilidade de conjectura? Podemos imaginar apenas que a rocha se dissolveria na água, e que sua culpa daria lugar a lágrimas infinitas. Não seria mais uma questão sobre o que ela fez para merecer tal punição, mas sobre qual sistema de punição impõe essa violência sobre ela. Podemos imaginá-la revoltando-se mais uma vez para questionar a brutalidade do direito, e podemos imaginá-la irradiando a culpa de sua arrogância ao recusar furiosamente a autoridade violenta exercida sobre ela, e uma dor infinita pela perda daquelas vidas. Se essa tristeza não tem fim, talvez também seja perene, até eterna, e nesse sentido a tristeza é tanto sua perda quanto parte da "dissolução" que liga a perda aos ritmos de destruição que constituem o que na vida é sagrado e o que na vida leva à felicidade.

O incômodo em relação aos argumentos de Benjamin nesse ensaio inicial ainda tem muitas razões de ser, uma vez que ele não nos diz se é obrigatório se opor a toda violência legal, se ele apoiaria certas formas de obrigação que coercitivamente impedem quem está no poder de cometer violência, e se os sujeitos devem ter obrigações para com o Estado de alguma maneira. Está claro que ele não oferece um plano para o futuro, mas apenas mais uma perspectiva no tempo. O ensaio termina com uma nota de destruição em vez de transformação, e não elabora nenhum futuro. Mas isso não significa que não pode haver futuro. Antes, ele afirmou que, para Sorel, a greve geral proletária envolve um tipo de violência que, "enquanto meio puro, é não violenta". Para explicar isso, escreve ele:

> Com efeito, esta não acontece com a disposição de retomar o trabalho depois de concessões superficiais ou de qualquer modificação das condições de trabalho, mas com a resolução de retomar apenas um trabalho totalmente transformado, sem coerção por parte do Estado, uma subversão [*ein Umsturz*] que esse tipo de greve não apenas desencadeia, mas leva a sua completude [*nicht so wohl veranlasst als vielmehr vollzieht*]. (CV, p. 143)

Essa subversão que leva à completude liga a greve geral à violência divina. Esta, por sua vez, também rompe com modos de imposição coercitiva e se abre para um sentido de tempo que recusa a estrutura e a previsão teleológicas. Especificamente, o messiânico tolhe o desdobramento teleológico do tempo (o Messias jamais aparecerá no tempo). O messiânico provoca expiação, suplantando a culpa, a penitência e a coerção com uma concepção mais ampla de sofrimento em relação a uma transitoriedade eterna ou recorrente. Nesse sentido, a crítica da violência legal de Benjamin nos obriga a manter em suspenso o que entendemos sobre vida, perda, sofrimento e felicidade, e a questionar a relação entre sofrimento, "dissolução" e felicidade para percebermos que acesso a transitoriedade concede ao que tem valor sagrado para se opor a um enfraquecimento da vida e uma perpetuação da perda por meio da violência de Estado. A transitoriedade sagrada pode perfeitamente funcionar como o princípio que nos mostra o que faz com que a mera vida seja digna de proteção contra a violência de Estado. Ela também pode indicar por que o mandamento "Não matarás" funciona não como base teológica para a ação revolucionária, mas como fundamento não teleológico para a apreensão do valor da vida. Quando o sofrimento do sujeito passa a ser entendido como um ritmo de dissolução recorrente ou até eterno, o próprio sofrimento do sujeito pode se dissipar num ritmo recorrente de sofrimento, o sujeito não padece mais ou menos do que qualquer outro e o ponto de vista de primeira pessoa pode ser descentrado – dissipando tanto a culpa quanto a vingança. Se essa dissolução recorrente dá à vida seus ritmos de felicidade, essa felicidade não seria puramente pessoal em sentido nenhum.

Talvez também possamos discernir na discussão de Benjamin as condições da crítica, uma vez que é preciso primeiro se afastar da perspectiva do direito positivo para então poder questionar e lutar contra a violência pela qual ele se legitima e se fortalece para a autopreservação. O direito legitima a violência cometida em seu nome, e a violência se torna o modo de o direito se impor e se legitimar. O círculo se quebra quando o sujeito arranca as amarras do direito, ou as vê subitamente removidas ou desfeitas, ou quando a multidão toma o lugar do sujeito e se recusa a exercer as exigências do direito, confrontando-se com outro mandamento cuja força é decididamente não despótica. O indivíduo que luta com o mandamento se assemelha à população que elege uma greve geral proletária, uma vez que ambos recusam a coerção e, nessa recusa, exercem uma liberdade deliberativa que sozinha serve como base da ação humana. Benjamin observa que, sob tais condições de uma rigorosa greve geral, especialmente quando as forças militares se recusam a fazer seu trabalho, a ação pode "diminuir o desdobramento da violência propriamente dita" (CV, p. 144). Embora chamemos a greve de uma "ação" contra o Estado, ela é, como afirma Werner Hamacher, uma omissão[17], o fracasso em demonstrar, cumprir, endossar e assim perpetuar o direito do Estado. Se essa recusa do agir é em si violenta, ela se volta contra o próprio imperativo de agir, o que é uma maneira de eximir o direito de seu poder e de sua força ao recusar instaurá-lo repetidas vezes, ao recusar as repetições de execução pelas quais o direito se preserva e se instaura como direito no decorrer do tempo. O direito pode e vai "sucumbir"; o direito terá sua "dissolução", que vai conectar essa ação com a destruição do que existiu historicamente em nome de um tempo novo e diferente – uma "subversão", ou "rebelião", como afirma Benjamin. Oferecer uma crítica é interromper e contestar o poder mantenedor do direito, abandonar nossa própria complacência com o direito, exercer uma criminalidade provisória que não mantém

---

[17] Ver Werner Hamacher, "Afformative, Strike", em Andrew Benjamin e Peter Osborne (orgs.), *Walter Benjamin's Philosophy: Destruction and Experience* (Londres, Routledge, 1993).

o direito e, por isso, se encarrega de sua destruição. O fato de o ensaio de Benjamin terminar tão abruptamente deve ser entendido como a representação do mesmo término repentino que caracteriza a violência divina, a mesma operação da crítica sobre o modelo de destruição e subversão que transgride o tempo teleológico.

Imaginemos, por exemplo, que Apolo e Ártemis peçam à mãe que seja compreensiva e se recusem a obedecer à sua ordem, ou que os militares, recusando-se a intervir em uma greve, entrem eles mesmos em greve, larguem suas armas, abram as fronteiras, se recusem a trabalhar nos postos de controle, cada membro aliviado da culpa que sustenta a obediência e a violência do Estado, e se preparem, em vez disso, para conter sua ação em razão da memória e antecipação de demasiada tristeza e pesar, tudo isso em nome do vivente.

## Tempestades

Como veremos no próximo capítulo, o messiânico, para Benjamin, não consiste num futuro por vir, mas em "centelhas" e "estilhaços" de outra época que estriam o presente. O messiânico não oferece promessa nenhuma sobre o futuro, mas transforma o presente no que Benjamin chamou de "tempo-do-agora" (*Jetztzeit*). Não está claro se podemos atingir um tempo-do-agora, se o tempo de agora pode despontar sobre nós, pois o presente não para de ser reivindicado pelo passado, que exige o pagamento pelo que aconteceu, por meio de ciclos de penitência e vingança. Só é possível atingir o agora, ou de algum modo permitir que o agora aconteça, na condição de certa expiação. Será que Benjamin pode nos ajudar a pensar, por exemplo, sobre a guerra no sul do Líbano no segundo semestre de 2006, ou a guerra contra Gaza em 2008-2009, e a perguntar mais especificamente se e como a ideia de "autodefesa" invocada pelo Estado de Israel atua a serviço da penitência? Embora pareça razoável defender-se do ataque (uma conclusão razoável que, logicamente, se estenderia também à autodefesa palestina), sob que condições a autodefesa se desconecta do problema da autopreservação e age, ao contrário, como condição legitimadora da violência desenfreada? Talvez pareça estranho recorrer a uma noção de messiânico para combater uma noção equivocada de autodefesa – afinal, o messiânico é justamente o que os colonos de direita reivindicam. Nós, da esquerda, não deveríamos recorrer a fundamentos seculares cada vez mais sólidos para nos opor à violência de Estado? Contra essas duas suposições muito razoáveis, sugiro que o messiânico – entendido não como nota promissória para o futuro, e tampouco como fundamento para reivindicar o direito à terra – pode perfeitamente envolver a suspensão da autodefesa como fundamento que legitima de maneira permanente a violência de Estado. Quando essa defesa se torna permanente, não é mais possível distinguir entre seus usos legítimos e ilegítimos. Em outras palavras, justamente porque a defesa cumpre a função de legitimar o Estado, ela é sempre certa e sempre legítima, agindo em nome do Estado. Na minha opinião, isso tem consequências perigosas. É claro, não estou defendendo a autodestruição como objetivo – isso seria absurdo. Estou oferecendo um modo de pensar e agir politicamente que não presume que a autodefesa e a autodestruição são as duas únicas alternativas. Dentro de uma dialética tão fechada, nenhum pensamento é possível – e certamente nenhuma política que se possa apoiar.

Será que podemos recorrer às primeiras obras de Benjamin para pensar sobre o perdão e a expiação, e, a partir delas, considerar a penitência e suas artimanhas à luz das investidas militares recentes? Para fazer isso, quero voltar à figura da "tempestade" na obra inicial de Benjamin. Conhecemos a imagem mais claramente por causa do anjo em "Sobre o conceito de história", em que ele diz que "do paraíso sopra uma tempestade que se emaranhou em suas asas e é tão forte que o anjo não pode mais fechá-las" (CH, p. 87)[18]. O que é essa estranha junção de violência e paraíso? O anjo não encara e não pode encarar o futuro, apenas olha para trás, e, em vez do desenvolvimento para a frente do nosso sentido comum de progresso histórico, ele vê apenas um monte de "escombros" que "cresce até o céu". Que "o progresso" é essa tempestade também é um fato espantoso, pois há o olhar para trás e o acúmulo de escombros. E termos de entender de algum modo que a tempestade sopra do "paraíso" é enternecedor, pois o que se encontra no paraíso são esses escombros acumulados, um passado, por assim dizer, que aumenta à medida que seguimos adiante no tempo, ou seja, para trás. Se alhures Benjamin deixa claro que o progresso constitui uma noção unilinear do tempo que estabelece a homogeneidade e a continuidade como a substância da história, certamente a noção de "progresso" introduzida por esse anjo de boca escancarada e olhos esbugalhados que é irrefutavelmente impulsionado contra sua vontade vai contra a noção que pertence aos conceitos de desenvolvimento histórico e sujeito volitivo. Também parece importante o fato de ser a figura de uma tempestade, e o anjo cujas asas foram tragadas por ela, que enfrentam a marcha conceitual que supostamente constitui o progresso tanto do desenvolvimento capitalista quanto de certas versões do materialismo histórico.

Em que sentido possível, então, a tempestade sopra do paraíso? O paraíso está mandando uma mensagem? Se sim, será do tipo que encontramos em Kafka, a mensagem imperial que nunca chega porque o mensageiro é tolhido por uma arquitetura infinitamente compactada e impenetrável? Se algo está sendo destruído, será talvez o próprio movimento adiante? E como devemos avaliar isso, quanto mais entender como uma figura para certo tipo de messianismo? Na verdade, se a figura da tempestade é o meio pelo qual Benjamin introduz uma noção específica do messiânico, estaremos corretos em pensar que o messiânico não é a mesma coisa que o progresso, e qualquer destruição provocada por ele será de algo que em si é destrutivo. Nesse mesmo texto, Benjamin determina a seguinte formulação como parte de sua resistência ao fascismo: "surgirá diante de nós nossa tarefa, a de instaurar o real estado de exceção" e "a chance deste [o fascismo] consiste, não por último, em que seus adversários o afrontem em nome do progresso como se este fosse uma norma histórica" (CH, p. 83). Se o progresso é uma norma desse tipo,

---

[18] Walter Benjamin, "Sobre o conceito de história", em Michael Löwy, *Walter Benjamin: aviso de incêndio: uma leitura das teses "Sobre o conceito de história"* (trad. Wanda Nogueira Caldeira Brant, trad. das teses Jeanne Marie Gagnebin e Marcos Lutz Müller, São Paulo, Boitempo, 2005).

então determinada história, por necessidade, produzirá o futuro que a supera. É essa crença que agora é destruída, e seus destroços são o que o anjo vê claramente. Nenhum desenvolvimento histórico em curso superará o fascismo, apenas um estado de exceção que rompa com determinada fé no desenvolvimento histórico. Podemos entender esse estado de exceção, de boca escancarada, olhos esbugalhados, irresistível, nos termos do messiânico – não o messiânico do que está "por vir", mas a característica messiânica do que Benjamin chama de "tempo-do-agora"? O que se consolida a partir do tipo de crítica do progresso proposta por Benjamin é "um conceito de presente como tempo-do-agora, no qual estão incrustados estilhaços do tempo messiânico" (CH, p. 140).

Benjamin retornou muitas vezes ao problema do messiânico, associando-o em suas primeiras obras ao perdão e à perda de memória, mas passando em "Sobre o conceito de história" para a importância de recuperar uma história esquecida. Em seus primeiros anos de escrita (1913-1920), estando muito próximo a Scholem, Benjamin procura entender o messiânico como ligado ao problema do perdão. E o perdão é formulado contra a penitência, não exatamente como seu oposto, mas como seu exterior. Se "progresso" e "desenvolvimento" sempre entendem o presente nos termos do futuro a que dá origem, ou do passado pelo qual é engendrado, então a penitência também sempre põe o presente à luz de um passado injurioso e um futuro de vingança e reparação. Em 1921, já estava claro que a expiação que Benjamin encontrou no perdão estava ligada à greve radical que livraria o trabalhador e os cidadãos dos vínculos da obrigação para com um aparelho de Estado opressor, e que levaria à paralisação do aparelho de Estado. A questão não era recusar esta ou aquela política do Estado, mas negar o próprio Estado, uma negação que implica se libertar dos vínculos de culpa com os quais os regimes legais contam. Não podemos nos livrar dos vínculos da culpa sem antes dizer não ao Estado, mas, para dizer não, já precisamos estar libertados ou no processo de libertação. Uma coisa não leva à outra, mas as duas levam uma à outra ao mesmo tempo, e é essa simultaneidade que constitui o tempo presente da exceção.

Vale destacar que esse ato de "perdão" tem a imagem de uma "tempestade" – a primeira "tempestade" que encontro na obra de Benjamin –, e o seu propósito é exterminar todos os traços de culpa, todas as cifras que remontam a más ações. Poderíamos esperar que escombros ou ruínas sobrassem dessa tempestade, mas, curiosamente, seu poder peculiar é o de exterminar todo e qualquer traço de transgressão. Benjamin se refere, por exemplo, "ao significado imensurável do Juízo Final, daquele dia constantemente adiado que escapa com tanta determinação para o futuro depois do cometimento de cada má ação". O juízo final, então, na verdade não chega; é um encontro sempre adiado, e, nesse sentido, desfaz a ideia de um ajuste de contas final, em que as injúrias são reparadas e a penitência acontece (o que quer que ela possa ser). Como o juízo final é justamente o dia que *nunca* chega, o "vendaval tempestuoso do perdão" é o que o torna impossível. Assim como a mensagem imperial de Kafka, o julgamento felizmente nunca chega, e o motivo parece ser a destruição de todas as provas pela tempestade. O que vira escombros, no fim, é o próprio projeto da penitência.

Benjamin escreve que

> o significado [do Juízo Final] é revelado não no mundo do direito, onde domina a penitência, mas apenas no universo moral, onde o perdão vem de encontro a ela. Para lutar contra a penitência, o perdão encontra no tempo seu poderoso aliado. Pois o tempo, em que Ate [cegueira moral] persegue o malfeitor, não é a calma solitária do medo, mas o vendaval tempestuoso do perdão que precede a acometida do Juízo Final e contra o qual ele não pode avançar. *Esse vendaval não é apenas a voz que carrega o grito de terror do malfeitor; é também a mão que apaga os traços de suas más ações, mesmo que devaste o mundo nesse processo.*[19]

O perdão não é uma questão fácil ou tranquila de lidar. Qualquer expectativa de que o perdão pode ser atingido quando a paixão morre é tolhida pela figura da tempestade, que é ao mesmo tempo divina e natural e, de algum modo, também composta de características humanas: uma voz e uma mão. Como a voz é nitidamente alta, o perdão é aquilo que, literalmente, se sobrepõe ao que ouvimos do choro que revela o terror da punição; mas é também, de algum modo, uma mão com o poder de apagar as más ações, um poder destrutivo que deve devastar o mundo para erradicar os traços das transgressões. Essa tempestade não é exatamente uma imagem que representa o divino, embora claramente exerça forças divinas, mas, caso seja uma figura divina, *não* é da penitência. De fato, acabamos sem saber muito sobre Deus, mas tomamos conhecimento da tempestade, que parece ter algumas características humanas e divinas enredadas de maneiras que não são claramente concebíveis – não diferente do famoso Odradek, de Kafka, parte humano, parte carretel de linha, que não corresponde a nenhuma morfologia reconhecível. Mais importante, essa tempestade de perdão constitui uma alternativa radical à economia fechada da reparação *e* da penitência[20].

Se supusermos que essa noção do divino confirma a noção de que o Deus judaico é vingativo, precisaremos considerar que temos aqui um outro judaísmo. Essa tempestade, com sua voz e sua mão, representa afinal o próprio tempo, livre dos ciclos da penitência, que apaga a culpa e todas as suas marcas (em outras palavras, um tempo que passará a constituir uma explicação alternativa do messiânico), cuja voz carrega o choro de terror dos seres humanos. Se esse tipo de Deus vocifera ao longo da história em uma tempestade de perdão, então ele *não é* o Deus vingativo, mas um Deus que busca destruir a própria vingança. E, se é um Deus, está em guerra contra outro, que se opõe aos raios luminosos da ira divina e que a precede, varrendo as marcas das más ações e, assim, frustrando os planos de vingança.

Essa imagem do divino equivale ao tempo, um tempo que exerce sua força apesar da recordação e do esquecimento dos seres humanos. Essa versão de tempo traz o perdão apenas porque não é determinada pela experiência humana do

---

[19] Walter Benjamin, "The Meaning of Time in the Moral Universe", em *Walter Benjamin: Selected Writings*, cit., p. 286-7 (grifo meu).
[20] Para uma discussão sobre o perdão em Benjamin, ver meu "Beyond Seduction and Morality: Benjamin's Early Aesthetics", em Dominic Willsdon e Diarmuid Costello (orgs.), *The Life and Death of Images: Ethics and Aesthetics* (Ithaca, Cornell University Press, 2008).

tempo, porque é um tempo indiferente aos seres humanos embora subtenda toda vida humana, um tempo que não é lembrado (ou lembrável) nem esquecido (ou esquecível). Apenas aquele tipo de tempo é expiatório; exerce o poder de extinguir os traços de todas as más ações e, desse modo, ajuda a completar o processo de perdão. O passado é perdoado porque é obliterado, mas justamente *não* porque um grupo de seres humanos se conformou, ou seja, *não* porque encontraram uma resolução social. O que é insolúvel continua o sendo, mas deixa de ser importante. Para Benjamin, o tempo ajuda, de maneiras totalmente misteriosas, a completar o processo de perdão, mas nunca o da penitência[21].

Quem lê o jornal diário israelense *Haaretz* do segundo semestre de 2006 vê que a maioria das discussões sobre a guerra indaga por que Israel não foi mais eficaz para ganhar a guerra, se Israel ganhou a guerra, se Israel perdeu sua eficiência militar e de quem seria a culpa por isso. Há pouquíssimas discussões ou conversas sobre se a guerra era justificada ou sobre como lidar com a destruição das vidas e do sustento no sul do Líbano. Alguns autores afirmam cinicamente que o Hezbollah se infiltrou em vilarejos e locais civis e usou a população do sul do Líbano como escudo humano. O mesmo argumento foi empregado sobre Gaza durante a Operação Chumbo Fundido – disseram que os palestinos estavam usando crianças em praças públicas como escudos humanos. Mas podemos dizer que os postos avançados ao longo da fronteira norte do que é chamado de Israel também estão cheios de escudos humanos? E aqueles soldados que aceitam servir naquelas áreas, seriam também escudos humanos? Se equipararmos toda vida humana destruída na guerra a um escudo humano, então me parece que temos uma justificativa pronta para o assassinato, uma vez que todas as pessoas no caminho das bombas estão lá de propósito, de maneira tática e intencional, e não só fazem parte do esforço de guerra como são concebidas como escudos, como instrumentos de guerra. Nesse sentido, não pode haver indignação pela destruição das vidas humanas – e aqui, eu diria, não há indignação pela destruição da vida humana em nenhum dos lados daquela fronteira –, pois todas as vidas humanas foram instrumentalizadas como parte da guerra e, como resultado, deixaram de significar vidas dignas de proteção, precárias, carentes, vidas dignas de valor e de luto. Impressiona que a vida dos soldados israelenses tenha sido personificada, que eles e suas famílias tenham sido nomeados e que as pessoas tenham lamentado por eles, enquanto os soldados e civis libaneses e palestinos continuaram anônimos e sem serem objeto de luto.

Agir e viver "em nome do vivente" deixa aberta a questão de quem, afinal, é considerado vivente. Não se diz "vida para os judeus e não para os outros", e certamente não se diz "vida para os israelenses e não para os outros". A vida claramente significa transitoriedade e deve ser estimada justamente porque pode ser perdida com tanta facilidade e rapidez – o fato de ser extinguível não torna a vida inútil, mas preciosa. O mandamento "Não matarás" impõe uma forte obrigação de distinguir entre os momentos reais de legítima defesa e aqueles em que se faz seu uso cínico a serviço de uma agressão infinitamente autolegitimadora. Se todo

---

[21] Ibidem, p. 287.

assassínio for proativa e retroativamente chamado de autodefesa, esta deixa de funcionar como justificação aceitável para matar. Para quem nomeia toda e qualquer violência como defesa de si mesmo, todo e qualquer assassínio é justificado e aprovado.

Mas o que é esse "si-mesmo" que deve ser defendido, e que tipo de si-mesmo efetivamente resta depois da matança? Poderia a defesa de si levar não à preservação de si, mas à destruição de si? Para entendermos esse "si-mesmo", será que precisamos também perguntar como ele se define, por quais fronteiras disponíveis? A fronteira é sempre um modo de manter uma relação com o que a fronteira exclui. Portanto, é aquele que mora do outro lado do muro ou é impedido de sua plena cidadania do lado de cá do muro quem define esse "si-mesmo" que busca se preservar. De maneira ignóbil, ele se preserva pela preservação da fronteira, que é, afinal de contas, uma relação com os excluídos e os subjugados que precisam se reintegrar diariamente, e cujo efeito de permanência deve ser cultivado pelas instituições e práticas militares. Desse modo, o que é "defendido" é um modo de subjugação renegada, sem o qual o si-mesmo não pode sobreviver. Contudo, essa mesma subjugação pode e deve levar à resistência àquele *status quo* e, assim, se tornar o espectro da anulação daquele si-mesmo. Como não existe si-mesmo sem fronteira, e como a fronteira é sempre um lugar de múltiplas relações, não existe si-mesmo sem suas relações. Se o si-mesmo visa se defender dessa constatação, então ele nega o fato de que é, por definição, vinculado aos outros. E, por meio dessa negação, o si-mesmo fica ameaçado, vivendo num mundo em que as únicas alternativas são ser destruído ou destruir.

# 4
# Lampejos

## A política messiânica de Benjamin

Prossigo com a reflexão sobre Benjamin para entender o direito de promover uma crítica pública contra a violência, mas também para articular os valores da coabitação e da rememoração – os valores de não apagar os vestígios vivos da destruição passada. É bem possível que essas sejam coisas judaicas, mas, se o forem, também são não judaicas. Meu argumento desde o início deste livro é o de que a relação com o não judeu está no cerne da ética judaica, o que significa que não é possível ser judeu sem o não judeu e que só é possível ser ético ao se afastar da judaicidade como quadro exclusivo para a ética. Há várias maneiras de entender essa implicação mútua entre judeu e não judeu. Não aceito, por exemplo, a formulação sartriana de que o antissemita cria o judeu. Em vez disso, tento: delinear uma ética política que pertence à diáspora, na qual os judeus estão espalhados entre os não judeus; derivar uma série de princípios com base nessa condição geográfica; e transpô-los para a realidade geopolítica de Israel/Palestina. Embora eu só vá tratar desses princípios nos capítulos sobre Arendt e no último capítulo, sobre Edward Said e Mahmoud Darwish, relacionando-os especialmente aos direitos dos refugiados, por ora quero dizer que a suposição historiográfica de história progressiva, que embasa a ideia do sionismo como realização em curso de um ideal, pode e deve ser contestada por uma crítica dessa forma de progressismo, e Benjamin pode nos ajudar a formular essa crítica. Isso pode ser feito, em parte, por uma interpretação alternativa do messiânico, enfocada em preservar a história dos oprimidos contra o esquecimento. Além disso, o messiânico depende de uma noção de dispersão ligada à heterogeneidade social e às temporalidades convergentes, e ambas contestam aquelas formas de nacionalismo político que dependem de formas fundadoras e continuadas de expulsão e subjugação.

Ao pensar sobre a história dos oprimidos, parece imperativo reconhecer que tal história pode e deve se referir a qualquer quantidade de pessoas, de maneiras que não são nunca estritamente paralelas e que tendem a abalar analogias fáceis. Falarei disso de modo mais amplo nos capítulos sobre Hannah Arendt. No entanto, quero recorrer rapidamente a Arendt neste momento para dizer que podemos fazer uma interpretação proveitosa das últimas referências de Benjamin ao messiânico, relacionando-a às ideias de Arendt sobre pluralidade e coabitação. A ligação não é imediatamente clara, é certo, mas talvez se esclareça quando se considera como a história dos oprimidos, mencionada em "Sobre o conceito de história", de Benjamin, está ligada à condição dos refugiados, ou melhor, dos apátridas ou "sem Estado" em *Origens do totalitarismo*, de Arendt. Benjamin buscou identificar esses momentos em que a história dos oprimidos surge num lampejo, até mesmo como um sinal de perigo, rompendo ou interrompendo o *continuum* da história ao qual damos o nome de progresso. A homogeneidade à qual ele se opunha era a que ameaçava monopolizar o tempo na forma de história contínua. A homogeneidade à qual Arendt se opunha era a que cabia ao Estado-nação, a unidade e a uniformidade da nação, que, para ela, não poderia ser a base de nenhum Estado. Arendt afirmava duas coisas básicas a esse respeito. A primeira é que qualquer Estado fundado na ideia homogênea de nação está fadado a expulsar quem não pertence à nação e, assim, reproduzir a relação estrutural entre Estado-nação e a produção de pessoas apátridas. A segunda é que, para ter legitimidade, todo Estado tem de aceitar e proteger a heterogeneidade de sua população, o que ela chamou de pluralidade. Em determinados momentos, ela parece sugerir que essa heterogeneidade cabe a todos os países a partir de algum ponto do século XIX, ou pelo menos se torna um problema explícito para o Estado-nação depois de Vestfália. Em outros pontos, no entanto, ela parece estabelecer uma ontologia da pluralidade: a pluralidade de todas e quaisquer populações constitui a precondição da vida política, e qualquer Estado político, política pública ou decisão que vise eliminar ou limitar a pluralidade é racista, quiçá genocida[1]. Neste texto, e também em outros, oriento-me pela acusação que Arendt conjectura a respeito de Eichmann no final de *Eichmann em Jerusalém*, quando afirma com clareza que ele pensou erroneamente que poderia escolher com quem coabitar a Terra[2]. Para Arendt, a coabitação era uma precondição da vida política, e embora, até certo ponto, possamos escolher com quem dividir uma cama ou uma vizinhança, não podemos escolher com quem coabitar a Terra. Essa coabitação continua sendo a condição não escolhida de todas as decisões políticas, se tais decisões não forem genocidas.

Visto que, no final da década de 1940, Arendt leva adiante essa ideia de coabitação não escolhida em relação a uma Palestina federada, e depois de novo em relação à Revolução Americana, em ambos os casos há uma recusa de aceitar fundamentos nacionais ou religiosos para a cidadania. Embora, nos termos dela, todo mundo tenha o direito de pertencer, os modos de pertencimento existentes não fundamentam ou justificam esse direito. Escrevendo duas décadas antes, Benjamin se preocupava menos com os fundamentos da cidadania e os arranjos do Estado e mais com um tipo de história cujo movimento adiante deixava todo tipo de escombros, alguns deles humanos – aliás, no espírito de Kafka, podemos dizer

---

[1] O Tratado de Vestfália (1648) compreendia que a soberania legal e política final é da competência dos Estados-nação, e que quaisquer conflitos entre eles devem ser resolvidos no nível social, e não no jurídico. As reivindicações do direito internacional e dos direitos humanos tiveram de lutar contra a doutrina vestfaliana para ou estabelecer a soberania como princípio não nacional (teoria proposta por Hans Kelsen na década de 1920), ou estabelecer reivindicações de direitos para quem não pertence a nenhum Estado-nação ou para quem tem suas reivindicações articuladas justamente contra o Estado-nação ao qual pertence.

[2] Ver o meu "Hannah Arendt's Death Sentences", *Comparative Literature Studies*, v. 48, n. 3, 2011, p. 280-95.

que os escombros podem outrora ter sido humanos, mas seus contornos atuais dificilmente são conceituáveis, como Odradek e sua espécie. Os regimes de poder narrativo tratam os apátridas como as mais diversas formas de escombro, estranhamente animados, revelando uma história de despossessão que é recusada? Ainda existe aí alguma forma de história, empacotada nesse objeto animado, nessa ruína parcialmente humanizada? É claro, essa imagem surge de maneiras diferentes uma vez que se pode contar uma história diferente, mas talvez Kafka nos seja útil aqui de maneira limitada. Ele nos faz ver a forma figurativa que a história silenciada assume. Se a história dos descartados ou oprimidos é encoberta por uma história progressiva cujo sujeito agora reivindica o sujeito de direitos, temos de perguntar sobre a forma desse apagamento. Uma expulsão já aconteceu – algo ou alguém se tornou refugiado, sem linguagem audível ou status. À medida que a história avança, a expulsão continua. Desse modo, não existe uma deportação única do oprimido, mas uma ação reiterada, um processo contínuo de deportação, de confisco de terras ou de expulsão que funciona como condição de possibilidade desse sentido de progresso. Desse modo, esse sujeito propelido adiante e a história dos oprimidos estão ligados um ao outro, e somos convocados a considerar um movimento duplo: a propulsão e a expulsão, que agem ao mesmo tempo, sem um final claro à vista.

Se Arendt tem em mente os apátridas quando considera as deportações em massa da Europa na Segunda Guerra Mundial e o problema resultante e simultâneo do grande número de refugiados, ela continua os tendo em mente quando se opõe à forma de sionismo político proclamada por Ben-Gurion – forma que derrotou a proposta, da qual ela foi coautora, de uma autoridade binacional federada na Palestina. Ela previa um novo problema com refugiados: não apenas o que aconteceria durante a Nakba de 1948 com mais de 750 mil palestinos, mas também o que continuaria a acontecer à medida que o Estado de Israel avançasse como Estado-nação seguindo o modelo que ela rejeitava e achava que todos deveriam rejeitar. Ela não tinha como prever que 1948 e 1967 levariam, como consequência, quase 5 milhões de pessoas a viver hoje sob ocupação, em campos de refugiados ou na diáspora, mas previu que a produção de refugiados não poderia acabar sob as condições políticas do Estado-nação[3]. O apelo de Arendt à coabitação foi um esforço de defender uma pluralidade não escolhida numa base igualitária como precondição de uma política legítima, e seu intuito era claramente o de combater a política genocida do nacional-socialismo e a produção recorrente de apátridas por todo e qualquer Estado que buscasse homogeneizar a nação purgando-a de sua heterogeneidade. À medida que a nação homogênea avança, ela não só encobre a história do passado; ela continua cuspindo e empilhando as pessoas que não têm mais o apoio de uma história que as estabeleceria como

---

[3] Segundo informação de janeiro de 2010 da Agência das Nações Unidas de Assistência aos Refugiados da Palestina (UNRWA), há 1.551.145 refugiados palestinos registrados só nos territórios ocupados, sendo 951.709 apenas em Gaza. A estimativa é que essa quantidade, somada às pessoas que se dispersaram por toda a diáspora como consequência de 1948 (e 1967), hoje seja de 5 milhões.

sujeitos. Elas são, na verdade, expelidas da nação como entulho, indiscerníveis de uma paisagem cheia de lixo.

Não pretendo mesclar essas duas posições, ainda que saibamos que Arendt tinha uma dívida profunda para com Benjamin, mesmo quando discordava daqueles que ela considerava os momentos mais místicos de Benjamin. No entanto, quero me concentrar na ideia de rememoração em Benjamin. Afinal, pode parecer que a rememoração funciona em relação inversa à história progressiva que ele critica explicitamente em "Sobre o conceito de história". Nesse sentido, a rememoração não consiste em demonstrar ou contar uma história, tampouco na escavação e subsequente monumentalização de um passado, como ele deixa claro em *Passagens*\*. Vale destacar que a rememoração age contra a história, desfazendo sua ininterrupta continuidade; a homogeneidade na história segundo Benjamin parece internamente relacionada à homogeneidade do Estado-nação em Arendt. As duas envolvem a questão de como as populações são diferenciadas – algumas delas propelidas adiante e outras expulsas e deformadas nessa expulsão, pelo menos da perspectiva dos vencedores.

O que lampeja – ou quem lampeja? De que maneira podemos dizer que uma história lampeja? Ela não assume nenhuma forma narrativa, mas surge como uma luz repentina e provisória. É esse o tipo de misticismo perigoso que meus amigos da teoria crítica me alertam haver em Benjamin? Se não, como podemos entender essa luz que interrompe aquela história, que propele e expele ao mesmo tempo? E ela interrompe a história apenas por um instante, ou pode parar ou mudar o curso de seu progresso? Como interpretamos esse instante?

Como as obras iniciais de Benjamin poderiam nos ajudar a entender o que estou chamando de política da rememoração? Em "Sobre o conceito de história", Benjamin fala de um estranho lampejo que parecia ser o surgimento ou a irrupção repentina de uma temporalidade em outra caracterizada pela uniformidade e pelo progresso. Ele aparece de repente e desaparece. Benjamin escreve: "A verdadeira imagem do passado passa célere e furtiva. É somente como imagem que lampeja justamente no instante de sua recognoscibilidade, para nunca mais ser vista, que o passado tem de ser capturado" (CH, p. 62). Ou ainda: "articular o passado historicamente não significa conhecê-lo 'tal como ele propriamente foi'. Significa apoderar-se de uma lembrança tal como ela lampeja num instante de perigo [*wie sie im Augenblick einer Gefahr aufblitzt*]" (CH, p. 11). Alguma coisa lampeja, mas algo também se ilumina *através* de um *continuum* histórico entendido como "progresso do gênero humano na história", que instituiu e até naturalizou o tempo como "homogêneo e vazio" (CH, p. 116). Às vezes parece que esse lampejo vem de um dispositivo explosivo, como quando ele se refere à "consciência [das classes revolucionárias no momento de sua ação] de fazer explodir o contínuo [*continuum*] da história" (CH, p. 123). Aparentemente esse momento de ação transforma o tempo vazio em tempo pleno, mas tal experiência parece pertencer ao historiador,

---

\* Walter Benjamin, *Passagens* (trad. Irene Aron e Cleonice Paes Barreto Mourão, Belo Horizonte, Ed. UFMG, 2006). (N. E.)

não ao ativista. O entendimento de como o passado continua entrando no presente nos aproxima mais do "tempo de agora, no qual estão incrustados estilhaços do tempo messiânico" (CH, p. 140).

Ora, estilhaços parecem nos levar de volta à ideia de explosivos, mas talvez o que tenhamos de fazer é encontrar a consequência explosiva na obra da história. Esses estilhaços incrustados no tempo claramente interrompem sua homogeneidade. Alguma coisa externa ao tempo homogêneo e vazio encontra-se alojada na sua trajetória em partes, fragmentos, estilhaços, como se sua integridade material de objeto tivesse se rompido. Se esses estilhaços são o messiânico, então não o encontraremos na forma de algum ser humano; o messiânico não será nem antropomorfismo nem acontecimento. Em vez disso, será algo que se rompeu e se incrustou; ou se rompeu, tendo se incrustado, e agora lampeja. Na sexta tese, Benjamin nos diz que o Messias não será visto como redentor, mas como "vencedor do Anticristo" (CH, p. 65) ("*Der Messias kommt ja nicht nur als der Erlöser; er kommt als der Ueberwinder des Antichrist*")[4], mas ainda não sabemos exatamente o que está representando Cristo nisso. Contudo, Benjamin escreve, na última frase dessas teses, que "cada segundo era a porta estreita pela qual podia entrar o Messias" (CH, p. 142), uma formulação maravilhosamente kafkiana, que sugere que o messiânico tem de ser entendido quase como uma aposta. Não é que um messias virá ou veio: o que chamamos messiânico está sempre na ordem do "podia entrar". Aqui, mais uma vez, temos a sensação de uma força que entra num horizonte temporal estabelecido, e aqui ela não mais incrusta ou lampeja, mas simplesmente entra, como quem passa por um portão ou entra por uma porta, uma abertura para outro tempo. O que passa por essa porta não é uma figura, mas aquilo que perturba a temporalidade ou, de fato, uma temporalidade alternativa. Faz diferença qual delas escolhemos: numa interpretação – certamente apoiada pelo texto –, o messiânico põe um fim no tempo e constitui uma "imobilização do acontecer" (*einer messianischen Stillstehung des Geschehens*)[5]; na outra, porém, um conjunto de histórias esquecidas, certamente as que pertencem à história dos oprimidos, lampeja e impõe uma reivindicação repentina. Na primeira interpretação, o objetivo é parar a história como a conhecemos, entrar em greve contra o regime temporal corrente e até mesmo não agir. Mas, na segunda interpretação, acontece certa reconfiguração ou reconstelação do tempo presente em que a história esquecida dos oprimidos pode perfeitamente entrar ou passar pelo portão estreito. Poderíamos até dizer que a memória explode no presente e que um alguém chamado historiador, uma pessoa cuja prática é a rememoração, parece ser crucial nessa inauguração do "tempo-do-agora". O historiador não é um messias, e mesmo assim surge algo de messiânico aqui, talvez no momento em que a história foi interrompida por um freio de mão, mas também em virtude de algo que lampeja ou incrusta e que exige atenção urgente.

---

[4] Walter Benjamin, "Über den Begriff der Geschichte", em *Abhandlungen*, tomo 1.2 (Frankfurt, Suhrkamp, 1991), p. 695.
[5] Ibidem, p. 703.

Iluminações repentinas têm uma história em Benjamin; são associadas a anjos dispersos e histórias não redimidas. Talvez seja útil oferecer uma breve genealogia do lampejo na obra de Benjamin para entendermos o que significa para o lampejo surgir dentro de um *continuum* histórico estabelecido e descobrirmos o que isso significa para a rememoração, mas também, tangencialmente, para a coabitação. Lanço essas perguntas ao texto de Benjamin para fazer uma certa aposta, imaginar como seria se a história dos oprimidos entrasse, interrompesse, transfigurasse ou iluminasse, paralisasse, reconstelasse o tempo do presente normalmente entendido como um tipo de marcha – o progresso como forma temporal da propulsão destrutiva. A ininterrupta marcha adiante não só deixa seus escombros, mas esses escombros se tornam a-históricos, quando não atemporais, em virtude dos apagamentos realizados pelo progresso. Em termos gerais, poderíamos pensar que, na política, temos de estar ao lado do progresso, o que significaria que temos de escolher entre seguir adiante ou ficar para trás, mas nenhuma das duas coisas tem fundamento. Talvez tenhamos de perguntar como certas formas de progresso, em si a história dos vitoriosos, apagam outra história, a que pertence aos derrotados, e como essa não história se faz sentir ou exerce sua exigência, desorientando os próprios termos do progresso. Se o que entendemos por progresso é um movimento de destruição, derrota e apagamento, então é somente na base de tal desorientação e imobilização que podemos começar a distinguir entre progresso e seguir adiante, uma vez que seguir adiante consistiria num distanciamento em relação ao progresso. Benjamin pede não um tempo diferente, mas uma "verdadeira imagem" do passado, uma que lhe permita assumir formas espaciais. Uma forma luminosa e transitória lampejará, uma forma que só pode ser uma desfiguração dentro da ordem das imagens, e não exatamente uma forma humana.

Aqui Kafka parece bater à porta, ou já estar passando pela soleira, especialmente a figura de Odradek, de "Tribulações de um pai de família": um carretel de linha com uma risada semelhante ao farfalhar das folhas que parece não ter moradia fixa[6]. As descrições de Odradek são impossíveis: ele, se é que é um ele, é um conjunto de restos de outra época, um tempo em que deveria haver folhas que faziam aquele som, em que nós éramos o tipo de criatura capaz de escutá-las. Agora parece que Odradek está constante e infinitamente caindo por uma escadaria no que parece ser a casa da família, o que nos leva a perguntar se ele já foi filho de alguém, e isso acontece não uma vez, mas repetidamente. Odradek parece realmente inaugurar um tempo de infinitude em seu estado atual. Se Odradek ecoa traços de outra época, ele também sobrevive, dolorosamente, como figura que representa o tempo recorrente e infinito do presente. Não podemos exatamente perguntar o que pode resultar de Odradek, ou qual estado de alienação ele representa. A única questão é se Odradek seria um estilhaço, um objeto parcial ou uma ruína de um objeto outrora integrado pertencente a uma época anterior,

---

[6] Franz Kafka, "Cares of a Family Man", em The Complete Stories (Nova York, Schocken, 1976) [ed. bras.: "A tribulação de um pai de família", trad. Roberto Schwarz, em Roberto Schwarz, *O pai de família e outros estudos*, São Paulo, Companhia das Letras, 2008].

ou ainda se Odradek é o nome praticamente inescrutável de um presente em que a fragmentação do antropomorfismo acontece em nome do messiânico, vez após outra, sem objetivo ou fim.

Significativamente, como figura praticamente inescrutável, a de Odradek *passa furtiva*, o que me faz pensar se Odradek é "a verdadeira imagem do passado" que, segundo Benjamin, "passa célere e furtiva" (*das wahre Bild der Vergangenheit huscht vorbei*)[7]. Se a figura se esvaísse, poderíamos dizer simplesmente que é transitória. Mas ela passa, está envolvida numa atividade peculiar, envolvida por uma luz e um corpo veloz. Embora pareça que a verdadeira imagem do passado passa apenas uma vez, talvez precisemos prestar mais atenção à formulação de Benjamin. Vejamos a frase novamente: "É somente como imagem que lampeja justamente no instante de sua recognoscibilidade, para nunca mais ser vista, que o passado tem de ser capturado". Muito bem, mas então temos de perguntar se ela passa apenas uma vez e nunca mais pode ser vista ou se passa continuamente para nunca mais ser vista. Em outras palavras, há nessa imagem uma qualidade de para-nunca-mais-ser-vista que continua no presente, da mesma maneira que Odradek parece sobreviver a seu narrador e habitar naquele lar, mesmo que não tenha moradia fixa? Não tenho certeza do que significaria *reconhecer* ou capturar (*festzuhalten*) essa imagem: ela nos é visual somente no tempo que passa e como tempo que passa. Se essa é uma verdadeira imagem do passado, não é uma verdade que corresponde ao passado; ao contrário, é uma verdadeira imagem do passado na medida em que entra no presente e continua lá. Nas palavras de Benjamin, "articular o passado historicamente não significa conhecê-lo 'tal como ele propriamente foi'" (CH, p. 65). Esse conhecimento tem outra forma; ele não nos dá permanência, tampouco objetividade. Em vez disso, "significa apoderar-se de uma lembrança tal como ela lampeja num instante de perigo"\*. E em seguida, a frase enigmática: "Pois o Messias não vem somente como redentor; ele vem como vencedor do Anticristo" (CH, p. 65).

Pareceria estranho se apoderar do Messias, mas podemos imaginar todo tipo de arte interessante que tentaria e tenta fazer isso. Na expressão traduzida como "apoderar", parece que o seguramos pelo colarinho, como se fosse um bandido que precisa ser derrubado. Mas se o messiânico está igualmente além do antropomorfismo e da teologia, ele não parece ser o nome nem de um homem nem de um corpo, mas de outro tempo, de uma figura que, como Odradek, não é exatamente escrutável na forma humana. Ou talvez o Messias seja apenas mais um nome para *esse* tempo, o que vem do passado e entra como se fosse de um futuro, ou pelo menos de tal modo que a própria sequência temporal se confunde. Se ele é a memória do sofrimento de outro tempo, não é exatamente a *própria* memória de alguém; na verdade, essa memória não pertence a ninguém, não pode ser entendida como

---

[7] Walter Benjamin, "Über den Begriff der Geschichte", cit., p. 695.

\* A tradução inglesa usada por Butler diz "seize hold of a memory" no lugar de "apoderar-se de uma lembrança" – *seize hold of* carrega em seu sentido a imagem de segurar, agarrar ou capturar algo ou alguém com as mãos, usando a força. Daí sua explicação da metáfora no parágrafo seguinte. O verbo alemão é *bemächtigen*, tomar posse de algo, pegar para si. (N. T.)

posse cognitiva de ninguém; ela é circulante, estilhaçada, alojada no tempo presente; parece ser uma memória carregada pelas coisas, ou o próprio princípio de sua ruptura em pedaços, talvez na forma de objetos parciais – meio animados, meio inorgânicos e estranhamente divinos; algo lampeja desse amálgama não conceitualizável, algo que decididamente não é substância: luz e forma, repentinas, mas também, estranhamente, estilhaços que explodem, se alojam e lampejam. Seu propósito é interromper, reorientar ou puxar o freio da política desse tempo. É a memória que se molda como uma forma de luz, lembrando as *sefirot* cabalísticas[8], as iluminações dispersas e quase angelicais que quebram a continuidade suspeita do presente junto com a amnésia e a expulsão que ela executa de maneira ritual e ininterrupta. Na 17ª tese de Benjamin, parece claro que qualquer freada da história, qualquer "imobilização do acontecer" que se dê – se é que se dá –, é uma aposta sobre o que acontecerá. A aposta se faz, mesmo que não pertença nem ao *continuum* da história, nem a seu futuro em desdobramento.

O messiânico introduz uma ruptura na narrativa do desdobramento inexorável que aparece em algumas versões do materialismo histórico. O que se produz nesse momento, ou nessa conjuntura, é, nas palavras de Benjamin, "uma chance revolucionária na luta a favor do passado oprimido" (CH, p. 130). Lutar *a favor* do passado oprimido não é apenas ou simplesmente documentá-lo, muito menos dar a ele uma forma monumental. Antes, trata-se de uma certa decomposição da superfície amnésica do tempo, de modo que o que parece se mover na nossa direção, o que parece atravessar o portão, é uma memória porque age sobre o presente, uma memória fragmentada e dispersa. Não sabemos mais com exatidão em que tipo de tempo estamos quando de repente temos a chance de lutar, aparentemente como historiadores, pelo passado oprimido. Não buscamos redimir esse passado, torná-lo melhor ou mesmo usá-lo como a base de um novo sonho nacionalista. As coisas têm de permanecer inacabadas, sem serem coletadas ou juntadas rapidamente em novas formas. A rememoração de Benjamin representa uma resistência às resoluções mais rápidas do desejo hegeliano. A questão, se é que eu a entendi, se é que eu reconheci ou apreendi esses momentos textuais enquanto os lia, é capturar algo chamado de "chance", ou o que chamo de "aposta", para um diferente tempo-do-agora. O problema não é ter existido uma história do sofrimento que agora precisa ser escavada e relembrada. Na verdade, a história do sofrimento continua à medida que o apagamento continua, e à medida que as narrativas progressivas avançam – especialmente as que pertencem à nação –, elas exigem e reencenam esse apagamento, assumindo a seguinte forma: "Vocês não sofreram injúria, nós não somos culpados". A negação da injúria impõe de novo a injúria, e essa negação (ou, aliás, renegação) é não apenas a precondição do progresso, mas sua atividade reiterada. Nega-se uma temporalidade, que é transformada em destroços, precisamente como narrativa propulsora do progresso e através dela. Então, qual é a aposta? A de que a história dos oprimidos pode romper a história dos vitoriosos,

---

[8] Gershom Scholem, *The Messianic Idea in Judaism and Other Essays on Jewish Spirituality* (Nova York, Schocken, 1971), p. 44; *On the Kabbalah and Its Symbolism* (Nova York, Schocken, 1965), p. 100-5.

desestabilizar a reivindicação de progresso, puxar o freio do motor da dor chamada progresso. Se a questão for essa, podemos dizer que esse movimento também é progresso? Ou será outra coisa? É o tempo da aposta, a temporalidade do acaso? Algo pode entrar, algo pode acontecer – uma possibilidade estranha alojada na história. Se o apagamento continua na história do sofrimento, o que lampeja é exatamente a história dos oprimidos não como algo que aconteceu, mas como algo que ainda está acontecendo. E se essa história tem seu freio de mão puxado, o apagamento pelo qual o sofrimento continua é interrompido. Bom, não exatamente. Parece haver uma chance de isso acontecer, mas o messiânico, se o reconhecemos aqui, parece não ser um evento, um acontecer, mas a chance, a repentina fragilidade de um progresso inexorável, a explosão desde dentro de uma amnésia que nega a história do sofrimento e assim continua aquela história.

Ainda não sabemos o que fazer com o lampejo do messiânico, mesmo que Derrida continue sendo nosso guia nesse aspecto, uma vez que enfrentou pelo menos duas vezes as iluminações angelicais de Benjamin[9]. Talvez possamos nos guiar por Derrida e voltar a um artigo antigo, em que a opressão e os fragmentos do marxismo não aparecem com tanta clareza. Benjamin conclui seu ensaio "A capacidade mimética" com uma reflexão sobre a possibilidade da tradução entre as línguas[10]. Sua problemática é a de Babel, em que somos deixados para entender como as várias línguas conseguiriam, com a mesma eficácia e meios diferentes, se referir à mesma coisa. Benjamin faz afirmações sobre a semelhança extrassensível entre as palavras, que conecta diferentes línguas e facilita uma convergência de nomes não semelhantes no lugar da mesma coisa. Benjamin aceita a heterogeneidade das línguas, mas insiste que ela é sensível. As similaridades são extrassensíveis: não podemos vê-las ou demonstrá-las, mas estão ativas em todo e qualquer ato de referência que tome forma sensível. Obviamente, é impossível descobrir o que conecta essas palavras analisando sua morfologia ou sua composição fonêmica. Nada em sua manifestação sensível nos permite ver a semelhança. Ainda assim, parece haver ocasiões em que essa similaridade nos dá a chance de reconhecer sua operação. Para Benjamin, acessamos uma similaridade com mais frequência por meio da escrita do que da palavra falada. Ou seja, a palavra escrita ilumina, emite luz, algumas vezes com mais eficiência do que a palavra falada. Curiosamente, Benjamin também recorre nesse ponto ao inconsciente do escritor que deixa seus traços nas palavras escritas, e essas palavras se tornam o que ele chama de "Doutrina das semelhanças", "um arquivo de semelhanças, de correspondências extrassensíveis"[11]. Aqui parece que tudo que houver de inconsciente no ato da escrita

---

[9] Jacques Derrida, *Force de loi* (Paris: Galilée, 1994) [ed. bras.: *Força de lei*, 2. ed., trad. Leyla Perrone-Moisés, São Paulo, Martins Fontes, 2010].
[10] Walter Benjamin, "On the Mimetic Faculty", em *Selected Writings, v. 2, 1931-1934* (orgs. Michael William Jennings, Howard Eiland e Gary Smith, Cambridge, Harvard University Press, 2005) [ed. bras.: "A capacidade mimética", em *Humanismo e comunicação de massa*, trad. Vamireh Chacon, Rio de Janeiro, Tempo Brasileiro, 1970, Coleção Comunicação, v. 2].
[11] Idem, "A doutrina das semelhanças", em *Magia e técnica, arte e política: ensaios sobre literatura e história da cultura* (3. ed., trad. Sergio Paulo Rouanet, São Paulo, Brasiliense, 1987), p. 111.

instala imagens ocultas na própria escrita. É importante destacar que o arquivo que é o manuscrito não está estabelecido e lacrado para sempre, pois é possível continuar a escrever, ou continuar a ler; como resultado, o arquivo continua a agir, a lampejar vez ou outra, e a tornar conhecido seu estranho tipo de história. Esse texto, escrito alguns anos antes das teses sobre a história, está cheio de lampejos e chamas, mas não, a meu ver, sem ter relevância para essas teses.

Em "A capacidade mimética", Benjamin escreve que "como uma chama, o elemento mimético na linguagem só pode se manifestar por meio de algum condutor. Esse condutor é o elemento semiótico". E prossegue: "portanto, a coerência das palavras ou frases é a condutora pela qual, como um lampejo, a semelhança aparece"[12]. A coerência conduz o lampejo ou se estabelece no curso de alguma atividade? Explicando melhor o elemento mimético, o elemento semiótico, igualado à semelhança, ele continua: "Pois em muitos casos, e particularmente o mais importante, sua produção pelo homem – como sua percepção por ele – está ligada a seu lampejo. Ele perpassa"[13]. Muitas passagens furtivas: lampejos messiânicos, Odradek, e até antes, a semelhança extrassensível entre palavras de diferentes línguas – um elemento mimético fundido a um elemento semiótico. Nesse ensaio antigo, seu último comentário sobre o assunto se refere à "celeridade da escrita e da leitura" que "intensifica a fusão entre semiótico e mimético na esfera da linguagem"[14]. Ou seja, ele já vinha investindo na luz e na chama há algum tempo, mas até mesmo aqui o elemento mimético, tão fundamental para toda língua, é descrito "como uma chama" – o que significa que a analogia recapitula a mimese que tenta explicar. Parece não haver saída dessa circularidade da mimese, mas esse lampejo de luz, que aqui ele chama de *manifestação*, mostra-se condicionado por uma atividade contínua, a celeridade da leitura e da escrita. É preciso um condutor, os traços da mão humana, ou algum tipo de escrita; sem esse condutor, não existe lampejo de semelhança. Seriam centelhas divinas, seria a fusão entre mimese e semiose, ou, de alguma maneira, as duas coisas? Alguma coisa acontece na leitura e na escrita. Talvez nisso consista a tarefa do historiador. Algo de um domínio inconsciente surge e passa, mas se mostra já alojado na própria escrita. Escrever atesta uma história que não pode narrar, e algo se espalha densamente por toda a escrita, transformando-a num arquivo, ou melhor, transformando a semelhança naquela ligação extrassensível que funde as línguas no núcleo delas, torna a tradução possível, mas também adia infinitamente sua promessa utópica.

Em grande parte da escrita de Benjamin, o que é elaborado não pode ser capturado conceitualmente com o máximo de precisão. Isso não significa que sua escrita é confusa, mas que, na margem do conceito, existe algo que devemos apreender e reconhecer, algo que será importante para a questão do passado e até mesmo da rememoração. Em "Sobre a linguagem em geral e a linguagem do homem", Benjamin escreve:

---

[12] Idem, "On the Mimetic Faculty", cit, p. 722.
[13] Idem.
[14] Idem.

na relação entre as línguas humanas e a das coisas há algo que se pode designar, de maneira aproximada, como "sobrenomeação", *fundamento linguístico mais profundo de toda tristeza* e (do ponto de vista da coisa) de todo emudecimento. Como essência linguística da tristeza, a sobrenomeação remete a um outro aspecto curioso da linguagem: a excessiva determinação.[15]

Existe então um nomear em demasia ou nomear com precisão demasiada. Se essa prática gera tristeza, é porque o nome busca capturar seu objeto e, assim, arrisca seu apagamento. Afinal de contas, sempre existem outras maneiras de nomear o que queremos nomear, e se levamos muito a sério o nome que usamos, ou se o usamos com demasiada tenacidade, afirmamos a necessidade do nome e não percebemos as outras línguas e os outros nomes que tratam esse mesmo objeto com igual direito. Em outras palavras, não podemos deixar de ser comparatistas quando nomeamos, e seria um erro tomar uma língua nacional como meio privilegiado para nomear. Na verdade, na certeza de que nossa prática nomeadora é a mais definitiva, nós não só perdemos todas as outras línguas e a esfera inteira da semelhança extrassensível, como também não percebemos o que perdemos: daí nossa tristeza. Uma coisa deve reverberar com outra coisa; do contrário, não reconhecemos o lampejo. E, se existe um arquivo do inconsciente que toma forma na escrita ou nela emite algumas centelhas, nós o recusamos quando nomeamos em demasia, ou com precisão demasiada, ou quando pensamos que, usando formas cada vez mais refinadas de precisão, vamos capturar o objeto. Esse arquivo parece ligado à história dos oprimidos pela qual devemos continuar lutando; essa história é chamada de "prodigiosa abreviação" (CH, p. 138) ou "incomensurável abreviação" [*unfathomable abbreviation*][16]. Talvez precisemos ser mais distraídos, como diziam de Baudelaire, para estarmos abertos à verdadeira imagem do passado à qual Benjamin se refere. Talvez, em algum nível que tenha implicações para o argumento político que quero apresentar aqui, uma certa desorientação nos abra para a chance de travar uma luta pela história dos oprimidos, não revertendo ou redimindo essa história, mas deixando-a interferir no presente para fazer acontecer um "tempo-do-agora".

Podemos pensar nessa estranha insurgência temporal em relação ao texto posterior sobre a história? Aqueles estilhaços messiânicos não estariam justamente iluminando, lampejando ou se inflamando de maneiras que oferecem interrupções repentinas e passageiras do tempo presente? Ou será que temos de ser situacionistas provisórios, agarrando a chance de lutar quando ela aparece? Se lutamos pela história perdida dos oprimidos, nós o fazemos no presente justamente porque essa perda ainda está ocorrendo e constitui o submundo da história progressiva que vemos em "Sobre o conceito de história". Esse modelo certamente pode ser usado para entender como certas histórias de perda e opressão continuam acontecendo

---

[15] Idem, "Sobre a linguagem em geral e a linguagem do homem", em *Escritos sobre mito e linguagem* (trad. Susana Kampff Lages e Ernani Chaves, São Paulo, Duas Cidades/Ed. 34, 2011), p. 71.
[16] A tradução para o inglês é minha. Em alemão é: "*Die Jetztzeit, die als Modell der messianischen in einer ungeheuren Abbreviatur die Geschichte der ganzen Menschheit zusammenfasst*". O termo *ungeheuer* se refere ao que é estranho, enorme, até monstruoso.

mesmo quando aparentemente deixaram de acontecer: o genocídio de povos indígenas, a história continuada dos desaparecidos na ditadura da Argentina. Mas também pode ser útil entendê-las à luz da história que é chamada 1948: o que é aclamado por alguns como a fundação do Estado de Israel e o estabelecimento de um santuário permanente para os judeus, e o que é pranteado por outros como Nakba, a despossessão forçada de mais de 750 mil palestinos de suas casas e terras durante as semanas e meses de fundação do Estado de Israel, que levou à perda de direitos de milhões de palestinos no tempo presente.

Existe alguma forma de relacionar essas reflexões benjaminianas às proposições feitas por Said sobre a possibilidade de duas condições diaspóricas convergirem na terra da Palestina? Como vimos no capítulo 1, Said identificava a condição de exílio do povo judeu com a do povo palestino e perguntava se essas histórias não poderiam possibilitar uma nova política para aquelas terras, na qual os direitos dos refugiados seriam primordiais, na qual ninguém seria excluído da cidadania por um esforço de minimizar a heterogeneidade. Desse modo, ele reiterava o ponto de vista de Arendt: a consolidação de um Estado que se baseia em religião, etnia, princípios de uniformidade nacional ou raça nunca mais deveria ser motivo para haver um grupo de refugiados permanentes, ativamente despossuídos de terra e direitos. A proposta dele, e dela, era trazer de volta para a questão do binacionalismo uma ética baseada na heterogeneidade, geralmente associada ao pensamento diaspórico. No meu ponto de vista, essa formulação também suscita a seguinte questão: o binacionalismo pode ser a desconstrução do nacionalismo? É claro, perguntas desse tipo são postas com mais facilidade por quem vive em formas militarizadas de Estado-nação, mas são muito mais difíceis para quem ainda precisa vislumbrar uma nação. E o nacionalismo palestino é, em si, uma questão complexa internamente, às vezes ligada a um projeto de Estado, outras vezes não[17]. No entanto, parece que qualquer luta nacional tem de lidar com seu "lado de fora" – com as alteridades tanto internas quanto externas – e com um compromisso com o pós-nacional em nome da coabitação global.

Em "Conversations with Brecht" [Conversas com Brecht], Benjamin oferece uma alternativa às intervenções brechtianas, dizendo que na realidade "a verdadeira medida da vida é a rememoração"[18]. Brecht aparece nesse diálogo reconstruído como quem acusa Benjamin de "fascismo judaico". É um momento duro, para ser sincera, pois Brecht sugere que essa "rememoração" tem elementos místicos, elementos que distanciariam Benjamin de um ativismo propriamente dito. Mas de que maneira há um lampejo de ativismo nessa rememoração? E por que ela é a medida da vida, afinal? Em um livro chamado *Nakba: Palestine, 1948, and the Claims of Memory* [Nakba: Palestina, 1948 e as reivindicações de memória], organizado por Ahmad Sa'di e Lila Abu-Lughod, Benjamin aparece algumas vezes[19].

---

[17] Ver meu artigo "Anarchism and Cohabitation", ainda inédito, apresentado na New School University em maio de 2011.
[18] Walter Benjamin, "Conversations with Brecht", em *Reflections: Aphorisms, Essays, Autobiographical Writings* (org. Peter Demetz, Nova York, Harcourt, Brace Jovanovich, 1978), p. 210.
[19] Ahmad H. Sa'di e Lila Abu-Lughod (orgs.), *Nakba: Palestine, 1948, and the Claims of Memory* (Nova York, Columbia University Press, 2007).

O livro abre com uma narrativa da antropóloga Rema Hammami, que conta a história de quando finalmente encontra em Jafa a casa em que seu pai passou a infância, uma casa que ele perdeu em 1948 e que tinha sido de sua família há gerações. Os moradores mostram para ela um mural e explicam que ela precisa entender a verdade da história do retorno triunfante dos judeus às terras da Palestina. O que a deixa em choque e sem palavras é o sermão que escuta sobre a redenção judaica. O lugar de uma perda enorme, transmitida durante gerações, aparece contra a narrativa do vitorioso. Mas a narrativa do vitorioso também é a narrativa da transformação do sofrimento e do exílio em nacionalismo. Existe outra maneira de tratar esse problema do sofrimento sem a transformação narrativa numa história de redenção? Uma perda poderia ter reverberado com outra perda nesse momento, o que não significa dizer que as perdas são iguais, apenas que algum ato de tradução entre linguagem e história poderia ter sido possível lá, pode ainda ser possível em algum lugar.

Na introdução, lemos: "não estamos tão preocupados com o que essas memórias nos dizem sobre o passado (embora acreditemos que sua contribuição seja rica para a reconstrução contínua dos acontecimentos de 1947 e 1948) quanto estamos com o que fazem, e podem fazer, no presente"[20]. O texto também coloca Benjamin entre aqueles que afirmam que "a história é parcial e sempre escrita pelos vitoriosos", mas acrescenta: "A memória é uma das poucas armas acessíveis a quem viu a maré da história se voltar contra si. Ela é capaz de se infiltrar furtivamente para chacoalhar o muro"[21]. A maior parte do livro recorre à história dos traumas, e o sentido de tempo articulado na base da obra – boa parte do qual baseado no genocídio nazista contra os judeus – enfatiza a continuidade de uma história que a maioria das narrativas sequenciais considera passado.

Um ensaio sobre o trauma no cinema palestino faz uma observação sobre a "continuidade da dor e do trauma, que parte do passado e atinge o coração do presente, bem como a continuidade da luta"[22]. O autor, Haim Bresheeth, se baseia na obra que Cathy Caruth escrevera sobre o trauma nos campos de concentração, não para propor que as duas situações históricas são iguais, mas porque a temporalidade do trauma cruza os dois domínios. Ele observa que vários filmes recentes, incluindo *Crônica de um desaparecimento*, de Elia Suleiman, e *1948*, de Mohammad Bakri, lembram o "Anjo da História", de Benjamin: "que, ao se virar para trás para olhar a história, pode ver apenas as pilhas de escombros e destruição, uma cacofonia de massacres e privações"[23]. Ele destaca a frequência com que os filmes realizados na última década lutam contra a amnésia: "embora seja impossível supor a amnésia no caso dos palestinos que vivem em Israel desde 1948, eles viveram um tipo de amnésia pública forçada durante décadas [...]. Não há condições para rememorar nem comemorar nada, porque o domínio israelense

---

[20] Ibidem, p. 2.
[21] Ibidem, p. 6.
[22] Haim Bresheeth, "The Continuity of Trauma and Struggle: Recent Cinematic Representations of the Nakba", em Ahmad H. Sa'di e Lila Abu-Lughod (orgs.), *Nakba*, cit., p. 161.
[23] Ibidem, p. 175.

proibiu qualquer atividade do tipo"[24]. De fato, ainda hoje há batalhas legais contestando as consequências da censura imposta por uma lei que proíbe o financiamento público de qualquer representação educacional ou artística da Nakba durante a celebração da independência de Israel. Em outro ensaio, chamado "The Politics of Witness" [A política do testemunho], Diana K. Allan transmite suas relações com memórias mais antigas nos campos de refugiados palestinos no Líbano[25]. Ela critica os esforços nacionalistas palestinos de recuperar essas memórias com o propósito de construir uma única memória nacional. O que ela encontra são fragmentos de memórias que de nada servem para essas apropriações políticas. A memória do desenraizamento se torna ela mesma uma memória desenraizada. Ela identifica "um paradoxo presente no cerne da experiência traumática, no qual o esquecimento e uma falha dos testemunhos estão inextricavelmente ligados ao ato da rememoração, e assim os acontecimentos não são plenamente lembrados nem apagados"[26].

Há uma nota junto dessa última frase, e ela se refere mais uma vez a Cathy Caruth, e também a Dori Laub e Shoshana Felman[27]. O que elas escrevem pode ser aplicado às cenas que Allan descreve, mas não por ela esboçar alguma equivalência entre esses modos de sofrimento ou quaisquer conexões causais ou analogias invertidas. Ninguém aqui está dizendo que os judeus infligiram nos outros o que eles mesmos sofreram. Ao contrário, existe algo na ordem da semelhança, ou até da ressonância, e talvez não devêssemos recontar nada nesse momento por medo de perder a reverberação – é mais importante capturá-la e reconhecê-la. Aliás, Primo Levi atesta essa falha do testemunho em sua própria obra, enfatizando os momentos em que o esquecimento se sobrepôs à sua vontade de se lembrar com precisão. E aqui Caruth é citada ao explicar os testemunhos incompletos dos palestinos que sobreviveram à perda de seus mundos. No contexto da memória traumática, o sujeito se posiciona "entre a elisão da memória e a precisão da lembrança"[28].

Abu-Lughod adverte, na introdução de *Nakba*, que, embora a maioria dos estudos sobre traumas decorrentes do genocídio nazista seja útil, até "brilhante", tais estudos às vezes correm o risco de reproduzir a excepcionalidade judaica. Por capturar ressonâncias que possibilitam a tradução, talvez a rememoração de Benjamin ofereça uma rota um pouco diferente, uma que não possa ficar e não fique dentro do quadro da nação, que pressuponha a heterogeneidade e até sustente a defesa das ideias de Arendt sobre a coabitação. Isso pode nos levar de volta à proposta bastante notável de Said, de que talvez dois povos exilados possam estabelecer

---

[24] Idem.
[25] Diana K. Allan, "The Politics of Witness: Remembering and Forgetting 1948 in Shatila Camp", em Ahmad H. Sa'di e Lila Abu-Lughod (orgs.), *Nakba*, cit., p. 253-84.
[26] Ibidem, p. 266.
[27] Ver Cathy Caruth (org.), *Trauma: Explorations in Memory* (Baltimore, Johns Hopkins University Press, 1995); Cathy Caruth, *Unclaimed Experience: Trauma, Narrative, and History* (Baltimore, Johns Hopkins University Press, 1996); Shoshana Felman e Dori Laub (orgs.), *Testimony: Crises of Witnessing in Literature, Psychoanalysis, and History* (Nova York, Routledge, 1992).
[28] Diana K. Allan, "The Politics of Witness", cit., p. 281.

princípios de justiça social tendo como base suas histórias de despossessão convergentes e ressonantes. Fazer isso significa interromper a narrativa progressiva da redenção sionista, ou ainda avaliar o que ela produz e continua a produzir na forma de tantos destroços inescrutáveis. Quem agarra a chance de lutar pelo passado dos oprimidos na verdade se envolve numa luta para transformar o sofrimento em reivindicações políticas por justiça, especialmente quando não há garantia histórica de que a justiça se desenvolverá ou se manifestará no tempo. É certo que o tempo-do-agora é o tempo em que aquela destruição, assim como outras, tem a chance de ser reconhecida, um reconhecimento que mudaria nossa própria sensação de tempo, deixaria o tempo dos oprimidos entrar no tempo dos vitoriosos, e nesse momento poderia haver a chance para algo diferente.

Se a rememoração é a verdadeira medida da vida, sem dúvida ela está ligada à verdadeira imagem, à verdade em várias formas de modalidade. Mas as modalidades em questão não são narrativas ininterruptas, histórias nacionais, tampouco monumentos que enaltecem o governo ou evidenciam seu poder. A rememoração está presente no modo de agir da história agora, bem como naquilo que, dentro dessa história reiterada, permite reivindicar a história dos oprimidos. A medida de uma vida é o modo como a história continua agindo no presente, o que significa, é claro, que a presença desses momentos contingentes acumula, como chances ou apostas, lampejo após lampejo, uma luta em defesa do passado, que é a única maneira de transformar o presente. Talvez o messiânico tenha como alvo exatamente a redenção, e desse modo talvez ela seja o "Anticristo". A memória de alguém está interrompendo o avanço de outro alguém, e talvez isso aconteça justamente porque algo do sofrimento de lá ressoa com o de cá, e tudo pare. A rememoração pode não ser nada além de uma luta contra a amnésia com o objetivo de encontrar aquelas formas de coexistência reveladas pelas histórias convergentes e ressonantes. Talvez para isso ainda não tenhamos um nome preciso.

# 5
## O JUDAÍSMO É SIONISMO?

### Ou: Arendt e a crítica do Estado-nação*

Está claro que o sionismo é uma maneira pela qual a religião entrou na vida pública, embora existam maneiras obviamente antirreligiosas de pensar o sionismo – inclusive maneiras de definir a judaicidade, como critério da cidadania israelense, que não tenham referências religiosas explícitas. Na verdade, a categoria "judaico" mostra-se complexa nesses debates, uma vez que a lei rabínica define a judaicidade para um direito do Estado aparentemente secular que, em outros aspectos, se diferencia enfaticamente da lei rabínica. Como essa ambiguidade afeta as discussões mais gerais de religião e vida pública que parecem nos acompanhar tanto nos tempos de hoje?

Sem dúvida, precisamos ter muito cuidado ao nos referirmos à "religião" na vida pública, pois, no fim, talvez não seja possível falar sobre religião como uma categoria nesse sentido. Dependendo de qual religião tivermos em mente, sua relação com o público será diferente. Na verdade, há uma variedade de posições religiosas sobre a vida pública e uma variedade de modos de conceber a vida pública em termos religiosos. Se começamos perguntando sobre a "religião" na "vida pública", corremos o risco de apenas preencher a categoria "religião" com uma variedade de religiões específicas, enquanto a esfera da "vida pública" de algum modo permanece estável, fechada e fora da religião. Se a entrada da religião na vida pública é um problema, então aparentemente pressupomos um quadro de referência em que a religião tem ficado fora da vida pública, e nossa pergunta é como ela entra e se ela entra na vida pública de uma maneira justificada ou garantida. Mas se essa é a suposição vigente, parece que antes precisamos perguntar como a religião se tornou privada e se o esforço para torná-la privada foi realmente exitoso. Se uma pergunta implícita dessa investigação pressupõe que a religião pertence a uma esfera privada, temos primeiro de perguntar "qual religião" tem sido relegada ao privado e qual, se é que alguma, circula sem questionamento na esfera pública. Talvez então tenhamos de iniciar outra investigação, a saber, uma que diferencie entre religiões legítimas e ilegítimas – ou seja, entre as que consideramos dar apoio implícito a uma esfera pública secular e as que consideramos ameaçar a

---

\* Parte deste capítulo foi apresentada originalmente em um simpósio sobre religião na esfera pública em outubro de 2009, com Cornel West, Charles Taylor e Jürgen Habermas, e republicada em Jonathan van Antwerpen e Eduardo Mendietta (orgs.), *The Power of Religion in the Public Sphere* (Nova York, Columbia University Press, 2011).

vida pública secular. Ou, de maneira equivalente, uma investigação que diferencie as religiões consideradas provedoras das precondições culturais do público (como o cristianismo), cujos símbolos circulam livremente dentro do que é público, e as consideradas ameaçadoras à fundação da vida secular, cujos símbolos que circulam dentro do que é público são vistos como ostentosos ou ameaçadores para a própria democracia. Se a esfera pública é uma realização protestante, como afirmaram diversos estudiosos, então a vida pública pressupõe e reafirma uma tradição religiosa dominante *como* a secular. E se há muitas razões para duvidar de que o secularismo é mesmo tão liberto de seus constituintes religiosos como diz ser, podemos perguntar se essas compreensões sobre o secularismo também se aplicam, de certo modo, a nossas afirmações sobre a vida pública em geral. Em outras palavras, além de já estarem "dentro" da esfera pública, algumas religiões também ajudam a estabelecer uma série de critérios que diferenciam o público do privado. Isso acontece quando algumas religiões são relegadas ao lado "de fora" – seja como "o privado" ou como a ameaça ao público como tal –, enquanto outras funcionam para dar suporte à esfera pública e delimitá-la. Se a distinção entre público e privado depende fundamentalmente da proibição protestante de privatizar a religião, então a religião – ou uma tradição religiosa dominante – subscreve o próprio quadro de referência dentro do qual estamos agindo. Isso decerto constituiria um ponto de partida bem diferente para uma investigação crítica sobre a religião na vida pública, uma vez que tanto o público quanto o privado formariam uma relação disjuntiva que, num sentido importante, estaria "na" religião desde o começo.

Meu objetivo não é repetir as perguntas sobre o secularismo já muito bem esclarecidas por Talal Asad, Saba Mahmood, Michael Warner, William Connolly, Charles Taylor, Janet Jakobsen e Ann Pellegrini, e Charles Hirschkind. Tendo como base esses novos estudos, fica claro que a secularização pode ser uma maneira transitória de a religião sobreviver. Sempre temos de fazer a seguinte pergunta: de qual forma e de qual caminho de secularismo estamos falando? Meu intuito é primeiro afirmar que qualquer generalização que fizermos sobre "religião" na "vida pública" será suspeita desde o início se não pensarmos sobre quais religiões estão pressupostas no próprio aparelho conceitual, principalmente se esse aparelho, incluindo a noção de público, não for entendido à luz de sua própria genealogia e de seus projetos de secularização. O sentido de "secular" é diferente quando nos referimos a um judeu secular e não a um católico secular; embora se presuma que ambos se afastaram da crença religiosa, pode haver outras formas de pertencimento que não presumem ou não requerem a crença; a secularização pode perfeitamente ser uma maneira de a vida judaica continuar sendo judaica[1]. Também cometemos um erro se igualamos a religião com a crença e, então, ligamos esta a certas afirmações especulativas sobre Deus – uma presunção teológica que nem sempre serve para descrever a prática religiosa. A tentativa de distinguir entre o status cognitivo da crença religiosa e o da crença não religiosa não leva em consideração que, com muita frequência, a religião funciona como matriz da formação

---

[1] David Biale, *Not in the Heavens: The Tradition of Jewish Secular Thought* (Princeton, Princeton University Press, 2011).

do sujeito, como quadro de referências integrado ao sujeito e por ele mobilizado para avaliações, e como modo de pertencimento e de prática social corporificada. É claro, o princípio legal da separação entre Estado e religião assombra todos os nossos raciocínios aqui, mas há muitas razões para pensarmos que a concepção jurídica é insuficiente para servir de quadro de referência para entendermos as questões mais amplas da religião na vida pública. Também são insuficientes as discussões sobre símbolos e ícones religiosos que têm gerado controvérsia generalizada sobre os direitos garantidos pela primeira emenda*, de um lado, e a proteção das minorias religiosas contra a discriminação e a perseguição, de outro[2].

Entro nessa disputa com outro problema, a saber, a tensão que surge entre religião e vida pública quando a crítica pública da violência do Estado israelense é vista como antissemita ou antijudaica, o que acontece com bastante frequência. Só para constar, gostaria de deixar claro que algumas dessas críticas realmente usam a retórica e o argumento antissemita, e por isso devem ser combatidas de maneira absoluta e inequívoca. Mas as críticas legítimas, que são muitas, não fazem isso. Entre estas estão as críticas da violência do Estado israelense que surgem de dentro das lutas judaicas por justiça social (que são diferentes das lutas por justiça social apenas para os judeus). A oposição judaica ao sionismo acompanhou as propostas fundadoras feitas por Theodor Herzl em 1897 no Congresso Sionista Internacional da Basileia e nunca mais parou desde então[3]. Criticar a violência do Estado exemplificada pelo sionismo não é ser antissemita nem, certamente, ter ódio a si mesmo. Caso contrário, a judaicidade seria definida em parte por não gerar uma crítica da violência de Estado, e esse certamente não é o caso. Meu questionamento é se a crítica pública da violência de Estado – e sei que esse termo ainda precisa ser explicado – é justificada por valores judaicos, entendidos em termos não comunitários.

Essa pergunta se impõe porque quem critica aberta e publicamente a violência do Estado israelense muitas vezes – e em certas circunstâncias, quase sempre – é considerado antissemita ou antijudaico. Mesmo assim, criticar aberta e publicamente essa violência é, de certo modo, uma exigência ética obrigatória seja para o quadro de referência judaico religioso, seja para o não religioso, pois ambos sustentam elos necessários com movimentos mais amplos contra esse tipo de violência do Estado – por conseguinte, judaicos e afastando-se da judaicidade ao mesmo tempo. É claro, você já percebeu um segundo grupo de dilemas introduzidos por essa formulação. Como Hannah Arendt deixou claro em seus primeiros escritos, a judaicidade nem sempre equivale ao judaísmo[4]. E, como deixou claro

---

\* A autora se refere à primeira emenda à Constituição dos Estados Unidos, parte da Declaração de Direitos dos Estados Unidos. Entre outras coisas, a emenda proíbe que o Estado institua uma religião oficial, dê preferência a qualquer religião, impeça o livre exercício religioso ou limite a liberdade de expressão e de imprensa. (N. T.)
[2] Ver Talal Asad et al, *Is Critique Secular? Blasphemy, Injury, and Free Speech* (Berkeley, University of California Press, 2009).
[3] Ver Theodor Herzl, *The Jewish State* (Rockville, MD, Wildside, 2008), p. 63-72.
[4] Hannah Arendt, *The Origins of Totalitarianism* (Nova York, Harcourt Brace Jovanovich, 1951) [ed. bras.: *Origens do totalitarismo*, trad. Roberto Raposo, São Paulo, Companhia das Letras, 1989]; *Rahel Varnhagen: The Life of a Jewish Woman* (Nova York, Harcourt Brace Jovanovich, 1974), p. 216-28 [ed. bras.: *Rahel Varnhagen: a vida de uma judia alemã na época do Romantismo*, trad. Antônio Transito e Gernot Kludasch, Rio de Janeiro, Relume Dumará, 1994].

no desenvolvimento de sua posição política sobre o Estado de Israel, nem o judaísmo nem a judaicidade necessariamente levam à adoção do sionismo.

Meu objetivo não é repetir a afirmação de que os judeus divergem entre si quanto ao valor do sionismo, à injustiça da ocupação ou ao poder de destruição militar do Estado israelense. São questões complexas e existem muitas controvérsias sobre elas. Tampouco pretendo dizer simplesmente que os judeus são obrigados a criticar Israel, embora na verdade eu acredite que sejam, ou melhor, que sejamos; dado que Israel age em nome do povo judeu, coloca-se como legítimo representante do povo judeu, existe uma luta em torno do que é feito em nome do povo judeu, e por isso há ainda mais razões para reivindicar essa tradição e ética a favor de uma política que valorize a justiça política e social acima de um nacionalismo que depende fundamentalmente da violência militar para se manter. A tentativa de estabelecer a presença dos judeus progressistas corre o risco de se balizar por determinadas presunções identitárias e comunitárias: uma delas se opõe a toda e qualquer expressão de antissemitismo antijudaico, e a outra reivindica a judaicidade para um projeto que busca desmantelar a violência do Estado israelense e a institucionalização do racismo. Essa forma particular da solução é contestada, no entanto, se considerarmos que essa crítica é obrigatória em diversos quadros éticos e políticos.

Além disso, como tenho tentado demonstrar, a judaicidade pode e deve ser entendida como um projeto anti-identitário na medida em que podemos dizer até que ser judeu supõe assumir uma relação ética para com o não judeu, e isso decorre da condição diaspórica da judaicidade, segundo a qual a vida em condições de igualdade em um mundo socialmente plural é um ideal ético e político. De fato, se a tradição judaica relevante para empreender uma crítica pública da violência do Estado israelense tem a coabitação como norma de sociabilidade, então é necessário *não só* estabelecer uma presença pública judaica alternativa – distinta do American Israel Public Affairs Committee (AIPAC) [Comitê de Assuntos Públicos Estados Unidos-Israel], é claro, mas também do J Street – ou um movimento judaico alternativo (para citar alguns, Jewish Voice for Peace [Voz Judaica pela Paz], Independent Jewish Voices [Vozes Judaicas Independentes] no Reino Unido, Jews for Justice for Palestinians [Judeus pela Justiça para os Palestinos]), *mas também* afirmar o deslocamento da identidade que requer a judaicidade, por mais paradoxal que isso possa parecer à primeira vista. Só assim poderemos entender o modo de relacionalidade ética que permeia alguns entendimentos históricos e religiosos essenciais sobre o que é "ser" judeu. No fim, não se trata de especificar a ontologia do judeu em contraposição a algum outro grupo cultural ou religioso – temos todas as razões para suspeitar de qualquer tentativa de fazer isso. Antes, trata-se de entender a própria relação com o não judeu como uma maneira de configurar a religião na vida pública dentro do judaísmo. A questão não é simplesmente se dispersar geograficamente, mas derivar da existência dispersa uma série de princípios que possam fornecer uma nova concepção de justiça política. Essa concepção implicaria uma doutrina justa sobre os direitos dos refugiados e uma crítica dos modos nacionalistas de violência de Estado que sustentam a ocupação, o confisco de terras e a prisão política e o exílio dos palestinos.

Envolveria também uma ideia de coabitação cuja condição de surgimento seria o fim do colonialismo de povoamento. Dito de maneira mais geral, é com base nesse conceito de coabitação que a crítica da violência ilegítima do Estado-nação pode e deve ser realizada – sem exceções.

A crítica pública, é claro, tem tanto riscos quanto obrigações. Não deixa de ser verdade que a crítica da violência do Estado israelense, por exemplo, pode ser interpretada como crítica do Estado israelense sobre os mesmos fundamentos da crítica a qualquer outro Estado envolvido em práticas de ocupação, invasão e destruição de uma infraestrutura habitável para uma população subjugada ou minoritária. Ela também pode ser interpretada como crítica do Estado judaico, enfatizando a judaicidade desse Estado e assim incitando o medo de que o Estado é criticado por ser *judaico*. O que se costuma temer, então, é que a crítica seja conduzida por um ímpeto antijudaico. Mas esse medo geralmente deriva da preocupação legítima aqui articulada, a saber, de que seria injusto para qualquer Estado insistir que um grupo religioso ou étnico mantenha uma maioria demográfica para criar níveis diferenciados de cidadania para populações majoritárias e minoritárias (até mesmo valorizando internamente as origens asquenazes e os relatos narrativos da nação por eles elaborados acima das origens culturais sefarditas e dos *mizrahim* na grade curricular obrigatória e no discurso público). Se esse for o problema, continua sendo difícil falar isso em público, pois haverá quem desconfie de que na verdade outra coisa esteja sendo dita, ou de que as pessoas que questionam especificamente a exigência por maioria demográfica judaica são motivadas pela falta de sensibilidade em relação ao sofrimento do povo judeu, incluindo a ameaça que vivem atualmente, pelo antissemitismo, ou pelos dois.

E, é claro, uma coisa é criticar os princípios da soberania judaica que caracterizam o sionismo político desde 1948, outra é restringir a crítica à ocupação como ilegal e destrutiva (referindo-se a uma história que começa com 1967), e outra ainda é uma crítica mais restrita a certas ações militares como sendo separadas do sionismo e da ocupação, tais como: a investida em Gaza em 2008-2009, que incluiu crimes de guerra evidentes; o crescimento dos assentamentos e de formas continuadas de confisco de terras de outros tipos; ou as políticas do atual regime de direita em Israel. Mas, em cada um desses casos, a possibilidade de a crítica ser entendida publicamente como algo diferente de um ataque aos judeus ou à judaicidade permanece como uma questão. Dependendo de onde estamos e de com quem falamos, algumas dessas posições aparecem com mais facilidade do que outras. No entanto, como sabemos, há contextos em que nenhuma dessas críticas é ouvida sem a desconfiança imediata de que quem as articula tem algum problema com os judeus, ou de que, se for um judeu que a articula, tem algum problema consigo mesmo. Além disso, em cada caso temos de enfrentar os limites de audibilidade que constituem a esfera pública contemporânea. Existe sempre um questionamento: devo ou não devo ouvir isso? Estou sendo ouvida ou mal-interpretada? A esfera pública se constitui repetidamente por certos tipos de exclusão: imagens que não podem ser vistas, palavras que não podem ser ouvidas. Isso significa que a regulação do campo audiovisual – a regulação dos sentidos, de modo mais geral –

é importantíssima para definir o que pode se tornar uma questão contestável em qualquer versão da esfera "legítima" da política[5].

Se uma pessoa diz que é contra qualquer Estado que tenha limitado a plena cidadania a determinado grupo étnico ou religioso, à custa de populações autóctones e todos os demais coabitantes, ela pode perfeitamente ser acusada de não entender o caráter singular e excepcional do Estado de Israel, e, mais importante, as razões históricas pelas quais se reivindica essa exceção. Mas se o Estado é "excetuado" dos padrões internacionais de justiça, ou se claramente ab-roga princípios de igualdade e não discriminação – para chamar a atenção, neste momento, apenas a suas infrações ao liberalismo –, então sua existência está fadada a uma contradição que só pode se "resolver" por meio da violência ou da transformação radical. Para Arendt, o apelo para que se repense a autoridade federal ou o binacionalismo para a região de um modo que incorpore politicamente os princípios de coabitação visa a um caminho para sair da violência em vez de um que levaria à destruição de qualquer das populações naquelas terras. O argumento político é o de que não se pode defender o povo judeu da destruição sem que se defenda o povo palestino da destruição. Se a proibição contra a destruição não se universaliza, então a destruição do "Outro" é buscada sob o princípio de que só é possível sobreviver mediante essa destruição. Mas a verdade é que a destruição da vida e do sustento dos palestinos só tende a aumentar a ameaça de destruição contra quem a perpetrou, pois fornece fundamentos contínuos para um movimento de resistência que tem versões violentas e não violentas. Não é preciso ser um estudioso avançado de Hegel para entender esse ponto. E, se alguém me contestar alegando que não levo em consideração as falhas dos palestinos nesse cenário, respondo que certamente existem maneiras melhores e piores de empreender um movimento de resistência à ocupação colonial. Mas qualquer avaliação das estratégias palestinas teria de acontecer dentro do quadro da resistência política. As posições nunca foram iguais, portanto não faz nenhum sentido tratar as relações entre Israel e Palestina como "dois lados" de um conflito. Os modelos que afirmam que Israel e Palestina colaboram igualmente para o conflito constroem a igualdade em seu modelo explicativo e, com isso, apagam a desigualdade que existe no local. Uma vez que se estabeleçam condições políticas de igualdade, talvez possamos começar a falar em termos de igualdade – mas só nessas condições.

É nesse espírito que proponho pensarmos sobre Hannah Arendt, cujas opiniões políticas fizeram muitas pessoas duvidarem de sua judaicidade. Aliás, como resultado de suas fortes críticas ao sionismo político e ao Estado de Israel em 1944, 1948 e 1962, sua alegação de pertencer ao povo judeu foi posta seriamente em dúvida, de modo mais notável por Scholem[6]. Como afirmei na Introdução,

---

[5] Ver Jacques Rancière, *The Politics of Aesthetics: The Distribution of the Sensible* (Londres, Continuum, 2006) [ed. bras.: *A partilha do sensível: estética e política*, trad. Mônica Costa Netto, São Paulo, Editora 34, 2005].

[6] Hannah Arendt veio de uma tradição complexa do pensamento judaico alemão, e não pretendo fazer aqui uma idealização, uma vez que há muitas razões para *não* a idealizar. Ela escreveu e manifestou algumas crenças claramente racistas, e não é um modelo para uma política mais ampla de entendimento entre diferentes culturas. Mas ela dá continuidade a um debate judaico alemão iniciado no final do século XIX sobre o valor e o significado do

Scholem adotou rapidamente uma concepção de sionismo político, enquanto Buber, até os vinte e poucos anos, defendia ativa e publicamente um sionismo cultural e espiritual que, em sua visão inicial, se "perverteria" caso assumisse a forma de um Estado político. Na década de 1940, Arendt, Buber e Magnes defenderam um Estado binacional, propondo uma federação em que judeus e árabes mantivessem suas respectivas autonomias culturais. Vale notar igualmente que Franz Rosenzweig também elaborou uma oposição diaspórica ao sionismo em *The Star of Redemption*, obra na qual escreveu que o judaísmo é fundamentalmente ligado a uma vida errante e de espera, mas não à reivindicação de território, tampouco às aspirações de um Estado.

Conforme aludi no capítulo 1, Edward Said propôs que palestinos e judeus têm uma história sobreposta de deslocamento e exílio, vivendo como refugiados na diáspora entre outros que não são seus iguais. Esse é um modo de vida em que a alteridade é o que constitui quem se é. Said não deixa claro de que maneira essas tradições de exílio poderiam se sobrepor, mas teve o cuidado de não traçar analogias estritas. Será que com isso quis dizer que uma história pode influenciar ou interromper outra de maneiras que requerem algo diferente da comparação, do paralelismo e da analogia? Será que Buber e Arendt pensavam sobre um problema similar quando, por exemplo, conscientes da quantidade descomunal de refugiados depois da Segunda Guerra Mundial, manifestaram preocupação com o estabelecimento de um Estado judaico em 1948 que se basearia na negação de direitos e na expulsão dos árabes como minoria nacional – um Estado que acabou expulsando de seus lares legítimos mais de 700 mil palestinos, hoje geralmente estimados em 900 mil? Arendt recusava qualquer analogia histórica estrita entre o deslocamento dos judeus desde a Europa e os deslocamentos dos palestinos desde o recém-estabelecido Estado de Israel. Para desenvolver a crítica geral do Estado-nação em *Origens do totalitarismo* em 1951, ela pesquisou diversas situações historicamente distintas de apatridia. Nesse livro, ela tentou mostrar como, por razões estruturais, o Estado-nação produz multidões de refugiados e *deve* produzi-los para manter a hegemonia da nação que busca representar – em outras palavras, para sustentar o nacionalismo do Estado-nação. Por isso, ela se opõs a qualquer formação estatal que visasse reduzir ou recusar a heterogeneidade de sua população, incluindo a fundação de Israel em princípios de soberania judaica. Essa é claramente uma razão para ela ter refletido sobre a promessa pós-soberana e pós-nacional do federalismo. Para Arendt, qualquer Estado que não tivesse o apoio popular de todos os seus habitantes e que definisse a cidadania com base no pertencimento religioso ou nacional seria obrigado a produzir uma classe permanente de refugiados; a crítica se estendia a Israel, que, acreditava ela, viveria um conflito infindável (e

---

sionismo. Houve, por exemplo, uma famosa discussão entre Hermann Cohen – cujas ideias ainda vou retomar – e Gershom Scholem sobre o valor do sionismo, na qual Cohen criticou o nacionalismo nascente do sionismo e propôs, em seu lugar, uma visão do povo judeu como cosmopolita ou "hifenizado". Cohen argumentou que seria melhor para os judeus se tornar parte da nação alemã – uma visão que se mostraria das mais dolorosas e impossíveis com o desenvolvimento do fascismo alemão e seu virulento antissemitismo. Arendt compartilhava dessa alta apreciação da cultura alemã, embora rejeitasse explicitamente tal nacionalismo.

intensificaria o perigo para si mesmo) e careceria perpetuamente da legitimidade de uma democracia fundada na vontade popular, principalmente quando se considera sua dependência contínua das "superpotências" para manter seu poder político na região. A passagem da análise de uma série de condições apátridas para a definição da Palestina como condição apátrida é importante. Nesse aspecto, a situação dos refugiados europeus tanto sob a Alemanha fascista quanto depois de sua derrocada é influência central para a política de Arendt. Mas isso certamente *não* equivale a dizer que o sionismo é nazismo. Arendt teria recusado essa equação, assim como nós devemos fazê-lo. A questão é que podemos extrair do genocídio nazista alguns princípios de justiça social que podem e devem influenciar nossos esforços contemporâneos, mesmo que os contextos sejam diferentes e as formas de poder subjugador, claramente distintas.

Embora a coabitação possa ser vista como uma forma de exílios convergentes, é importante não tomar essa convergência como uma analogia estrita entre termos separados. Edward Said defendeu esse argumento quanto à condição de exílio tanto do povo palestino quanto do judeu, e Arendt o fez de modo diferente quando escreveu que as condições de apatridia sob o regime nazista requerem uma crítica mais ampla de como o Estado-nação produz perpetuamente o problema dos refugiados em massa. Ela não disse que a situação histórica sob a Alemanha nazista era igual à situação em Israel. De jeito nenhum. Mas a primeira foi parte (e não tudo) do que a levou a desenvolver um relato histórico da apatridia no século XX e dele derivar princípios gerais da oposição à reprodução das pessoas sem Estado e das pessoas sem direitos. Em alguns aspectos, ela invocou a repetição da apatridia como ponto de partida para uma crítica do Estado-nação, em nome de populações heterogêneas, pluralidade política e determinada concepção de coabitação. Está claro que a história judaica passa a se relacionar com a história palestina por meio das imposições e explorações de um projeto de colonialismo de povoamento. Mas será que essas histórias guardam uma relação entre si em mais algum aspecto, um que lance nova luz sobre a questão?

Uma pergunta que persiste é esta: afinal, o que há de judaico no pensamento de Arendt, se é que há algo? Embora acredite que o pensamento político de Arendt se baseia em algumas fontes religiosas, estou em minoria nesse aspecto[7]. Está claro, por exemplo, que uma de suas primeiras obras, que versa sobre Agostinho, se concentra no amor pelo próximo[8]. E, em seus primeiros escritos sobre o sionismo, ela recorre à famosa fórmula de Hilel: "Se eu não for por mim, quem será por mim? Se eu não for pelos outros, o que sou? Se não agora, quando?". Em 1948, ela escreveu um ensaio, "Jewish History, Revised" [História judaica, revista], em que avalia a importância de *Major Trends in Jewish Mysticism* [Principais tendências do misticismo judaico], de Scholem, publicado dois anos antes. Nesse texto, ela considera a

---

[7] Ver Susannah Young-ah Gottlieb, *Regions of Sorrow: Anxiety and Messianism in Hannah Arendt and W. H. Auden* (Palo Alto, Stanford University Press, 2003).

[8] Hannah Arendt, *Love and Saint Augustine* (orgs. Joanna Vecchiarelli Scott e Judith Chelius Stark, Chicago, University of Chicago Press, 2007) [ed. port.: *O conceito de amor em Santo Agostinho*, trad. Alberto Pereira Dinis, Lisboa, Instituto Piaget, 1992].

importância da tradição messiânica para que se pudesse estabelecer a noção de Deus como "impessoal", "infinito" e mais ligado aos relatos de *emanação* do que às histórias de criação[9]. Ao comentar sobre o "caráter esotérico" dessas ideias místicas, Arendt destaca um legado mais importante do misticismo na noção de que os seres humanos participam das forças que modelam o "drama do mundo", delineando assim uma esfera de ação para os seres humanos que se viam sujeitados a um propósito mais amplo. À medida que as esperanças messiânicas se provaram menos críveis e a exegese legal menos eficaz, essa transfiguração da tradição mística numa forma de ação se tornou mais importante. Mas essa ideia de ação dependia da existência exílica do povo judaico, ideia defendida claramente por Isaac Luria, que Arendt cita: "Antes [a diáspora] era considerada tanto uma punição pelos pecados de Israel quanto um teste da fé de Israel. Hoje ela ainda é tudo isso, mas intrinsecamente é uma missão; seu propósito é elevar as centelhas perdidas de todas as suas várias localizações" (JW, p. 309). Elevar as centelhas perdidas não é necessariamente reuni-las de novo ou devolvê-las a sua origem. O que interessa a Arendt é não só a irreversibilidade da "emanação" ou da dispersão, mas a revalorização do exílio que ela pressupõe. Será que existe também uma maneira de entender que defender a heterogeneidade é em si uma posição diaspórica, conceituada em parte pela noção de população dispersa? A tradição cabalista da luz dispersa, das *sefirot*, articulava essa ideia de uma dispersão divina que pressupõe a morada de judeus entre não judeus.

Embora Arendt desprezasse explicitamente formas políticas de messianismo, a tradição de exílio da qual e sobre a qual ela escreveu também estava vinculada a certa versão do messiânico, uma versão que lhe interessou, por exemplo, na interpretação benjaminiana de Kafka. Em contraposição à versão messiânica da história que Scholem adotou posteriormente – a qual forneceu uma narrativa histórica redentora para o estabelecimento do Estado de Israel –, Arendt estava claramente mais próxima da visão contramessiânica de Benjamin (ou uma forma alternativa do messiânico, dependendo de como a interpretamos). Na visão dele, a história de sofrimento dos oprimidos lampeja durante momentos de exceção, o que interrompe tanto o tempo homogêneo quanto o tempo teleológico. Aqui concordo com o argumento de Gabriel Piterberg, para quem "Sobre o conceito de história", de Benjamin, constituiu "um esforço ético e político para redimir os oprimidos"[10], em contraposição a Scholem, para quem o messiânico implicava um retorno dos judeus à terra de Israel, um retorno *do* exílio *para* a história. Buscando reverter a desvalorização do "exílio" (e da *galut*) na historiografia sionista, diversos estudiosos – incluindo, proeminentemente, Amnon Raz-Krakotzkin[11] – centram sua leitura de Benjamin no reconhecimento e na rememoração dos despossuídos.

---

[9] Idem, "Jewish History, Revised", em *The Jewish Writings* (orgs. Jerome Kohn e Ron H. Feldman, Nova York, Schocken, 2007), p. 305 [ed. bras.: *Escritos judaicos*, trad. Laura Degaspare M. Mascaro, Luciana Garcia de Oliveira e Thiago Dias da Silva, Barueri, Amarilys, 2016].

[10] Gabriel Piterberg, *The Returns of Zionism: Myths, Politics and Scholarship* (Londres, Verso, 2008), p. 179.

[11] Amnon Raz-Krakotzkin, "Jewish Memory Between Exile and History", *The Jewish Quarterly Review*, v. 97, n. 4, 2007, p. 530-43; "Exile within Sovereignty: Toward a Critique of the 'Negation of Exile' in Israeli Culture", *Theory and Criticism*, n. 4, 2007; *Exil et souveraineté: Judaïsme, sionisme et pensée binationale* (Paris, La Fabrique, 2007).

Nenhum povo pode reivindicar monopólio sobre a despossessão. O quadro exílico para entender o messiânico fornece um caminho para entender uma condição histórica da despossessão à luz de outra. Formas de historiografia nacional que pressupõem uma história interna dos judeus não permitem entender nem a condição exílica dos judeus nem as consequências exílicas para os palestinos vivendo sob o sionismo contemporâneo[12]. É preciso repensar a própria redenção como o exílico, sem retorno, uma ruptura da história teleológica e uma abertura para um conjunto convergente e interruptivo de temporalidades. Talvez secularizado, esse messianismo afirma a dispersão da luz – isto é, a condição exílica – como a forma não teleológica que a redenção agora assume. É uma redenção *em relação à* história teleológica. Certamente podemos perguntar como a rememoração de um exílio pode inspirar uma sintonia com a despossessão de outro exílio, ou uma abertura para ela. O que é essa transposição? Se é diferente da analogia histórica, como deve ser descrita? Ela nos leva a outra noção de coabitação?

Raz-Krakotzkin escreve que a tradição de "Sobre o conceito de história", de Benjamin, não mobiliza a memória da opressão dos judeus com o intuito de legitimar reivindicações particularistas do presente, mas serve como catalisadora para a construção de uma história mais geral da opressão; a generalidade e a transponibilidade dessa história de opressão é o que leva a uma política que amplia o compromisso de diminuir a opressão por entre várias diferenças culturais e religiosas[13].

Embora Arendt rejeite todas as versões messiânicas da história, está claro que sua própria resistência à narrativa progressiva do sionismo político se formou em parte nos termos oferecidos por Benjamin. Em sua introdução a *Illuminations*, de Benjamin, Arendt observa que, no início da década de 1920, o interesse de Benjamin pelo drama barroco em *Origem do drama trágico alemão*\* parecia semelhante, se não inspirado, na dedicação de Scholem à cabala. Arendt sugere que, em todo o texto, Benjamin afirma que não há como "retornar" às condições anteriores das tradições alemã, europeia ou judaica. Mesmo assim, algo do judaísmo, a saber, a tradição de exílio, articula essa impossibilidade de retorno. Na verdade, algo de um outro tempo lampeja no nosso tempo. Arendt escreve que, na obra de Benjamin dessa época, havia uma "admissão implícita de que o passado falava diretamente apenas através das coisas que nos foram transmitidas, cuja aparente proximidade em relação ao presente devia-se exatamente, portanto, a seu caráter exótico [talvez esotérico?], que excluía todas as reivindicações de uma autoridade vinculante". Para ela, a conclusão de Benjamin de que a verdade não podia ser recuperada diretamente tinha "inspirações teológicas" e, por isso, não podia ser "um desvelamento que destrói o segredo, mas a revelação que lhe faz justiça".

---

[12] É claro, como afirma a própria Arendt, a necessidade de estabelecer uma história "interna" do povo judeu é uma maneira de se contrapor à posição, sustentada por Sartre e outros, de que a vida histórica dos judeus é determinada principal ou exclusivamente pelo antissemitismo.

[13] Amnon Raz-Krakotzkin, "'On the Right Side of the Barricades': Walter Benjamin, Gershom Scholem, and Zionism", *Comparative Literature*, v. 65, n. 3, 2013, p. 363-81.

\* Walter Benjamin, *Origem do drama trágico alemão* (2. ed., trad. João Barrento, Belo Horizonte, Autêntica, 2011). (N. T.)

A revelação que faz justiça ao segredo não visa recuperar um significado original ou retornar a um passado perdido, mas apreender e lidar com os fragmentos do passado que irrompem num presente marcado pelo esquecimento, no qual se tornam disponíveis de maneira episódica. Essa posição parece ressoar a observação, em "Sobre o conceito de história", de que "a verdadeira imagem do passado passa célere e furtiva. É somente como imagem que lampeja justamente no instante de sua recognoscibilidade, para nunca mais ser vista, que o passado tem de ser capturado" (CH, p. 62). Se, como expus no capítulo anterior, o que lampeja é a memória do sofrimento de outra época, então ela interrompe e reorienta a política desta época. Não seria correto descrevê-la como uma memória transgeracional, pois a linha geracional é atravessada por uma memória que vai de uma população para outra, supondo assim uma ruptura tanto na linearidade filial quanto na continuidade temporal do pertencimento nacional. Na verdade, Benjamin deixa claro na 17ª tese que esse lampejo possibilita uma interrupção das formas estabelecidas de desenvolvimento histórico; ele constitui uma "imobilização do acontecer" (CH, p. 130) e, assim, põe em questão a própria historiografia progressiva. Apenas essa imobilização do acontecer, nos diz ele, pode gerar "uma chance revolucionária na luta a favor do passado oprimido" (idem). Modos de história progressiva, incluindo aqueles que pressupõem a realização progressiva de ideais políticos (entre os quais o sionismo), reinstituem a amnésia a cada passo "adiante". Desse modo, o avanço tem de ser interrompido para que a história dos oprimidos venha para o primeiro plano. O objetivo não é que essa história leve à vingança (pois isso seria uma forma cíclica de história que Benjamin rejeitaria), e sim a uma batalha dinâmica contra essas formas de amnésia política que "fundam" o progresso[14]. Se uma temporalidade surge dentro da outra, então o horizonte temporal não é mais singular; o que é "contemporâneo" são as formas de convergência que nem sempre são prontamente legíveis.

Arendt concordava com a necessidade de criticar certas formas de progresso histórico. Enquanto Benjamin parecia ter em mente as reivindicações progressistas do capitalismo quando procurou redefinir o materialismo histórico e descrever a quantificação cada vez maior do valor, Arendt claramente pensava nas formas mais teleológicas do materialismo histórico quando contestou a ideia de progresso como desdobramento inevitável de ideais políticos. Para Arendt, a política seria uma questão de ação, e a ação só poderia ser entendida na base da pluralidade política. Embora suas ideias sobre pluralidade e coabitação sejam formuladas em muitos textos publicados, uma formulação específica, presente em seu livro sobre Eichmann, publicado em 1962, tem uma relevância especial para essa discussão.

Segundo Arendt, Eichmann achava que ele e seus superiores *podiam escolher* com quem coabitar a Terra, e falharam em não perceber que a heterogeneidade da população da Terra é uma condição irreversível da própria vida social e política[15]. Essa acusação contra ele revela a firme convicção de que nenhum de nós deveria

---

[14] Isso suscita uma questão complexa sobre a relação entre a "imobilização do acontecer" característica da greve geral e o fim de uma forma homogênea de história. Em que momento a primeira imobilização se tornou condição para a segunda, ou será que, em algum ponto, elas estão conectadas uma à outra?
[15] Hannah Arendt, *Eichmann in Jerusalem* (Nova York, Schocken, 1963) [ed. bras.: *Eichmann em Jerusalém: um relato sobre a banalidade do mal*, trad. José Rubens Siqueira, São Paulo, Companhia das Letras, 1999].

ter condições de fazer tal escolha. As pessoas com quem coabitamos a Terra nos são dadas, antecedem nossa escolha e por isso antecedem quaisquer contratos sociais ou políticos que possamos fazer de acordo com a vontade deliberada. Na verdade, se aspiramos fazer uma escolha onde não há escolha, estamos tentando destruir as condições de nossa própria vida social e política. No caso de Eichmann, o esforço para escolher com quem coabitar a Terra era um esforço explícito para aniquilar parte da população – judeus, ciganos, homossexuais, comunistas, os deficientes e os doentes, entre outros. Desse modo, o exercício de liberdade no qual ele insistia era genocídio. Se Arendt estiver correta, então não só não podemos escolher com quem habitamos a Terra, como também devemos preservar e afirmar ativamente o caráter de não escolha da coabitação inclusiva e plural: além de vivermos com quem nunca escolhemos e com quem podemos não ter nenhum senso social de pertencimento, também somos obrigados a preservar essas vidas e a pluralidade da qual fazem parte. Nesse sentido, normas políticas concretas e prescrições éticas surgem do caráter de não escolha desses modos de coabitação. Coabitar a Terra antecede qualquer comunidade, nação ou vizinhança possível. Às vezes podemos escolher onde viver, com quem viver ou perto de quem, mas não podemos escolher com quem coabitar a Terra.

Em *Eichmann em Jerusalém*, ela fala claramente não só pelos judeus, mas por qualquer minoria que pudesse ser expulsa de suas casas por outro grupo. Um envolve o outro, e "falar por" universaliza o princípio mesmo que não sobrepuje a pluralidade pela qual se fala. Arendt se recusa a separar os judeus das outras nações perseguidas pelos nazistas, como eram chamadas, em nome de uma pluralidade tão importante quanto a vida humana em toda e qualquer forma cultural. Será que nesse aspecto ela endossa um princípio universal, ou a pluralidade forma uma alternativa substancial ao universal? Será que o procedimento de Arendt, em alguns aspectos, se relaciona ao problema de histórias convergentes e interruptivas mencionado por Said e Benjamin de diferentes maneiras?

Talvez possamos dizer que uma universalização está presente na formulação de Arendt que busca estabelecer a inclusão para toda a sociedade, mas ela não postula um princípio definidor único para a humanidade que reúne. Essa noção de pluralidade não pode apenas ser *internamente* diferenciada, pois isso nos levaria à questão sobre o que delimita essa pluralidade; como a pluralidade não pode excluir sem perder seu caráter plural, a ideia de uma forma dada ou estabelecida para a pluralidade representaria um problema para as reivindicações de pluralidade. Para Arendt, a vida não humana já constitui parte desse exterior, negando assim, desde o início, a animalidade do humano. Qualquer noção atual do humano terá de ser diferenciada, por algum motivo, de uma noção futura. Se a pluralidade não caracteriza exclusivamente uma condição dada e efetiva, mas também uma condição em potencial, ela deve ser entendida como um processo, e assim teremos de passar de uma concepção estática para uma dinâmica.

Seguindo William Connolly, poderíamos falar de *pluralização*[16]. Só assim a diferenciação que caracteriza determinada pluralidade pode também marcar os

---

[16] William Connolly, *The Ethos of Pluralization* (Minneapolis, University of Minnesota Press, 2005).

grupos de diferenças que excedem seu caráter de algo dado. A tarefa de afirmar ou salvaguardar a pluralidade também implicaria, nesses termos, possibilitar novos modos de pluralização. Quando Arendt universaliza sua reivindicação (ninguém tem o direito de decidir com quem habitar a Terra; todos têm o direito de coabitar a Terra com níveis iguais de proteção), ela não pressupõe que "cada pessoa" seja a mesma – pelo menos não no contexto de sua discussão de pluralidade. É decerto fácil perceber por que haveria uma leitura kantiana de Arendt concluindo que a pluralidade é um ideal regulador, que todo mundo tem esses direitos, independentemente das diferenças culturais e linguísticas que caracterizam a todos. A própria Arendt segue nessa direção kantiana, mas parte principalmente da noção de juízo estético em Kant, e não de sua filosofia moral.

A distinção entre pluralização e universalização é importante para pensarmos a coabitação não escolhida. A proteção igual, ou, aliás, a igualdade, não é um princípio que homogeneíza quem o aplica; antes, o compromisso com a igualdade é um compromisso com o próprio processo de diferenciação. É fácil entender por que pode haver uma interpretação comunitarista de Arendt, uma vez que ela mesma fala em detalhes sobre o direito de pertencer e os direitos de pertencimento. Mas há sempre um redobramento aqui que desloca a reivindicação de qualquer comunidade específica: *todos* têm o direito de pertencimento. Isso significa que uma universalização e uma diferenciação acontecem ao mesmo tempo e sem contradição – essa é a estrutura da pluralização. Em outras palavras, os direitos políticos estão separados da ontologia social da qual dependem; os direitos políticos universalizam, embora o façam sempre no contexto de uma população diferenciada (e em contínua diferenciação). Embora Arendt se refira a "nações" ou às vezes comunidades de pertencimento como partes integrantes dessa pluralidade, está claro que o princípio de pluralização se aplica também a essas partes, pois, além de serem internamente diferenciadas (e diferenciadoras), elas se diferenciam de acordo com relações variáveis e mutáveis para com o que lhes é exterior.

Na verdade, essa é uma questão que tenho salientado sobre o problema da judaicidade. Pode ser que o senso de pertencimento a esse grupo implique assumir uma relação com o não judeu que exija se afastar de uma base comunitária tanto para o juízo político quanto para a responsabilidade política. Não é que "um" (aqui) interpele o "outro" (lá), e sim que esses dois modos de existência estão radicalmente implicados um no outro, por boas e más razões[17]. "Aqui" e "lá", bem como "antes" e "agora", tornam-se modalidades internamente complicadas de espaço e tempo que correspondem a essa noção de coabitação[18]. Além disso, se a judaicidade determina esse afastamento da pertença comunitária, então "pertencer" é

---

[17] Ver Emmanuel Lévinas, *Otherwise than Being, or Beyond Essence* (Pittsburgh, Duquesne University Press, 1998).
[18] Hala Khamis Nassar e Najat Rahman (orgs.), *Mahmoud Darwish, Exile's Poet: Critical Essays* (Northampton, MA, Olive Branch, 2008). Para uma discussão sobre "aqui" e "lá" em Darwish, ver, no mesmo volume, Jeffrey Sacks, "Language Places", p. 253-61. Sacks faz uma conexão entre as referências poéticas de Darwish ao sentido incerto de "aqui" em *Fenomenologia do espírito*, de Hegel. A discussão na *Fenomenologia* sobre o "aqui" incerto acontece na parte sobre a certeza sensível. G. W. F. Hegel, *Phenomenology of Spirit*, (Nova York, Oxford University Press, 1977), p. 60-1 [ed. bras.: *Fenomenologia do espírito*, trad. Paulo Menezes, 8. ed., São Paulo, Vozes, 2013, p. 83-5].

passar por uma despossessão da categoria de judaicidade, uma formulação tão promissora quanto paradoxal. Ela também obriga o desenvolvimento de uma política que vai além das reivindicações de pertencimento comunitário. Embora a própria Arendt valorize o modo como o exílio pode levar a ação a serviço de propósitos mais amplos, poderíamos interpretar a despossessão aqui como um momento exílico, um momento que nos destitui eticamente. Paradoxalmente, só é possível lutar para aliviar o sofrimento dos outros se sou tanto motivada quanto despossuída por meu próprio sofrimento. É essa relação para com o outro que me despossui de qualquer noção fechada e autorreferencial de pertencimento; de outro modo, não poderíamos entender aquelas obrigações que nos vinculam quando não há nenhum modo óbvio de pertencimento, e onde a convergência de temporalidades se torna a condição para a memória da despossessão política, bem como a decisão de pôr um fim a essa despossessão.

Podemos agora falar sobre a transposição que acontece do passado para o futuro? Justamente porque não há *nenhum* denominador comum entre os membros plurais dessa humanidade estipulada – exceto, talvez, o direito infundado de ter direitos, que inclui certo direito de pertencimento e ao lugar –, só poderemos começar a entender essa pluralidade testando uma série de analogias que, invariavelmente, vão fracassar. Com efeito, o direito de ter direitos surge invariavelmente em diferentes formas e por meio de diferentes vernáculos justamente porque uma experiência histórica de despossessão não é igual a outra. Se partirmos do pressuposto de que o sofrimento de um grupo é *semelhante* ao de outro grupo, nós não só teremos reunido os grupos em monólitos provisórios – e assim os falsificado –, como também nos lançado numa forma de construir metáforas fadada ao fracasso. A especificidade do grupo é estabelecida à custa de sua instabilidade temporal e espacial, sua heterogeneidade constitutiva, e com o propósito de torná-lo apropriado ao raciocínio analógico. Mas a analogia fracassa porque as especificidades se mostram inexoráveis. O sofrimento de um povo não é exatamente como o sofrimento de outro, e essa é a condição da especificidade do sofrimento para os dois povos. Na verdade, não haveria nenhuma analogia entre eles se os fundamentos da analogia já não estivessem destruídos. Se a especificidade qualifica cada grupo para a analogia, ela também destrói a analogia desde o princípio. Isso significa que é preciso formular outro tipo de relação para o problema em mãos, uma relação que atravesse as inevitáveis dificuldades da tradução.

A obstrução que frustra a analogia elucida a especificidade e se torna a condição do processo de pluralização. Ao elaborarmos uma série dessas analogias fracas ou desgastadas, o pressuposto comunitário de que nosso ponto de partida devem ser os "grupos" chega ao limite, e assim a ação de pluralização, interna e externamente diferenciadora, surge como alternativa clara. Devemos tentar superar essas "falhas" chegando a analogias mais perfeitas, na esperança de que com isso possamos encontrar um fundamento comum (um "diálogo multicultural" visando ao consenso perfeito ou a uma análise interseccional em que cada fator seja incluído no quadro final). Mas tais procedimentos não levam em consideração que a pluralidade pressupõe diferenciações que não podem (e não devem) ser superadas por relatos epistemológicos cada vez mais robustos ou por analogias cada vez mais refinadas. Ao mesmo tempo, a elaboração de direitos, principalmente do direito de coabitação na Terra, surge como um universal que governa uma ontologia social que não pode ser homogeneizada. Esse direito universalizante precisa se decompor em suas condições não universais; do contrário, não consegue se fundamentar na pluralidade.

Arendt busca algo além de princípios para unificar essa pluralidade e se opõe claramente a qualquer tentativa de dividi-la, embora ela seja, por definição, internamente diferenciada. A diferença entre divisão e diferenciação é clara: uma coisa é *repudiar* parte dessa pluralidade, proibir a admissão dessa parte na pluralidade do humano e negar um lugar a essa porção da humanidade. Outra é reconhecer as analogias fracassadas pelas quais temos de progredir politicamente. Nosso sofrimento nunca é igual ao do outro. Ao mesmo tempo, todo e qualquer sofrimento em virtude de deslocamento e apatridia forçados é igualmente inaceitável.

Se, na esteira de Benjamin, temos de permitir que a memória da despossessão rache a superfície da amnésia histórica e nos reoriente na direção das condições inaceitáveis dos refugiados através do tempo e dos contextos, é preciso que haja transposição sem analogia, a interrupção de um tempo por outro, que é o ímpeto contranacionalista do messiânico nos termos de Benjamin – o que alguns chamariam de um secularismo messiânico que se relaciona claramente com sua obra sobre tradução: como outro tempo irrompe neste tempo, através de qual vaso, e de qual transposição? Um tempo irrompe em outro justamente quando o tempo anterior é uma história de opressão que corre o risco de cair no esquecimento. Essa não é a mesma operação da analogia, mas tampouco é exatamente igual à da temporalidade do trauma. No trauma, o passado nunca está terminado; na amnésia histórica, o passado nunca foi, e esse "nunca ter sido" se torna a condição do presente. Claro, é possível dizer que as histórias desconhecidas de opressão nunca podem ser parte do passado, pois continuam como dimensões espectrais do presente. Está certo, é claro. Mas embora haja traumas históricos com essa característica, o que se perde e o que se ganha reduzindo uma história de opressão ao discurso do trauma? Embora a luta pela história dos oprimidos certamente seja apoiada pelo reconhecimento e pela análise do trauma, às vezes a história dos oprimidos continua nas formas atuais de opressão – basta considerarmos o histórico recorrente de confisco de terras pelo Estado de Israel. Nesses casos, não é só o trauma do deslocamento catastrófico dos palestinos desde seus lares em 1948 que precisa ser documentado, mas também a continuidade do confisco de terras que torna errado relegar tal prática apenas ao passado.

Tenho defendido que a própria possibilidade da relação ética depende de certa condição de despossessão dos modos nacionais de pertencimento. Existimos fora de nós mesmos, diante de nós mesmos, e somente nesse modo é que há a chance de existirmos pelo outro. Em *Quadros de guerra*, sugeri que já estamos nas mãos do outro antes de tomarmos qualquer decisão sobre com quem escolhemos viver. Esse modo de estarmos vinculados uns aos outros precisamente *não é* um vínculo social no qual entramos pela vontade e pela deliberação; ele antecede o contrato, está enleado na interdependência e muitas vezes é apagado por aquelas formas de contrato social que pressupõem e instauram uma ontologia dos indivíduos volitivos. Portanto, as pessoas a quem estamos ligados desde o princípio são as que não são identificadas de imediato como parte da "nossa comunidade", aquela pessoa ou aquelas pessoas que nunca conhecemos e nunca escolhemos, cujos nomes podem ser difíceis de lembrar ou pronunciar, que vivem em diferentes léxicos do cotidiano. Se aceitamos esse tipo de condição ontológica, então destruir o outro é destruir minha vida, aquele sentido da minha vida que é invariavelmente a vida social. E isso não significa que se eu destruir o outro aumentam as chances de eu mesma ser destruída (embora isso faça bastante sentido como cálculo). A questão é, antes, que essa mesma individualidade está vinculada ao que chamamos Outro de maneiras que não me permitem distinguir entre o valor de minha persistência e o valor da persistência de quaisquer outros[19]. Essa nossa condição é menos uma condição comum, concebida existencialmente, e mais uma condição convergente – de proximidade, adjacência, enfrentamento, de sermos interrompidos e constituídos pela memória do anseio e do sofrimento de outra pessoa, apesar de nós mesmos –, modos de sermos vinculados pelas relações espaciais e temporais que articulam o momento presente. Não podemos pensar o prefixo co- de *coabitação* simplesmente como uma proximidade espacial: não existe casa sem adjacências, sem uma linha que demarque e limite um território a outro, portanto não há como residir em qualquer lugar delimitado sem que o lado de fora defina o espaço da habitação. O co- de *coabitação* é também o nexo em que temporalidades convergentes articulam o tempo presente, não um tempo em que uma história de sofrimento nega a outra, mas um em que uma história de sofrimento possa fornecer as condições de sintonia com outra história de sofrimento, e quaisquer conexões que sejam feitas atravessem a dificuldade da tradução. Em suma, a coabitação significa uma afirmação de que encontramos a condição da nossa própria vida na vida do outro, na qual existe dependência e diferenciação, proximidade e violência; isso é o que encontramos, de maneiras explícitas, na relação entre territórios, como no caso de Israel e Palestina, uma vez que estão unidos de maneira inextricável, sem contrato vinculante, sem acordo recíproco, e, ainda assim, de maneira inelutável. Desse modo, surge a questão: que obrigações devem ser derivadas dessa dependência, contiguidade e proximidade que agora definem cada população, que expõem cada uma ao medo da destruição que, como sabemos, às vezes incita a destrutibilidade? Como devemos entender esses vínculos, sem os quais nenhuma população pode viver e sobreviver, e a quais obrigações pós-nacionais esses vínculos levam?

Em termos práticos, acredito que nenhuma dessas visões pode ser dissociada da crítica do projeto contínuo e violento do colonialismo de povoamento que constitui o sionismo político. Praticar a rememoração no sentido benjaminiano

---

[19] Ver a introdução de meu *Frames of War: When Is Life Grievable?* (Londres, Verso, 2009) [ed. bras.: *Quadros de guerra: quando a vida é passível de luto?*, trad. Arnaldo Marques da Cunha e Sergio Lamarão, Rio de Janeiro, Civilização Brasileira, 2015].

pode levar a um novo conceito de cidadania, uma nova base constitucional para aquela região, um repensar do binacionalismo à luz da complexidade racial e religiosa tanto da população judaica quanto da população palestina, uma reorganização radical das divisões de terras e das demarcações ilegais de propriedade, e, ainda que minimamente, um conceito de heterogeneidade cultural que se estenda para toda a população e seja protegido, em vez de negado, pelos direitos de cidadania. Ora, alguém poderia se posicionar contra todas essas proposições, afirmando que são inapropriadas para serem ditas em público, que representam riscos demais, que a igualdade seria ruim para os judeus, que a democracia alimentaria o antissemitismo e que a coabitação ameaçaria destruir a vida judaica. Mas talvez essas reações só possam ser expressas se nos esquecermos do que significa judaico, ou se não pensarmos com o devido cuidado sobre todas as permutações possíveis do "nunca mais"; afinal, a rememoração não se restringe ao meu sofrimento ou ao sofrimento do meu povo. O limite do que pode ser rememorado é imposto no presente pelo que pode ser dito e pelo que pode ser ouvido, os limites sobre o audível e o sensível que constituem contingentemente qualquer esfera pública. A irrupção da rememoração na esfera pública seria, talvez, uma maneira de a religião entrar na vida pública. Uma política judaica e não judaica e, na verdade, não restrita a esse par, uma política que de fato se estenda, como deve, a um campo de diferenciação aberta não controlado pela universalização à qual ela dá suporte. Essa política, desse modo, surgiria em nome da rememoração, tanto a partir da despossessão quanto contra ela, e na direção do que ainda pode ser chamado de justiça.

## Hannah Arendt e o fim do Estado-nação?

Nunca foi fácil categorizar Hannah Arendt, e isso provavelmente tem a ver em parte com sua crítica bastante insistente, em seus escritos políticos das décadas de 1930 e 1940, das categorias estabelecidas. Em seus primeiros escritos, ela procurou se esquivar e reconceituar uma série de divisões, que inclui, por exemplo, as diferenças aparentes entre sionismo e assimilacionismo, sionismo e antissemitismo, Estado-nação e direitos do homem, e até mesmo a polarização entre direita e esquerda no espectro político. Ela se envolveu num tipo bem específico de prática crítica, que buscava salientar os paradoxos políticos do Estado-nação. Por exemplo: se o Estado-nação garante os direitos dos cidadãos, então certamente o Estado-nação é uma necessidade; mas se ele se baseia no nacionalismo e invariavelmente produz uma quantidade descomunal de povos sem Estado, claramente ele precisa ser combatido. E: se o Estado-nação for combatido, o que serve como alternativa, se é que há uma? Arendt se refere alternadamente a modos de "pertencer" e a concepções de "ordem política" que não se reduzem à ideia de Estado-nação. Ela até se refere, em seus primeiros escritos, à ideia de uma "nação" que poderia ser desatrelada tanto da constituição como Estado quanto do território. Desse modo, podemos perguntar: ela consegue responder se existe um fim para o Estado-nação? Ou simplesmente abala uma série de pressupostos sobre a vida política enquanto tenta tratar do problema e se esquivar dele?

Vejamos duas citações que nos levam a um encontro crítico com certo tipo de equivocação que marca seu pensamento político nesse domínio. Uma vez lhe perguntaram: você é conservadora? Você é liberal? E ela respondeu da seguinte maneira:

> Não sei. Realmente não sei e nunca soube. Acho que nunca tive esse posicionamento. Veja bem, a esquerda acha que sou conservadora, e os conservadores acham que sou de esquerda, inconformista, ou sabe Deus o quê. Não dou a mínima para isso. Não acho que as verdadeiras questões deste século terão qualquer esclarecimento por coisas desse tipo.[20]

A segunda citação deixa mais claro o que está em jogo com sua recusa a assumir um posicionamento político, e, certamente, com o espectro de direita e esquerda que enfrenta. O trecho está numa correspondência de 1963 com Gershom Scholem que citei no capítulo 1. É um trecho bem conhecido, mas, na minha opinião, muito mal compreendido. O contexto é que Scholem havia se irritado com duas posições que Arendt assumira publicamente. Uma delas tinha a ver com sua crítica da fundação do Estado de Israel no final da década de 1940 e início da década de 1950. A outra foi a publicação e defesa de seu livro *Eichmann em Jerusalém*, em 1963. A expressão "banalidade do mal" enfureceu muitos membros da comunidade judaica que pensavam que a descrição negava o mal excepcional que operava nos campos e temiam que a formulação de Arendt ameaçasse banalizar nosso entendimento do catastrófico extermínio de mais de 6 milhões de judeus pelo regime genocida nazista.

Scholem chama Arendt de "sem coração" por criticar a política judaica da época, sugerindo que a crítica dela tinha de ser tomada como prova de uma incapacidade de amar. O texto de Arendt era controverso, é claro, em diversos aspectos. Houve quem achasse que ela tinha descrito mal a história que era relevante para os julgamentos, incluindo a história da resistência judaica sob o regime fascista, e quem quisesse que ela tivesse nomeado e analisado o próprio Eichmann como emblema do mal. O relato de Arendt sobre julgamentos, no entanto, tenta desmistificar as especulações de que os motivos psicológicos seriam relevantes para os julgamentos que estão a serviço da justiça. E, embora concordasse com a decisão final do tribunal de Israel, que considerou Eichmann culpado e merecedor de pena de morte, ela discordou dos procedimentos e dos fundamentos nos quais o julgamento por fim se baseou. Alguns foram contra a crítica pública de Arendt ao tribunal israelense, argumentando que era prematuro e inconveniente criticar as instituições políticas de Israel. Outros queriam que ela aproveitasse a oportunidade do julgamento para levantar uma acusação mais forte de antissemitismo. O fato de ela achar Eichmann ambicioso, confuso e imprevisivelmente "animado" diante das várias interpretações sobre a própria infâmia dele não satisfez quem buscava nas motivações dele a culminação lógica de séculos de antissemitismo refletidos nas políticas da Solução Final, que buscava o extermínio completo dos judeus.

---

[20] "Hannah Arendt on Hannah Arendt", em Melvyn A. Hill (org.), *Hannah Arendt: The Recovery of the Public World* (Nova York, St. Martin's, 1979), p. 333-4.

Arendt recusou todas essas interpretações (incluindo outros construtos psicológicos, como "culpa coletiva") com o intuito de estabelecer: (a) que "não se pode extrair qualquer profundidade diabólica ou demoníaca de Eichmann", e, se nesse sentido ele é "banal", nem por isso ele é "lugar-comum"; e (b) que os relatos das ações de Eichmann tendo como base "explicações profundas" são "discutíveis", mas que "o que é indiscutível é que nenhum procedimento judicial seria possível com base nelas" (EJ, p. 311, 313).

Como mencionei no capítulo 1, Scholem continuou sua crítica refutando de maneira célebre os motivos de Arendt, acusando-a de vir da esquerda alemã e de não amar o povo judeu. Ela respondeu dizendo que amava pessoas, não povos.

Notavelmente, falta certo *páthos* na resposta de Arendt, mas por quê? Nós sabemos o que significa dizer que ela era judia quer queira, quer não, "além de qualquer discussão ou argumentação"? Será que ela estava dizendo que era judia apenas nominalmente, como uma questão de herança genética, legado histórico ou uma mistura das duas coisas? Será que dizia que estava sociologicamente na posição dos judeus? Quando Scholem a chama de "filha do povo judeu", ela responde: "Nunca fingi ser outra coisa ou ser, de alguma maneira, algo que não sou, e nunca me senti tentada a fazê-lo. Seria como dizer que sou um homem e não uma mulher – ou seja, uma loucura" (JW, p. 466). Ela prossegue, dizendo que "ser judia" é "um fato indiscutível da minha vida", e acrescenta: "existe uma gratidão básica por tudo que é do jeito que é; pelo que foi dado e não criado; pelo que é *phýsei* e não *nómos*" (JW, p. 466). Notável aqui é que ser mulher e judia são parte da *phýsei*, e, por isso, características constituídas naturalmente, em vez de serem parte de qualquer ordem ou prática cultural. Estaria ela indo longe demais?

Em outras palavras, essas categorias são dadas ou criadas? Existe uma "criação" do que é "dado" que complica a aparente distinção entre *phýsei* e *nómos*? Afinal, é possível refutar essas categorias, renegando a judaicidade ou mudando de gênero, ou ainda afirmá-las num modo de gratidão, como Arendt diz fazer. Mas o próprio fato de podermos nos sentir ingratos ou infelizes com qualquer uma dessas categorias atribuídas sugere que o modo como interpelamos a categoria é fundamental para seu significado. Como resultado, surge uma equivocação entre *phýsei* e *nómos*, sugerindo que nem sempre é possível fazer uma distinção clara entre as duas. É importante lembrar que Arendt está se defendendo não num tribunal, mas numa carta escrita para Scholem, que, em sua própria acusação, dizia representar "o povo judeu". Ao elaborar o sentido em que ela é judia, Arendt invariavelmente declara e constitui sua judaicidade de uma maneira específica. Podemos interpretar a carta como um exemplo de uma constituição de si discursiva, se quisermos. Desse modo, parece importante considerar que, na escrita dessa carta, como em suas publicações durante as décadas de 1930 e 1940, Arendt se apresenta como judia que pode assumir essa posição. Seria difícil ler sua resposta a Scholem como algo diferente de uma tentativa de dar um sentido ou uma interpretação específica à *phýsei* que ela é. E, se ela está fazendo isso, a *phýsei* está sujeita a um engendramento cultural.

De fato, podemos ver em *Escritos judaicos* que, da década de 1930 até a década de 1960, Arendt busca se haver com o que significa ser judia sem uma forte crença religiosa, e por que seria importante distinguir, como ela o faz, entre o judeu secular e o judeu assimilado. Afinal, ela se caracteriza como judia, até expressa gratidão por isso, e assim se distancia de uma visão assimilacionista. Nem toda forma de judaicidade secular é assimilacionista. Num artigo inacabado sobre "antissemitismo" escrito por volta de 1939, Arendt defende que tanto o sionismo quanto o assimilacionismo surgem de um dogmatismo comum. Enquanto os assimilacionistas pensam que os judeus pertencem às nações que os recebem, os sionistas pensam que os judeus devem ter uma nação porque todas as outras nações se definem independentemente de suas minorias judaicas. Arendt contesta as duas proposições: "trata-se, nos dois casos, da mesma deficiência, que surge de um *medo judaico comum de admitir que existem e sempre existiram interesses divergentes entre os judeus e grupos dos povos com os quais eles vivem*" (JW, p. 51). Para Arendt, a persistência de "interesses divergentes" não constitui fundamentos nem para a absorção, nem para a separação. Tanto os sionistas quanto os assimilacionistas "conservam a acusação de estrangeirismo" levantada contra os judeus: os assimilacionistas apontam para essa situação de estrangeirismo e buscam retificá-la conseguindo plena cidadania na nação que os hospeda, enquanto os sionistas pressupõem que não pode haver uma nação anfitriã estrangeira permanente para o povo judeu, que o antissemitismo estará presente em qualquer sistema, e que apenas o estabelecimento de uma nação especificamente judaica poderia lhes dar proteção e lugar. As duas posições endossam uma certa lógica de nação da qual Arendt começa a se afastar – primeiro na década de 1930, em suas investigações sobre o antissemitismo e a história dos judeus na Europa; depois durante toda a década de 1940, em seus artigos publicados no *Aufbau*, o jornal judaico alemão, sobre a Palestina e Israel; e em sua crítica incisiva do Estado-nação e da produção de apátridas em *Origens do totalitarismo*, no início da década de 1950.

Obviamente, seria um erro interpretar sua resposta a Scholem como uma adesão ao assimilacionismo. Ela era uma judia secular, mas essa secularidade não eclipsava a judaicidade; o secularismo funcionava, antes, como uma maneira de especificar historicamente essa judaicidade, e até mesmo de resistir à assimilação. A forma de secularismo judaico que ela endossava é, consequentemente, específica; como ela mesma dizia, ela vivia no encalço de uma certa fé perdida (embora, em 1935, tenha elogiado Martin Buber por renovar os valores religiosos do judaísmo). Sua vivência do fascismo alemão, sua emigração forçada para a França na década de 1930, sua fuga do campo de concentração de Gurs e subsequente emigração para os Estados Unidos em 1941 formaram uma perspectiva historicamente específica sobre os refugiados, os apátridas e a transferência e o deslocamento de grandes quantidades de pessoas. Tal posição a tornou crítica do nacionalismo e de seu *páthos* e deu origem a uma série de reflexões controversas sobre o status do Estado-nação.

O fato de ela não ser nacionalista não significa que não era judia: ao contrário, ela fazia uma crítica específica do nacionalismo, em parte oriunda da situação histórica de exílio e deslocamento. Para ela, esse problema não era especificamente "judeu", mas notamos que essa conclusão surge da capacidade – e até da obrigação política – de analisar e combater deportações, transferências populacionais e a apatridia de maneiras que recusam um *éthos* nacionalista. A partir disso, então, podemos entender sua crítica de certas formas de sionismo *bem como* de assimilacionismo. Tendo em mente essas considerações sobre os parâmetros históricos de sua judaicidade, retornarei ao aparente nominalismo de sua observação final a Scholem, de que ela não "ama" os judeus nem "acredita" neles, mas simplesmente "pertence" a eles "queira ou não, além de qualquer discussão ou argumentação"*. Nessa frase, tanto "amor" quanto "crença" aparecem entre aspas, mas me pergunto se ela também não está contestando a generalidade de "os judeus". Afinal, ela disse que não pode amar povo nenhum, apenas pessoas (embora uma vez tenha escrito sobre o "amor do mundo" como algo possível e obrigatório). O que há de errado na ideia de amar um povo? No final da década de 1930, Arendt argumentou que os esforços para "emancipar" os judeus na Europa do século XIX foram investidos menos no destino dos "judeus" do que em certo princípio de progresso que concebia os judeus como uma abstração: "a libertação deveria se estender não aos judeus que porventura conhecemos ou não conhecemos, não ao vendedor humilde ou ao agiota que empresta grandes quantias, mas ao 'judeu em geral'" (JW, p. 62).

Assim como judeus considerados excepcionais, como Moses Mendelssohn, passaram a representar o "judeu em geral", "judeu" passou a designar o progresso dos direitos humanos. A categoria de judeu abstrato exigiu que se assegurasse uma distinção entre o judeu excepcional e o judeu comum. Essa distinção, por sua vez, formou a base de um antissemitismo que consistentemente rejeitaria o judeu comum como nocivo. Vemos aqui uma formulação específica em que uma oposição progressista ao antissemitismo, originada no Esclarecimento, separou o princípio das pessoas, proporcionando uma certa formação esquizoide da oposição antissemita ao antissemitismo. Arendt argumentou que "a forma clássica pela qual a questão judaica foi posta no Esclarecimento dá ao antissemitismo clássico sua base teórica" (JW, p. 64).

Quando Arendt se recusa a amar "o povo judeu", ela se recusa a se apegar a uma abstração que serviu a propósitos questionáveis. Gerada por uma lógica histórica que separa insistentemente o princípio abstrato ("o povo judeu") da pluralidade vivente de seres que ele diz representar, essa versão do povo judeu só pode reforçar tanto o antissemitismo quanto seus opositores equivocados. Presumivelmente, "o povo judeu" inclui pessoas amáveis e não amáveis, a maioria delas não conhecidas o suficiente para decidir a questão de sua amabilidade. Em todo caso, a ideia de que é possível sustentar o *amor* por uma abstração chamada "o povo judeu" presume uma lógica que, para Arendt, pertence à história do antissemitismo – motivo suficiente para recusar a formulação. É esse princípio de abstração que ela recusa quando rechaça a linguagem de Scholem, bem como seu nacionalismo. A repreensão de Scholem é especialmente problemática nesse aspecto, uma vez que ele escreve de Israel em 1963 e contesta o relato bastante impiedoso de Arendt

---

\* Ver o trecho da carta de Arendt a Scholem no capítulo 1 deste volume, p. 58. (N. E.)

sobre os procedimentos do tribunal de Israel no julgamento de Eichmann. Desse modo, ele não apenas a acusa de *não* amar o povo judeu, mas também presume que Israel e seus tribunais – e talvez também suas estratégias de demonização – legitimamente "representam" aquele povo. Com efeito, ele está excluindo o judeu diaspórico ou não sionista – uma população bastante grande que, por acaso, inclui a própria Arendt – do "povo judeu" em cujo nome ele escreve.

A própria Arendt não é menos complicada. Embora afirme em 1963 que ser judia é simplesmente algo dado e indiscutível, ela havia anteriormente feito oposição a quem "soberbamente se declara acima dos laços com as nações". Afinal, a judaicidade é um fato de existência ou um modo nacional de pertencimento? Ela também defendeu que, quando alguém é atacado como judeu, deve contra-atacar como judeu (embora rejeitasse a formulação sartriana de que o antissemitismo produziu o judeu). Como resultado, mesmo que ser judeu signifique uma questão de *phýsei*, isso não sanciona a assimilação ou o individualismo. Mas pode significar o pertencimento nacional? De fato, ela descreve os judeus como uma nação em todos os seus escritos das décadas de 1930 e 1940. Para Arendt, a chave era pensar esse modo de pertencimento recusando o nacionalismo e evitando a lógica dialética ruim que gera a idealização abstrata, de um lado, e a difamação particularista, de outro, duas coisas que estão na base das formulações clássicas do antissemitismo. Estaria Arendt falando pelos judeus como nação apesar de se opor a certas formas de sionismo e nacionalismo, e, consequentemente, à ideia de um Estado-nação judaico?

Ao nacionalismo judaico fundado em pressupostos seculares, ela se opõe claramente. Mas isso não significa que ela quer uma ordem política com fundamentos religiosos. Qualquer ordem política considerada justa terá de garantir a igualdade a todos os cidadãos e a todas as nacionalidades: essa é, em muitos aspectos, a lição que ela tira de sua oposição ao fascismo alemão e de ter traçado os padrões recorrentes da apatridia no século XX. Arendt se preocupa abertamente com a degeneração do judaísmo desde um conjunto de crenças religiosas rumo a uma identidade política nacional. Ela escreve: "os judeus que não mais acreditam em seu Deus de maneira tradicional, mas continuam se considerando 'escolhidos' de um modo ou de outro, só podem querer dizer com isso que, por natureza, são os mais sábios, mais rebeldes ou mais fortes da Terra. E isso seria, por mais voltas que se dê, nada mais do que uma superstição racista" (JW, p. 162). Ela afirma em determinado momento que "nossa miséria nacional" sucedeu do "colapso do movimento de Sabbatai Zevi. Desde então, temos proclamado nossa existência *per se* – sem nenhum conteúdo nacional ou, em geral, religioso – como uma coisa de valor" (JW, p. 137)[21]. Embora claramente entenda a luta para sobreviver como indispensável ao destino dos judeus no século XX, ela considera inaceitável a ideia de que a "sobrevivência em si" tenha

---

[21] Ver Jacqueline Rose, *The Question of Zion* (Princeton, Princeton University Press, 2005) para uma visão contrária. Rose conecta o movimento messiânico com a busca sionista da catástrofe militar recorrente. Minha pergunta é se o messiânico pode dar origem a uma posição contramilitar.

superado ideais de justiça, igualdade ou liberdade. Uma política comprometida com ideais de justiça, igualdade e liberdade solapa esses laços nacionais cuja realização depende da questão da sobrevivência e a ultrapassa.

Se Arendt se opõe igualmente à assimilação e ao individualismo, e expressa ceticismo em relação a quem se considera indiferente a qualquer noção de nação, em que sentido os judeus são, nos termos dela, uma nação? Eles podem ser uma nação sem nacionalismo e sem um Estado-nação? No final da década de 1930 e início da década de 1940, Arendt pensava que os judeus se tornariam uma nação entre nações, parte de uma Europa federada; ela imaginava que todas as nações europeias que lutavam contra o fascismo se aliariam entre si e que os judeus poderiam ter seu próprio exército para lutar contra o fascismo ao lado de outros exércitos europeus. Ela então defendia uma nação *sem território* (típica das primeiras perspectivas do sionismo cultural) que só faz sentido de forma federada, uma nação que seria definida por sua pluralidade constitutiva. Essa posição a levaria a preferir a proposta de um Estado árabe-judeu federado no lugar de Israel como Estado fundado na soberania judaica. De acordo com sua perspectiva em 1943, "a Palestina só pode servir de terra nacional dos judeus se for integrada numa federação" (JW, p. 195).

Na luta contra o fascismo alemão, no entanto, ela achava que a igualdade seria encontrada entre as nações que lutavam pela liberdade e contra o fascismo. Embora essa seja uma solução política secular, ela declara a razão de ser dessa organização política recorrendo a uma parábola religiosa do judaísmo: "Como judeus, queremos lutar pela liberdade do povo judeu porque 'se eu não for por mim, quem será por mim?'. Como europeus, queremos lutar pela liberdade da Europa porque 'se eu for apenas por mim, o que sou?'" (JW, p. 142). Essa última pergunta, como mencionei anteriormente, é a famosa pergunta de Hilel, comentador judeu do século I d.C. Curiosamente, ela não usa essa citação quando escreve para Scholem – mas ela não estaria lá, assombrando a resposta? Ao refutar Scholem, ela se recusa a oferecer uma formulação religiosa de sua própria identidade. Mas tanto na carta quanto em outros lugares – por exemplo, na sua discussão do perdão em *A condição humana*\* – ela recorre à tradição religiosa judaica para formular princípios políticos que organizem o campo secular da política (algo bem diferente de fundamentar uma política secular em princípios religiosos). Talvez possamos perceber a disposição ética que ela encontra em Hilel nas palavras dela mesma: *"esse 'amor aos judeus' me parece algo um tanto suspeito, uma vez que eu mesma sou judia. Não posso amar a mim mesma ou algo que sei ser uma parte essencial da minha própria pessoa"*. E depois de novo, em: "e agora esse povo só acredita em si mesmo? Que bem pode resultar disso?". Ela não pode ser apenas por si mesma, então por quem seria? Mas se ela não for por si mesma, quem será por ela? Por mais importante que seja a sobrevivência, ela não é o fim de uma vida ética. Devemos ser por algo mais que nossa própria persistência, ainda que se considere que não possamos

---

\* Hannah Arendt, *A condição humana* (trad. Roberto Raposo, 11. ed., Rio de Janeiro, Forense Universitária, 2011). (N. E.)

continuar sendo por algo (e assim viver eticamente) sem também persistir. E uma característica constitutiva dessa persistência, a qual ela não pode e não vai negar, é sua judaicidade. Daí, podemos argumentar que, como judia, ela tem de ser por algo que não é o mesmo que ela.

O jeito como Arendt discute esse lugar de pertencimento e obrigação para com os outros não escapa a uma formulação paradoxal. Sua resposta a Scholem não exatamente estabelece que sua condição é a de uma judia assimilada, e sim a de uma judia cuja tarefa crítica é se opor à abstração do povo judeu que deu igual suporte ao assimilacionismo, ao nacionalismo sionista e ao antissemitismo. Ademais, ela recorre a um sentido de pertencimento ao mundo do não judeu, um pertencimento que não é identificação radical, tampouco diferenciação radical; desse modo, preserva a diferença judaica e ao mesmo tempo resiste ao identitarismo judaico. O não judeu preferido que ela tem em mente é o europeu, é claro, e, embora posteriormente ela tente pensar no que o "pertencimento" poderia significar para judeus e árabes que habitam a mesma terra, suas ideias durante todo esse período são categoricamente eurocêntricas. "Entramos nessa guerra como um povo europeu", afirmou ela no final da década de 1930. Mas isso, evidentemente, é distorcer a história do judaísmo, marginalizar os *sefardim*, os judeus da Espanha e do Norte da África, e excluir, mais uma vez, os *mizrahim*, os judeus dos países árabes, ou judeus árabes, mencionados brevemente em *Eichmann em Jerusalém* como "judeus orientais"[22]. Com efeito, essa presunção da superioridade cultural da Europa perpassa boa parte de seus escritos posteriores e fica mais clara quando faz críticas destemperadas a Fanon, quando menospreza o ensino de suaíli em Berkeley e quando desconsidera o movimento Black Power na década de 1960[23]. Mas talvez o exemplo mais drástico de sua arrogância europeia esteja numa carta que ela escreveu para Karl Jaspers em 1961 durante o julgamento de Eichmann; ela desenvolveu uma tipologia racista sobre o que viu:

> Minha primeira impressão. No topo, os juízes, o que há de melhor entre os judeus alemães. Abaixo deles, os promotores, galegos*, mas ainda europeus. Tudo é organizado por uma força policial que me dá arrepios, só fala hebraico e parece árabe. Uns tipos totalmente brutais entre eles. Obedeciam qualquer ordem. E, do lado de fora, a turba oriental, como se estivéssemos em Istambul ou algum outro país meio asiático. Além disso, e muito visíveis em Jerusalém, os judeus de *peiots* e cafetã, que tornam a vida aqui impossível para qualquer pessoa razoável.[24]

---

[22] Ver a nota 25 deste capítulo. Ver Amnon Raz-Krakotzkin, "Binationalism and Jewish Identity: Hannah Arendt and the Question of Palestine", em Steven E. Aschheim (org.), *Hannah Arendt in Jerusalem* (Berkeley, University of California Press, 2001), p. 165-80, "Jewish Peoplehood, 'Jewish Politics,' and Political Responsibility: Arendt on Zionism and Partitions", *College Literature*, v. 38, n. 1, 2011, p. 57-74.

[23] Hannah Arendt, *On Violence* (Nova York, Harcourt, Brace, 1969), p. 20, 67, 80, 18, 24, 65. [ed. bras.: *Sobre a violência*, trad. André Duarte, Rio de Janeiro, Civilização Brasileira, 2010, p. 36, 86, 100, 34, 41, 83].

* Oriundos da região da Europa central então conhecida como Galícia, cujo território corresponde a uma faixa entre o oeste da atual Ucrânia e o sul da atual Polônia. (N. E.)

[24] Arendt a Jaspers, 13 de abril de 1961, carta 285, em Hannah Arendt e Karl Jaspers, *Correspondence, 1926-1969* (org. Lotte Kohler Hans Saner, Nova York, Harcourt Brace Jovanovich, 1992), p. 434-6.

Claramente, as "pessoas razoáveis" não são nem religiosas nem árabes, e a referência à "turba oriental" deixa claro que parte de sua objeção a Israel tem a ver com o pensamento ofensivo de que os judeus europeus estariam situados no Oriente Médio, misturados aos judeus árabes e sefarditas. O sentido de judaicidade de Arendt era decididamente europeu, e embora dissesse que só conseguia amar pessoas, não "povos" de nenhum tipo, seria interessante saber se ela poderia, não obstante, odiar "povos" – coletivizando-os como fizera em "turbas orientais" e coisas do tipo[25]. Se os judeus europeus tinham como vantagem a "razoabilidade" e os de cultura árabe "obedeciam qualquer ordem", então ela, sem querer, faz um paralelo entre Eichmann, a quem também acusa de seguir qualquer ordem, e os judeus não europeus que encontra de longe no tribunal de Jerusalém. Ambos estão fora da suposta cultura da razão, e Eichmann é claramente tanto alemão quanto europeu.

Essa ligação possivelmente inconsciente do judeu árabe com Eichmann revela uma falha séria no raciocínio de Arendt. Existe um tipo de judeu do qual ela não gosta (o árabe) e um tipo de alemão do qual ela não gosta (o nazista). Se ambos estão fora do domínio da razão e obedeceriam qualquer ordem cegamente, então nenhum deles está propriamente pensando. O pensamento propriamente dito parece pertencer àquele subgrupo de judeus e europeus que são judeus alemães, embora talvez não exclusivamente. O eurocentrismo generalizado de Arendt (um eurocentrismo que, na esteira de Tocqueville, abriria espaço para o caráter exemplar da Revolução Americana) pode ser visto como uma continuação da conexão judaico-alemã articulada de maneira mais acentuada por Hermann Cohen. O ensaio "Deutschtum und Judentum", por ele publicado em 1915, defendia que os judeus não precisavam realmente de uma terra própria, uma vez que pertenciam essencialmente à definição da Europa[26]. O argumento de Cohen dirigia-se contra as primeiras versões de sionismo (o Primeiro Congresso Sionista aconteceu na Basileia em 1897), mas também afirmava sua fé na Europa como o lugar apropriado, e até o mais seguro, para os judeus. É claro, com o tempo a leitura do artigo de Cohen se tornou cada vez mais dolorosa, pois ele acreditava que a Alemanha protegeria os judeus do antissemitismo. Seu ensaio sustenta uma crença tenaz de que a judaicidade e a germanicidade estão interligadas, e de que não é possível pensar um modo de pertencimento sem o outro. Obviamente, Cohen negava as evidências históricas do antissemitismo alemão disponíveis na época. Mas, para ele, Europa não representava todos os fenômenos sociológicos que existiam em seus territórios, mas um ideal, principalmente kantiano, que ele associou à filosofia ética alemã. Na verdade, sua filosofia ética, associada ao neokantismo da escola de Marburgo, tentava reconciliar certas noções de justiça social derivadas dos

---

[25] Ver Amnon Raz-Krakotzkin, "Jewish Peoplehood", cit. Ver também Anne Norton, "Heart of Darkness: Africa and African Americans in the Writings of Hannah Arendt", em Bonnie Honig (org.), *Feminist Interpretations of Hannah Arendt* (University Park, Pennsylvania State University Press, 1995), p. 247-62.
[26] A tradução para o inglês de alguns trechos do ensaio "Deutschtum und Judentum", de Hermann Cohen, foi publicada em Eva Jospe (org.), *Reason and Hope: Selections from the Jewish Writings of Hermann Cohen* (Nova York, Hebrew Union College Press, 1997).

recursos teológicos judaicos e princípios de universalidade derivados de Kant. Cohen defendia explicitamente um casamento entre o humanismo alemão e o messianismo judaico, uma união que, para ele, geraria "uma religião da razão". Embora tenha visto a Alemanha fechar suas portas para os judeus do Leste Europeu durante a Primeira Guerra Mundial, e feito críticas públicas a isso, ele se manteve leal a uma cultura que mostrava sinais crescentes de que não só não protegeria os judeus como também os colocaria em sério risco. Cohen morreu em 1918, então o que de fato testemunhou foi um antissemitismo crescente no discurso público e restrições cada vez maiores ao contingente de imigrantes. Mas continua sendo doloroso considerar o apoio que ele deu – e que achava que outros deviam dar – à cultura alemã.

É claro, o sionismo parece sair vitorioso, se consideramos o fato trágico de Cohen ter adotado como única alternativa a Alemanha como pátria. Embora esse não seja o caminho que Arendt segue no fim, esses dois pensadores continuam sendo cognatos. Os dois mantêm a fé na Europa, na verdade um tipo estranho de eurocentrismo, e uma identificação do que há de melhor na cultura alemã com a filosofia de Kant. Nesse contexto, é interessante notar que, durante o regime de Hitler, quando Arendt contribuía como jornalista de guerra na Alemanha e na França (onde morou brevemente antes de partir para Nova York e a New School em 1940), ela argumentou a favor de um exército judeu. Pensou num exército judeu que se juntaria à luta contra o nacional-socialismo, e imaginou que ele trabalharia em conjunto com outros exércitos europeus – como parte de um coletivo federado. Concebidos como uma nação, os judeus lutariam ao lado dos não colaboracionistas franceses e holandeses e dos italianos antifascistas. Por um lado, era notável que Arendt entendesse o povo judeu como nação e, principalmente, uma nação europeia. Por outro, é interessante notar que mesmo nesse ponto, ou a partir dele, ela está tentando elaborar uma ideia de resistência nacional e cooperação que não era nem marxista nem baseada em noções liberais clássicas de individualismo.

Pode-se ver claramente como tanto Arendt quanto Cohen procuram restringir a ideia de judaicidade ao que é europeu, o que se torna uma maneira de negar a existência e a importância das tradições judaicas não europeias. Mais importante, no entanto, é que os dois se voltam para Kant como uma maneira de assegurar a conexão intelectual europeia para uma cultura judaica "razoável". Isso acabará sendo importante em *Eichmann em Jerusalém*, de Arendt, quando ela contesta o fato de Eichmann se associar à filosofia moral de Kant, assunto que analisaremos no próximo capítulo.

As dificuldades de Scholem com Arendt parecem não ter nada a ver, no entanto, com as visões racistas dela sobre a demografia judaica em Israel. Ele está implicitamente questionando se a aparente falta de amor de Arendt pelo povo judeu poderia explicar suas críticas à fundação de Israel e sua recusa em apoiar as reivindicações israelenses de soberania judaica entre 1944 e 1948. As tentativas de colocá-la na "esquerda" parecem compreensíveis nesse aspecto, mas qualquer ressonância que houver com a esquerda é decerto apenas parcial.

Entenderíamos mal a linha que ela busca seguir se aceitássemos com facilidade essa visão de Arendt como "de esquerda". Por exemplo, na crítica do Estado-nação que oferece em *Origens do totalitarismo*, ela diz claramente que o Estado-nação moderno está vinculado, por um tipo de necessidade, à produção de quantidades exorbitantes de refugiados ou apátridas. Por outro lado, ela não demora a criticar como inúteis e impotentes aquelas formas de aliança internacional que visam assegurar direitos humanos para os apátridas. Arendt oferece uma longa lista de tentativas internacionais fracassadas de articular, assegurar e fazer cumprir os direitos humanos fora do quadro do Estado-nação (OT, p. 300-36). Isso levou muitos de seus leitores a concluir que o Estado-nação é inevitável e que, se nos importamos com direitos, procuraremos estabelecer, construir e proteger Estados-nação que articulem e garantam os direitos humanos básicos para todos os seus habitantes.

Tais perspectivas, no entanto, não consideram seriamente as propostas de Arendt a respeito das políticas federadas, desenvolvidas por ela em relação à Europa e à Palestina. Consequentemente, vemos uma relação muito ambivalente com o sionismo. Na década de 1930, ela mantém um paradoxo significativo dentro de seu pensamento político: afirma que o *pertencimento nacional* é um valor importante e sustenta que o *nacionalismo* é uma formação política nociva e fatal. No início da década de 1940, ela apoiou a emigração judaica da Europa para a Palestina, mas apenas sob a condição de que os judeus também lutassem para serem reconhecidos como "nação" dentro da Europa. Em 1935, ela elogiou Martin Buber e o projeto socialista dos *kibutzim*, e um ano depois advertiu contra a ideia de que a ocupação judaica da Palestina um dia funcionaria como proteção permanente contra o antissemitismo. No início da década de 1940, escreveu diversos editoriais em que defendia que a ideia de *nação* fosse separada da de *território*. Foi com base nisso que ela defendeu a proposta de um exército judaico e dirigiu uma crítica pesada à relação "duvidosa" do governo britânico com os judeus, como havia sido evidenciado pelo famoso White Paper de 1939, que limitava o número de refugiados judeus permitidos na Palestina[27]. No final da década de 1930, no entanto, ela também escreveu que "a falência do movimento sionista causada pela realidade da Palestina é, ao mesmo tempo, a falência da política judaica autônoma e isolada" (JW, p. 59). Em 1943, ela temeu que a proposta de um Estado binacional na Palestina só pudesse ser mantida se a Palestina aumentasse sua dependência em relação à Grã-Bretanha e a outras grandes potências, incluindo os Estados Unidos. Algumas vezes, também manifestou o medo efetivo de que o binacionalismo fosse vantajoso somente para a população árabe e desvantajoso para os judeus. Em 1944, em "Zionism Reconsidered" [Sionismo revisto], ela disse enfaticamente que um Estado fundado em princípios de soberania judaica só aumentaria o problema da

---

[27] O White Paper foi um documento britânico, publicado em maio de 1939, que buscava estabelecer um "Lar Nacional Judaico" na Palestina, mas não admitia conceder a autogestão judaica. O documento impunha restrições à imigração judaica e à aquisição de terras no território, e foi considerado um golpe contra as aspirações nacionalistas sionistas. Ver Rashid Khalidi, *The Iron Cage: The Story of the Palestinian Struggle for Statehood* (Boston, Beacon, 2006), p. 31-64.

apatridia, um problema que se acentuou cada vez mais depois da Primeira e da Segunda Guerra Mundial (JW, p. 343-4). No início dos anos 1950, Arendt argumentou abertamente que Israel tinha sido fundado por meio da ocupação colonial, com a ajuda de superpotências e tendo como base requisitos de cidadania largamente antidemocráticos. Se, na década de 1930, Arendt temia que os judeus se tornassem cada vez mais apátridas, no final dos anos 1940 e no início dos anos 1950 ela estava ciente do deslocamento dos palestinos e desenvolveu um relato mais abrangente da apatridia.

Em "Zionism Reconsidered", Arendt oferece um relato histórico interessante dos primórdios do sionismo e de suas mudanças em meados do século XX. Nesse artigo, ela observa que é absurdo um Estado judaico se erigir no que chama de "esfera de interesse" das superpotências. Tal Estado sofre de uma "ilusão de nacionalidade". E ela conclui: "somente os tolos poderiam ditar uma política que confia sua proteção a uma potência industrial distante, enquanto afasta a boa vontade de seus vizinhos" (JW, p. 372). Por um lado, ela está claramente preocupada em encontrar maneiras para a sobrevivência de Israel/Palestina, e teme vigorosamente que os alicerces da ordem política levem apenas à ruína. Ela escreve:

> se o Estado judaico for fundado no futuro próximo [com a ajuda dos judeus estadunidenses, e] proclamado contra a vontade dos árabes e sem o apoio dos povos mediterrâneos, será necessário não só ajuda financeira, mas também apoio político durante um bom tempo. Isso pode se revelar bastante problemático para os judeus desse país, que, afinal de contas, não têm nenhum poder para conduzir os destinos políticos do Oriente Próximo. (JW, p. 373)

O que Arendt critica no Estado-nação é o nacionalismo e sua consequência: o exílio forçado daquelas nacionalidades que não são reconhecidas como a nação representada pelo Estado. Dado que os Estados modernos abrigam uma quantidade cada vez maior de nacionalidades, o conceito de Estado-nação só pode ser perigoso, uma vez que busca alinhar a nação com o Estado expulsando as nacionalidades que não correspondem à ideia da nação que sanciona o Estado. Em "O declínio do Estado-nação e o fim dos Direitos do Homem" (1951)*, Arendt argumenta que o poder da desnacionalização totalitária não pode ser contra-atacado por uma doutrina dos direitos humanos, e que essa doutrina acaba sendo um instrumento fraco. Como em seus primeiros escritos, ela alega que a maioria desses acordos internacionais é inútil. A salvaguarda dos direitos tem de ser encontrada no contexto de uma ordem política. Essa ordem teria de ser diferente do Estado-nação. Se o Estado-nação é construído com base em suposições nacionais que exigem a expulsão de minorias nacionais, ele torna as pessoas sem Estado – entendidas como minorias destituídas de direitos – altamente vulneráveis à exploração e à violência. Arendt coloca o aumento gigantesco de apátridas depois da Primeira Guerra Mundial como razão para a ascensão do fascismo europeu. O nacionalismo sobrepuja o Estado de direito, e as populações minoritárias ficam

---

* Trata-se do capítulo 5 da parte 2 de *Origens do totalitarismo*, cit., p. 300-36. (N. T.)

sujeitas à desnacionalização, à expulsão e ao extermínio[28]. O Estado de direito, entendido como algo que deveria se aplicar igualmente a todas as pessoas, tornou-se menos importante que a vontade da nação; ao mesmo tempo, a nação, definida em termos raciais e étnicos, começou a tratar os apátridas como uma população a ser gerida e controlada. Desse modo, o Estado assumiu uma função não regulada pelo Estado de direito, e, nos termos de Arendt, "a desnacionalização tornou-se uma poderosa arma da política totalitária" (OT, p. 302).

Podemos dizer que esse é um dos objetivos retóricos da desnacionalização: mostrar que destituir grupos de sua cidadania produz um retrato dos destituídos como essencialmente inumanos, e esse retrato de sua inumanidade, sua condição de escória, reciprocamente serve para justificar a política da desnacionalização. Uma pessoa sem Estado é "fora da lei" por definição, e por isso não "merece" proteção legal (OT, p. 317). Arendt está certa de que a apatridia não era um problema exclusivamente judeu, e de que quem achava que o fosse não entendia que reduzir, no século XX, "os judeus alemães a uma minoria não reconhecida na Alemanha", depois "expulsá-los como apátridas" e em seguida "reagrupá-los a partir de todos os lugares em que tivessem passado a residir para enviá-los aos campos de extermínio era uma eloquente demonstração para o resto do mundo de como realmente 'liquidar' todos os problemas relativos às minorias e aos apátridas" (OT, p. 323). E assim ela prossegue (bravamente, devo acrescentar):

---

[28] Arendt claramente se opõe a quaisquer tentativas, por parte de um discurso de direitos humanos, de buscar legitimidade na natureza ou nos direitos naturais. Mas seria errado dizer que ela não tem afinidade nenhuma com essas posições. Em "O declínio do Estado-nação e o fim dos Direitos do Homem", talvez pareça que ela escreve contra quem afirma que o Estado e suas condições de cidadania constituem o problema da modernidade. Mas podemos dizer o mesmo do Estado-nação? O que está claro é que ela não tem nenhuma simpatia pela idealização da natureza presente em determinados textos do Esclarecimento, e ela contesta a ideia de que podemos encontrar na natureza aqueles princípios de igualdade, justiça e liberdade que gostaríamos de ver no contexto da vida política. Para ela, os povos apátridas são devolvidos violentamente a um estado de natureza em que não há nenhuma proteção ou legitimação, e, assim, nenhuma possibilidade de manter o que ela chama de "humanidade" desses povos. Para haver um sujeito humano, ele tem de se formar no contexto da vida política, coletivamente; não pode haver liberdade fora da pólis, uma comunidade política estruturada pela igualdade e pela liberdade. É claro, a igualdade e a liberdade parecem ter um status que não depende totalmente das articulações contingentes realizadas pelos vários Estados, e, na obra de Arendt, parecem agir como normas, o que a alinha a certos teóricos do direito natural. De fato, parece haver certo impulso do direito natural que é destituído da hipótese do estado de natureza, mas essa é uma conjectura a ser analisada em outro momento. O que fica claro é que, na perspectiva de Arendt, a humanidade dos seres humanos só passa a existir no contexto de uma comunidade política, e quem é excluído, expulso ou, então, exterminado é destituído de sua humanidade no momento em que seus direitos de cidadania são suspensos ou destruídos.
Para Arendt, as expulsões em massa das populações no século XX colocaram essa situação em relevo. Arendt abre esse ensaio dizendo que é "quase impossível" imaginar o que realmente aconteceu no fim da Primeira Guerra Mundial. Ela descreve as migrações de povos que "não eram bem-vindos e não podiam ser assimilados em parte alguma". Descreve também uma situação em que "o ódio [...] começou a desempenhar um papel central nos negócios públicos de todos os países", um "ódio universal vago e difuso de todos e de tudo, sem um foco que lhe atraísse a atenção apaixonada, sem ninguém que pudesse ser responsabilizado pelo estado de coisas". Ela descreve, no contexto da Europa, o surgimento de dois grupos de vítimas, os apátridas e as minorias (OT, p. 300-1). Ambos os grupos foram destituídos dos direitos de cidadania, e estabelecendo de maneira constrangedora com uma legalidade provisória em diversos países, onde eram explicitamente considerados marginais, não pertencentes à nação. A população, assim, se divide entre os que têm plenos direitos legais e são reconhecidos como cidadãos, e os que foram destituídos de seus direitos, mas continuam vivendo sob a jurisdição da autoridade do Estado.

> Depois da guerra, viu-se que a questão judaica, [antes] considerada a única insolúvel, foi realmente resolvida – por meio de um território colonizado e depois conquistado –, mas isso não resolveu o problema geral das minorias nem dos apátridas. Pelo contrário, a solução da questão judaica [como praticamente todos os outros eventos do nosso século] meramente produziu uma nova categoria de refugiados, os árabes, acrescentando assim cerca de 700 mil a 800 mil pessoas ao número dos que não têm Estado nem direitos. E o que aconteceu na Palestina, em território menor e em termos de poucas centenas de milhares de pessoas, foi repetido depois na Índia em larga escala, envolvendo muitos milhões de homens. (OT, p. 323)*

Embora, na época da Nakba, Arendt não tivesse como saber que o número de palestinos deslocados provavelmente excedeu 900 mil e que a população de pessoas deslocadas chegaria a 3,5 milhões, ela estava certa de que essas expulsões estavam fadadas a acontecer em Estados que se baseassem em princípios de pertencimento nacional. De maneira controversa, portanto, Arendt insistia na necessidade de pensar esse problema dos refugiados e dos apátridas como um problema recorrente, ligado aos Estados constituídos com base no modelo do Estado-nação. Podemos perfeitamente perguntar que Estados não correspondem a Estados-nação, se os Estados-nação podem existir sem gerar a horrenda consequência de grandes números de minorias apátridas, se esse problema é estrutural, histórico ou as duas coisas[29]. Depois de realizar sua crítica severa ao Estado-nação, ficamos sem ideia do que seria um Estado ou uma ordem política separada da nação, e do que poderia ser uma nação separada do território. No entanto, ela tece alguns comentários sobre "federações" que dão a entender que algo poderia vir delas. Em 1944, Arendt alertou prescientemente que

> mesmo uma maioria judaica na Palestina – mais ainda, mesmo uma transferência de todos os árabes palestinos – não mudaria substancialmente uma situação em que os judeus deveriam ou pedir proteção de uma potência estrangeira contra seus vizinhos, ou chegar a um acordo funcional com seus vizinhos. (JW, p. 345)

A alternativa, escreve ela, é que "os interesses judaicos irão de encontro aos de todos os outros povos mediterrâneos; desse modo, em vez de um 'conflito trágico', enfrentaremos amanhã tantos conflitos insolúveis quanto houver nações mediterrâneas" (idem).

---

* A frase entre colchetes não consta da tradução brasileira. (N. T.)
[29] É interessante que, nesse ponto de "O declínio do Estado-nação e o fim dos Direitos do Homem", ela faz uma crítica bastante devastadora dos "Direitos do Homem" – sobre quão inútil e impotente a doutrina provou ser. O que quero dizer é que Arendt rechaça o discurso dos Direitos do Homem por ser fraco, mas oferece certa reconceituação desses direitos por meio de sua própria declaração, que poderíamos classificar como uma fala enérgica. Isso não será surpresa para quem sabe o que Arendt tem a dizer sobre palavras e atos em *A condição humana*: para ela, a fala persuasiva faz parte da própria definição do campo político. Mesmo assim, ainda resta saber o ponto de vista dela sobre quem pode exercer esses direitos e como o humano se delimita. Embora o ensaio possa ser lido como uma defesa, quiçá uma promulgação, dos direitos dos apátridas, ela deixa claro que os apátridas também são uma ameaça para o humano. No fim do ensaio, quem é apátrida – inclusive, supostamente, os palestinos e paquistaneses – corre o risco de se tornar uma força "bárbara" que ataca o "edifício do humano". Nesse ponto, parece que Israel e Índia são colocados como Estados nacionais que asseguram o "humano" e, por isso, precisam ser defendidos dos apátridas que eles mesmos produziram. Isso vai contra o que parece ser o argumento predominante do ensaio, o de que os apátridas têm o direito de ter direitos.

Em 1943, Arendt se posicionou contra a proposta de um Estado binacional defendida na época por Judah Magnes e Martin Buber. Para ela, o uso que eles faziam do termo *federação* nomeava o Estado-nação de uma maneira diferente. Escreveu ela: "O uso do termo 'federação' aniquila no nascedouro seu significado novo e criativo; aniquila a ideia de que a federação – em contraste com a nação – constitui-se de povos diferentes com direitos iguais" (JW, p. 336). Se em 1943 ela se preocupava com o fato de os judeus se tornarem uma minoria desprotegida em relação a seus coabitantes árabes, ela revê essa posição apenas um ano depois em "Zionism Reconsidered". Neste último, ela faz uma crítica extensa às formas de nacionalismo nas quais o sionismo se baseia e que ele fortalece e amplia. Depois de reconhecer que os judeus não têm muitas razões para se alegrar com o declínio do Estado-nação ou do nacionalismo, ela faz o seguinte prognóstico: "O problema recorrente de como se organizar politicamente será resolvido adotando ou as formas do império, ou a forma das federações". E continua:

> apenas a federação daria ao povo judeu, junto com outros pequenos povos, uma chance razoavelmente satisfatória de sobrevivência. O império pode não ser possível sem despertar paixões imperialistas em substituição ao nacionalismo antiquado, outrora motor para a ação dos homens. Que os céus nos ajudem se isso acontecer. (JW, p. 371)

Em 1948, depois que a ONU sancionou o Estado de Israel, Arendt prediz:

> mesmo que os judeus ganhem a guerra, ela acabaria levando à [...] destruição dos feitos do sionismo. [...] Os judeus 'vitoriosos' viveriam cercados de uma população árabe totalmente hostil, segregados dentro de fronteiras cada vez mais ameaçadas, absortos de tal modo pela autodefesa física que todos os outros interesses e atividades afundariam. (JW, p. 396)

E, nesse mesmo ano, ela retorna à posição de Magnes, observando que a partição não daria certo, que a melhor solução é um "Estado federado". Essa tutela [*trusteeship*] seria formada por "pequenas unidades locais compostas de árabes e judeus sob o comando de altos oficiais de países-membros das Nações Unidas, e poderia se tornar uma escola importante para um futuro autogoverno cooperativo" (JW, p. 400). Tal federação, para ela, "teria a vantagem de evitar o estabelecimento da soberania cujo único direito soberano seria cometer suicídio" (JW, p. 399).

A ideia de federação é claramente uma alternativa às ideias estabelecidas de soberania em relação ao Estado-nação. Este último é um conceito que se baseia no sério erro de unir outros dois conceitos: o *Estado*, do qual se espera que mantenha um Estado de direito que proteja a todos independentemente de nacionalidade, e a *nação*, entendida como modo de pertencimento baseado na nacionalidade, o que leva a exclusões baseadas em quem pertence e quem não pertence à nação. Por esse motivo, ela era contra a ideia de que o Estado-nação tivesse soberania, e também era contra as versões de poder federado que dariam a cada nação-membro seu próprio poder soberano. Não se trata de distribuir soberania para múltiplas nações, mas de anular a soberania por meio de uma concepção de pluralidade federada em que o direito e a política fossem criados em comum. A soberania não deveria ser distribuída entre "nações" menores, mas espalhada numa pluralidade que seria irredutível a múltiplas nacionalidades. Tal federação anula a noção de soberania como poder unificado e supremo, e requer uma desindividualização da nação, de modo que seja literalmente impossível conceber uma nação ou suas ações fora do contexto da ação plural e conjunta. Arendt afirma que interesses nacionais não são a mesma coisa que interesses *comuns*. Uma federação poderia constituir uma pluralidade de nações, mas nenhuma nação conseguiria ter soberania no contexto dessa ordem política. Em 1951, uma nação é, para Arendt, uma esfera de pertencimento, mas certamente não a base legítima do Estado. Como resultado, pode-se imaginar os judeus como uma "nação" dentro de uma federação (na Europa ou no Oriente Médio), mas eles estariam comprometidos a uma forma de vida política que exigiria a divisão de poder, a ação conjunta, a dissolução da soberania em poder plural e um compromisso com a igualdade entre os laços nacionais. Desse modo, Arendt só podia conceber os judeus como nação na medida em que seu status nacional não lhes desse poder soberano para decidir com quem governar o Estado, ou seja, uma nação sem Estado-nação, uma nação que poderia constituir uma esfera de pertencimento dentro de uma ordem política estruturada como pluralidade federada.

Na época em que escreveu *Origens do totalitarismo*, em 1951, Arendt ainda refletia obstinadamente sobre o problema da apatridia, embora tanto a versão europeia de federação quanto a palestina tivessem saído de seu vocabulário. Em seu lugar, surge uma afirmação do "interesse comum", que ela formula em contraposição a um quadro de referência dos direitos humanos que permanece comprometido com uma ontologia individualista. Ela examina uma ladainha de falhas que marcaram a história dos acordos internacionais e das declarações de direitos humanos, mas ela parece não ter ido totalmente ao fim com a Declaração dos Direitos do Homem. Afinal, tais declarações eram a prova de deliberações coletivas dos seres humanos, no plural, que se reservam esses direitos e por isso os declaram, os anunciam e, mediante o poder da declaração, os instituem como realizações humanas. A ideia era a de que declarar os direitos do homem era estabelecer alguma proteção contra regimes políticos despóticos. Tais declarações não podem ser exercidas efetivamente fora do contexto de uma ordem política fundamentada em interesses comuns; isto posto, seriam, então, inúteis? Na segunda parte de "O declínio do Estado-nação e o fim dos Direitos do Homem", Arendt destaca o que considera ser as precondições essenciais para o exercício de todo e qualquer direito. E essas precondições incluem *lugar* e *pertencimento político*. Escreve ela: "a privação fundamental dos direitos humanos manifesta-se, primeiro e acima de tudo, na privação de um lugar no mundo que torne a opinião significativa e a ação eficaz" (OT, p. 330). Nessa escrita e através dela, Arendt busca retificar a retórica *in*eficaz dos direitos humanos estabelecendo as condições para que uma retórica política possa ser e continue sendo eficaz. Além de apresentar as condições para o exercício do discurso eficaz, ela faz um discurso de maneira eficaz – ou pelo menos tenta. E, embora nunca afirme como sua própria retórica está ligada à crítica do discurso de direitos humanos que ela oferece, Arendt efetivamente substitui esse discurso com o seu próprio.

O sentido que isso tem para a noção arendtiana do significado social do humano é importante. Afinal, ela sugere que nossa eficácia e o verdadeiro exercício de nossa liberdade não vêm da nossa personalidade individual, mas de condições sociais como lugar e pertencimento político. Não se trata de encontrar a dignidade humana dentro de cada pessoa, mas de entender o humano como um ser social, como um ser que requer lugar e comunidade para ser livre, para exercer a liberdade de pensamento como opinião, para exercer a ação política eficaz. Também significa entender que o humano se torna destituído politicamente quando essas condições não são cumpridas. Arendt certamente soa como partidária de uma doutrina de direitos humanos fundamentada numa ontologia decididamente social (bem como uma crítica do Estado-nação) quando escreve que "o direito de ter direitos, ou o direito de cada indivíduo de pertencer à humanidade, deveria ser garantido pela própria humanidade" (OT, p. 332). Mesmo assim, permanece a questão: por quais meios a humanidade garantiria tais direitos? Arendt não dá nenhuma resposta, embora tente fornecer a regra à qual toda e qualquer resposta teria de obedecer.

Para Arendt, a liberdade não é um atributo dos indivíduos, mas um exercício e uma ação conjunta executada por um "nós" e que, no exercício e na execução, institui esse "nós" como condição social dos próprios direitos. Assim, escreve ela:

> nossa vida política baseia-se na suposição de que podemos *produzir* igualdade através da organização, porque o homem pode *agir sobre* o mundo comum e *mudá-lo* e *construí-lo* juntamente com os seus iguais, e *somente* com os seus iguais. (OT, p. 335)

Cometeríamos um erro se imaginássemos um grupo de indivíduos se reunindo como uma coleção de atores individuais. Esses indivíduos só serão humanos se e quando a ação coletiva e conjunta se tornar possível. Na verdade, ser um humano é uma função, uma característica do agir em termos de igualdade com outros seres humanos. Aqui podemos ouvir os ecos do *mitsein* de Heidegger, mas também a fraca ressonância de uma coletividade de esquerda da qual Scholem desconfiava na caricatura que fez da política de Arendt. Se ser humano é estar numa relação de igualdade com os outros, então ninguém pode se tornar humano fora das relações de igualdade. Arendt não nos pede para considerarmos que o "ser humano" é uma função ou um efeito de seu igualitarismo? De fato, se não existe igualdade, ninguém é humano. Se a igualdade determina o humano, então nenhum humano pode ser humano sozinho, mas apenas com os outros, e apenas sob condições que sustentem uma pluralidade social na igualdade[30].

---

[30] Por fim, quero propor que parte do que Arendt faz nesse ensaio é definir esses direitos com segurança. Em outras palavras, ela está fornecendo, executando a retórica da definição de uma maneira assegurada. Embora não seja teórica do direito natural, Arendt define, e até estipula, as condições da vida humana que precedem e precondicionam qualquer forma específica de governo e direito. Ela não baseia essa visão em princípios prévios, mas a elabora no contexto de uma interpelação ao seu público. Desse modo, sua retórica busca representar a relação social que ela descreve. Além disso, ao definir essas condições, ela retira da escrita o "eu", a primeira pessoa. Arendt não escreve esse texto como um "eu", alguém com uma perspectiva individual. Quando aparece um pronome, é um "nós", mas quem é esse "nós"? Como quem e para quem ela fala? Quando diz que "não nascemos iguais; tornamo-nos iguais como membros de um grupo por força da nossa decisão de nos garantirmos reciprocamente direitos iguais" (OT, p. 335), ela representa um "nós" ou invoca um "nós"?

É sem dúvida importante notar que a ideia de "pertencimento" que permeia sua escrita sobre "a nação" nas décadas de 1930 e 1940 parece desaparecer na época em que o julgamento de Eichmann se dá na esfera pública. A ideia de pluralidade parece substituir a ideia de nação que não pertence a nenhum território e a nenhum Estado, e que em seu compromisso com a igualdade resiste a ser incorporada ao nacionalismo. A irredutível complexidade dos judeus como povo dificulta que se fale longamente sobre uma "nação", e Arendt volta sua atenção para formas de viver na controvérsia e na diferença. Se a noção de pertencimento ainda fazia sentido para Arendt na década de 1940 e no início dos anos 1950, ela parece ter sido deslocada por uma noção mais antissolidarista de organização política em *Sobre a revolução* (1962), obra em que ela elogia o "sistema de conselhos comunais" na Revolução Francesa, entendido como uma adesão espontaneamente organizada ao princípio federativo. De maneira semelhante, o federalismo de Madison mantinha, mas subordinava o poder dos estados constituintes; obtinha sua legitimidade a partir dos estados, mas desfazia sua soberania por meio da autoridade federal. Na visão de Arendt, "o sistema federal era a única alternativa ao princípio do Estado-nação" na Revolução Americana[31].

É difícil imaginar as esperanças que Arendt investiu no poder federado. Era uma maneira de institucionalizar uma igualdade que, além de minar a soberania nacional, levaria Arendt a deixar para trás a ideia de "nação". Para ela, a igualdade subscreve não só a ontologia social do humano, mas também a possibilidade política de uma federação pós-nacional ou de um quadro de referência novo e mais eficaz para os direitos humanos. Se a ordem política que poderia garantir os direitos não for o Estado-nação, então será ou uma federação em que a soberania é anulada pela distribuição de seu poder, ou um quadro de direitos humanos obrigatório a quem produziu coletivamente seus termos. A federação é o que ela imaginou, talvez ingenuamente, para os judeus na Europa no final da década de 1930 – e é por isso que um exército judeu poderia representar a "nação" dos judeus sem ter Estado ou território como pressuposto de nacionalidade. Também foi o que ela imaginou em 1948 para judeus e palestinos, apesar da fundação do Estado de Israel sobre premissas nacionalistas e reivindicações de soberania judaica. Ela pode ser acusada de ingenuidade nos dois casos, mas então teríamos de considerar também a presciência de suas previsões, por mais terríveis que fossem: a recorrência da apatridia e a persistência da violência. Se ela não tinha amor nenhum pelo povo judeu, como afirmou Scholem, talvez fosse porque, como refugiada judia, ela levava a sério a história do deslocamento e do exílio, e essa história se tornou a base de seu compromisso crítico com a difícil tarefa de assegurar direitos para os apátridas sem ressuscitar o Estado-nação e suas expulsões rituais. Arendt escreve como uma judia preocupada com as reivindicações de refúgio, e, justamente por isso, sua análise não podia se restringir aos judeus ("Se eu não for por mim, quem será por mim? Se eu for apenas por mim, o que sou?"). Os direitos e a justiça não podem ser restritos aos judeus ou

---

[31] Hannah Arendt, *On Revolution* (Nova York, Penguin, 1990), p. 166 [ed. bras.: *Sobre a revolução*, trad. Denise Bottmann, São Paulo, Companhia das Letras, 2011, p. 217].

a qualquer modo específico de pertencimento religioso ou cultural – e esse mesmo argumento é embasado pelo pensamento judaico.

Sua crítica do nacionalismo e do fascismo alemão a levou a uma política centrada não numa pátria judaica, mas nos direitos dos apátridas. Se isso é judaico, é diaspórico, e embora ela não articule essa posição em relação a Scholem, talvez possamos percebê-la no que ela escreve. Se ela argumenta a favor da pátria e do pertencimento, não é para construir uma ordem política baseada em laços estabelecidos de lealdade, visto que uma ordem política, para ser legítima, teria de se basear na igualdade. Esta, por sua vez, é a única garantia que ela consegue vislumbrar contra a recorrente formação de apátridas e seus sofrimentos. Embora o pertencimento seja requisito da vida humana, jamais pode servir como base legítima de uma ordem política. Partindo desse paradoxo controverso, Arendt desenvolve uma prática crítica que tanto se aproxima da categoria "povo judeu" quanto dela se afasta, conforme articula as exigências discordantes e convergentes de pertencimento e universalidade. Se ela é uma pensadora judia que se opõe às despossessões que afligem toda e qualquer minoria, então se trata de um tipo diferente de busca judaica da justiça – diferente daquela busca que se veria representada nos tribunais israelenses. Seria uma posição que não universaliza o judeu, mas utiliza as condições históricas de deslocamento para combater os sofrimentos da apatridia em cada circunstância.

Arendt oferece um conjunto de recursos teóricos bastante diferente dos oferecidos por quem recorre à ideia de soberania para começar suas análises da política contemporânea. Em vez disso, Arendt toma a apatridia como ponto de partida, uma condição que nem sempre está formal ou efetivamente ligada ao problema da soberania. Com efeito, sua perspectiva federada para a Palestina buscava superar a apatridia por meio da desconstituição do poder soberano. Embora aquelas propostas formuladas entre 1946 e 1947 antecedessem seus escritos sobre os direitos dos apátridas em *Origens do totalitarismo*, ela já tinha entendido que a repetida e devastadora expulsão de populações desde o Estado-nação produz uma crise que requer repensar o nacionalismo e o Estado-nação. De sua constatação também se deduzia que os refugiados da Alemanha nazista faziam parte de um conjunto mais amplo de expulsões históricas, que precisava ser entendido em sua especificidade e semelhança estrutural. Ao insistir que a apatridia é o desastre político recorrente do século XX (que agora, no século XXI, assume novas formas que ela não poderia ter previsto), Arendt se recusa a dar um tom metafísico à "vida nua". As pessoas que foram despossuídas de direitos são efetivamente despossuídas: não são lançadas fora da pólis para um novo campo apolítico (que é deixar a ideia clássica da pólis decidir todas as relações políticas). Os que perderam seus direitos e seu Estado são mantidos politicamente destituídos, especialmente por formas de poder militar. E, mesmo quando suas vidas são destruídas, as mortes continuam sendo políticas. De fato, Arendt deixa bem claro em *Origens do totalitarismo* que o ostensivo "estado de natureza" ao qual as pessoas deslocadas e apátridas são reduzidas não é, de forma alguma, natural ou metafísico, e sim uma forma especificamente política de destituição.

# 6
## Dilemas do plural

### Coabitação e soberania em Arendt

Proponho que consideremos o surgimento dessa noção de coabitação no julgamento de Eichmann (embora eu não defenda que esse seja o primeiro caso), uma vez que, em pelo menos um momento do texto que a ele se refere, Arendt faz uma acusação contra Eichmann: a de que ele e seus superiores achavam que podiam escolher com quem coabitar a Terra. Trata-se de uma frase controversa, pois a voz em que expressa a acusação é e não é a dela, mas a convicção firme e implícita dessa voz é a de que nenhum de nós tem condições de fazer essa escolha, de que as pessoas com quem coabitamos a Terra são algo dado, que antecede a escolha – e antecede ainda qualquer contrato social ou político. Como espero ter esclarecido no capítulo anterior, para Eichmann, a tentativa de escolher com quem coabitar a Terra era uma tentativa de aniquilar parte da população; portanto, o exercício da liberdade no qual ele insistia era genocídio. Se Arendt estiver correta, além de não podermos escolher com quem coabitamos a Terra, devemos preservar ativamente o caráter não escolhido da coabitação inclusiva e plural: nós não só vivemos com quem não escolhemos e com quem podemos não compartilhar nenhum sentido social de pertencimento, como também somos obrigados a preservar suas vidas e a pluralidade da qual fazem parte. Nesse sentido, normas políticas concretas e prescrições éticas surgem do caráter não escolhido desses modos de coabitação.

Mais adiante retornarei a esse importante conceito, mas desde já se pode ver que, em oposição à ideia dos judeus como povo "escolhido" que supostamente levaria valores esclarecidos para o resto do mundo, Arendt se identifica com os não escolhidos, defendendo que essa característica é a base de nossa coabitação na Terra. Sua noção de coabitação, em alguns aspectos, deriva da análise de uma condição de exílio, e, mais especificamente, da condição de exílio da judaicidade. Curiosamente, seu status de exilada foi usado contra ela quando os sionistas não gostaram das notícias que ela publicou desde Jerusalém sobre as táticas nacionalistas do julgamento. Na verdade, ela foi, é claro, acusada de não entender a importância do julgamento de Eichmann por ser uma judia alemã que havia trocado a Europa por Nova York, sacrificando uma participação no Estado de Israel que teria ratificado sua posição como membro da comunidade. Como alguém na *galut* que recusara o ideal de pátria para si mesma, ela não tinha o "direito" de julgar o que acontecia nos tribunais de Israel. Todavia, e se sua condição diaspórica fosse fundamental para o desenvolvimento de sua política e o que propôs fosse, na verdade, um conjunto diaspórico de normas que serviria como a base de um Estado binacional em Israel[1]? Tal proposta confunde o entendimento convencional de "pátria" e "diáspora", mas acredito que esse era justamente o objetivo dela: não é possível ter uma pátria exclusivamente para judeus numa terra com habitantes palestinos, e não é justo fazer isso, principalmente se levarmos em conta a expulsão de centenas de milhares de palestinos de suas terras em 1948.

A insistência de Arendt nesse ponto é coerente com sua contínua preocupação política com a apatridia, a qual formou uma das bases mais importantes para sua crítica do Estado-nação. Ela tinha consciência não só de que os judeus europeus, aniquilados na Segunda Guerra Mundial ou sobreviventes dela, haviam se tornado apátridas sob o domínio nazista e depois da guerra, mas também de que essa situação tinha começado antes no século XX e constituía um verdadeiro ritual de expulsão executado repetidas vezes pelo Estado-nação. Como espero ter deixado claro, Arendt acreditava que as reivindicações dos apátridas deveriam servir para expor a inviabilidade do Estado-nação e incitar formações políticas no modelo do federalismo ou outras semelhantes, que concederiam direitos à invariável pluralidade da população. Trata-se de mais um exemplo em que a pluralidade e a coabitação compõem a norma dominante no entendimento arendtiano de como o Estado poderia ser formado de uma maneira que revertesse a condição dos apátridas e acomodasse a heterogeneidade de suas populações. E, embora se costume pensar que o endosso pelo sionismo político do fim do regime nazista e da exposição de suas atrocidades era a única maneira de os judeus receberem a proteção que merecem e da qual precisavam, para Arendt, a formação histórica atroz da violência de Estado e do genocídio que foi o nacional-socialismo teve como mandato claro que nenhum Estado deveria ser formado com base em uma única nacionalidade ou religião, e que os direitos dos apátridas deviam ser sempre fundamentais. Um lema alternativo, portanto: apatridia nunca mais!

Até agora, mostrei de algumas maneiras como as conclusões de Arendt sobre as condições históricas e teológicas da judaicidade foram centrais para sua adesão ao binacionalismo e sua crítica do sionismo político. Espero com isso ter coberto os seguintes pontos: (1) uma concepção de coabitação que surge, em parte, de uma condição de exílio; (2) uma afinidade com aquela versão benjaminiana do messiânico que oferecia uma alternativa distinta ao desenvolvimento progressivo e histórico (posição final de Scholem), priorizando o caráter "errante" e "disperso" da vida judaica (o que também ressoa com Rosenzweig) e a centralidade da rememoração; (3) por ser dispersa e diaspórica, a vida judaica passa a se preocupar com a relação ética para com os não judeus e considera a coabitação não só como uma exigência histórica, mas também como uma tarefa fundamental da ética judaica; (4) uma relação entre a ética judaica e Kant profundamente influenciada pela obra de Hermann Cohen e o neokantismo da escola de Marburgo. Não foi apenas a relação

---

[1] Ver Edward W. Said, *The Politics of Dispossession: The Struggle for Palestinian Self-determination, 1969-1994* (Nova York, Vintage, 1994).

específica entre o judaísmo e o pensamento filosófico alemão que Cohen afirmou e Arendt adotou de novas maneiras, mas também a noção kantiana de juízo reflexivo, que não dependia de nenhuma autoridade externa para sua legitimação e tinha uma orientação futura. A ideia de considerar o ponto de vista dos outros (que Eichmann foi acusado de ser incapaz de fazer) não só estava implícita em algumas versões do imperativo categórico, como ressoava com a exigência ética de manter uma relação com a alteridade, que também era uma marca fundamental de certo cosmopolitismo judaico. Por fim, (5) a condição histórica dos refugiados, que era a condição da própria Arendt e de inúmeros outros judeus alemães, estabeleceu uma perspectiva crítica sobre o Estado-nação. A relação estrutural entre o Estado-nação e a reprodução da apatridia levou Arendt a combater qualquer formação estatal que buscasse reduzir ou recusar a heterogeneidade de sua população, incluindo a fundação de Israel baseada em princípios de soberania judaica.

A seguir, proponho abordar a reflexão de Arendt sobre o julgamento de Eichmann, questão já analisada em detalhes por muitos pesquisadores de diversas opiniões[2]. Meu objetivo é mostrar como, para Arendt, o próprio processo de pensamento nos compromete de antemão com certo entendimento de coabitação. A incapacidade de Eichmann de pensar, aliada à incapacidade de exercer um juízo independente, é fundamental na explicação de Arendt para o fato de ele ter concebido e implementado uma política genocida. As ligações não são de modo algum óbvias desde o início, e ela mesma piora as coisas às vezes, forçando demais a linha entre pensamento e ação. E, embora isso não seja tudo que ela diz, é uma de suas linhas de argumentação. Neste capítulo, considero essa relação entre pensamento e coabitação para entender as tensões entre as perspectivas de Arendt sobre pluralidade e soberania, mas também para analisar a importância política e filosófica da pluralidade na perspectiva dela. Embora Arendt seja contra concepções de nação e Estado baseadas na soberania, esta parece ter um lugar reservado para si quando Arendt fala sobre o juízo. Disso surge a pergunta: o que um relato mais completo e consistente da pluralidade envolve, principalmente caso se contestasse o julgar como um exercício de liberdade radicalmente incondicionado e soberano? É uma questão considerável que, na minha opinião, tem implicações políticas diretas para a reconsideração da vida do corpo, que não é distinta da vida do espírito.

## Contra Eichmann: a voz de Arendt e o desafio da pluralidade

O pensar é um assunto difícil de tratar na obra de Arendt, uma vez que sua obra é certamente um exemplo do pensar, até mesmo um exemplo de certa cisão do si-mesmo sem a qual o pensar é impossível. Mas o fracasso em pensar é justamente o crime que Eichmann comete. Poderíamos achar de início que essa maneira de descrever seu crime é escandalosa, mas espero mostrar que, para Arendt, a consequência do não pensar é genocida, ou certamente pode ser. É claro, a primeira reação a uma afirmação aparentemente tão simplista pode ser a de que Arendt

---

[2] Ver Steven E. Aschheim (org.), *Hannah Arendt in Jerusalem* (Berkeley, University of California Press, 2001).

superestima o poder do pensar ou sustenta uma explicação altamente normativa do pensar que não corresponde aos vários modos de refletir, de murmurar consigo mesmo e de conversar em silêncio incluídos na definição de pensar. Espero considerar esse problema no que se segue, especialmente à luz da concepção arendtiana do si-mesmo e da socialidade. Por ora, quero destacar, no entanto, a importância de *Eichmann em Jerusalém* – originalmente uma série escrita para a revista *New Yorker* em 1963[3] – para muitas das principais questões filosóficas das quais ela se ocupou nos anos posteriores: o que é o pensar, o que é o julgar e, ainda, o que é a ação? E talvez ainda mais fundamentalmente, quem sou eu e quem somos nós?

Como já mostrei, Arendt concordou com o veredicto final do julgamento, de que Eichmann deveria ser condenado à morte, mas contestou o raciocínio defendido no processo, bem como o espetáculo do próprio julgamento. Para ela, o julgamento precisava se concentrar nos atos que ele cometeu, atos que incluíam a criação de uma política genocida. Assim como Yosal Rogat antes dela, Arendt não achava que a história do antissemitismo ou a especificidade do antissemitismo na Alemanha podiam ser julgadas[4]. Ela foi contra tratarem Eichmann como bode expiatório; criticou algumas maneiras pelas quais Israel usou o julgamento para estabelecer e legitimar sua própria autoridade legal e suas aspirações nacionais. Acreditava que o julgamento não entendeu o homem e suas ações. O homem ou tinha a função de representar todo o nazismo e cada nazista, ou era considerado o indivíduo patológico supremo. Os promotores pareciam não se importar com o fato de essas duas interpretações serem basicamente conflitantes. Arendt achava que o julgamento precisava de uma crítica da ideia de culpa coletiva, mas também de uma reflexão mais ampla sobre os desafios historicamente específicos da responsabilidade moral sob a ditadura. Na verdade, o que ela reprovava em Eichmann era sua incapacidade de criticar o direito positivo, ou seja, uma incapacidade de se distanciar das exigências que o direito e as políticas de governo lhe impuseram; em outras palavras, ela o critica por sua obediência, sua falta de distanciamento crítico ou sua incapacidade de pensar. Mais ainda, aliás, ela também o acusa de não perceber que o pensar implica o sujeito numa socialidade ou pluralidade que não pode ser dividida ou destruída mediante objetivos genocidas. Para ela, nenhum ser pensante pode planejar ou cometer genocídio. É claro, alguém pode ter essas ideias, formular e implementar uma política genocida, como Eichmann claramente fez, mas, para Arendt, essas maquinações não podem ser chamadas de pensamento. Podemos perguntar: de que maneira o pensar implica cada "eu" pensante como parte de um "nós", de modo que destruir uma parte da pluralidade da vida humana é destruir não só nosso próprio si-mesmo – visto como essencialmente ligado a essa pluralidade –, mas também as próprias condições do próprio pensar? As perguntas são muitas: devemos entender o pensar como um processo psicológico ou,

---

[3] Hannah Arendt, *Eichmann in Jerusalem* (Nova York, Schocken, 1963) [ed. bras.: *Eichmann em Jerusalém: um relato sobre a banalidade do mal*, trad. José Rubens Siqueira, São Paulo, Companhia das Letras, 1999].
[4] Yosal Rogat, *The Eichmann Trial and the Rule of Law* (Santa Barbara, Center for the Study of Democratic Institutions, 1961).

na verdade, como algo que pode ser descrito apropriadamente? O pensar, no sentido arendtiano, é sempre o exercício de um tipo de julgar e, por isso, implicado numa prática normativa? Se o "eu" que pensa faz parte de um "nós", e se o "eu" que pensa está comprometido em sustentar esse "nós", como devemos entender a relação entre "eu" e "nós", e quais são as implicações específicas do pensar para as normas que governam a política e, especialmente, a relação crítica com o direito positivo?

Arendt não está apenas discordando de como os tribunais israelenses chegaram à decisão de condenar Eichmann à morte. Seu livro encontra defeitos em cada código legal aplicado naquele cenário. E ela critica o próprio Eichmann por formular um conjunto nocivo de leis e obedecer a ele. Desse modo, ela escreve um pouco distanciada do direito positivo, exemplificando algo da perspectiva pré-legal e moral que prefigura sua obra posterior sobre o julgar. Uma característica retórica de seu livro sobre Eichmann é que ela, repetidas vezes, começa a discutir com o próprio homem. Na maior parte do tempo, ela relata o julgamento e o homem na terceira pessoa, mas há momentos em que ela o interpela diretamente, não no julgamento, mas no texto. Um desses momentos ocorreu quando Eichmann afirmou que, ao levar a cabo a Solução Final, agiu por obediência, e que tinha retirado esse preceito moral específico de sua leitura de Kant.

Podemos imaginar como esse momento foi duplamente escandaloso para Arendt. Com certeza já era ruim o suficiente o fato de ele ter formulado e executado ordens para a Solução Final, mas dizer, como disse, que viveu toda sua vida de acordo com preceitos kantianos, incluindo a obediência à autoridade nazista, era demais. Ele invocou o "dever" numa tentativa de explicar sua própria versão do kantismo. Arendt escreve: "Isso era aparentemente ultrajante, e também incompreensível, uma vez que a filosofia moral de Kant está intimamente ligada à faculdade de juízo do homem, o que elimina a obediência cega" (EJ, p. 153). Eichmann se contradiz quando explica seus comprometimentos kantianos. Por um lado, esclarece: "O que eu quis dizer com minha menção a Kant foi que o princípio de minha vontade deve ser sempre tal que possa se transformar no princípio de leis gerais" (EJ, p. 153). Por outro, no entanto, ele também reconhece que, depois de ter sido incumbido com a tarefa de executar a Solução Final, ele deixou de viver pelos princípios kantianos. Arendt reproduz a forma como ele descreveu a si mesmo: "não era mais 'senhor de seus próprios atos', [...] era incapaz de 'mudar qualquer coisa'" (EJ, p. 153). Quando, no meio de sua confusa explicação, Eichmann reformula o imperativo categórico de modo que o sujeito tenha de agir como o *Führer* aprovaria, ou como o próprio *Führer* agiria, Arendt oferece uma réplica imediata, como se o encarasse diretamente e o desafiasse verbalmente:

> Kant, sem dúvida, jamais pretendeu dizer nada desse tipo; ao contrário, para ele todo homem é um legislador no momento em que começa a agir: usando essa "razão prática" o homem encontra os princípios que poderiam e deveriam ser os princípios da lei (EJ, p. 153-4).

Arendt fez essa distinção entre razão prática e obediência em *Eichmann em Jerusalém* em 1963, e sete anos depois deu início a sua influente série de conferências sobre a filosofia política de Kant na New School for Social Research em Nova York. De certo modo, podemos entender boa parte da obra final de Arendt, incluindo seus escritos sobre o querer, o julgar e a responsabilidade, como uma discussão estendida com Eichmann sobre a leitura apropriada de Kant, um ávido esforço para resgatar Kant da interpretação nazista e mobilizar os recursos do texto dele justamente contra as concepções de obediência que deram suporte acriticamente a um código legal criminoso e a um regime fascista. Como um comentário à parte, vale destacar que a defesa de Kant feita por Arendt teria de ser contraposta a "Kant com Sade", de Lacan, segundo o qual o próprio imperativo categórico dá origem a certo sadismo[5]. Curiosamente, no entanto, Arendt recorre não ao imperativo categórico, mas ao juízo estético (juízo reflexivo, em particular), e argumenta que essa forma é a mais útil para a reformulação da política no pós-guerra. Ao mesmo tempo, é importante salientar mais uma vez a aliança de Arendt com Kant como uma continuidade da fidelidade de Hermann Cohen a Kant e à possibilidade duradoura do pensamento judaico alemão[6].

*Eichmann em Jerusalém* está repleto de vozes e personagens, e a própria Arendt assume muitas posições, nem todas consistentes umas com as outras. Algumas de suas proposições foram descontextualizadas na história da recepção desse livro, mas se acompanharmos o ritmo do texto, seu antagonismo interno, veremos que Arendt está tentando formular uma posição de considerável complexidade e ambivalência. Por exemplo, ela aceita a legitimidade dos tribunais de Israel em decidir o destino de Eichmann, e observa que essa é a primeira vez, desde 70 d.C., que os judeus têm condições reais de julgar quem os perseguiu (EJ, p. 294). No entanto, ela se pergunta abertamente se as vítimas, que também são as querelantes, podem agir de maneira justa como juízes. Se as atrocidades nazistas eram entendidas como "crimes contra a humanidade", então tribunais internacionais imparciais é que deveriam julgar o caso.

Por fim, Arendt acredita que o tribunal de Jerusalém não conseguiu enfrentar três questões principais: o problema da justiça prejudicada "na corte dos vitoriosos; uma definição válida de 'crime contra a humanidade'; e um reconhecimento claro do novo tipo de criminoso que comete esse crime" (EJ, p. 297). É interessante, talvez até estranho, que Arendt pense que o tribunal fracassou na sua compreensão da pessoa, do criminoso, uma vez que ela nos lembra o tempo todo de que as ações podem ser consideradas criminosas, mas não as pessoas (cujas personalidades não estão em julgamento) ou os povos (que, como um coletivo, não podem ser considerados culpados pelas ações explícitas cometidas por pessoas individuais). Ela questiona se a convenção legal segundo a qual o agente do malfeito deve ter uma "intenção" clara para realizar o malfeito é relevante para o caso de Eichmann. Podemos dizer que Eichmann tinha "intenções"? Se ele não tinha nenhuma

---

[5] Jacques Lacan, "Kant avec Sade", em *Ecrits II* (Paris, Seuil, 1971) [ed. bras.: "Kant com Sade", em *Escritos*, trad. Vera Ribeiro, Rio de Janeiro, Jorge Zahar, 1998].
[6] Eva Jospe (org.), *Reason and Hope: Selections from the Jewish Writings of Hermann Cohen* (Nova York, Hebrew Union College Press, 1997).

concepção do que é um malfeito, podemos dizer que ele cometeu algum intencionalmente? Parece que não podemos recorrer às intenções dele, ou melhor, a nenhuma característica psicológica dessa pessoa, não só porque a falácia intencional tem validade continuada (não podemos descobrir o que as ações dele significam ou causam apenas com base em suas motivações explícitas), mas também porque Eichmann parece pertencer a um novo tipo de pessoa, que pode pôr em prática a morte em massa sem intenções explícitas. Em outras palavras, agora é possível que algumas pessoas tenham se tornado, historicamente, instrumentos de implementação e perdido a capacidade para o que ela chama de pensar. Para ela, o problema é, de certa forma, tanto histórico quanto filosófico: como pode que agora as pessoas sejam formadas de modo tal que não lhes seja mais possível o pensar, entendido como exercício normativo do juízo? Arendt rejeita a explicação psicológica: para ela, Eichmann não é pervertido nem sádico, mas simplesmente agia sem julgar, formulando e executando uma lei brutal que se tornou normal e normalizada. Afinal, qual foi seu crime segundo Arendt? Ele fracassou em pensar; fracassou em julgar; aliás, fracassou em usar a "razão prática" no sentido preciso descrito e prescrito por Kant. De fato, Eichmann fracassou em ser kantiano, por mais que se dissesse um.

Na última parte desse texto altamente carregado, há uma série interessante de passagens em que Arendt interpela Eichmann na segunda pessoa e dá voz a um veredicto final que, para ela, os juízes em Jerusalém haveriam dado se tivessem concordado em tornar visível ou manifesta "a justiça do que foi feito em Jerusalém" (EJ, p. 300). Até a frase sugere que ela, na verdade, acredita que a justiça foi feita, mas não mostrada ou exibida de forma apropriada, de modo que o raciocínio por trás do juízo não foi publicamente esclarecido. Ela começa o parágrafo anterior a sua enunciação do veredicto afirmando que, quando não é possível estabelecer intenções (o que ela acha ser o caso com Eichmann), ainda é possível entender que um crime foi cometido. E, ao punir o crime, ela não aceita a opção da vingança, dizendo que

> nós recusamos e consideramos bárbaras as proposições de que "um grande crime ofende a natureza, de forma que a própria Terra clama por vingança; que o mal viola uma harmonia natural que só a punição pode restaurar; que uma coletividade vitimada tem o dever moral de punir o criminoso" (EJ, p. 300).

As últimas ideias são uma citação do longo ensaio *The Eichmann Trial and the Rule of Law* [O julgamento de Eichmann e o Estado de direito], de Yosal Rogat, publicado em 1961[7]. Nesse texto, Rogat deixa claro que tais atitudes pertencem a uma "perspectiva mais antiga" e constituem "relíquias tribais agourentas"[8]; elas "antecedem todos os padrões modernos de pensamento" e "salientam a autoridade e os mandamentos tradicionais em oposição à consciência individual; os vínculos

---

[7] Agradeço a Susannah Gottlieb por ter me levado a esse ensaio. Ver Susannah Young-ah Gottlieb, "Beyond Tragedy: Arendt, Rogat, and the Judges in Jerusalem", *College Literature*, v. 38, n. 1, 2011, p. 45-56.
[8] Yosal Rogat, *The Eichmann Trial and the Rule of Law*, cit., p. 20.

de grupo em oposição aos comprometimentos pessoais; os deveres sociais em vez dos direitos individuais"[9]. Na perspectiva de Rogat, "Israel realiza uma defesa agressiva" da ideia de que a participação em um grupo estabelece o significado e as reivindicações do si-mesmo. Rogat especula que talvez os judeus tenham aceitado a perseguição porque ela era parte "do que significava ser judeu"[10]. Inversamente, o direito de punir Eichmann parecia se originar de um sentido coletivo de identidade fundado na tradição.

Rogat observa que, pelo quadro de referência dessa "perspectiva mais antiga", seria impossível fazer até mesmo suas próprias perguntas sobre o Estado de direito e a propriedade do julgamento, uma vez que predominariam as proposições sobre os direitos do coletivo, da natureza e da vingança, citados posteriormente por Arendt. Ele afirma em 1961 que o mundo continua fazendo as mesmas perguntas fundamentais colocadas pela *Oréstia*, de Ésquilo – a saber, se os ciclos de vingança só podem ser interrompidos "com o estabelecimento de um tribunal imparcial". Escreve ele: "o mundo ocidental nunca deixou de se preocupar com o problema central da *Oréstia*. De modo característico, reagiu a uma profunda desordem moral tentando impor a ela uma ordem legal. Hoje, não temos alternativa"[11].

Arendt parece concordar em grande medida com Rogat[12]. Sua afirmação de que o julgamento é um espetáculo e não um processo regido pela lei, sua objeção à extradição ilegal de Eichmann da Argentina e sua insistência de que o crime de Eichmann é um crime contra a humanidade, e não só contra os judeus – tudo isso está presente no ensaio sereno e perspicaz que Rogat escreveu em 1961. Rogat acreditava que vieses e interesses individuais podiam ser contornados caso se garantisse que as deliberações legais fossem mostradas. Seguindo essa trilha, escreveu: "Esse empenho é parte do significado da máxima 'A justiça não deve ser apenas feita, ela deve ser vista', na qual se expressa a importância não só do escrutínio público, mas também da confiança pública"[13]. Já Arendt, em vez de recorrer ao Estado de direito, pergunta como o juízo deve ocorrer quando a lei ainda não concebeu um crime dessa magnitude e especificidade. Ela parece pensar com Rogat nesse momento, mas se afastando dele para insistir na necessidade da inovação legal, algo que exige o exercício do juízo quando os precedentes legais não abarcam o crime.

Nessa conjuntura, as convenções consagradas referentes a "intenção" não podem ser usadas (Eichmann não pensava, na visão dela); mas quando a "vingança" é bárbara e inadmissível, em que bases Eichmann é condenado? Talvez esperemos que o veredicto que ela mesma apresenta seja o que ela gostaria de ter visto, mas essa conclusão não pode ser inequívoca dado o que vem em seguida. Ressoando Rogat, ela afirma que essas "proposições há muito esquecidas", que pertencem à vingança, à punição e às ordens morais naturais, na verdade foram tanto a razão

---

[9] Idem.
[10] Ibidem, p. 21.
[11] Ibidem, p. 44.
[12] Susannah Young-ah Gottlieb, "Beyond Tragedy", cit.
[13] Yosal Rogat, *The Eichmann Trial and the Rule of Law*, cit., p. 34.

que o levou a julgamento quanto "a justificativa suprema da pena de morte" (EJ, p. 300). Pareceria que essas são exatamente as justificativas que ela rejeita, embora ela acrescente que "no entanto" essas foram as razões em vigor durante o julgamento e o veredicto final. Ela então acrescenta sua própria sentença: "Como ele esteve implicado e desempenhou um papel central no empreendimento cujo propósito declarado era eliminar certas 'raças' da face da Terra para sempre, ele teve de ser eliminado". E prossegue, citando, como Rogat, a máxima de que "a justiça não deve ser apenas feita, ela deve ser vista", e culpa os tribunais de Jerusalém por não terem deixado aparente (e não terem trazido para o plano da aparência) a "justiça" das ações dos juízes (idem). Sendo assim, nesse ponto parece claro que, para ela, foram justas as ações dos juízes, incluindo a imposição da pena de morte, mas não conseguiram dar boas razões públicas para o veredicto e a aplicação da pena.

Antes de sua própria enunciação do veredicto, ela escreve que a "justiça" das ações deles "teria emergido para ser vista por todos se os juízes tivessem a ousadia de se dirigir ao acusado em algo como os seguintes termos" (idem). A interpelação direta que se segue obviamente se pretende corajosa, compensando a falta de ousadia dos juízes de Jerusalém. Mas será que Arendt discorda deles? Ou está apresentando uma base lógica que eles deveriam ter usado? É difícil afirmar, uma vez que ela poderia apresentar a base lógica deles de uma maneira mais corajosa e, ao mesmo tempo, discordar dela (afinal, para ela, são as proposições de vingança há muito esquecidas que os levaram ao veredicto final). Mas essa enunciação pode ser uma maneira de participar do julgamento final e, com isso, aceitar a forma contemporânea que essas proposições há muito esquecidas assumem agora. Seria estranho, quiçá impossível, que Arendt defendesse a barbárie, uma vez que explicitamente a rejeitava. E, no entanto, se ela está dizendo o que os juízes deveriam ter dito, e se referindo também à "justiça" da decisão deles, talvez ela também esteja simplesmente deixando aparente uma lógica da qual, não obstante, discorda.

O que parece mais provável, no entanto, é que ela comece tentando reencenar o que eles quiseram dizer, apenas para dar voz ao que deveriam ter dito, e as duas modalidades se entrelaçam – a segunda fracassa em substituir totalmente a primeira. Ela termina essa interpelação direta com "você deve morrer na forca" – uma formulação arcaica da pena de morte, sem dúvida, que a coloca retoricamente como uma soberana dando uma declaração fatal que muitos poderiam considerar bárbara, na verdade. Vamos acompanhar o trecho e ver o que possivelmente significa esse surto de interpelação direta quando Arendt sentencia Eichmann à morte mais uma vez.

Arendt trava um diálogo ativo com Eichmann, mas como ele participa apenas em virtude da evocação, ela obviamente assume a maior parte da fala. E emprega uma interpelação direta:

> Você disse [...] que seu papel na Solução Final foi acidental e que quase qualquer pessoa poderia ter tomado seu lugar, de forma que potencialmente quase todos os alemães são igualmente culpados. O que você quis dizer foi que onde todos, ou quase todos, são culpados, ninguém é culpado (EJ, p. 301).

Em seguida, emprega o plural "nós" no contra-argumento: "Essa é uma conclusão realmente bastante comum, mas que não estamos dispostos a aceitar". Mais adiante, acrescenta: "mesmo que 8 milhões de alemães tivessem feito o que você fez, isso não seria desculpa para você" (idem).

No parágrafo final, Arendt assume a voz do juiz, oferecendo um juízo como o equivalente textual de uma ação manifesta. Curiosamente, o juízo toma a forma de um contrafatual: se as condições históricas tivessem sido outras, e se os juízes tivessem agido de outra maneira, o veredicto seria assim. Depois que ela escreve que "a justiça do que foi feito em Jerusalém teria emergido para ser vista por todos se os juízes tivessem a ousadia de se dirigir ao acusado em algo como os seguintes termos" (EJ, p. 300), abre-se um novo parágrafo e surge uma voz: é a voz de Arendt ou a voz imaginada da própria justiça? Onde Arendt está nesse parágrafo? As aspas que abrem essa "citação" induzem a imagem de como a justiça deve parecer. O que "aparece" é uma "voz" e sua representação é visual, textual – portanto, não o espetáculo do julgamento ou do palco. Algo está sendo escrito e mostrado num livro. O livro da justiça está sendo escrito e mostrado no próprio texto de Arendt.

Na verdade, o que começa como uma espécie de réplica ao depoimento de Eichmann (na qual ela primeiro se associa à posição da promotoria) termina com o discurso performativo do juiz. É claro, algumas frases ditas por essa voz soam como Arendt, mas outras marcam um afastamento tanto de seu tom quanto de seus argumentos. Arendt afirmava que não era possível confirmar as intenções e motivações básicas de Eichmann, mas a voz-veredicto também parece considerar uma visão contrária: "você afirmou nunca ter agido por motivos baixos [...], que nunca odiou os judeus [...]. Achamos isso difícil, mesmo que não inteiramente impossível, de acreditar" (EJ, p. 300-1). Segue-se então um momento em que a voz (elaborada por uma Arendt que parece saber o que os juízes quiseram dizer ou deveriam querer dizer, mesmo quando eles mesmos pareciam não saber) conjectura o que o próprio Eichmann queria dizer (uma verdadeira *mise en abyme* em que Arendt reconstrói o raciocínio implícito do veredicto da mesma maneira que o juiz reconstrói o raciocínio implícito na fala do próprio Eichmann): "O que você quis dizer foi que onde todos, ou quase todos, são culpados, ninguém é culpado" (EJ, p. 301). Nos dois casos, a voz conjecturada estabelece a posição para um juízo baseado na reconstrução e atribuição da intenção a quem não fornecerá ou não pode fornecer os princípios que guiam suas ações – mais uma sombra da ação soberana. A questão não tem tanto a ver com determinar quais deveriam ter sido as intenções, mas mostrar que certas normas já estão em operação tanto no crime quanto no julgamento, mesmo que juiz e criminoso não saibam quais são. Vale destacar que não são "intenções" no sentido psicológico, mas formas de raciocínio moral que surgem no linguajar do depoimento, da acusação e do veredicto final. No entanto, ela quer que Eichmann preste atenção a uma história bíblica: e assim, quando termina o parágrafo sustentando que culpa e inocência perante a lei são questões objetivas, isso parece indicar que Deus agiu para punir os habitantes de Sodoma e Gomorra de acordo com a natureza de seus crimes e de maneira objetiva. Por fim, no entanto, fica claro que não interessa de quem mais é a culpa, pois nada serve de desculpa para os crimes que ele cometeu; portanto, sua culpa individual – ligada a seus atos em particular – parece surgir como o ponto mais importante, retomado no seguinte parágrafo, em que ela profere um juízo final:

> E a despeito das vicissitudes exteriores ou interiores que o levaram a se transformar em criminoso, existe um abismo entre a realidade do que você fez e a potencialidade do que os outros poderiam ter feito. Nós nos ocupamos aqui apenas com o que você fez, e não com a natureza possivelmente não criminosa de sua vida interior e de seus motivos ou com as potencialidades criminosas daqueles a sua volta. (EJ, p. 301)

O juízo final é claro: "resta o fato de você ter executado e, portanto, apoiado ativamente uma política de assassinato em massa" (EJ, p. 302). O crime final de Eichmann, no entanto, aquele pelo qual ele deve morrer na forca, foi o de que – de repente interpelado como sujeito plural, "você e seus superiores" – tomaram como um direito decidir com quem compartilhar a Terra. Eichmann pensava que poderia determinar que não precisava "partilhar a Terra" com o povo judeu e com pessoas de outras nações, e representava aqueles que pensavam igual. Na medida em que eles decidiram que não precisavam partilhar a Terra com uma população específica, ninguém, nenhum membro da raça humana, como ela diz, "haverá de querer partilhar a Terra com você". E foi por esse crime, o de não partilhar, que ela conclui: "esta é a razão, e a única razão, pela qual você deve morrer na forca" (EJ, p. 301).

Então qual é a razão final pela qual a voz-veredicto afirma que Eichmann deve morrer? É o fato de você não querer viver com as pessoas que gostariam de vê-lo morto ou que conspiraram para matar você e sua espécie? Ou é o fato de você não querer viver com as pessoas que, além de desejarem vê-lo morto, também tirarão a sua vida ou já tiraram a vida de outros como você? Se atrás das grades ele não é mais uma ameaça para a vida de ninguém, será então apenas uma questão de "não querer" que ele viva, pois ele mesmo não queria que populações inteiras vivessem e, para satisfazer esse desejo assassino, implementou uma solução final? O veredicto final que Arendt apresenta difere da vingança em algum aspecto?

De acordo com que lei, norma ou princípio a decisão a favor da pena de morte é justificada nesse caso? Vimos que Arendt considera uma barbaridade recorrer à vingança, a ideias de uma ordem natural violada ou aos direitos de coletividades violadas, e rejeita tudo isso (EJ, p. 300). Ela argumenta o tempo inteiro a favor do juízo e da justiça, e esse argumento continua no pós-escrito que se segue ao epílogo. No entanto, é peculiar em sua observação que essas noções de justiça, há muito esquecidas ou arcaicas, não foram apenas responsáveis por levar Eichmann a julgamento, mas também pela pena de morte. Isso gera certa confusão, pois se ela está se referindo aqui a razões que são bárbaras e inaceitáveis, então rejeita tanto as razões que levaram Eichmann a julgamento quanto a pena de morte. Estaria ela dizendo que há uma certa sabedoria – uma norma nascente – que atua na barbárie (da mesma maneira que pode haver princípios latentes – os mesmos princípios latentes – no veredicto final dos juízes de Jerusalém que eles mesmos não tornam manifestos)? O veredicto explícito que Arendt oferece para justificar a eliminação de Eichmann é o de que ele procurou expurgar certas assim chamadas raças (às vezes "nações") da face da Terra. Parece existir um princípio aqui, mas que não é elaborado diretamente. Em vez disso, a voz conclui, sem uma premissa intermediária, que é por isso que ninguém haverá de *querer* viver com ele.

Nas páginas anteriores, lemos que a extradição de Eichmann desde a Argentina não teve uma justificativa legal, tampouco foi realizada por meios legais (na verdade, o próprio Eichmann passou todo o processo inaceitavelmente como "apátrida" e desprovido de todos os direitos processuais). Nesse aspecto, Arendt cita Jaspers, que advertia que quem segue os ditames da vingança não pensa em qual deveria ser a punição correta, a qual autoridade seria lícito decidir a questão, e de acordo com qual código legal. Tudo que lemos em Arendt parece apoiar a ideia da justiça acima da vingança; em outras palavras, tem de haver uma justiça que dependa do julgamento, e, nesse caso, um julgamento que esteja à altura de cumprir a exigência de julgar um crime sem precedentes. Esse crime não é um assassinato comum, mas o que ela chama de "massacre administrativo" – um crime novo, que depende mais de modos politicamente organizados de obediência acrítica do que de estabelecer intenções psicológicas. Nesse sentido, o próprio Eichmann é um novo tipo de pessoa ou um tipo de criminoso sem precedentes; portanto, os mecanismos e os termos da justiça têm de ser repensados e refeitos para lidar com essa nova situação. Curiosamente, embora Arendt contestasse a ideia de que podemos encontrar adequadamente as motivações e intenções psicológicas num caso como esse, ela também atribui um certo tipo de intenção tanto a Eichmann quanto aos juízes: a convenção de atribuir a ambos "o que eles teriam dito" se tivessem ousado deixar claras as normas que atuaram em sua conduta pressupõe uma série de atitudes normativas e até modos de raciocínio que só podem ser reconstruídos *ex post facto*, a partir de uma posição contrafatual. Se tivessem pensado e falado bem, ou se tivessem *mostrado* a justiça, teriam fornecido os princípios de sua conduta, mas, como nenhum deles o fez, Arendt é quem o faz por eles. A questão continua sendo a de não reconstruir a pessoa psicológica, mas, em vez disso, o esquema normativo implícito que age num modo de conduta. E, embora pareça que Arendt consegue reconstruir a "intenção" como uma operação nada consciente do raciocínio moral, é difícil perceber como essa região opaca e renegada do raciocínio não depende de certa topografia psicológica, um mecanismo de renegação combatido por determinada intervenção terapêutica agressiva com o intuito de escavar e exibir os compromissos morais implícitos na fala muda ou deturpada.

Embora Arendt pareça saber melhor do que Eichmann e os juízes o que eles mesmos queriam dizer, e até o que deveriam ter dito, ela não se presta o tempo todo ao papel da arqueóloga filosófica onisciente. Nessa interpelação direta a Eichmann, acontece algo que provoca uma identificação emocional com os juízes de Jerusalém maior do que a crítica severa feita a eles pareceria permitir. A voz dela se entrelaça à deles, quase amarrada àquela pluralidade. Afinal, a voz é e não é a dela: é a voz que os juízes teriam usado se tivessem ousadia para tal, então o que ela escreve nesse ponto é a versão corajosa do veredicto. Como tal, o veredicto parece ser dela. Mas, como enunciação atribuída aos juízes, parece se distanciar da voz da própria Arendt.

Retornemos brevemente ao parágrafo que leva ao veredicto entre aspas. Quando ela escreve que "então a justiça do que foi feito em Jerusalém teria emergido para ser vista por todos se os juízes tivessem a ousadia de se dirigir ao acusado em algo como os seguintes termos [...]" (EJ, p. 300), a princípio parece que ela aceita aquele veredicto como justo. Em outro lugar, ela havia desmerecido sua pompa e sua vingança difusa. Pode ser que Arendt esteja apenas frisando que todos nós só teríamos visto que a vingança estava em ação em Jerusalém se os juízes tivessem expressado claramente sua versão de justiça. Então essa versão de justiça é a deles ou é a que Arendt corrobora?

Temos, assim, de distinguir entre duas interpretações sobre o que está acontecendo. De acordo com a primeira interpretação, Arendt está dizendo o que os juízes teriam dito se houvessem julgado de uma maneira verdadeiramente justa. Talvez ela esteja até afirmando que os juízes tomaram a decisão certa (algo que ela já tinha deixado claro), mas que não chegaram a ela da maneira correta e não a justificaram da maneira correta. Também pode ser que haja uma base lógica implícita no julgamento dos juízes, e a tarefa hermenêutica de Arendt seja explicitar esse raciocínio a fim de "mostrar" a justificativa correta.

A segunda interpretação é a de que Arendt dá voz, sim, ao que os juízes teriam dito se tivessem transmitido a verdadeira justificativa de suas ações, mas discorda da justificativa. De acordo com essa leitura, Arendt acusa os juízes, questionando se o que eles chamam de justiça é mesmo justiça. O que mais a incomoda, no entanto, é que essa operação de vingança não pôde ser vista, não pôde ser ouvida, e que certo ruído administrativo encobriu a verdadeira operação dessa forma arcaica e bárbara de sentenciar Eichmann à morte.

Se aceitarmos a segunda interpretação desse texto, continuaremos com o problema de entender quem na verdade está falando no final do epílogo e qual poderia ser o objetivo e o propósito dessa voz dentro do texto: uma voz que surge como interpelação direta e articula a figura do juiz. Em um texto em que o ônus da palavra é "mostrar" ao mundo o que está acontecendo, a figura trabalha para produzir uma imagem mediante a voz da interpelação direta.

Talvez alguma versão de cada interpretação que ofereci tenha de ser aceita. Arendt conjectura uma voz que não é sua (e, assim, é parcialmente renegada), mas na qual existem características identificáveis de sua própria voz, e essa duplicação está aí para ser vista. Então onde está Arendt nessa voz? Talvez distribuída entre as ideias dessa voz? Ela dá voz ao que acredita, mas atada a essa voz existe outra que diz algo de que ela discorda. Será que essa voz está dividida numa luta agônica consigo mesma? É interessante que, no meio dessa interpelação direta, a voz do juiz repita a própria ventriloquia subjuntiva de Arendt: o juiz conjecturado diz ao Eichmann conjecturado: "o que você quis dizer foi que onde todos, ou quase todos, são culpados, ninguém é culpado". Os juízes se referem a Sodoma e Gomorra, mas no contexto de dizer a Eichmann que, na arcaica narrativa bíblica, essas cidades foram destruídas porque todo o povo que as integrava era culpado. Por fim, os juízes rejeitam essa visão na frase seguinte, pois afirmam que o "você" que é Eichmann não é intercambiável com todos os nazistas ou apoiadores do Reich alemão. Os juízes conjecturados descartam a ideia de culpa coletiva numa voz e num teor que soa bastante como a própria Arendt. Aliás, a distinção entre a culpa verdadeira e a potencial também soa como Arendt, bem como o foco não na vida interior de Eichmann ou em seus motivos, mas em suas ações.

Nesse ponto do texto, começo a duvidar de que ela esteja dando voz à mesma argumentação de vingança que acredita ser bárbara e injusta. Apesar de explicar, por meio da voz conjecturada, por que as pessoas "querem" ver Eichmann morto, Arendt deixa claro que querer alguém morto não é razão suficiente para condenar alguém à morte. Em outro momento, ela apresenta um argumento menos emotivo: o genocídio é inaceitável porque constitui um ataque à pluralidade da própria humanidade. Talvez dar voz ao que juízes mais corajosos teriam dito na verdade seja dar voz ao que uma Hannah Arendt mais emotiva teria adorado dizer e até diz, mas entre aspas, como uma citação sem autoria atribuída, o que lhe permite dar a sentença de pena de morte sem exatamente querer dizê-la – algo que só é possível graças à conjectura fictícia no texto.

Essa voz estranhamente liberta – o discurso indireto formulado na interpelação direta – na verdade se interrompe em determinado momento, sugerindo que as duas visões emanam dessa enunciada figura do juiz plural. A penúltima frase parece expressar o desejo de ver Eichmann morto. Na acusação final, os juízes conjecturados enfatizam que Eichmann não quer partilhar a Terra "com o povo judeu e com o povo de diversas outras nações"; e concluem que nenhum membro da raça humana quer partilhar a Terra com ele. Mas nesse momento surge determinado princípio entre travessões, o que sugere que a decisão se baseia não apenas no desejo, mas num princípio, até uma norma, ao qual se deveria recorrer para decidir casos de genocídio: "– como se você e seus superiores tivessem o direito de determinar quem devia e quem não devia habitar o mundo" (EJ, p. 302).

É digno de nota que um princípio importante como esse apareça em forma de aparte, e ainda condicionado pelo "como se", que refreia a plena atribuição do pensamento. No entanto, tanto aqui quanto alhures, o contrafatual deixa claro que um direito está sendo implicitamente articulado por um modo de conduta e um tipo específico de política, mesmo que não seja explicitamente codificado como tal. O "nós" que não sabemos a quem se refere permite que a voz da própria Arendt coabite com as vozes dos juízes de Jerusalém nessa reconstrução enunciada de uma decisão com mais coragem e poder ilustrativo. Mesmo entre travessões, Arendt realiza o mesmo procedimento de antes, dando voz ao que outros teriam dito caso apresentassem, em público, linguagem e coragem suficientes para fornecer um princípio para suas ações. No momento em que essa voz relaciona à política nazista o direito de escolher com quem habitar a Terra, ela também mostra algo que os juízes provavelmente não tinham: a linguagem ou a coragem para articular e discutir, algo que Arendt claramente tem.

A mensagem filosófica e política de sua réplica direcionada a Eichmann (e aos juízes) é a de que devemos ter clareza de que ninguém tem o direito de escolher com quem coabitar a Terra ou o mundo (Arendt mistura o sentido dessa distinção heideggeriana o tempo todo, sugerindo que não existe Terra sem seus habitantes)[14]. A coabitação com outros que não escolhemos é, de fato, uma característica permanente da condição humana. Exercer o direito de decidir com quem coabitar a Terra é recorrer a uma prerrogativa genocida; aparentemente, a pena de morte é justificada somente para quem implementou o genocídio. Não recebemos nessas páginas algo que explique por que essa pena é a apropriada, em vez de alguma outra forma de punição, embora saibamos que a propriedade da pena de morte foi discutida na época (Buber e outros eram contra)[15]. Talvez estejamos sendo solicitados a nos lembrar de que, do mesmo modo que o crime de assassinato não é igual ao crime do genocídio, a pena de morte, imposta pelo Estado, não é igual ao assassinato aleatório executado pelos indivíduos. Se essa analogia estiver correta, e se Arendt tiver exposto plenamente os princípios de seu raciocínio, pode ser que ela recorra a uma tipologia moral dos modos de condutas letais que justificariam a pena de morte (o assassínio induzido pelo Estado sob certas condições legais) ao mesmo tempo que rejeita qualquer forma de conduta mortal genocida, patrocinada ou não pelo Estado[16]. Essa justificativa, no entanto, não é oferecida nesse trecho[17]. O que há, ao contrário, é uma notável elipse no raciocínio. Se esse argumento estiver em algum lugar, está implícito, pois a voz que assumiu a tarefa de mostrar a versão de justiça ocorrida em Jerusalém parece deter-se nesse momento. Sem entender a diferença entre o assassinato como um crime e o genocídio como um crime contra a humanidade, não podemos entender por que sentenciar Eichmann à morte é diferente de tirar a vida de alguém que tirara outra vida. Como essa reciprocidade se diferenciaria da vingança, ou do princípio do olho por olho ("como você quis... agora todos querem...")? Porém, assim como a voz conjecturada aqui não assume consistentemente a lógica da vingança, tampouco elabora de todo um princípio alternativo. Talvez a instabilidade dessa voz, sua própria dualidade, consista numa conjugação de raiva e acusação vingativa com uma elaboração mais imparcial de uma norma necessária para decidir questões de genocídio; é essa conjugação estranha o que devemos ouvir e ver? Será que a voz coloca Arendt no banco, sentada junto aos outros juízes, será que essa voz é preenchida por aquela série de pontos de vista diversificados? Será que a voz perde a conexão de sua própria ventriloquia e começa a coabitar (apesar de si) de maneiras que sinalizam um controle autoral incerto, ou, talvez, uma dispersão do efeito autoral? Ou essa Arendt está descobrindo a forma retórica que permite certa licença

---

[14] Arendt parece recorrer implicitamente à distinção heideggeriana entre Terra e mundo presente em Martin Heidegger, *Poetry, Language, Thought* (Nova York, Harper and Row, 1971). Em "Building, Dwelling, Thinking", por exemplo, Heidegger afirma que "ser um humano significa estar na Terra como mortal". Mas estar "na Terra" é, nos termos dele, habitar (p. 147). Já em "The Origin of the Work of Art", ele deixa claro que mundo e Terra são diferentes: a Terra, em sua dadidade, é "exposta" ou parcialmente desvelada, mas o mundo é "instituído" e pertence à prática da construção ou da ação humana (p. 48-9). Embora Heidegger argumente que Terra e mundo são oposições que travam uma forma de "combate" na obra de arte, Arendt claramente entende que a prática humana de criar o mundo deriva, como necessidade política, do caráter dado dos humanos, mortais, que coabitam a Terra.
[15] Ver discussão sobre o assunto em Avraham Burg, *The Holocaust Is Over* (Nova York, Palgrave MacMillan, 2008).
[16] Ver a discussão de Talal Asad sobre a conduta mortal em *On Suicide Bombing* (Nova York, Columbia University Press, 2007).
[17] Para uma reflexão sobre o que pensa Hannah Arendt a respeito da pena de morte, ver o meu "Hannah Arendt's Death Sentences", *Comparative Literature Studies*, v. 48, n. 3, 2011, p. 280-95.

emocional, uma reprimenda final, uma sentença de morte conjecturada, ao mesmo tempo em que insere o princípio de sua própria ação num aparte mais moderado e integrado? De que outra maneira podemos entender essa estranha encenação? O final do epílogo é teatral, a produção de uma figura híbrida por meio de uma voz cujo falante nunca se revela de fato.

Embora se opusesse ao julgamento como um tipo de espetáculo, Arendt parece ter se permitido entrar no teatro do julgamento nesse notável epílogo, ainda que somente para garantir que sua versão de justiça pudesse não só ser feita, mas também ser vista. Pelo uso retórico da interpelação direta, do efeito sinestésico e da duplicação ambígua de uma voz sem nome, ela produz a imagem e o som textuais do juiz que deveria ter sido, mas não foi. Ao mesmo tempo, ela absorve os juízes de Jerusalém em sua própria voz, numa demonstração que não só os corrige, mas se vincula a eles; ela lhes dá o princípio que pensa ser necessário para eles e dá a si mesma certa licença para entrar na briga, sentenciando Eichmann à morte de novo – um ato que, embora redundante, nem por isso é menos satisfatório.

## O plural "nós"

Arendt se apresenta como aquela que aparentemente sabe o que os juízes deveriam ter dito; ela fala em sua própria voz; e entretanto, ao falar como um sujeito plural, um "nós", também parece passar para segundo plano como autora singular. Podemos, afinal, separar essas duas partes, ou elas estão de alguma maneira implicadas uma na outra, sugerindo que o juízo não é apenas um ato individual, mas uma representação implícita ou explícita da própria pluralidade[18]? Se sim, que tipo de pluralidade é essa? Encontramos no "nós" plural que Arendt usa na sentença final alguma pista para entender a importância filosófica e política desse pronome plural?

O "nós" que ela invoca imediatamente rompe com qualquer "nós" circunscrito pelas leis do Estado-nação, qualquer "nós" que pertença restritivamente à nação. No entanto, só descreve um outro "nós" para conjecturar seus parâmetros ideais: esse "nós" será plural, ou seja, diferenciado internamente; essa população diferenciada internamente servirá como a base do juízo, mas também como a voz pela qual acontecesse o juízo legítimo. Além disso, a ambiciosa invocação da pluralidade parece envolver o juízo – o juízo prático no sentido kantiano – não como uma forma de subordinar um exemplo a uma regra existente, mas como ato espontâneo e até criativo. Arendt pede para não considerarmos o juízo humano como limitado pela lei,

> limitado por padrões e regras sob os quais se subordinam casos específicos, mas, ao contrário, [como aquele que] produz seus próprios princípios em virtude da própria atividade de julgar: somente partindo desse pressuposto podemos nos arriscar nesse solo moral bastante escorregadio com certa esperança de encontrar uma base sólida.[19]

---

[18] Linda Zerilli, *Feminism and the Abyss of Freedom* (Chicago, University of Chicago Press, 2005).
[19] Hannah Arendt, *Responsibility and Judgment* (Nova York, Schocken, 2003), p. 27 [ed. bras.: *Responsabilidade e julgamento*, trad. Rosaura Eichenberg, São Paulo, Companhia das Letras, 2004].

Sendo assim, essa pluralidade que Arendt invoca é uma voz (modo textual de interpelação) que fala com Eichmann e os juízes, mas que também se mostra para todos que consigam lê-la e, pela leitura, "ver" o que é mostrado. É uma voz que fala como um "nós" que, por definição, se divide em muitos; ele transita de maneira repentina e fugidia entre um "eu" e um "nós". Esse mesmo "nós" serve de solo escorregadio sobre o qual não se encontra uma base sólida. Em certo sentido, ele é o veículo pronominal da esperança: o juiz menos que ideal cuja voz conjecturada encerra o texto é justamente aquele que ela gostaria que fosse verdadeiro, mas cuja falibilidade ela estranhamente preserva. Desse modo, embora se possa esperar que Arendt, munida de perspicácia filosófica, triunfe em relação aos juízes, surge uma estranha cena de coabitação; ela assume a voz do juiz, ou se liberta dentro dessa voz; mas não há juiz nenhum ali, apenas uma operação do julgar. O que está em questão é mais a operação do julgar e menos a posição do juiz. Nesse caso, percebemos que a operação é plural, preenchida por visões discordantes, emotivas e divididas. De certo modo, o texto não transmite o ideal de um juiz, mas exercita o julgar como iniciativa plural. Não exemplifica precisamente um conjunto de ideais, mas atua de um modo que podemos chamar de "crítico" justamente porque não depende de nenhuma lei existente para fundamentar sua legitimidade. Como o direito positivo pode estar errado, o que acontece com frequência, a tomada de decisões precisa de uma base que não dependa de uma codificação existente.

Embora se possa esperar que Arendt recorra ao direito natural para fundamentar a legitimidade do direito positivo, em vez disso ela recorre a um entendimento pré-legal de responsabilidade ou razão prática. Ela não só defende a primazia da filosofia moral sobre as instituições legais, mas também confere à filosofia moral um caráter fictício, performativo, espontâneo e ambicioso que vai de encontro a suas modalidades usuais. Afinal, a interpelação direta final de Arendt não é exatamente argumentativa: ela encena um julgar em nome de uma pluralidade conjecturada. Nesse sentido, ela é prática e performativa, fundamentada menos no código legal existente e mais na inexistência de um ideal de justiça – um ideal que, acredito, é mais bem descrito como o reconhecimento da igualdade derivado da concepção arendtiana de pluralidade humana.

É importante destacar que Arendt não obedece a nenhuma lei quando, de modo fictício, sentencia Eichmann à morte. Da mesma maneira que o culpa por seguir a lei existente em vez de questionar a legitimidade dela, Arendt não baseia seu próprio julgar em direito nenhum, apenas no juízo independente do que o direito deveria ser. Desse modo, ela não só torna o pensamento filosófico mais importante que o raciocínio jurídico, mas também distingue entre responsabilidade e obediência, uma vez que o pensamento crítico é separado da aceitação acrítica dos dogmas ou dos ditames. A responsabilidade do sujeito não pode ser entendida como uma lealdade acrítica ao direito, pois o próprio direito pode se mostrar criminoso (como vimos na Alemanha nazista), e nesse caso temos a responsabilidade de combater o mau direito – responsabilidade que, nessas condições, seria até mesmo definida como desobediência. Aliás, às vezes a desobediência é justamente nossa responsabilidade. Isso é o que Eichmann não conseguiu entender.

Em Arendt, o diálogo que é o pensar tem uma dimensão performativa e alocutária que ressalta a centralidade da livre constituição de si em sua perspectiva. Se a livre constituição de si é uma ação, no entanto ela deve ser executada tendo como base algum conjunto de relações sociais prévias. Ninguém se constitui num vácuo social. Embora esse preceito algumas vezes seja distorcido pelo que Arendt costuma dizer sobre o caráter solitário do pensar, outras vezes não o é, especialmente quando o pensar é entendido como falar, e o falar é um ato performativo de determinada espécie. Pensar não é necessariamente pensar sobre si mesmo, e sim pensar consigo mesmo (recorrendo a si mesmo como companhia e assim usando o plural "nós") e manter um diálogo consigo mesmo (sustentando um modo de interpelação e, implicitamente, uma interpelabilidade)[20]. Agir como um indivíduo é realizar uma ação conjunta sem sacrificar plenamente a própria singularidade, e agir de tal maneira que o diálogo consigo mesmo continue; em outras palavras, a máxima que guia minha vida é a de que qualquer ação que eu realize deve apoiar e não destruir minha capacidade de estar na minha própria companhia (deve apoiar a receptividade e audibilidade desse diálogo interno). Na medida em que o pensamento é dialógico, ele é um exercício linguístico, o que é importante para minha capacidade de continuar compondo a mim mesma como alguém que pode fazer e faz companhia para mim mesma. Embora o diálogo implique ser interpelada pelos outros (ou interpelar a mim mesma como um outro), e por isso exija a receptividade, Arendt traça o encontro dialógico dentro do si-mesmo como uma dimensão ativa e performativa da criação de si. "Nesse processo do pensar em que realizo a diferença especificamente humana da fala, eu me constituo explicitamente como pessoa, e permaneço uma pessoa na medida em que sempre sou capaz dessa constituição de uma maneira nova". Para Arendt, quem não é bem-sucedido em se relacionar consigo, constituir a si mesmo, como se faz no pensar e no julgar, não se efetiva como pessoa. Para que essa efetivação aconteça, é necessário certo tipo de fala; vale notar que é uma fala silenciosa, solitária, mas nem por isso sem destinatário. Alguém interpela outro alguém, e essa estrutura de interpelação fornece a condição retórica e linguística tanto do pensamento quanto da consciência. De acordo com a leitura que Arendt faz de Eichmann, ele não visitou a si mesmo. Para receber uma visita, é preciso ter alguém em casa. Arendt conclui que, no caso de Eichmann, não havia ninguém em casa. Na verdade, em suas reflexões sobre o mal em outro texto, ela faz essa atordoante observação: "no mal sem raízes, não resta ninguém que um dia possa ser perdoado"[21].

Essas observações deixam em aberto duas questões fundamentais. A primeira é se Arendt achava que Eichmann "não estava em casa" ou não era uma pessoa desde

---

[20] Ver, sobre a interpelabilidade, M. M. Bakhtin, "The Problem of Speech Genres", em *Speech Genres and Other Late Essays* (orgs. Michael Holquist e Caryl Emerson, Austin, University of Texas Press, 1986), p. 95-9 [ed. bras.: "O problema dos gêneros discursivos", em *Estética da criação verbal*, trad. Paulo Bezerra, São Paulo, Martins Fontes, 2003]; e também Adriana Cavarero, *Relating Narratives* (Nova York, Routledge, 2000) e *For More than One Voice: Towards a Philosophy of Vocal Expression* (Palo Alto, Stanford University Press, 2005) [ed. bras.: *Vozes plurais: filosofia da expressão vocal*, trad. Flavio Terrigno Barbeitas, Belo Horizonte, Ed. UFMG, 2011].
[21] Hannah Arendt, *Responsibility and Judgment*, cit., p. 95.

o início, ou se as condições para a personalidade foram dizimadas com o tempo. Se for este o caso, elas foram dizimadas somente por ele? Teria ele desconstituído sua própria personalidade? Se não desconstituiu ativamente a si mesmo, será que, passivamente, não conseguiu constituir a si mesmo? As condições sob as quais essa desconstituição aconteceu fazem diferença, ou só precisamos saber que ele não exerceu a liberdade necessária para se transformar numa pessoa? A princípio pode parecer que estamos dando muitas voltas aqui, mas vemos que, assim como não quer que o crime de Eichmann seja desculpado em virtude das condições sociais em que ele viveu, Arendt se recusa a considerar as condições sociais em que tanto a constituição da personalidade quanto o exercício do juízo podem se tornar possíveis. A segunda implicação se segue da primeira: ela estava disposta a concordar com a pena de morte porque concluiu que não restava uma pessoa ali, que as ações (ou inações) dele tinham efetivamente destruído as precondições de sua própria personalidade.

Arendt parece endossar uma norma moral que distingue entre pessoas e não pessoas, o que pode dar a entender que quem não consegue constituir a si mesmo de modo que suas ações salvaguardem a pluralidade da existência humana e combatam ativamente sua destruição de fato praticou o genocídio e perdeu o direito de reivindicar proteção contra a morte promovida pelo Estado. Isso significa que condenar tal não pessoa à morte não é nada mais que uma redundância? Se a pessoa já dizimou sua própria personalidade, a pena de morte apenas ratifica o feito anterior? Podemos parar nesse ponto e refletir sobre a posição de Arendt, questionando se afinal ela é aceitável, e se Arendt ofereceu de fato motivos suficientes para aceitar a pena de morte.

Eichmann fracassou em visitar a si próprio, respondendo, digamos, a um recrutamento rival, e por isso agiu irresponsavelmente. Além disso, Arendt produz a ocasião textual em que vai até ele, abordando-o diretamente, colocando em relevo, podemos dizer, a interpelabilidade desse sujeito que não conseguiu interpelar a si mesmo. Se Eichmann está além do alcance, a interpelação direta de Arendt acaba sem destinatário – a menos, é claro, que aceitemos que na verdade ela não lhe está interpelando, mas a nós, "o mundo" de leitores que funcionam como jurados *de facto* no julgamento (e em seu relato).

Todavia, Arendt não constitui Eichmann indiretamente como potencial interlocutor ao interpelá-lo de maneira direta? Esse ato não estaria em conflito com sua conclusão de que não há ninguém em casa? Com efeito, ela o coloca dentro da esfera da interlocução, e com isso o constitui como um tipo de pessoa. No momento em que ela o interpela, uma disposição da linguagem os vincula; ela faz parte de uma pluralidade humana junto dele – aliás, junto de tipos como ele. No entanto, o propósito de sua interpelação é excluí-lo do próprio domínio da pluralidade. A sentença de morte é um dos exemplos paradigmáticos do performativo perlocucionário, um ato de fala que, sob certas condições, pode levar ao resultado que anuncia. Desse modo, as últimas sentenças daquele epílogo (nos dois sentidos) representam uma operação do discurso como ação.

Mas como Arendt não é juíza, embora exerça o julgar, sua escrita põe em evidência a diferença entre o domínio conjectural da filosofia e o domínio efetivo do direito e da política. A conjectura, o contrafatual, é importante porque articula uma norma não legal segundo a qual o raciocínio legal deveria proceder; dessa maneira, a conjectura impossível de Arendt – na verdade, sua ficção – faz parte do seu esforço de fundamentar o direito no pensamento prático, em si um exercício crítico do pensar.

### Coabitação plural

Começamos esta análise da obra de Arendt perguntando se existem dimensões do pensar que nos comprometam de antemão com a salvaguarda da pluralidade humana. Isso se torna ainda mais difícil quando ponderamos que a própria Arendt fez uma distinção entre o pensar – que pertence à esfera contida do si-mesmo – e o agir – que requer o domínio da pluralidade humana. Para fazer valer a afirmação de que o crime de Eichmann foi o fato de ele não pensar, ela tem de conectar o não pensar com o genocídio, o que significa que o pensar tem de estar integralmente relacionado à afirmação da coabitação plural.

Por sorte, Arendt desfaz sua distinção muitas vezes. Quando Arendt pensa, ela teoriza o pensar; o pensar toma a forma do julgar, e o julgar é um tipo de ação. Ele surge como a ação performativa de julgar o próprio Eichmann no final do texto. Quando teoriza explicitamente o pensar, Arendt observa que ele envolve estar na companhia de si mesmo, mas também nota que envolve o constituir de si-mesmo, uma vez após a outra. No entanto, ao distinguir explicitamente entre pensamento e ação, ela levanta a seguinte hipótese: mesmo que o pensamento envolva essa capacidade interna de estar na companhia de si mesmo, a ação envolve estar na companhia dos outros (e agir de comum acordo com eles). Esse estar com os outros é aquela pluralidade generalizada que Eichmann buscou destruir, uma pluralidade enunciada como o "nós" em nome de quem Arendt o condena à morte. Arendt deixa essa distinção explícita aqui, mas não consegue mantê-la de forma consistente em toda sua obra. Vejamos como ela apresenta a distinção quando tenta defini-la:

> Em termos políticos, a principal distinção entre Pensamento e Ação é que só estou com meu próprio si-mesmo ou com o si-mesmo de outro quando estou pensando, ao passo que estou na companhia de muitos no momento em que começo a agir. O poder para os seres humanos que não são onipotentes só pode estar em uma das muitas formas de pluralidade humana, ao passo que cada modo de singularidade humana é impotente por definição.[22]

Se levássemos a sério essa tipologia, significaria que pensamos por nós mesmos ou em relações diádicas, em diálogos reais entre esse si-mesmo e o outro. Mas somente quando nos envolvemos com muitos, com uma pluralidade que extrapola as relações diádicas, é que nos tornamos capazes de ação, entendida como exercício de poder. Fico pensando se isso é verdade e se de fato é concebível. Afinal, atribui-se ao "eu" a constituição de si pela linguagem, e isso já é um ato

---
[22] Ibidem, p. 106.

performativo – portanto, uma versão da ação. Arendt julga Eichmann, e isso parece, pelo menos superficialmente, uma relação diádica; aliás, não menos diádica por ser imaginária e estranha. As duas formas de pensar assumiram uma forma linguística, e nos dois exemplos a linguagem não se limita a descrever uma realidade, mas dá existência a uma realidade (a constituição de si é ilocucionária; o julgar é perlocucionário). Nesse sentido, a linguagem é um tipo de ação, constituinte ou performativa. Ela já não nos disse que a pluralidade é germinal no pensar? Isso não implicaria imediatamente que a ação é germinal no pensamento? Podemos sequer ter um pensamento que não esteja de algum modo relacionado à ação, ou, em termos mais claros, à ação já incipiente de um modo ou de outro?

Embora às vezes pareça que ela está separando dois modos diferentes de pluralidade – o si-mesmo e o si-mesmo com os outros –, ela também revela que a distinção não é absoluta. Ela já nos disse que o pensamento solitário carrega os traços da companhia social. Mas é preciso afirmar algo mais sólido aqui, algo que eu gostaria que ela tivesse dito. Na verdade, a meu ver, sem aquela característica incentivadora da companhia social não pode haver a autorreferência, o que significa que a socialidade antecede e permite o que chamamos de pensar. O sujeito só se torna capaz de ter um diálogo consigo se já tiver se envolvido num diálogo com os outros. Ser interpelado antecede e condiciona a capacidade de interpelar. Em termos éticos, o sujeito só se torna capaz de responder aos outros se antes tiver sido interpelado, constituído pelos outros, como alguém que pode ser incitado a responder à interpelação com a autorreflexão, ou, na verdade, com o pensar. É somente como uma pessoa inserida na linguagem por meio dos outros que me torno alguém capaz de responder ao chamado deles, alguém capaz de interiorizar esse encontro dialógico como parte do meu próprio pensar. Nesse ponto, a socialidade se torna uma característica incentivadora em todo e qualquer pensamento que qualquer um de nós possa ter. Desse modo, o diálogo que sou não é separável da pluralidade que me torna possível. Embora o diálogo que sou não seja plenamente redutível a essa pluralidade, existe uma sobreposição necessária, ou um quiasma, entre as duas esferas. Não existe uma formação social do pensamento no sentido arendtiano, mesmo que a forma normativa assumida pelo pensamento seja radicalmente solitária? E não seria a solitude, em certo sentido, uma relação social?

Como vimos, Arendt faz algo interessante e perturbador quando invoca a voz do juiz para condenar Eichmann à morte depois de ele já ter sido condenado. Por um lado, ela invoca e produz uma figura de autoridade soberana fora de qualquer lei; por outro, apresenta performativamente uma norma capaz de distinguir a lei justa da injusta em bases radicalmente igualitárias. Pode ser que, por razões sugeridas tanto por Arendt quanto por Benjamin em "Crítica da violência", devamos combater e agir contra a lei, até mesmo nos envolver num anarquismo temporário quando ela se torna injusta. Mas não há motivos para pensar que a única maneira de se opor à lei ou suspendê-la seja recorrendo à soberania extralegal. Isso aproximaria Arendt de Schmitt mais do que eu gostaria, e vai contra as consequências igualitárias radicais de sua teoria da pluralidade social.

O que aconteceria se, em vez de se dirigir à voz soberana como forma de combater a violência legal, ela tivesse repensado o social, o domínio da pluralidade, não só como lugar de pertencimento, mas como lugar de luta? Em outras palavras, a relação quiasmática entre o "eu" e o "nós" também expõe uma falha no cerne da soberania, uma não coincidência que faz a voz vacilar entre modos e torna o solo mais escorregadio ainda? Esse aparente recurso à soberania no cerne do julgamento parece conflitar com a ontologia social que Arendt nos apresentou. Na verdade, pode ser que a pluralidade abale a soberania repetidas vezes, federando seus restos, espalhando-a em formas federais. Se pensar, ou pelo menos pensar adequadamente, envolve pensar de modo a preservar a heterogeneidade da vida humana, então, quando estamos pensando, estamos pensando a heterogeneidade. Mas nesse ponto precisamos notar que essa heterogeneidade só é pensada num horizonte antropocêntrico. Afinal, a vida que vale ser preservada, mesmo quando considerada exclusivamente humana, está ligada à vida não humana de maneiras essenciais; isso deriva da ideia do animal humano. Portanto, se estamos pensando corretamente, e nosso pensamento nos compromete com a preservação da vida em alguma forma, a vida a ser preservada tem forma corporal. Por sua vez, isso significa que a vida do corpo – sua fome, sua necessidade de abrigo e proteção da violência – se tornaria o principal tema da política.

Isso se torna um problema para a Arendt de *A condição humana*, que, consequente e equivocadamente, separa a esfera pública da esfera privada[23]. Na esfera privada, encontramos a questão das necessidades, a reprodução das condições materiais de vida, o problema da transitoriedade tanto da reprodução quanto da morte – tudo que pertence à vida precária. A possibilidade de populações inteiras serem aniquiladas ou por políticas genocidas, ou pela negligência sistêmica deriva *não só* do fato de haver quem acredite que possa decidir com quem vai habitar a Terra, *mas também* de que esse pensamento pressupõe a renegação de uma irredutível verdade da política: o fato de sermos vulneráveis à destruição praticada pelos outros deriva de todos os modos de interdependência política e social, e constitui uma exigência a todas as formas políticas.

Uma ontologia social diferente teria de partir dessa condição compartilhada de precariedade para refutar aquelas operações normativas, predominantemente racistas, que decidem de antemão quem é considerado humano e quem não é. A questão não é retomar o humanismo, mas aceitar a animalidade humana e a precariedade comum. Talvez essa característica de nossas vidas possa se tornar a base para os direitos de proteção contra o genocídio premeditado e as formas fatais de negligência nacional e internacional e de abandono de populações precárias. Afinal, nossa interdependência nos constitui como mais do que seres pensantes, como seres sociais e corporalizados de fato, vulneráveis e passionais; nosso pensar não chega a lugar nenhum sem o pressuposto dessa interdependência. Nosso pensamento se vale de uma vida corporal que jamais pode ser totalmente isolada numa

---

[23] Hannah Arendt, *The Human Condition* (Chicago, University of Chicago Press, 1998) [ed. bras.: *A condição humana*, trad. Roberto Raposo, 11. ed., Rio de Janeiro, Forense Universitária, 2011].

esfera privada – realmente, para que o pensamento se torne político, tem de haver um corpo que, nos termos da própria Arendt, "aparece". Arendt deixa claro que o pensar pode nos vincular aos outros e assim nos possibilitar pensar o vínculo social ao qual já estamos comprometidos quando começamos a pensar.

Se Arendt está apenas ilustrando a decisão soberana aqui, mostrando o que é a boa decisão, ou representando performativamente a boa decisão no modelo da soberania justa, ela certamente se distanciou das noções de igualdade e dos processos de pluralização e universalização que caracterizam tanto sua ontologia social quanto os benefícios de sua teoria para a política democrática. O que quero dizer é que ela nem endossa uma noção de ação soberana à custa do fazer coletivo, nem endossa as formas sociais de deliberação à custa da ação e da decisão soberanas. Em vez disso, estou dizendo que ela oscila entre as duas, e que essa tensão parece formar uma dimensão recorrente e insolúvel de seu pensamento.

Consideremos essa citação de "Responsabilidade pessoal sob a ditadura":

> a visão bastante otimista da natureza humana, que se manifesta tão claramente no veredicto não só dos juízes no julgamento de Jerusalém, mas também em todos os julgamentos do pós-guerra, pressupõe uma faculdade humana independente, sem o apoio da lei e da opinião pública, que julga, em plena espontaneidade e de uma maneira nova, cada ação e intenção sempre que surge a ocasião.[24]

Ela prossegue e especula: "talvez tenhamos essa faculdade e sejamos legisladores, cada um de nós, toda vez que agimos". Mas depois ela usa esse critério que acabara de articular pela conjectura para julgar os juízes como inadequados: "Apesar de toda a retórica, eles não disseram nada mais que isto: existe em nós um *tino* para essas coisas há tantos séculos que ele não poderia ter sido perdido"[25]. Em "Algumas questões de filosofia moral", Arendt deixa claro que pelo menos essa parte de Kant tem de ser salvaguardada e contraposta à obediência nazista. Mais uma vez, ela apresenta sua norma por meio de uma conjectura:

> Se, no entanto, puder ser atribuída a mim a obediência ao imperativo categórico, significa que estou obedecendo minha própria razão. [...] Eu sou a legisladora, o pecado ou o crime não podem mais ser definidos como desobediência à lei de outra pessoa, mas, ao contrário, como recusa de cumprir minha parte como legisladora do mundo.[26]

De que maneira um legislador soberano como esse poderia viver no domínio da pluralidade? Talvez apenas se dividisse sua voz e dispersasse sua soberania. Pode ser que a soberania, no fim, não seja compatível com a pluralidade, ou, aliás, com as formas federativas de governo. Mas essa conclusão depende em parte de como entendemos a dimensão soberana e a dimensão plural da ação.

Embora eu não esteja preparada para defender plenamente essa concepção, acredito que possa ser útil retornar à distinção que consideramos no capítulo

---

[24] Idem, "Personal Responsibility Under Dictatorship", em *Responsibility and Judgment*, cit., p. 41.
[25] Idem.
[26] Idem, "Some Questions in Moral Philosophy", em *Responsibility and Judgment*, cit., p. 69.

anterior, a que Arendt apresenta em resposta à acusação de Scholem de que ela não tinha amor pelo povo judeu. Os "fatos" de ela ser judia e de ser mulher são entendidos como parte de sua *phýsei*. Quando Arendt se refere à judaicidade como algo dado, como *phýsei*, e compara isso a ser mulher, deparamos com uma analogia estranha, mas também com um desafio a qualquer tipo de apropriação ativa desses termos. Em *A condição humana*, ela escreve: "o senso humano de realidade requer que os homens atualizem o puro dado passivo do seu ser, não para modificá-lo, mas para exprimir e dar plena existência àquilo que, se não o fizessem, teriam de suportar passivamente de qualquer maneira"[27].

Então, o que isso significa? Para começar, que estamos diante de outros que não escolhemos, e que essa proximidade é a fonte de uma variedade de consequências emocionais que vai do desejo à hostilidade, ou, aliás, uma espécie de combinação dos dois. Arendt enfatiza repetidas vezes como a liberdade requer a ação em harmonia, mas o que ela parece não considerar mais detidamente é a falta de liberdade que condiciona a coabitação e a forma como pensamos essa falta de liberdade em relação à liberdade que é, para ela, a base da política.

Mas, se considerarmos seriamente a incapacidade de escolher com quem coabitamos a Terra, veremos que a escolha tem um limite, uma espécie de falta de liberdade constitutiva que define quem somos e até, em termos normativos, quem devemos ser. É verdade que coabitamos com quem não escolhemos, mas isso decerto coloca uma dose de agressão e hostilidade no meio da coabitação. Aliás, não seria preciso levar em conta um tipo de agonismo, ou mesmo um antagonismo, em meio à pluralidade? Se pensarmos na coabitação apenas como um objetivo político, mas não como condição de existência social, acabaremos por não entender não só o agonismo decorrente da coabitação não escolhida, mas também o anseio, a dependência, a restrição, as possibilidades de intromissão, invasão e deslocamento. Se isso é uma coabitação de seres viventes, então temos de pensar sobre a vida como algo que cruza a fronteira entre o humano e o não humano. E, como criaturas corporificadas, teríamos de pensar as questões de carência, fome e abrigo como cruciais a essa pluralidade; em outras palavras, a pluralidade teria de ser pensada como certa interdependência material, de modo que a capacidade de viver e a exposição à morte também estejam parcialmente em jogo nessa condição social. Aqui encontramos a ideia de vida precária, em que ser um corpo à mercê de outro corpo pode significar uma grande fonte de prazer e/ou um medo terrível da morte.

Sobre o genocídio nazista, Arendt escreveu que nossos padrões morais usuais passaram por uma reviravolta e se tornaram anacrônicos.

> No momento em que fomos confrontados com o próprio horror, em sua monstruosidade nua, ele pareceu – não só para mim, mas para várias pessoas – transcender todas as categorias morais e demolir todos os padrões de jurisdição, algo que os homens não conseguiriam nem punir nem perdoar. [...] Temos de aprender tudo do zero, ao natural,

---

[27] Idem, *A condição humana*, cit, p. 260.

por assim dizer – ou seja, sem a ajuda das categorias e regras gerais às quais subordinamos nossa experiência.[28]

Foi essa última exigência que a levou de volta a Kant não só para resgatá-lo da apropriação de Eichmann, mas também para desenvolver um modo de responsabilidade que se tornou necessário em razão da situação histórica em que os quadros de referência moral e legal existentes provaram-se inadequados. Não se trata de subordinar uma máxima moral particular à regra geral, principalmente quando só se pode dar a particular para a qual se deve encontrar a geral. Arendt escreve: "o padrão não pode ser tomado emprestado da experiência e não pode ser derivado do que é externo"[29]. É preciso investigar, experimentar, até se basear na imaginação, quando se trata de formar juízos desse tempo e em nome da vida humana compartilhada que permanece irredutível tanto ao individualismo quanto ao coletivismo. Arendt se posiciona exatamente nesse ponto, no intermédio, como o "eu" e o "nós" ao mesmo tempo, quando conjectura o tribunal em que ela é a juíza e, por meio de um processo controverso, antagônico e ambivalente, elabora as normas com as quais deveríamos julgar.

Por essa razão, acredito que o recurso à mente soberana, sua capacidade de julgar, seu exercício individual da liberdade, está em forte conflito com a ideia de coabitação que parece derivar tanto da acusação de Arendt contra Eichmann quanto de suas reflexões explícitas sobre a pluralidade. Essa última noção fornece um precedente para o direito internacional, um direito que não se baseia exclusivamente nos direitos dos cidadãos, mas se estende aos membros de todas as populações, independentemente de seu status legal. Na verdade, no Relatório Goldstone ("Comissão Independente de Inquérito das Nações Unidas sobre o Conflito de Gaza"), publicado em setembro de 2009, o próprio Goldstone observa que o direito e a justiça internacionais requerem que "nenhum Estado ou grupo armado esteja acima da lei". Ao dizer isso, ele postula uma lei que sobrepuja quaisquer leis e políticas que governem um Estado específico ou grupo armado. Embora Goldstone tenha voltado atrás em sua posição mais recentemente num artigo de opinião (sem status legal), ainda podemos aceitar seus argumentos, apesar de ele não ter resistido à pressão e abdicado de suas próprias palavras.

Mesmo que Goldstone tenha recorrido a um precedente legal internacional em todo seu relatório, ainda existe uma tensão entre como o relatório afirma ou até cria a lei, por um lado, e como esse precedente restringe os juízos que o relatório faz, por outro. Acredito que, em alguns aspectos, isso reflete a tensão entre soberania e coabitação em Arendt. O juízo pressupõe uma ação soberana ou resulta de um consenso forjado historicamente, uma ação por parte de uma pluralidade? Acho que vemos algo dessa tensão na recepção pública e na adjudicação do Relatório Goldstone, que pedia tanto ao Estado de Israel quanto à autoridade do Hamas em Gaza que conduzissem investigações sobre possíveis crimes de guerra. Em uma

---

[28] Idem, *Responsibility and Judgment*, cit., p. 55 e 25.
[29] Hannah Arendt, *Lectures on Kant's Political Philosophy* (Chicago, Chicago University Press, 1989), p. 76 [ed. bras.: *Lições sobre a filosofia política de Kant*, trad. André Duarte de Macedo, Rio de Janeiro, Relume Dumará, 1993].

parte do relatório e de suas descobertas, questiona-se se os civis foram feitos de alvo ou se, na verdade, eram usados como escudos humanos. O Estado de Israel não apenas questionou a justeza ou imparcialidade dessa abordagem, como também afirmou que Goldstone exerceu uma autoridade inapropriada, enquadrando o conflito de maneira unilateral. Com isso, Israel deixou claro que não vai honrar a legitimidade das recomendações finais do relatório para que se investiguem crimes de guerra e crimes contra a humanidade. Vemos que há uma questão sobre quem fala quando Goldstone fala: se ele mesmo ou o direito internacional. Trata-se de uma decisão soberana por parte dele, assumindo como indivíduo uma autoridade moral e legal que não deveria ter, ou ele tem a legitimação do direito internacional para fazer os julgamentos que faz (obviamente, quem julga é uma comissão, mas o juízo está formulado no nome dele)? Os dois lados do conflito contestaram a legitimidade da exigência, especialmente o Hamas, para o qual a população civil de Gaza foi desproporcionalmente afetada pelo ataque de dezembro de 2008, que só acabou em janeiro de 2009. A Autoridade Palestina, de maneira inacreditável, porém previsível, não apoiou o relatório. E as investigações que os israelenses concordaram em realizar certamente *não são* investigações criminais independentes e ainda não resultaram em condenações. Como relata o Adalah, Centro Legal para os Direitos da Minoria Árabe em Israel:

> Segundo a Força de Defesa de Israel, o foco dessas investigações é qualquer "má conduta" por parte dos soldados israelenses como indivíduos, fora do escopo de quaisquer instruções oficiais e ordens recebidas, e não as políticas e estratégias das operações militares israelenses, sua implementação, o tamanho e o tipo de armas usadas etc. Até agora, essas investigações parecem ter o objetivo principal de amenizar a pressão internacional sobre o governo de Israel, eximir o Exército e seu comando das acusações feitas contra eles, e impedir a deliberação desses crimes no foro internacional.

Em outras palavras, as investigações realizadas em resposta à determinação de Goldstone para investigar crimes de guerra e crimes contra a humanidade efetivamente descriminalizaram as acusações. O risco, é claro, é que o relatório seja visto como apenas um material ruim de relações públicas, combatido por comissões e descobertas rivais, e nesse ponto as descobertas dos tribunais podem afetar a imagem pública, mas não têm qualquer valor legal nem reivindicação moral.

É claro, o próprio Goldstone é judeu e sionista. Richard Falk, destacado cientista político judeu e também relator especial das Nações Unidas sobre direitos humanos dos palestinos, ficou detido numa cadeia israelense antes de ter limitados seus direitos de mobilidade dentro dos Territórios Ocupados. Essas figuras não refletem e ampliam uma certa política arendtiana? Podemos dizer que uma memória alternativa incita a adoção moral do direito internacional em contraposição ao nacionalismo ou às reivindicações do Estado-nação tanto para Goldstone quanto para Falk? A divisão que vemos entre esses dois apoiadores do direito internacional e as alegações explícitas das autoridades israelenses quanto à natureza distorcida e duvidosa do direito internacional revela certas tensões entre as reivindicações universalizadoras da justiça e as reivindicações soberanas do Estado-nação.

No contexto israelense, isso suscita não só a questão do direito do Estado-nação de Israel defender seus cidadãos contra os ataques dos assim chamados grupos terroristas, mas também, implicitamente, se deve defender as populações judaicas contra um internacionalismo suspeito de ser, fundamentalmente, antissemita. É com base nessa última afirmação que tanto Goldstone quanto Falk foram acusados, pela imprensa israelense, de serem judeus que odeiam a si mesmos. Mas será que podemos dizer que, na verdade, eles representam uma trajetória diferente do pensamento ético pós-guerra e até pré-guerra, que assume a coabitação como fundamental para a vida social e política, e entende que o direito internacional tem a obrigação de proteger não só os cidadãos dos Estados-nação, mas todas as populações, incluindo povos refugiados ou colonizados cuja cidadania ou não existe, ou está surgindo? Realmente, entendi que Goldstone, na época, estava continuando uma tradição arendtiana dentro do pensamento judaico, um pensamento ou quadro normativo que vincula o destino dos judeus aos não judeus. Sem dúvida, o valor ético da coabitação é resultado de uma condição diaspórica que inclui a despossessão, a perseguição e o exílio. Mas podemos entendê-la também como uma maneira de exigir um direito internacional que se aplique a todos os refugiados? Podemos também pensar que o binacionalismo, nesse aspecto, se baseia num *éthos* do direito internacional que não faz diferenciação entre as reivindicações dos refugiados, quer estejam em contenção sob as condições de ocupação, quer sem contenção no exílio?

A questão das minorias e dos apátridas surge, portanto, de uma história específica do Estado-nação e de sua implicação em políticas racistas. Podemos entender isso como uma memória coletiva, mas não a memória coletiva da nação. Ao contrário, é a memória coletiva dos não nacionais, daqueles que não pertencem, que tiveram de fugir ou que fugiram para a contenção e não sabiam se conseguiriam proteção legal em meio a tanta perda e tanto medo. Desse modo, uma questão é se o direito internacional está ligado com o binacionalismo e se essa combinação pode levar a um conceito de direitos que não seja "nacional" – pois, como nos diz Arendt, embora todos tenham o direito de pertencer a algum lugar, nossos modos de pertencimento nunca podem servir de base para nossos direitos ou obrigações. Essa adjacência não escolhida, esse viver com os outros e em contraposição a eles, pode perfeitamente se tornar a base para um binacionalismo que busque desfazer o nacionalismo, até mesmo libertar o direito internacional de seus compromissos tácitos com o Estado-nação. Essa coabitação seria guiada pela memória e pelo apelo à justiça que surge da despossessão, do exílio e da contenção forçada, não só para dois povos, mas para todos os povos. Pode não ser o que todos escolheriam, e será repleto de antagonismo e hostilidade, ambos necessários e obrigatórios.

# 7
## Para pensar o presente, Primo Levi

> Mesmo a linguagem mais rigorosamente objetiva e determinadamente "clara" e literal não pode fazer justiça ao Holocausto sem recorrer ao mito, à poesia e à escrita "literária".
> — Hayden White

A tarefa de Primo Levi foi transmitir a realidade dos campos de concentração nazistas por meio de uma ficção fiel àquela realidade histórica. Principalmente nas últimas obras de Levi, existe uma tensão entre a memória, que ele diz ser um instrumento falacioso, e as exigências de uma estória ou uma narrativa. Ele tinha plena ciência de que a história daquela época seria contada e recontada, de que as estórias poderiam perfeitamente tomar o lugar das memórias e, por fim, teriam de tomar o lugar delas, quando não houvesse mais sobreviventes vivos. Nos últimos anos de sua vida, ele deu uma série de entrevistas, e em algumas lhe perguntaram sobre sua relação com a judaicidade, com Israel e com as constantes implicações éticas e políticas da Shoah para a reflexão sobre a política no início dos anos 1980. Mas, já no fim da vida, ele pediu para não falar mais nesse assunto nas entrevistas. Como entendemos a relação de Levi com aquilo sobre o que se pode ou não se pode falar, e como aquilo que parece ser indizível ou irrecuperável passa a ser transmitido pela linguagem que ele usa?

Consideremos que não só nos casos de traumas históricos que incomodam um autor como Primo Levi, mas também na vida em termos mais gerais, existem lacunas ou fissuras nos relatos que damos, e não temos como explicar por que não conseguimos nos lembrar daquela parte da vida ou dar a ela uma forma narrativa. Isso se torna especialmente sério quando exigimos que os outros, ou nós mesmos, relatem uma série de ações para localizar ou determinar a responsabilidade por consequências injuriosas. Nesses casos, dependemos da capacidade de relatar do outro para determinar a responsabilidade, e, quando e onde essa capacidade fracassa, podemos recorrer a outros indícios para determinar o agente da ação em questão. Isso certamente acontece em contextos legais; os tribunais de justiça trabalham com essa noção jurídica de responsabilidade, e claramente devem fazê-lo, como vimos no caso de Eichmann. Mas estamos certos em importar esse modelo de responsabilidade para os domínios não jurídicos da relacionalidade humana? Para Levi, a própria possibilidade de contar uma estória era necessária para rechaçar os revisionistas, mas o trauma que modula e interrompe cada estória e até os modos de esquecimento que lhe permitiram viver enquanto pôde parecem trabalhar contra essa importante exigência história e jurídica de dar um relato claro do que aconteceu.

Narrativas se desenrolam por meio de figuras, e estas podem incluir a ironia e a elipse. O momento da elipse acontece precisamente quando algo não é dito, um momento de recuo ou lapso dentro da narrativa, mas que também faz parte dela como característica formal de sua possível trajetória. Desse modo, ainda que eventos traumáticos impossibilitem ou dificultem um relato, ou produzam a elisão ou a elipse dentro da narrativa, a figura pode acabar transmitindo justamente o que não é dito. O que não é dito é, não obstante, transmitido ou comunicado de alguma maneira, o que sugere que a narrativa tem de ser entendida também como um modo de interpelação, um que tente capturar nosso entendimento. As concepções que afirmam que narrar o si-mesmo é uma maneira de dar existência ao si-mesmo pressupõem o "eu" como momento inaugural de uma sequência de atos situados no cerne da ação em questão. Mas qual é o status dessa narrativa quando uma série de circunstâncias e atores agem sobre a cena de uma vez só, ao mesmo tempo que todos são influenciados por outros atores e circunstâncias cuja história não pode ser totalmente conhecida ou narrada naquele momento, ou talvez nunca? O "eu" não é a "causa" principal numa sequência de eventos, tampouco o "efeito" totalmente passivo dessa sequência. Isso levou Hayden White, em seu controverso e interessante ensaio "Figural Realism in Witness Literature" [Realismo figurativo na literatura de testemunho], a perguntar se não seria possível recuperar o uso da voz média para enunciar o status plenamente ambíguo de um sujeito que ao mesmo tempo é influenciado pela ação e age para influenciar[1].

Eu acrescentaria que devemos valorizar certa humildade em reconhecer que as ações nem sempre se originam totalmente com o "eu", e que, de maneira análoga, existe um certo perdão, por assim dizer, correlato ao reconhecimento de que é impossível dar um relato completo de si nesse sentido. Essa impossibilidade deriva não só da incapacidade de garantir o sujeito como causa inicial de uma sequência histórica de eventos, mas também do fato de que a linguagem vacila quando tem a tarefa de elaborar essa sequência apenas nos termos de seu conteúdo. Por essa última razão, relatar não é tanto uma questão de desvelar ou ocultar a verdade do que aconteceu (elaborar um conteúdo na linguagem e pela linguagem); o ideal de pleno desvelamento leva a um certo fracasso, e não necessariamente ou somente porque o narrador é enganador. A impossibilidade do ideal de um pleno desvelamento expõe a falibilidade que existe no cerne da própria narrativa, e essa falibilidade é elaborada por meio daquelas figuras que fazem algo diferente do que transmitir um conteúdo positivo, entendido como a delineação "do que aconteceu".

Gostaria de sugerir por ora uma ligação entre essas figuras e a falibilidade, a fim de nos ajudar a separar a questão sobre "o que" é transmitido e o modo de interpelação que pode perfeitamente buscar uma audiência mesmo quando, ou justamente quando, não é possível dar um relato narrativo ininterrupto. Ainda assim alguma coisa é dita, e é dita para alguém (mesmo que esse alguém seja representado

---

[1] Hayden White, "Figural Realism in Witness Literature", *Parallax*, v. 10, n. 1, 2004, p. 113-24.

apenas anonimamente por meio de uma apóstrofe). A vacilação da reconstrução narrativa é sinal de que existe tal modo de interpelação; aliás, não existe alcance sem essa falibilidade e essa vacilação. Embora a ênfase na cena de interpelação decorrente desse relato da narrativa sugira que o testemunho deva ser algo diferente de assegurar uma sequência verificável de eventos, ele está vinculado à comunicação de uma realidade. Na verdade, como afirma Hayden White, a tarefa de comunicar tal realidade envolve o uso de características retóricas da linguagem para transmitir *a realidade emocional* que vai de encontro à exigência positivista de que a linguagem age única e exclusivamente de maneira transparente para transmitir os fatos.

Há pelo menos duas considerações a fazer aqui, para começar. A primeira é que a costura de uma sequência de eventos é apenas uma maneira de comunicar uma realidade. A segunda é que a realidade comunicada consiste não só "no que aconteceu", mas também no fato *de que* aconteceu, e esse *de que* requer a linguagem para afirmar sua realidade e sua força. O testemunho traz em si uma tarefa que é diferente da transmissão e preservação de uma sequência de eventos. Para que o relato comunique uma realidade, ele precisa retransmitir o significado dos eventos em questão, mesmo quando – justamente quando – os eventos geram uma crise para a atividade criadora de significado. A comunicação não acontece se o modo de transmissão dos eventos busca separar o acontecimento desses eventos de suas dimensões psíquica e afetiva. Teoricamente, isso significa que as exigências de evidência requerem a figuração, e que não podemos separar proveitosamente o conteúdo da forma. White argumenta que esses relatos se baseiam em figuras justamente para transmitir uma realidade afetiva:

> As mais vívidas cenas dos horrores da vida nos campos criadas por Levi consistem menos na delineação de 'fatos' como concebidos convencionalmente do que nas sequências de figuras que ele cria para conferir aos fatos uma paixão, suas próprias sensações sobre esses fatos e o valor que com isso atribui a eles (FR, p. 119).

Se White estiver correto, então uma sequência de figuras às vezes pode ser mais importante do que uma sequência de fatos. Na verdade, talvez nenhuma comunicação dos fatos aconteça sem uma afirmação linguística desses fatos que se baseie, em certa medida, na figuração. Como veremos, às vezes as figuras são necessárias para transmitir uma realidade emocional, e outras vezes Levi as evoca justamente para marcar certa distância entre a estória do que aconteceu e a memória da realidade emocional.

Uma figura recorrente na obra de Primo Levi é a cristalização. Ela assinala um problema que surge quando o esforço linguístico para transmitir o que aconteceu é reiterado com o tempo. Levi faz uso dela de maneira mais proeminente quando, ao tentar refutar os revisionistas oferecendo um relato definitivo do que aconteceu, ele descobre que deve *re*contar os eventos, e que esse recontar afeta ativamente sua memória. Como afirma White, Levi tenta esvaziar de figuras seu relato para acabar produzindo um relato que não permita tal esvaziamento (FR, p. 115). Por um lado, Levi busca uma linguagem clara e transparente, que possa atingir o nível do rigor científico para refutar os revisionistas que estão prontos para dizer que os relatórios sobre a Shoah são "apenas estórias". Por outro, ele está ciente de como as estórias da memória se solidificam e "cristalizam" com o passar do tempo, sinal de que se ancoram em outra coisa que não a memória. Como ele lida com esse efeito de cristalização? Será que a Shoah assume uma vida linguística que a desancora da memória e da realidade histórica? Esse efeito pode ser combatido? E que consequências ele tem para nós, no presente, enquanto consideramos a vida discursiva que a Shoah tomou?

A forma linguística em que Levi preserva e transmite a experiência histórica dos campos de concentração produz pelo menos duas dificuldades diferentes, que, por sua vez, constituem dois problemas políticos diferentes. De um lado, há os revisionistas que precisam ser refutados por meio de uma reconstituição do registro histórico e experimental; por outro, há os que "usam" a Shoah para justificar o excessivo militarismo israelense, uma exploração daquela história à qual Levi também se opunha abertamente. O que existe na linguagem que dá origem tanto à negação quanto à exploração da Shoah nesses exemplos? Como é possível evitar essas formas de apagamento e utilização? Existe algo na linguagem que resista a essas duas trajetórias políticas, ambas consideradas inaceitáveis por Levi? O que está em jogo não é apenas uma posição política, mas uma maneira de ele se posicionar moralmente em relação à experiência por que passou. Ele precisa contar a estória para preservar seu caráter histórico de quem o negaria, mas também precisa contá-la para aceitar sua própria responsabilização*. A primeira tarefa parece exigir que a linguagem seja transparente e a segunda, que se garanta uma sequência para os eventos em questão, a fim de transpor o status de sua própria agência e cumplicidade.

Em pelo menos dois livros, *É isto um homem?* e *Os afogados e os sobreviventes*, Levi se concentra na necessidade de preservar e transmitir pela linguagem a vida e a morte de quem esteve nos campos de concentração com ele, mas também de determinar sua posição moral naquele contexto[2]. Embora algumas vezes ele simplesmente sustente que havia vítimas e executores, há momentos em que ele aponta para o que chama de "zona cinzenta", onde é mais difícil determinar as

---

\* O termo *accountability* assume aqui um sentido mais abrangente do que nas aparições anteriores, em que Butler fala da responsabilização legal ou moral. O significado do substantivo *account*, em inglês, muda conforme o verbo ou a preposição que se liga a ele. Aqui buscamos destacar o sentido dele como "relato" ou "explicação", bem como o do adjetivo *accountable* como "responsabilizável". Nesse caso, *account* tem a ver com algo que se dá ao outro, com o dever de "responder responsavelmente" à solicitação ou interpelação do outro. Portanto, *to give an account of something* tem o sentido de explicar alguma coisa por meio de um relato. A função dessa tarefa necessariamente informativa é deixar o outro ciente daquilo de que se diz. Mas não só isso; fazer um relato de qualquer coisa implica responsabilidade pelo que se diz, e dar um relato de si é também assumir a responsabilidade pelas próprias ações quando se dá esse relato. Essa duplicidade do sentido de *accountability* está implícita aqui. Portanto, optamos por manter a linearidade com "responsabilização". Para uma discussão mais abrangente sobre em que consiste dar um relato de si e suas implicações éticas, ver Judith Butler, *Relatar a si mesmo* (trad. Rogério Bettoni, Belo Horizonte, Autêntica, 2015). (N. T.)

[2] Primo Levi, *Survival in Auschwitz: The Nazi Assault on Humanity* (Nova York, Collier, 1961) [ed. bras.: *É isto um homem?*, trad. Luigi Del Re, Rio de Janeiro, Rocco, 1988]; *The Drowned and the Saved* (Nova York, Random House, 1989) [ed. bras.: *Os afogados e os sobreviventes*, trad. Luiz Sérgio Henriques, São Paulo, Paz e Terra, 2004].

linhas de responsabilização. Ao descrever essa zona, ele aponta para as ações dos prisioneiros sob coerção – aliás, sob a ameaça de morte – e procura mostrar que, embora participassem de atividades que poderiam ser vistas como de manutenção dos campos de trabalho e de extermínio, a maior parte de suas ações era forçada. Ele retrata ainda outros prisioneiros, no entanto, os que se tornaram os famigerados *kapos*, e associa a eles uma inserção abusiva – fervorosa, quiçá sádica – entre os postos inferiores do SS e, assim, uma prática colaboracionista que ele considera moralmente repugnante. Levi oscila entre se fazer responsável por sua própria sobrevivência, encarar sua sobrevivência como prova de uma certa culpa e insistir que a responsabilidade pela destruição de vidas humanas nos campos de concentração cabe ao SS e aos colaboradores explícitos.

Em determinado momento, Levi afirma que os prisioneiros supunham que deviam ser culpados de algo, já que haviam sido presos, e assim passavam os dias se esforçando para expiar uma culpa desconhecida e sem nenhuma base na realidade (AS, p. 66). Foi somente depois da libertação que as taxas de suicídio aumentaram entre os antigos prisioneiros. Ele explica a forma trágica do raciocínio psicológico que leva a essa conclusão:

> o suicídio nasce de um sentimento de culpa que nenhuma punição conseguiu atenuar; ora, a dureza do cativeiro era percebida como uma punição, e o sentimento de culpa (se há punição, uma culpa deve ter havido) estava relegado ao segundo plano, ressurgindo após a libertação: em outras palavras, não era preciso punir-se com o suicídio por uma culpa (verdadeira ou suposta) que já se expiava com o sofrimento de todos os dias. (AS, p. 66)

Levi percebe claramente que a culpa é induzida injustamente, que estabelecer o si-mesmo como "causa" vem de uma necessidade de encontrar uma razão para o cativeiro. E, embora consiga esboçar essa linha de raciocínio imprecisa, às vezes sucumbe aos termos dessa mesma linha. Ele entende claramente que foi por acaso que ele mesmo sobreviveu. Por exemplo, ele conta como foi acometido por uma doença que fez com que estivesse em uma enfermaria na época em que todos os prisioneiros de seu alojamento foram conduzidos para uma marcha da morte no início de 1944, levando à sua acidental sobrevivência e ao seu resgate. Ele escreve com clareza: "sei que fui vítima inocente, e assassino não" (AS, p. 41). Em outros momentos, no entanto, parece que Levi acreditava ter sobrevivido à custa de outra pessoa, que sua própria ação ou inação foram responsáveis pela morte de outros, e que era insuportável sobreviver quando outro não sobreviveu. Ele parece ter entendido que sobreviveu no lugar de outro, e assim vivenciou sua sobrevivência como uma usurpação ilegítima do lugar de outra pessoa na vida. Desse modo, escreve:

> É só uma suposição, ou, antes, a sombra de uma suspeita: a de que cada qual seja o Caim do seu irmão e cada um de nós (mas desta vez digo "nós" num sentido muito amplo, ou melhor, universal) tenha defraudado seu próximo, vivendo em lugar dele. É uma suposição, mas corrói; penetrou profundamente, como um carcoma; de fora não se vê, mas corrói e grita. (AS, p. 71)

*Defraudar* é claramente um verbo ativo e fortalece a convicção de que a sobrevivência de um é a causa da morte de outro. Se, de acordo com essa economia, assume-se a própria vida à custa da vida de outro, então desistir da própria vida é deixar o outro viver. Seria perfeitamente possível desejar a própria morte como forma de ressuscitar a vida do outro. Se os retratos que Levi faz de vários personagens no campo de concentração foram tentativas de "trazer de volta à vida" os que foram mortos, podemos considerar que essa função "reanimadora" do retrato literário prefigura o suicídio. No suicídio, a lógica insuportável da defraudação é invertida: não se vive à custa do outro, mas se abre mão de viver para que o outro possa viver. Essa lógica da culpa reforça o poder do sujeito de decidir questões de vida ou morte, instituindo a causa da morte do outro no sujeito sobrevivente. Isso só pode ser interpretado como um deslocamento doloroso do maquinário de mortes em massa para a agência causal do si-mesmo, redefinindo o si-mesmo, uma vítima encarcerada, como o maquinário de mortes em massa.

Na época em que sobreviveu, no entanto, Levi tentou contar as estórias de Auschwitz diversas vezes, não só para manter corretamente o registro histórico e talvez fazer as pazes com sua própria posição nos campos, mas também para garantir que esse fenômeno jamais se repetisse na história. Suas reflexões sobre política são profundamente permeadas por essa extraordinária experiência de sofrimento e seu enorme compromisso com o testemunho, ainda que visse a si próprio como alguém incapaz de dar um depoimento pleno ou adequado do que acontecera. Ao mesmo tempo que assumia posições sobre questões políticas, estava ciente da ameaça e dos excessos do fascismo, da persistência do antissemitismo, mas também de como a Shoah podia ser usada para justificar uma política que, para ele, nenhum sobrevivente poderia ou deveria tolerar.

Este texto começou com o dilema de que uma crítica ao Estado de Israel poderia ser vista como antissemitismo, ou mesmo como uma ajuda e um encorajamento a uma nova destruição do povo judeu. Primo Levi acreditava ser de sua responsabilidade pública como judeu e sobrevivente deixar clara sua oposição ao bombardeio de Beirute e aos massacres de Sabra e Chatila em 1982. Embora claramente valorizasse a fundação de Israel como refúgio para os judeus diante da destruição nazista, e até mesmo como um lugar para onde os judeus teriam o direito de voltar, ele procurava distinguir um argumento que valorizasse a existência de Israel como refúgio permanente para os judeus, de um lado, e das políticas do Estado israelense na sua época, de outro. Como resultado, ele se tornou crítico tanto de Menachem Begin quanto de Ariel Sharon no início dos anos 1980[3] e, depois do massacre de Sabra e Chatila, pediu que renunciassem. Em entrevistas, ele insistia em distinguir entre os valores judaicos e o Estado de Israel, manifestava sua esperança nas manifestações de esquerda contra o Estado dentro de Israel e dizia que o "sangue derramado" na região lhe doía, não só o sangue judeu, mas o sangue de todos[4]. Depois

---

[3] *La Stampa*, Turim, 24 jun. 1982.
[4] Marco Belpoliti e Robert Gordon (orgs.), *The Voice of Memory: Interviews, 1961-1987* (Cambridge, Polity, 2001), p. 285.

de pedir pela renúncia de Begin e Sharon no jornal italiano *La Repubblica*, Levi recebeu cartas de israelenses criticando-o por adotar publicamente uma postura contra Israel (quando, na verdade, ele estava adotando uma postura contra as ações militares israelenses, não contra Israel como tal).

Levi criticou os bombardeios a Beirute, que devastaram a maior parte do sul do Líbano e mataram milhares de árabes que moravam lá. E foi contra a construção de assentamentos nos territórios ocupados. Meses depois, censurou a matança de palestinos indefesos em Sabra e Chatila, que, segundo relatos, incluiu assassinatos grotescos, com pessoas destroçadas e mulheres grávidas estripadas. Ações desse tipo, dizia Levi, o deixavam "envergonhado e angustiado", mas mesmo assim ele acreditava que as condições podiam mudar. Numa entrevista concedida em 1982 a Giampaolo Pansa, "Primo Levi: Begin Should Go" [Primo Levi: Begin deve sair], ele diz: "Não sou pessimista a ponto de pensar que Israel vai ser sempre assim"[5]. E, quando seu interlocutor lhe indaga como ele responde às cartas que recebe de israelenses perguntando-lhe se consegue ou não ver "todo o sangue judaico derramado naqueles anos", ele responde:

> Eu respondo que o sangue derramado me dói tanto quanto o sangue derramado por todos os outros seres humanos. Mas ainda recebo cartas horrendas. Elas me atormentam porque sei que Israel foi fundado por pessoas como eu, só que menos sortudas que eu. Homens com um número de Auschwitz tatuado no braço, sem casa nem pátria, fugindo dos horrores da Segunda Guerra Mundial, que encontraram em Israel um lar e uma pátria. Sei de tudo isso. Mas também sei que essa é a defesa predileta de Begin. E nego a essa defesa qualquer validade.[6]

Ao negar a essa defesa qualquer validade, Levi sustenta que não adianta apelar à Shoah para legitimar uma violência israelense arbitrária e fatal contra populações civis. É um momento em que Levi, embora atormentado pelas cartas que recebia de israelenses repreendendo-o por suas críticas públicas, claramente não se entrega a um sentimento de culpa que o levaria a se retratar de suas opiniões. Em vez disso, ele reafirma a autoridade do "eu" para negar a validade dessa defesa. E certamente ele sabe que esse "eu" não é qualquer "eu", mas a declaração em primeira pessoa dos sobreviventes europeus mais articulados e influentes da Shoah. Talvez o tormento pudesse tê-lo silenciado. No lugar desse silêncio, no entanto, ele reafirma o "eu" que não instrumentalizaria a memória histórica da Shoah para apresentar razões para a violência militar contemporânea contra os palestinos. Todavia, é importante notar que Levi recusava a identificação de Israel com a Alemanha nazista e censurava a irrupção do antissemitismo na esfera pública na Itália a partir de 1982. Levi temia que Israel acabasse sendo responsável por alimentar o antissemitismo, mas também tinha clareza de que para ele tanto a violência do Estado israelense da época quanto o antissemitismo eram inaceitáveis.

---

[5] Idem.
[6] Ibidem, p. 285-6.

Gostaria de destacar pelo menos duas dimensões da Shoah que parecem estar em ação não só para Levi, mas, em termos mais amplos, nos discursos que vemos sobre o assunto ainda hoje. Por um lado, a Shoah é o que traumatiza e o que abala ou deturpa a possibilidade de Levi dar um relato de si mesmo. É um conjunto de memórias que nem sempre pode ser mantido ou sustentado, e isso dificulta bastante qualquer relato completo ou abrangente – às vezes até mesmo para Levi –, qualquer entendimento abrangente do que é a responsabilização à luz da "zona cinzenta" na qual a capacidade de agir do cativo é afetada pela coerção e pela ameaça de morte. Por outro lado, está claro que a Shoah pode ser usada para apresentar razões para a violência do Estado, e para isso Levi oferece uma objeção moral e política clara e inequívoca. Podemos então pensar na relação entre um discurso interrompido e desconcertado pelo trauma, de um lado, e disponível à instrumentalização política, de outro[7]? Traumática, a Shoah faz uso da linguagem de Levi, a linguagem de quem sobreviveu e de quem continua vivendo nas sequelas daquela horrenda destruição da vida humana. Instrumentalizada, a Shoah se torna uma maneira de silenciar a crítica, apresentar razões para a violência de Estado e legitimar as práticas israelenses que deveriam ser apropriadamente contra-atacadas e refutadas, como claramente o fez Levi.

Mas talvez tenhamos nos adiantado demais. Afinal, Levi tem dois problemas predominantes que decorrem de uma certa apreensão da memória pelo discurso. Ele precisa resolver esses problemas de alguma forma para refutar tanto o revisionismo quanto a exploração política da memória. Para entendermos como essas formações discursivas geram tanto a possibilidade da comunicação quanto sua confiabilidade, precisamos pensar em como esses problemas aparecem para Levi. Se o que estou chamando aqui de "apreensão discursiva" e o que White descreve como "sequência de figurações" não devem ser entendidas como meras "construções" que abandonam a realidade que deveriam comunicar, então parece que precisamos entender em que sentido essas apreensões discursivas são modos de referencialidade. White deixa claro, por exemplo, que uma série de retratos feitos por Levi dos cativos nos campos de concentração constitui uma "sequência de figurações plena e explicitamente referencial" (FR, p. 122). O fato de a descrição de Levi "expressar a carga moral que inspira sua forma" não é motivo para menosprezar a referencialidade da forma. É, isso sim, um motivo para entender a carga moral como parte da realidade objetiva que está sendo transmitida. No final deste ensaio, vamos analisar como exatamente isso acontece e com qual efeito.

Primo Levi começa seu livro *Os afogados e os sobreviventes* dizendo aos leitores que os nazistas buscaram não só exterminar vidas, mas também destruir as provas desse extermínio. Para ele, o Terceiro Reich travou uma "guerra contra a memória" (AS, p. 26). Desse modo, a voz narrativa no texto de Levi não só transmite esse fato, mas, em sua própria existência, constitui um tipo de evidência. O fato de Levi nos dar um texto prova, em seu contar, que esse alguém que conta não foi totalmente

---

[7] Para uma discussão excelente e bastante ampla sobre essa posição controversa, ver Idith Zertal, *Israel's Holocaust and the Politics of Nationhood* (Cambridge, Cambridge University Press, 2005), p. 52-71.

destruído, e, com isso, frustra o plano nazista de erradicar todos os traços indicativos de seus extermínios. O fato de ainda haver um sujeito que fala é, em si, uma refutação dessa tentativa de apagamento. Se os nazistas pensavam, como suspeitava Elie Wiesel, que ninguém acreditaria numa coisa dessas (isto é, eles viam a si mesmos como ordenando o inacreditável), ou que ninguém sobreviveria para dar testemunho, então Levi, ao atestar o que aconteceu, abala o plano nazista. Ele sabota esse maquinário em funcionamento, uma vez que os nazistas buscavam não só agir durante os anos de guerra, mas continuar agindo sobre qualquer futuro em que se pudesse contar uma história do que eles fizeram. O relato de Levi, a estória dele, prova que esse maquinário pifou. Ele será uma testemunha sobrevivente, será prova viva e confirmará o que eles negariam.

Assim que Levi inicia a tarefa de estabelecer os fatos, ele se vê cercado de problemas, pois está escrevendo quarenta anos depois do ocorrido e tem de questionar a veracidade de sua memória. Esse questionamento lhe traz à tona a relação da memória com o trauma, ou, pelo menos, com o que resiste a ser lembrado, além da relação entre a memória e a estória. Ele ainda é capaz de contar a estória? Sua estória confirma sua memória? Por acaso os nazistas conseguiram transformar os eventos em algo incontável e inarrável? Se a narração se mostra como algo que não pode ser totalmente contado, será esta uma estória de sucesso nazista? Ou podemos salvaguardar a falibilidade na narrativa e da narrativa para outro propósito? Pode-se de alguma maneira considerar a falibilidade da narrativa, seu próprio colapso, como traço indicativo do próprio trauma?

Embora o livro comece afirmando claramente que os nazistas procuravam destruir a memória, ou impossibilitar futuros testemunhos, algumas páginas depois ele se volta para os problemas que impedem uma reconstrução simples da memória. Ao chamar a memória de uma "fonte suspeita" (AS, p. 29), especialmente a memória do sofrimento, ele observa primeiro que esta última tinha uma maneira de se "cristalizar" como estória. Essa estória cristalizada acaba então ganhando vida própria. Em seguida, o ato de contar e cristalizar a memória dessa maneira começa, por sua vez, a reestruturar a própria memória. De fato, a contação da estória realiza uma cristalização daquela memória de sofrimento que transforma a memória de modo que parte de sua memória original se perde. Desse modo, a estória ganha uma vida à custa da própria memória. De maneira paradoxal e dolorosa, a estória pode realmente fazer com que o sofrimento original se perca para a memória. Nas palavras de Levi: "uma recordação evocada com excessiva frequência, e expressa em forma narrativa, tende a fixar-se num estereótipo, numa forma aprovada pela experiência, cristalizada, aperfeiçoada, ataviada, que se instala no lugar da recordação não trabalhada e cresce à sua custa" (AS, p. 20).

Obviamente, é assustadora a ideia de que quanto mais uma estória é contada, mais ela se cristaliza, mais perdemos a memória do sofrimento que inspira a estória. E, embora Levi resista às consequências dessa constatação, é sincero o suficiente para expressá-la mesmo assim. Podemos pensar que o que Levi teme, e também o que sabe ser em parte verdadeiro, é que pode haver uma perda da própria perda, e isso pode resultar da estória que contamos. É claro, a estória é contada para garantir que o projeto nazista não cumpra seu objetivo de destruir evidências, e é contada justamente contra os revisionistas que questionaram os fatos dos campos de extermínio. A estória está aí para comprovar as evidências, para reconhecer que houve uma perda de vidas imensa, talvez até imperscrutável, e para nos dar o reconhecimento explícito da perda que o luto requer. Mas se a estória torna mais remota a memória do sofrimento e da perda, então podemos dizer que ela institui um tipo de melancolia em que se negam o sofrimento e a perda. A estória ameaça substituir os eventos que ela busca transmitir, e a cristalização é o meio dessa substituição. A substituição acontece à custa do evento; por isso, pode parecer que aqui se aplica uma responsabilização estrita: a estória é obtida à custa do próprio evento, assim como a vida do sobrevivente se dá à custa do morto.

Essa cristalização, no entanto, não é estritamente responsável pela perda do referente. O caráter insuportável da perda e da culpa corrói a capacidade referencial da linguagem. Mas também seria preciso dizer, em consonância com White, que "a carga moral que inspira a forma" faz parte da realidade objetiva a ser transmitida (FR, p. 122). Se a referencialidade continua problemática, isso tem a ver com a dificuldade de lembrar ou recordar o sofrimento, uma dificuldade que afeta a própria capacidade de manter uma forma para a memória. Levi aponta que

> muitos sobreviventes de guerras ou de outras experiências complexas e traumáticas tendem a filtrar inconscientemente suas recordações. [...] Preferem deter-se nas tréguas, em momentos de alívio [...]. Os episódios mais dolorosos [...] tendem a perder seus contornos. (AS, p. 27)

Ele se refere anteriormente a essa perda de contorno no contexto de quem recita suas memórias, substituindo as lembranças por descrições e passando da má-fé para a boa-fé. Sobre aqueles que buscam substituir uma lembrança por uma descrição, ele diz que "a distinção entre verdadeiro e falso perde progressivamente suas linhas, e o homem termina por acreditar plenamente na narrativa que fez tão frequentemente e que ainda continua a fazer" (AS, p. 22). A situação começa como um fracasso moral, embora se torne uma forma de autoengano que não é sustentada por nenhuma intenção explícita de falsificação. Mas, no parágrafo seguinte, ele sugere que essa capacidade que a estória tem de substituir a lembrança pode perfeitamente acontecer "quanto mais se afastam os eventos". Nessas condições, "mais se completa e aperfeiçoa a construção da verdade de conveniência" (AS, p. 22). É somente algumas páginas depois que ele retorna a esse problema e sugere que talvez a própria dor da lembrança inspire a estória que acaba tomando seu lugar. Nesse ponto, a estória surge brevemente; não mais como um sinal de fracasso moral, mas de um trauma.

A função do trauma é desfazer a memória dolorosa como um acontecimento limitado; ao cristalizar a memória, a estória oferece um alívio justamente desse encontro traumático. Vale destacar que a estória funciona em conjunto com certo esquecimento, um esquecimento que na verdade é necessário à sobrevivência. Ao buscar comprovar as evidências do sofrimento tendo como base a memória, a estória cristaliza o sofrimento, induzindo um esquecimento que ajuda o narrador a sobreviver. Pode parecer que as condições de sobrevivência às vezes contrariam as condições que fornecem a evidência. A estória não volta à memória original, mas ajuda a suprimi-la, e, embora Levi acredite que a memória original, preservada, garantirá a veracidade de sua narração, a narração também está a serviço da sobrevivência dele, e assim deve influenciar a memória, aliviar seu efeito traumático e até tomar seu lugar. Como resultado, o que é comunicado é o efeito do trauma sobre a contação da estória, e essa reflexão escrita que teme se a estória estará enraizada na realidade comunica justamente essa realidade de um trauma que perturba a função convencional da estória. Embora a escrita de Levi contenha estórias e retratos, vinhetas, incursões históricas e especulações, essas coisas não configuram uma única forma. Aqui, algo há de ser comunicado que dê forma a um problema inscrito nas formas dadas por Levi. É nesse sentido que podemos continuar afirmando a referencialidade da escrita dele, apesar de suas próprias dúvidas, pelas razões dadas por White: a carga moral inspira a forma, assim como, acrescentamos, o medo do fracasso moral. Ademais, escreve-se não só em relação ao evento, mas também em relação à audiência, e Levi teve de lutar para que sua história fosse crível. Essa luta também se inscreve no nível da forma.

A luta de Levi com a verdade e a narrativa não é só dele. Charlotte Delbo, por exemplo, escreve no prefácio de *Auschwitz and After* [Auschwitz e depois]: "Quando falo a vocês sobre Auschwitz, não falo a partir da memória profunda (sensível), mas da *memoire externe* (memória externa), a memória ligada ao pensar"[8]. Esta última é uma memória que não mitiga o evento justamente para poder contá-lo. Se ela o mitigasse, não seria capaz de contá-lo. Aliás, na obra de Delbo, essa capacidade narrativa às vezes sucumbe quando a memória sensível interrompe a memória externa. Isso sugere que "contar" está sempre um pouco distante de mitigar, e tem de estar. Em determinado momento, ela relata uma estória de quando estava na fila da contagem em Auschwitz, de manhã bem cedo, num frio congelante, e naquele momento pensou consigo mesma que um dia contaria a estória sobre estar ali, na fila da chamada. Na frase seguinte, ela diz que nada disso é verdade. Não estava pensando em nada. Não podia pensar em nada. E é por isso que não é razoável acreditar que qualquer pessoa que tenha passado por essa experiência seria capaz de relatá-la depois. Não são capazes. Isso não quer dizer, no entanto, que nenhum relato deva ser dado. Ao contrário: parafraseando Derrida, exatamente porque *não se pode* dar um relato *deve-se* dar um relato. A capacidade da narração suspensa ou debilitada pelo trauma é precisamente o que aparece como sinal e evidência de uma capacidade de continuar vivendo e sobreviver. E Delbo, quando reflete sobre a veracidade de seu próprio relato, conclui que não sabe se ele é verdadeiro, mas sabe que é *verídico*[9].

Desse modo, dadas as relações complexas entre memória, estória e trauma aqui presentes, parece lógico refutarmos com evidências os revisionistas, tendo como

---

[8] Citado em Lawrence Langer, "Introduction", em Charlotte Delbo, *Auschwitz and After* (New Haven, Yale University Press, 1995), p. xiii.
[9] Charlotte Delbo, *Auschwitz and After*, cit. O original em francês usa *veridique* para "verídico" (*truthful*), sugerindo uma continuidade com a verificabilidade. Ver, da mesma autora, *Aucun de nous ne reviendra* (Paris, Minuit, 1970), p. 7.

base algo que não seja a pretensão da memória à veracidade. É claro, os arquivos das estórias de sobreviventes se baseiam na memória, mas tenhamos clareza de que a estória só pode aspirar à veracidade, talvez não à verdade. O testemunho age de maneiras que a memória não pode agir, e as memórias dependem de que as histórias sejam transmitidas e perdurem.

 A linguagem não só registra, preserva e transmite, embora em algumas ocasiões faça todas essas coisas. Invariavelmente, a linguagem também age sobre o material que registra, preserva e transmite. Hayden White, por exemplo, defende que, para Levi, o testemunho "produz o referente", e precisamos tomar cuidado aqui para entender o que ele quer dizer. É preciso distinguir essa produção do referente e a ideia de que não existe referente, apenas linguagem – isto é, o ponto de vista de que a linguagem anula a referencialidade como tal. Na perspectiva de White, para que os eventos sejam transmitidos a uma audiência, eles precisam ser passados em termos retóricos que produzam ou orquestrem o referente para nós, que o tornem legível e o dotem de sentido. Em determinado momento, diz White, são necessárias figuras para "apreender [...] uma situação real" (FR, p. 116). Nesse mesmo ensaio, ele também ressalta que a distância de Levi em relação à representação realista, quando acontece, "tem como resultado a produção efetiva do referente, e não apenas sua indicação – uma produção muito mais vívida da que qualquer tipo de registro impessoal dos 'fatos' poderia ter feito" (FR, p. 119).

 Se, ao contrário do que dizem os revisionistas, a linguagem preserva a referencialidade dos eventos – ou seja, tem uma ação arquivística, digamos –, talvez os meios de preservação e transmissão dos eventos sejam aqueles pelos quais a linguagem atua sobre o referente. Parece não haver saída disso, e poderíamos até especular que a noção psicanalítica de "elaboração" depende justamente dessa possibilidade de a linguagem agir sobre os eventos passados. Mas há pelo menos dois pontos ainda mais fortes. Primeiro, para preservar o referente, *deve-se* agir sobre ele, e agir sobre ele é influenciá-lo e transformá-lo de alguma maneira; sem a ação sobre o referente, o arquivo não se preserva. Segundo, para que a realidade seja comunicada – o que significa superar as condições de incredulidade –, a linguagem deve agir sobre os fatos para produzi-los como uma realidade apreensível. Essa última tarefa não é fácil, pois equivale a conceber formas que comuniquem essa realidade, uma tarefa retórica e referencial ao mesmo tempo.

 As estórias não são os únicos meios discursivos pelos quais as memórias são influenciadas e deslocadas, é claro. Quando nos referimos ao trauma, talvez indiquemos aquilo que não está exatamente na ordem de uma memória, embora constitua um passado; ele se distingue como passado que não para de acontecer. O trauma continua, mas não ininterruptamente; ele precisa repetir, e sua repetição invariavelmente assume uma forma sintática. Além disso, para que uma nova versão da estória seja conhecida ou comunicada, ela deve ser, até certo ponto, um reviver; do contrário, ler, ou melhor, ouvir o que é dito não levará a um relato compreensível do que White chama de "realidade emocional" da sequência narrativa de eventos (FR, p. 123). Dizer que determinadas novas versões narrativas são traumáticas é sustentar que os meios ou a sintaxe dessa nova versão não são escolhidos, e sim impostos. Mas isso nos deixa numa situação complicada, em que a cristalização dos eventos – que deveria preservar e transmitir a realidade deles – não só age sobre eles para atingir seus propósitos, mas também assume novos efeitos discursivos que excedem os propósitos originais da cristalização narrativa. Alguma coisa que não a escolha do narrador faz uso da estória, e podemos observar isso não só na quase independência do efeito de cristalização (será que minha estória é a estória do outro, a estória que contei tantas vezes que agora já desconheço qual seja o relato narrativo e qual seja o referente?). A cristalização nomeia uma operação necessária e inevitável da apreensão discursiva.

Dizer que no ato de contar estórias há uma repetição que pertence à compulsão traumática de repetir já é dizer que não exercemos total controle sobre os usos da estória que é contada. Se não há como recontar a narrativa nem como a reviver sem agir sobre ela, então essa influência é fundamental para a transmissão da estória e representa uma de suas dimensões retóricas necessárias. Mas quem recebe a estória também a reconta, e, embora o efeito traumático seja transmitido – junto com a crise da vontade que acompanha o trauma –, ele pode se desatrelar de seus objetivos originais. Esse me parece ser o risco invariável da cristalização.

Desse modo, a cristalização parece ser tanto a condição quanto o risco do arquivo – logo, é a precondição para refutar o revisionismo. Mas, como vimos, esse mesmo processo de cristalização está ligado a um forte senso de responsabilização. E esse último, eu diria, é o que está em jogo na exploração política da Shoah. O principal objetivo dessa exploração é aumentar um senso de responsabilização específico e mobilizar essa acusação como forma de tornar moralmente repreensível um ponto de vista político contrário. A evocação retórica reanima o trauma em nome de uma acusação que transforma o inimigo contemporâneo em "nazista de fato", e assim legitima toda e qualquer violência contra ele.

Em contextos políticos como esse, a reanimação do trauma não preserva uma história referencial, mesmo quando seu slogan é "nunca mais!". Antes, ela usa uma arma discursiva para interferir no campo da política contemporânea. Podemos interpretar isso como mais uma permuta da cristalização? Nesse caso, o discurso substitui a memória não só para criar distância de uma culpa e de um sofrimento insuportáveis para o sujeito, mas também para levantar uma acusação em que a culpa é plenamente (e infinitamente) exteriorizada, e o outro se constitui como plenamente responsabilizável pelo sofrimento continuado do sujeito. *O discurso reanima o sofrimento para dar apoio à acusação, e esta, por sua vez, busca aliviar uma culpa sem fundamento identificando como sua "causa" o outro contemporâneo, dando continuidade, assim, à temporalidade traumática na qual o passado não cessa de ser passado, eclipsando a distância histórica entre o antes e o agora.* A transferibilidade do afeto, a transmissibilidade do trauma, é essencial para essa transposição histórica de uma realidade política para outra. Não sei ao certo como localizar a agência nesse processo, pois, como sugeri, o aspecto traumático perturba o recurso habitual à volição. Todavia, nos dois lados dos debates políticos em Israel, vemos certo uso estratégico ou exploração desse nexo do trauma e da linguagem para levantar uma acusação de proporções paralisantes. O meio discursivo pelo qual se reevoca o

Holocausto é exatamente uma maneira de apelar à dor de sua repetição e mobilizar a repetição e a dor para outros meios. A questão é se são mobilizadas por propósitos políticos, tendo como consequência o deslocamento da dor (e o fechamento da lacuna histórica entre presente e passado) e a perda do próprio referente.

Isso pode acontecer e acontece em várias instâncias do problema político. Quem deseja se envolver num processo de paz é acusado de mandar os judeus às câmaras de gás de novo, e quem critica o Estado é acusado de tornar os judeus vulneráveis a outro holocausto[10]. Mas a alegação parte de israelenses contra israelenses, de críticos de Israel contra israelenses, de israelenses contra judeus na diáspora[11]. A referência de Tom Paulin ao "SS sionista" é um bom exemplo[12]. A especulação de que o Estado israelense traumaticamente imita o regime nazista é uma reivindicação aparentemente satisfatória para algumas pessoas que criticam Israel. Desse modo, parece que tanto quem defende o Estado quanto quem se opõe a ele, ou, pelo menos, a parte de suas políticas e práticas, corre o risco de ser acusado de nazista, mas de maneiras diferentes[13].

Se Levi estiver correto quando diz que a estória* do Holocausto ou da Shoah pode crescer à custa da memória do sofrimento, a estória do Holocausto também pode crescer à custa da apreensão do sofrimento humano. E isso pode acontecer pelo menos de duas maneiras: primeiro, negando a Shoah e seu duradouro significado traumático; segundo, explorando seu significado traumático para justificar qualquer agressão militar como autodefesa necessária. É inaceitável dizer, como o fazem alguns, que o Holocausto é "nada mais que uma cortina de fumaça" e uma maneira sentimentalista de estigmatizar a oposição. Alguns chegam ao ponto de dizer que o Holocausto é um fenômeno fictício, inventado para propiciar uma falsa legitimação para Israel. De outro lado, e de maneira igualmente inaceitável, às vezes o inimigo pode ser retratado como o nazista ressurgente, e os judeus que criticam a política de Israel em relação aos palestinos são tidos como autodepreciativos ou colaboracionistas. Invoca-se o Holocausto para menosprezar sua realidade ou importância histórica, ou para trazer de novo à tona seu horror moral com o propósito de justificar uma nova agressão militar. As duas táticas não levam em consideração que tipo de referencial ético e político poderíamos derivar do

---

[10] Cynthia Ozick, "The Modern Hep! Hep! Hep!", *Observer*, Nova York, 10 maio 2004.
[11] Avraham Burg, *The Holocaust is Over, We Must Rise from Its Ashes* (Nova York, Palgrave MacMillan, 2008), p. 11-26.
[12] Tom Paulin, "Killed in Crossfire", *The Observer*, Londres, 18 fev. 2001.
[13] O apelo a essa acusação no contexto do recente desalojamento em Gaza já era algo esperado, em certos aspectos. Alguns dos israelenses desalojados usaram a retórica do Holocausto, dizendo que, além de estarem sendo novamente despossuídos e mesmo destruídos, o fato também ameaçava todos os judeus. Só para registrar, aproximadamente 8 mil israelenses foram obrigados a abandonar suas casas em Gaza; 1.719 palestinos foram mortos desde 2000, outros 9 mil palestinos foram feridos e 2.704 casas de palestinos, destruídas, que pertenciam a mais de 20 mil pessoas. Não digo isso para estabelecer equivalências ou mostrar que a falta de equivalência é avassaladora. Menciono os números apenas para mostrar a situação num quadro mais amplo de modo que se entenda onde e como ocorre o sofrimento humano naquela região.
* No original, "story". Não costumamos fazer a diferenciação, no português contemporâneo, entre "estória" e "história". Ela se faz necessária aqui porque a autora, tanto em suas obras quanto na esteira de Primo Levi, significa a "estória" (*story*) como o relato (*account*) que se dá do Holocausto ligado à memória, ao passo que a história (*history*) do Holocausto se refere ao evento histórico como um todo. (N. T.)

Holocausto para o presente de maneira proveitosa. Fazer essa pergunta é considerar, primeiro, que o Holocausto pode não ser o paradigma mais útil para pensar sobre o presente. Mas também é considerar a importância de se fazer algumas traduções históricas para permitir que o Holocausto se torne história, e não o tipo de trauma que desconhece a distinção histórica entre o antes e o agora[14].

A historiadora Idith Zertal observa que referências ao Holocausto não eram frequentes durante a fundação de Israel, no final da década de 1940, e durante toda a década de 1950. Israel buscava combater a imagem do judeu cativo e humilhado nos campos de concentração e estabelecer uma nova norma da agressividade masculina. Zertal destaca alguns momentos históricos fundamentais em que o discurso sobre o Holocausto foi incentivado de forma mais pungente na política israelense: os julgamentos de Eichmann (e, por conseguinte, a rejeição à perspectiva crítica de Hannah Arendt); e a guerra de 1967, em que o Estado construiu um consenso comum de que o povo judeu corria, de novo, nada menos que o risco de ser destruído (IH, p. 91-127). O que caracteriza a análise de Zertal é que, embora enfatize a mobilização tática do Holocausto para propósitos políticos, ela critica essa mobilização por considerá-la um aviltamento e uma desvalorização do sofrimento de quem sobreviveu aos campos. Nas palavras dela:

> Dependendo das circunstâncias de tempo e lugar, as vítimas do Holocausto são trazidas de novo à vida e se tornam uma função central nas decisões políticas israelenses, particularmente no contexto do conflito árabe-israelense, e especialmente em momentos de crise e conflagração – ou seja, em tempos de guerra. Desde 1948 até a atual e contínua explosão de violência, iniciada em outubro de 2000, não houve uma única guerra em Israel que não tenha sido entendida, definida e conceituada nos termos do Holocausto. Esse movimento, que no início tinha intenções e propósitos relativamente claros, visando fortalecer o poder israelense e a consciência do poder a partir da completa impotência judaica, se tornou com o tempo, à medida que a situação de Israel foi se afastando temporal e circunstancialmente do Holocausto, um clichê bastante desvalorizado. Auschwitz – como encarnação do mal total, supremo – foi e ainda é evocado quando se trata de problemas militares e de segurança, bem como de dilemas políticos que Israel tem se recusado a enfrentar e resolver, e cujo preço tem se recusado a pagar. Isso transforma Israel numa zona cinzenta a-histórica e apolítica, na qual Auschwitz não é um evento passado, mas um presente ameaçador, uma opção constante. (IH, p. 4)

O livro de Zertal representa um esforço amplo e ao mesmo tempo sutil de descrever como o Holocausto foi lembrado e esquecido na primeira década de Israel como Estado, no julgamento de Eichmann e no processo de expansão e

---

[14] Esse fenômeno não é exatamente novo. A circulação discursiva do Holocausto por razões politicamente estratégicas existe desde o início. Se entendi corretamente, Jacqueline Rose argumenta que, para o sionismo messiânico, o Holocausto se torna o exemplar moderno da catástrofe fadada a se repetir, sem o qual o caráter messiânico do judaísmo não pode se renovar. Em outras palavras, o Holocausto tem de ser renovado na política contemporânea para que se revigore o objetivo messiânico de reunir e autorizar o povo judeu como nação. Com efeito, para ela não pode haver renovação dos objetivos messiânicos do sionismo sem uma catástrofe. Ver Jacqueline Rose, *The Question of Zion* (Princeton, Princeton University Press, 2005).

justificação das Forças Armadas israelenses. Para mim, há duas coisas nesse livro que, além de serem notáveis, o caracterizam como herdeiro político da complexidade e da honestidade com que Primo Levi trata a questão: por um lado, a insistência a respeito do efeito extremamente traumático do Holocausto ou da Shoah no povo judeu; por outro, o alerta contra a exploração desse sofrimento para autorizar uma nova violência desnecessária. Ela reconstrói vários episódios da formação do Estado de Israel para "examinar a discrepância entre a dimensão histórica dos eventos e a memória nacional moldada neles" (IH, p. 5). Nesse ponto, vemos que Zertal sugere que a formulação de Levi precisa ser revista. Não é apenas que a memória seja influenciada pela ação da estória e do discurso e, consequentemente, se transforme, mas também que a estória e o discurso podem gerar uma memória nacional separada, de modo significativo, do curso dos eventos históricos.

Zertal cita bastante Levi, especialmente o que diz sobre a dificuldade dos sobreviventes para relatar seu próprio sofrimento. Para Levi, os sobreviventes que poderiam ser verdadeiras testemunhas foram emudecidos pela brutalidade do que viveram. A maioria das pessoas que sobreviveram para contar alguma coisa perdeu suas lembranças por causa do trauma, ou só foi capaz de reiterar estórias, sem saber, afinal, até que ponto elas se desancoraram da própria memória. Segundo Elie Wiesel – e também Jean-François Lyotard –, um dos objetivos da fundação do Estado israelense foi fornecer um lugar e um referencial para que estórias fossem contadas. Levi tem sua própria opinião sobre os objetivos da fundação do Estado israelense:

> Esperava-se que o Estado de Israel mudasse a história do povo judeu, mas num sentido muito preciso: esperava-se que fosse uma balsa salva-vidas, o santuário para o qual os judeus ameaçados em outros países poderiam correr. Essa era a ideia dos fundadores, e ela antecedeu a tragédia nazista; a tragédia nazista multiplicou esse objetivo por mil. Os judeus não podiam mais viver sem esse país de salvação. Ninguém parou para pensar que havia árabes naquelas terras.[15]

Em 1976, no entanto, ele diz durante uma entrevista: "Preciso reconhecer que, depois de 1950, essa imagem da pátria judaica gradualmente esmaeceu para mim"[16]. Mais de 750 mil palestinos foram despossuídos de suas terras e casas à revelia com o estabelecimento de Israel em 1948, e certamente o Exército israelense tinha essas populações árabes em mente quando tomou suas terras. De 1950 a 1953, leis que justificavam a transferência daquelas propriedades para os israelenses foram implementadas a despeito do que a ONU havia decidido sobre partilha, indenização e retorno.

Sem dúvida seria um erro dizer que a resposta para esse problema é esquecer o Holocausto e viver no presente. Esse imperativo simplesmente não funciona, pois a própria história mudou de uma maneira profunda para os judeus depois dos campos de concentração nazistas. Na verdade, o desafio é perguntar de que maneira a história mudou. A mim me parece que escritores e escritoras como Levi e Zertal questionam se a Shoah e seu sofrimento poderiam contribuir para a formação

---

[15] Ferdinando Camon, *Conversations with Primo Levi* (Evanston, Marlboro, 1989), p. 54.
[16] Marco Belpoliti e Robert Gordon (orgs.), *The Voice of Memory*, cit., p. 263.

de um referencial ético e político para o presente. Esse referencial teria de se manifestar contra a violência que o Estado sanciona com o único objetivo de controlar, intimidar e aviltar uma população que, em sua maior parte, vive em condições inaceitáveis de restrição, perda de direitos políticos e pobreza. Também teríamos de incluir Arendt aqui, pois sua objeção pioneira ao sionismo político, em 1944, foi dizer que ele fortaleceria o nacionalismo do Estado-nação e produziria uma população gigantesca de apátridas durante um longo e indefinido período.

Em *The Holocaust Is Over, We Must Rise from Its Ashes* [O Holocausto acabou, precisamos nos erguer de suas cinzas], Avraham Burg afirma que, em Israel,

> a Shoah está entremeada, em grande medida, em quase todos os argumentos políticos de Israel. Ao contrário de outros acontecimentos, a Shoah não vai ficando para trás, no passado, mas se aproxima de nós o tempo todo. É um passado que é presente, mantido, monitorado, ouvido e representado.[17]

O argumento dele tem duas partes: de um lado, ele diz que, "por causa da Shoah, Israel se tornou a voz dos mortos, e fala mais em nome dos que já se foram do que em nome dos que ainda estão vivos"; de outro, as referências diárias à Shoah explicam a guerra, mantêm Israel numa posição defensiva e de vítima, e evitam que Israel generalize a lição política do genocídio nazista cometido contra os judeus: tal racismo, tal deportação, tal assassinato nunca mais deve acontecer de novo com ninguém. Ele lamenta a perda de otimismo, do espírito de cooperação e da ética afirmativa que encontra na atual vida israelense:

> A Shoah é nossa vida, não vamos nos esquecer dela, tampouco vamos deixar que se esqueçam de nós. Arrancamos a Shoah de seu contexto histórico e a transformamos numa desculpa e num gerador para cada ação. Tudo é comparado à Shoah, apequenado pela Shoah, e por isso tudo é permitido – sejam cercas, cercos, coroas, toque de recolher, falta de água e comida, ou assassinatos inexplicados.[18]

---

[17] Avraham Burg, *The Holocaust Is Over*, cit., p. 78.
[18] Idem. Idith Zertal já deu uma amplificação histórica maior a esse mesmo argumento, dizendo que o genocídio nazista contra os judeus não é mais lembrado por si mesmo, não tem mais seu lugar apropriado como perda traumática e inconcebível. A santificação do que ela chama de Holocausto na verdade é sua desvalorização, pois exerce um contínuo efeito traumático, e até mesmo confere aos argumentos políticos locais uma "qualidade inexpressível, transcendental" (IH, p. 169). A questão não é simplesmente que a evocação do Holocausto também seja uma estratégia manipuladora para endossar e expandir o poder e a capacidade de destruição das forças militares israelenses. Zertal lamenta a perda da verdadeira perda, o modo como um genocídio histórico monstruoso e devastador é transformado numa tática e numa estratégia, estabelecendo um "passado que nunca acaba" à custa de um crime histórico de grande escala e intolerável.
Obviamente, é preciso diferenciar esses argumentos daqueles segundo os quais toda e qualquer referência ao "Holocausto" é apenas parte da retórica estratégica de guerra. Existe algo mais aqui, uma maneira pela qual o passado se recusa a se tornar passado e até devora o presente, produzindo a sensação inútil e infinita de uma condição de vítima que não pode conceber ou não conceberá a vulnerabilidade física dos não judeus. Isso acontece muitas vezes quando os palestinos são comparados aos nazistas. Zertal nos lembra que Netanyahu, atual primeiro-ministro de Israel, comparou os palestinos ao *mufti* de Jerusalém que, na visão dele, "propôs repetidas vezes [...] a Hitler [...] o extermínio dos judeus". Burg assinala que até mesmo Abba Eban, em geral considerado um mensageiro da paz em questões de política externa, "cunhou um termo usado até hoje, definindo as fronteiras de Israel, a Linha do Armistício de 1949, como 'fronteiras de Auschwitz'". Segundo Burg, "a Guerra dos Seis Dias derrubou as cercas virtuais entre Israel e Auschwitz" (*The Holocaust is Over*, cit., p. 23).

No meio dessa análise política, Burg apresenta uma anedota que sugere que alguns adotaram efetivamente a Shoah como história e trauma pessoais mesmo sem ter nenhuma conexão histórica "direta" com o evento. Deveria ser um momento irônico e de humor no texto, mas, sem querer, suscita a questão de como o trauma é comunicado transgeracionalmente ou, ainda, extrageracionalmente. Burg nota que a imigração em massa dos *sefardim* e *mizrahim* (judeus oriundos originalmente da Espanha e judeus árabes, respectivamente) gerou um problema para a historiografia de Israel. Amiúde, esses imigrantes chegaram em condições de pobreza, destituição e exílio político, em barcos instáveis, depois de terem passado por suas próprias experiências traumáticas de deslocamento. Burg diz que

> um diálogo silencioso deve ter acontecido entre todos os que carregavam um trauma. Nada se disse explicitamente, nenhuma política formal foi colocada no papel, mas quando se comparavam os traumas não ditos, os dos asquenazes suplantavam os dos sefarditas. [...] A obsessão com a Shoah afastou qualquer discussão sobre outros sofrimentos israelenses.[19]

Burg conta a história do sr. D., um israelense que viajou com o intuito de passar algumas semanas na Polônia, mas voltou de repente depois de alguns dias. Burg pergunta ao sr. D. por que ele encurtou a viagem, ao que o sr. D. responde:

> "Não suportei ficar mais tempo. [...] Tudo veio à minha cabeça. Pousei em Varsóvia, estava frio, nevando. No mesmo dia, seguimos para o interior para verificar as oportunidades que tínhamos. [...] As planícies cobertas de neve me cegaram. Dava para sentir o frio nos ossos, e tudo que víamos na mata eram vidoeiros e arbustos. Passamos a noite lá e depois seguimos num trem noturno. A viagem durou muitas horas. As rodas e os vagões chacoalhavam, e o fiscal era agressivo. De repente, passamos por uma verificação de passagem. Não consegui suportar. Trens poloneses são demais para mim. No dia seguinte, entrei num avião e voltei para casa."

Um dia depois, Burg telefona para o homem e pergunta: "Me diga... de onde são seus pais?". "Do Iraque", responde o sr. D[20].

Muito bem, entendemos a piada, ou parece que entendemos, pois o homem tinha tomado para si uma história que não era dele, e até revivido um trauma que não é transmitido pelos laços históricos da família. O caso só se torna cômico se aceitarmos que o trauma é transmitido através de gerações dentro de uma lógica familiar. Burg conclui que a história mostra que "os judeus do Oriente Médio estavam adotando a narrativa dos sobreviventes de Israel. A Shoah transformou todos nós em apenas um"[21]. Mas essa é a conclusão necessária? Esse homem adotou uma história que não era sua, ou sentiu que a história lhe adentrava em virtude de viver próximo de outros que a carregavam intimamente? Foi sua identificação com a nação que o levou a adotar ou absorver essa história que

---

[19] Ibidem, p. 33.
[20] Ibidem, p. 34.
[21] Ibidem, p. 35.

não era sua? Ou o trauma tem outros meios de transmissão que não estão cobertos nesta análise? Por exemplo, será que o trauma também pode ser lateralmente transmitido assim como o é geracionalmente, ou as "gerações" surgem em certos quadros nacionais que agrupam as pessoas sob narrativas dominantes que divergem de suas histórias biográficas?

Embora a estória de Burg seja importante para mostrar como uma narrativa dominante busca provocar uma identificação de quem não tem nenhuma base histórica para tal, ela tem menos sucesso em explicar por que as pessoas se identificam com a narrativa da maneira como o fazem. A adoção pelo sr. D. de uma narrativa de sobrevivente que não pertence a ele seria um problema justamente porque essa narrativa se tornou uma condição discursiva, registrada em níveis afetivos elementares, para o pertencimento nacional em Israel? Por um lado, assumo o ponto de vista de Burg de que o caso é esse, e de que o imaginário político de Israel é severamente afetado por essa precondição. Além disso, eu diria que, quando a perseguição e a sobrevivência tornam-se as únicas coordenadas para o entendimento político de si por parte de um Estado-nação poderoso cuja política de ocupação violenta já dura décadas, não admira que cada ato de agressão por parte desse Estado seja renomeado como autodefesa. Por outro lado, quero deixar a pergunta em aberto: existe algo que explique como e por que esse homem teria de deixar a Polônia no início do século XXI, mesmo que sua família tenha emigrado do Iraque? Em outras palavras, será que às vezes o trauma se transmite de modos laterais e dispersivos, desafiando a noção de geração que segue apenas os laços reprodutivos e de parentesco biológico? Seguindo a discussão dos usos de Benjamin para teorizar o trauma da Nakba, poderíamos usar esse exemplo para destacar como um trauma histórico ressoa com outro, ou como léxicos articulados para transmitir um grupo de eventos traumáticos permitem a articulação de outro? Como explicamos que ocorra a transmissão espacial e temporal de alguns traumas históricos ao mesmo tempo que a transmissão de outras formas de trauma histórico é sistematicamente tolhida? É claro, o exemplo de Burg pretende nos alertar para a apropriação do trauma com o propósito de legitimar o pertencimento cultural. E ele está certo em fazer isso. Mas, se pararmos nessa conclusão, não teremos como distinguir assertivamente entre (a) a necessidade de recordar e combater toda forma de revisionismo histórico que relegue ao esquecimento a destruição e o deslocamento forçado de qualquer povo (tarefa que pressupõe uma conexão crucial entre memória e oposição crítica), e (b) a necessidade absoluta de rejeitar todas as instrumentalizações de traumas históricos, tais como a Shoah, que visem legitimar um regime ilegítimo.

Primo Levi tinha ciência dos dois imperativos. Em certos aspectos, essa via dupla do trauma vem de seu caráter repetitivo. O trauma irrompe no presente e reincorpora no passado a própria possibilidade do presente, mantendo quem sofreu o trauma num tempo histórico incerto, em que os agentes responsáveis por infligir o sofrimento traumático voltam a povoar o mundo do traumatizado e forcluem a possibilidade de abertura para um futuro diferente. Houve um momento sintomático em 1982 quando Begin, depois de cercar Beirute com forças armadas, anunciou:

"É como se eu tivesse mandado um exército até Berlim para dizimar Hitler no *bunker*"[22]. É possível ver nessa transposição algo parecido com a ação do trauma de reintroduzir cada circunstância presente na dor recorrente e voraz do passado? O que significaria despertar para um presente que aprenderia com o Holocausto a necessidade de se opor ao fascismo, ao racismo, à violência de Estado e à detenção forçada? Significaria que temos de entender que ações desse tipo podem ocorrer e ocorrem novamente, em diferentes circunstâncias históricas, e entender também que elas não são sempre as mesmas, mas que devem ser combatidas, verbal e insistentemente, sempre que ocorrerem e onde quer que ocorram de novo. Também significaria que ninguém está isento, por comando histórico, de ocupar a posição do opressor ou perpetrador, e disso Levi já sabia quando considerou as ações dos colaboradores judeus. Não existe inocência que pertença aos judeus ou palestinos como tais. Existe apenas a exigência histórica de produzir uma prática política e um modo de engajamento que respeitem e institucionalizem a proteção à precariedade da própria vida.

Há uma diferença entre uma política que é animada pelo trauma e busca, taticamente, reanimar o trauma em benefício próprio, e uma política que reflete sobre quais condições políticas seriam necessárias para impedir tais crimes contra a humanidade. Essa última certamente é um referencial ético e político derivado do Holocausto ou genocídio nazista. Mas esse referencial deve derivar seus princípios a partir de um passado com o propósito de viver no presente e transpô-lo. Essa transposição ou tradução só pode dar certo se houver uma apreensão da diferença entre "antes" e "agora", mas não dará certo se o "antes" substituir e absorver o "agora", pois isso só pode produzir uma cegueira para o presente e no presente. Na verdade, paradoxalmente, é somente ao permitir que a Shoah se torne passado que podemos começar a derivar os princípios de justiça, igualdade e respeito pela vida e pelas terras tendo aquela experiência como base. Seria um caminho diferente *nunca* esquecer, porque isso não estabeleceria o passado como presente, e sim significaria consultar o passado para conduzir a ação comparativa e reflexiva que nos permitiria derivar os princípios da conduta humana que cumpririam a promessa de não reiterar, de modo algum, os crimes daquela época histórica.

O trauma não legitima em si uma afirmação política, exceto talvez a afirmação de que as condições que aliviam o trauma são imperativas para toda e qualquer pessoa, independentemente de etnia, religião ou raça. O trauma não gera nenhum direito de posse, embora possa nos levar a refletir sobre a melhor maneira de institucionalizar direitos de posse para que o trauma seja amenizado e forcluído por todos os seres humanos possíveis. Quando respondemos ao trauma reativamente, ele nos determina de modo unilateral, mesmo que ajamos dentro de seu horizonte e seguindo sua lógica interna. A recusa do presente e do que poderíamos chamar de outro concreto é a consequência desse tipo de hermetismo, e por isso afastar-se do trauma é a única maneira de evitar sua reiteração sem fim. Aliás, poderíamos dizer, desse modo, que o trauma nos apresenta uma responsabilidade específica justamente porque ameaça nos transformar em puras vítimas que, por definição,

---

[22] Citado em Ze'ev Schiff e Ehud Ya'ari, *Israel's Lebanon War* (Nova York, Simon and Schuster, 1985), p. 220.

não podem assumir a responsabilidade pelas condições que impomos aos outros. Embora não se possa mandar o trauma embora, por mais que se queira, é possível elaborá-lo até que se tome ciência de como ele ameaça incorporar o presente no passado, ou, antes, reencenar o passado como se fosse presente, contornando desse modo a experiência da distância histórica, o intervalo necessário para pensar e considerar qual é a melhor maneira de fazer uma história agora à luz desse passado.

As próprias reflexões de Levi o levaram, com o tempo, a considerar que uma condição "diaspórica" para o povo judeu era a melhor alternativa, posição que o aproximou mais das visões políticas de Hannah Arendt. Em 1984, três anos antes de morrer, Levi falou de novo sobre Israel depois de um período de censura autoimposta: "Pensei muito nisso: o centro está na Diáspora, está voltando para a Diáspora. [...] Eu preferiria que o centro de gravidade do judaísmo ficasse fora de Israel". E depois completa: "Eu diria que o melhor na cultura judaica está ligado ao fato de ela ser dispersa, policêntrica". E: "A história da Diáspora tem sido uma história de perseguição, mas também de relações e intercâmbios interétnicos – em outras palavras, uma escola de tolerância"[23].

Uma sobrevivente do Holocausto, moradora de Leiden, na Holanda, escreveu ao jornal israelense *Haaretz* para dizer que se ofendeu quando os colonos de Gaza que retornaram a Israel compararam a situação deles à de quem foi obrigado a entrar em trens e seguir para os campos de concentração. Ela usou todo tipo de detalhes históricos para defender que as duas situações eram empiricamente distintas. Um gesto louvável, na minha opinião, dado que, em virtude de sua posição como testemunha viva, ela acreditava ser capaz de desmistificar o poder desse uso tão abusivo, insultante e paralisante do Holocausto. Ela queria desmistificá-lo como metáfora traumática e devolvê-lo a uma realidade empírica. Mas é possível trazer o discurso desse evento traumático para o nível da razão? As palavras dela são boas e verdadeiras, mas será que ainda se trata de uma questão de evidências? Ou o discurso já tomou vida própria, cresce à custa da própria memória e não está mais a serviço de fornecer evidências para combater a guerra nazista contra a memória, mas sim de construir uma legitimação política para a tomada de terras e o aumento da agressividade militar?

Levi acreditava que o Holocausto fornecia um referencial moral para sua própria crítica de Israel, e não dava ouvidos a quem dizia que, por causa de sua posição, ele deveria ficar em silêncio. Na véspera de sua viagem para revisitar Auschwitz, em 1982, ele publicou uma carta aberta no *La Repubblica* pedindo a retirada das tropas israelenses do Líbano. Recusava-se a entender o Exército israelense como representante de uma minoria perseguida. O discurso da perseguição não deveria ser usado para tal propósito. Em oposição a quem relembrava as imagens dos campos para autorizar a agressão de Israel, ele escreveu provocativamente em *Il Manifesto*: "Cada pessoa é o judeu de alguém. E hoje, os palestinos são os judeus dos israelenses"[24]. É claro, trata-se de uma afirmação controversa, e estamos

---

[23] Marco Belpoliti e Robert Gordon (orgs.), *The Voice of Memory*, cit., p. 292-3.
[24] Citado em Carole Angier, *The Double Bond: Primo Levi, a Biography* (Nova York, Farrar, Straus and Giroux, 2002), p. 628.

certíssimos em rejeitá-la por sua insensatez. Afinal, se Levi diz que os palestinos são os judeus dos israelenses, ele está transpondo a posição de vítima dos "judeus" sob o domínio nazista para a posição de vítima dos palestinos sob o domínio dos israelenses. Ainda poderíamos pensar que esse é também um uso afrontoso e cínico de uma ressonância do Holocausto, mas levemos em conta que ele está dizendo que, assim como os judeus foram perseguidos pelos nazistas, outros podem estar na posição de perseguidos, e, se igualamos os judeus com os perseguidos, outros podem ser judeus hoje, inclusive os palestinos. Ademais, os israelenses – entendidos na frase como o governo israelense – não são a mesma coisa que os judeus. Quando questionado depois sobre essa formulação controversa, ele deixou claro que não considerava Begin e Sharon nazistas[25]. E quando lhe perguntaram, durante uma entrevista para o *La Repubblica*, se os palestinos estavam na mesma posição que os judeus sob o domínio nazista, ele respondeu que não aceita analogias tão simplistas e que "não existe uma política para exterminar os palestinos"[26].

Depois de se juntar publicamente a outros intelectuais judeus e italianos para pedir a renúncia de Begin e Sharon, Levi também se espantou com as frases antissemitas que apareceram nos muros de sua cidade igualando os judeus aos nazistas. Essa situação radicalmente insustentável lhe gerou um conflito: poderia continuar elaborando a partir de sua experiência em Auschwitz os princípios para condenar a violência do Estado sem contribuir para um entendimento antissemita desse evento? Essa foi a questão que ele teve de superar. Em poucos meses, Levi parou de tocar no assunto e entrou em depressão profunda – certamente movida por diversas causas, mas agravada pelo impasse que tinha agora diante de si. Sua condição política não é muito diferente da nossa, uma vez que falar qualquer coisa contra as políticas de Estado israelenses pode incitar quem condenaria não só Israel, mas também os judeus em geral, dentro do espírito do antissemitismo. Essa seria uma razão para não falar, ou significa que, quando e se falamos, devemos nos posicionar contra o antissemitismo ao mesmo tempo que articulamos objeções morais e políticas para a violência injustificável do Estado? De maneira semelhante, se dizemos que o Holocausto é usado com o propósito de justificar ações militares ou estatais brutais, devemos também dizer que o Holocausto não pode ser reduzido a esse uso, que fazer essa redução deprecia e apaga o sofrimento específico e o desafio político do Holocausto.

É fundamental mostrar, como fez White, que os meios retóricos pelos quais se transmite o Holocausto podem ser uma maneira de tentar "apreender" a realidade, registrar sua força moral na forma pela qual ele é transmitido. É igualmente fundamental entender que a "carga moral" da estória pode ser transposta e deslocada, e que isso acontece de maneiras que estão abertas à discussão. A questão não é colocar a retórica em contraposição à referência, e sim perguntar qual retórica, com qual propósito e com qual obrigação se deve usar para contar a estória de uma maneira que tente lhe fazer justiça. Se Levi considerou um dilema quando escreveu

---

[25] Ibidem, p. 629.
[26] Ian Thomson, *Primo Levi: A Life* (Nova York, Picador, 2004), p. 433.

*Os afogados e os sobreviventes*, encontrou-se às voltas com outro em seus últimos anos de vida. Seu projeto de refutar os revisionistas continuou nos seus esforços de refutar tanto os antissemitas quanto as pessoas que usariam aquela história com o propósito de legitimar o poder brutal do Estado. A apreensão discursiva do Holocausto foi inevitável, até necessária, para rebater quem o negava. Mas carregou consigo novos riscos, que pareceram implicar uma mudez quase total de Levi em relação à política contemporânea.

Levi se posicionou em 1982, depois suavizou suas observações, muitas vezes dizendo que só daria entrevistas se não se tocasse no assunto de Israel. Algo traumático tinha de ser posto de lado, e nem Levi nem nenhum outro indivíduo poderia reconstruir o léxico político no qual ele foi obrigado a viver e falar. Mas sabemos que o silêncio não é resposta. Sua situação é um convite para não o seguirmos. No entanto, alguns princípios políticos surgiram do impasse vivido por ele. Quando lhe perguntaram se ele odiava os alemães, Levi disse que não deveríamos categorizar um povo inteiro tendo como base seu caráter nacional. Quando lhe perguntaram sobre sua suposta insensibilidade para com o derramamento de sangue judeu, respondeu que o sangue judeu não deveria ser privilegiado em relação a nenhum outro, e, em seguida, deu suas palavras finais sobre o assunto: não podemos permitir que os sofrimentos do Holocausto justifiquem tudo[27].

E se não pudermos proferir essa frase simples, é porque sem dúvida estamos aprendendo a lição errada com as atrocidades da Segunda Guerra Mundial – a lição de que não devemos falar, de que o silêncio é a única alternativa a acusações desse tipo. Fazer uma separação entre aquele sofrimento histórico e as explorações políticas contemporâneas de qualquer espécie é uma parte do que deve ser feito se quisermos seguir o exemplo de Levi para fazer justiça à história e lutar pela justiça no presente.

---

[27] Marco Belpoliti e Robert Gordon (orgs.), *The Voice of Memory*, cit., p. 285-6.

# 8
## "O QUE FAREMOS SEM O EXÍLIO?"*

### Said e Darwish interpelam o futuro

> onde a identidade se abre para a pluralidade
> não um forte ou uma trincheira
> — Mahmoud Darwish

Entre as últimas reflexões de Edward Said, encontramos uma série de especulações que, na minha opinião, pareciam sugerir que o binacionalismo seria a destruição do nacionalismo. É claro, precisamos nos deter já no início dessa consideração, pois, se faz sentido se opor às formas sionistas de nacionalismo, será que queremos nos opor ao nacionalismo de quem ainda sequer tem um Estado, dos palestinos que ainda procuram reunir uma nação, para estabelecer um Estado-nação pela primeira vez, e sem um sólido apoio internacional? Quanto a essa questão, das mais prementes, sugiro que pensemos por um instante não só se todos os nacionalismos são iguais (certamente não o são), mas também no que queremos dizer com "nação". Pois uma das primeiras suposições que fazemos é a de que uma nação reúne pessoas no tempo e no espaço, estabelece limites e fronteiras que podem e devem ser protegidos por meios militares, e desenvolve modos de autogoverno democrático, território soberano e direitos. E, embora pouquíssimas coisas pudessem ser mais importantes para os palestinos do que reivindicar as terras que são suas por direito, esse direito não implica imediatamente uma forma específica de Estado-nação. Na verdade, poderíamos formular os direitos à luz do direito internacional ou tendo como base argumentos morais e políticos que podem ou não ser enquadrados numa versão específica de Estado--nação. O direito de reivindicar a terra pode perfeitamente se basear na análise histórica de um conjunto de práticas ilegais de confisco de terras que se tornaram essenciais para as práticas de fundação e autolegitimação do Estado-nação israelense. Israel foi construído com uma série de confiscos de terras anteriores a 1948, que continuaram em 1967 e ainda hoje acontecem com a ampliação de assentamentos, a construção e reconstrução do muro, e modos estratégicos de expandir constantemente as fronteiras ao deslocar arbitrariamente os postos de controle. Mas mesmo que partamos do pressuposto de que o Estado de Israel não existe sem

---

\* Este ensaio foi originalmente apresentado como a Edward Said Memorial Lecture na Universidade Estadunidense do Cairo, em novembro de 2010.

a prática de aquisição e confisco ilegais de terras, como acho que devemos fazer, somos levados de volta para dois fatos que nos obrigam a perguntar como entender a nação da Palestina e de que maneiras essa nação pode e deve ser definida.

A primeira questão é que os palestinos de 1948 que perderam terras e casas e foram obrigados a sair de seu território são diaspóricos, e, em sua maior parte, continuam espalhados em vários lugares – fora da região que constitui a Palestina histórica. De fato, a história da diáspora palestina começa efetivamente com os eventos de 1948[1]. O direito de retorno para os despossuídos de terra e trabalho, e que se juntaram à diáspora palestina, continua sendo fundamental para qualquer entendimento da nação palestina[2]. Nesse sentido, a nação está parcialmente espalhada, e qualquer ideia de nação teria de considerar os direitos de quem foi expulso à força de suas próprias casas e terras. Em termos históricos, portanto, a nação da Palestina não está vinculada a nenhuma fronteira, existente ou negociada, o que significa não só que os direitos e obrigações se estendem para além das fronteiras existentes, mas também que as fronteiras existentes são o efeito de apropriações ilegais de terras. Desse modo, aceitar essas fronteiras como as divisas do Estado-nação é ratificar e confirmar a ilegalidade como fundamento aceitável da nação, uma ilegalidade que, além de marcar a origem do Estado-nação, continua em curso como seu modo de autorreprodução. Aceitar as fronteiras atuais (quaisquer que sejam em um dado momento) é efetivamente consentir em desprezar tanto os confiscos de terras quanto as expulsões forçadas como questões para qualquer nação palestina emergente. Qualquer nação construída nesses pressupostos depende da renegação de 1948, fomenta essa renegação e fecha os olhos para a persistente condição de expulsão dos palestinos diaspóricos.

O direito de retorno para os palestinos pode assumir muitas formas. Há quem sugira planos de reassentamento (os israelenses são muito bons em construir assentamentos, então talvez parte desse talento possa ser usada para construir novas habitações para os palestinos nas terras que lhes são de direito)[3]. Outros pensaram em modos de compensação financeira, e outros ainda falaram em modos de reconhecimento público e internacional. Numa época em que até o trabalho da ONG Zochrot

---

[1] Para uma história dos ataques sionistas aos palestinos e dos confiscos de terra anteriores a 1948, ver Oren Yiftachel, *Ethnocracy: Land and Identity Politics in Israel/Palestine* (Filadélfia, University of Pennsylvania Press, 2006). Ver também Tom Segev, *One Palestine, Complete: Jews and Arabs under the British Mandate* (Nova York, Henry Holt, 2001).
Desde a despossessão dos palestinos em 1948, aconteceram expulsões recorrentes. Ver BADIL, "Recurring Dispossession and Displacement of 1948 Palestinian Refugees in the Occupied Palestinian Territory", *Nakba Education on the Path of Return*, n. 42, 2009, disponível em: <www.badil.org/en/component/k2/item/1278-recurring-dispossession-and-displacement-of-1948-palestinian-refugees-in-the-occupied-palestinian-territory.html>, acesso em: 5 dez. 2016. Ver também Edward W. Said, *The Politics of Dispossession: The Struggle for Palestinian Self-Determination, 1969-1994* (Nova York, Vintage, 1994). Antes de 1948, palestinos deixavam a região em raríssimas ocasiões; a exceção se deu entre as décadas de 1880 e 1910, quando muitos foram forçados a migrar devido a dificuldades econômicas em toda a região, o que explicou, por exemplo, uma ida significativa de palestinos para a América do Sul.

[2] Esse direito foi inequivocamente afirmado pela resolução da Assembleia Geral das Nações Unidas n. 194 (III) de 1948.

[3] Naseer Aruri (org.), *Palestinian Refugees: The Right of Return* (Londres, Pluto, 2001).

de mencionar e honrar a memória dos vilarejos palestinos dizimados em 1948 é proibido legalmente naquele que é chamado de Dia da Independência de Israel (e quem participa da solenidade é frontalmente acusado de traição), a questão de reconhecer publicamente a destruição e despossessão dos palestinos em 1948 não é questão meramente simbólica; no mínimo, ela tem uma força simbólica fortíssima[4]. Além disso, o direito de retorno tem o apoio de resoluções da ONU e continua sendo consistente com todo um corpo de leis internacionais criado para assegurar os direitos de refugiados que foram forçosamente retirados de suas casas. Dado que o direito de retorno tem vários significados (alguns dos quais, paradoxalmente, já foram explorados por judeus cujos antepassados foram destituídos de suas casas pela Inquisição Espanhola há mais de quinhentos anos), não faz sentido dizer que só podemos afirmar ou questionar esse direito depois de entendermos, pelo menos, qual versão do direito está em jogo, ou se o direito em consideração é legítimo. Se acenamos um adeus para o assunto, definindo-o como simplesmente impossível ou complexo demais, indiscutível, ou custoso demais, talvez esse "adeus" seja o gesto contemporâneo que dá continuidade à renegação da expulsão coercitiva, um traço do discurso cotidiano que, estranhamente, conseguiu um lugar no senso comum.

Por exemplo, convocar uma conferência internacional sobre o direito de retorno e estabelecer como prioridade uma análise cuidadosa das várias formulações desse direito e dos vários modos de reparação talvez seja uma forma razoável de abordar o problema ainda não resolvido dos refugiados e apátridas. A tarefa seria buscar um consenso (um consenso problemático continua sendo um consenso) sobre o que significa esse direito e como ele poderia ser honrado, e, desse modo, sobre como uma obrigação e uma lei internacional poderiam finalmente ser cumpridos – um conjunto de ações civis e legais que buscariam tratar da injustiça contínua, e cuja solução prepararia o terreno para uma coabitação menos violenta entre os povos da região.

No entanto, encontramos com muita frequência na opinião pública dominante uma rejeição reflexa desse direito (um aceno com a mão, um olhar que se volta para o chão, um sinal de irritação), como se essa solução tivesse como único significado possível a entrada súbita e à força de palestinos na casa dos judeus israelenses e despossuí-los de suas propriedades e de seus utensílios de cozinha. Então, qualquer abordagem a esse problema significa deixar de lado tais gestos desdenhosos e fantasias projetivas (na verdade, quem teve seus lares tomados, e quem teve de fugir?). O direito de retorno tem de ser ao mesmo tempo complexo e efetivo, ou seja, tem de ser fundamentado nos direitos dos refugiados, na ilegitimidade da despossessão e numa nova concepção de redistribuição de terras. Embora isso talvez pareça ideal ou impossível, ou dê a entender que a região teria de ser nivelada para recomeçar do zero, eu gostaria de salientar que os israelenses redistribuem terras o tempo todo; esses processos e técnicas já acontecem. Desse modo, a questão seria: como intervir nesse processo de redistribuição de terras e revertê-lo, de modo que agora ele honre os

---

[4] A Zochrot (zochrot.org/en) é uma organização empenhada em mapear, divulgar e honrar a memória da destruição dos vilarejos e dos meios de subsistência dos palestinos durante a Nakba e depois.

direitos dos refugiados e as exigências legítimas de reconhecimento e compensação para quem foi forçosamente despossuído de suas propriedades e terras? Isso significaria seguir adiante com um claro reconhecimento da história, certamente. Esse processo se torna ainda mais complexo pelo fato de essa história em particular estar constantemente esvanecendo – Abu Mazen vive propondo que ela seja esquecida –, sempre correndo o risco de ser apagada, e, realmente, ainda batalhando para ser entendida como parte da história. Dadas as circunstâncias atuais, o que significa seguir adiante se o passado histórico ainda não foi consolidado?

Qualquer avanço para o futuro certamente não será útil se não resistir a essa constante ameaça de apagamento histórico. Mesmo assim, muitas das abordagens putativamente práticas à questão da Palestina dependem desse apagamento. É claro, um conjunto de eventos só pode aparecer como histórico se os eventos não forem apagados, e é somente quando se tornam históricos que podemos começar a pensar, significativa e publicamente, sobre quais possibilidades podem existir para o futuro. Do contrário, a Nakba continua acontecendo, é indistinguível do presente e por isso impede todos os demais movimentos temporais. Portanto, a luta contra o apagamento da Nakba é fundamental para qualquer possibilidade de seguir adiante; o mesmo conjunto de ações estabelece o registro histórico e permite que o futuro aconteça. Dessa maneira, o esquecimento que sempre ronda a Nakba não só requer uma intervenção do tipo benjaminiana, como também retoma a importância da tarefa dupla de Primo Levi: a recusa do revisionismo e os usos do esquecimento para a produção estética e a sobrevivência existencial. Mais adiante neste capítulo, tentarei entender, a partir de Mahmoud Darwish, que tipo de futuro é interpelado por Said, especialmente em suas últimas reflexões sobre o binacionalismo. É importante notar que, para Said e também para os argumentos que defendo aqui, o binacionalismo não leva a uma solução biestatal, e sim a um único Estado, que erradicaria todas as formas de discriminação baseadas em etnia, raça e religião. Portanto, vamos seguir pacientemente entre as ideias de população, nação e Estado.

Mas primeiro gostaria de dizer que, como os direitos dos palestinos diaspóricos estão em jogo em qualquer consideração sobre a nação palestina, temos certa obrigação de repensar a ideia dessa nação como uma que "inclua" os diaspóricos, ou o que costuma ser chamado de *al-manfa* ou exílio[5]. Certamente Said pensava a mesma coisa, e deixou isso claro diversas vezes[6]. Aqui, o direito de retorno não

---

[5] Devo aqui meus agradecimentos a Najat Rahman, cujo livro, organizado com Hala Khamis Nassar, *Mahmoud Darwish, Exile's Poet: Critical Essays* (Northampton, MA, Olive Branch, 2008), direcionou minhas leituras. Os e-mails que trocamos foram extremamente úteis para me ajudar a entender os termos árabes usados para se referir ao exílio. Ver também Najat Rahman, *Literary Disinheritance: The Writing of Home in the Work of Mahmoud Darwish and Assia Djebar* (Lanham, MD, Lexington, 2008).

[6] Ver, por exemplo, as observações de Said sobre a importância dos palestinos diaspóricos para qualquer solução para a Palestina em sua introdução a *The Politics of Dispossession*, cit., p. xlii. Ver também os seguintes ensaios, que consideram a importância do intelectual exilado para o desenvolvimento de uma política pós-nacionalista para a região: Elias Khoury, "The Intellectual and the Double Exile", e Ilan Pappé, "The Saidian Fusion of Horizons", em Müge Gürsoy Sökmen e Başak Ertür (orgs.), *Waiting for the Barbarians: A Tribute to Edward Said* (Londres, Verso, 2008), p. xxi-xx, 83-92. Ver as importantes reflexões de Ghada Karmi sobre a despossessão em "Said and the Palestinian Diaspora: A Personal Reflection", em Adel Iskander e Hakem Rustom (orgs.), *Edward Said: A Legacy of Emancipation and Representation* (Berkeley, University of California Press, 2010), p. 304-13.

significa transformar toda condição diaspórica em condição nacional, mas derivar um conjunto de preceitos para qualquer ordem política futura possível a partir do diaspórico, entendido como uma dispersão da população, *al shattat*. No meu entendimento, o termo *manfa* implica um exílio forçado, uma resposta voluntária ou involuntária a condições difíceis. *Shattat* é a diáspora no sentido de dispersão, também forçada, para a maioria, mas não sempre. Por acaso existem princípios políticos derivados da condição diaspórica que também devam, por assim dizer, ser esclarecidos, que pertençam centralmente à condição de refugiado e à despossessão? Se pensamos que o direito de retorno anula a condição diaspórica em favor da nacional, será que algo do diaspórico ainda permanece dentro do nacional ou deve assim permanecer, apresentando-se como uma crítica interna do nacional, quando não um conjunto de ressalvas e salvaguardas inerentes a qualquer nação possível? Em outras palavras, se a condição da diáspora fornece certas perspectivas sobre a condição dos refugiados, modos de vida através da distância temporal e espacial, práticas de luto, transmissão cultural (incluindo literatura, música, cinema e artes) e modos de homenagem e aliança que acontecem em condições de dispersão e contenção, então também temos de fazer a seguinte pergunta: como as reivindicações políticas que surgem da condição da diáspora continuam influenciando e abalando as ideias de nação e nacional?

Como seria uma articulação do nacional que começasse com os direitos básicos dos refugiados? Além disso, dada a interpretação israelense desse direito, em sua própria Lei do Retorno e no estabelecimento do Estado de Israel como santuário para todos os judeus que cumprem as definições legais e rabínicas contemporâneas, é mais que imperativo consolidar um entendimento dos direitos dos refugiados que não possa se tornar a justificativa para um direito de despossuir um povo de suas terras. Aliás, uma das contradições mais impressionantes e significativas da fundação do Estado de Israel foi estabelecer o Estado tendo como base o direito dos refugiados de buscar um santuário em decorrência de sua expulsão forçada da Europa, o que, por sua vez, e sem que houvesse recurso a esse mesmíssimo princípio, levou à expulsão forçada dos palestinos de suas terras. Desse modo, a pergunta que temos de fazer em qualquer apelo aos direitos dos refugiados é simplesmente esta: como esses direitos podem ser formulados em relação aos direitos *contra* a despossessão e a expulsão forçadas, direitos especialmente importantes para as minorias? De fato, esses direitos pertencem às minorias justamente na medida em que estas perdem a condição de minoria e se tornam apátridas. Um imaginário jurídico e político que exija a conexão dos dois direitos é necessário não só para descrever e avaliar a injustiça da Nakba, mas também para garantir que nenhum projeto para honrar os direitos dos refugiados exija a produção de uma nova classe apátrida. Até que se chegue a uma solução baseada nesse princípio em Israel/Palestina, é claramente necessário impor uma moratória indefinida à Lei do Retorno. Aliás, dado que a Lei do Retorno tem sido instrumentalizada repetidas vezes para garantir a vantagem demográfica da população judaica, podemos dizer que ela é descaradamente discriminatória e antidemocrática.

Podemos então concluir o seguinte: não deve haver Lei do Retorno enquanto uma lei do retorno não for unificada ao direito de retorno. Ou podemos dizer:

uma vez que a Lei do Retorno vigente é feita para impedir o direito de retorno, a Lei do Retorno continua participando na produção de uma classe apátrida, anulando com isso o princípio de sua própria legitimação. E, embora pareça se basear nos direitos dos refugiados, ela está em vigor para ab-rogar esses mesmos direitos – ou seja, a Lei do Retorno, que deveria sustentar os direitos dos refugiados, ativamente nega os direitos dos refugiados. Hannah Arendt certamente notou esse fato quando, ao se opor à criação de Israel como Estado-nação para o povo judeu, previu que ele só poderia se concretizar gerando uma nova população apátrida e, como resultado, décadas de conflito[7].

Desse modo, qualquer direito dos refugiados teria de ser exercido de maneira que os direitos dos refugiados não sejam negados. Aqui surge uma questão política que não foi totalmente resolvida com o estabelecimento da condição e das reivindicações legais dos palestinos diaspóricos de 1948, ou dos de 1967, ou ainda daqueles que foram expulsos de Beirute em 1982 ou despossuídos por Oslo em 1993, ou de todos que ainda vivem, em alguns casos há muitas décadas, em campos de refugiados por toda a região. O direito de retorno significa modos de restituição legal e reconhecimento, bem como direitos de reassentamento. Para mim, essa última palavra, *reassentamento*, soa no ouvido de muitas pessoas como *solução uniestatal*, mesmo que as vogais e consoantes sejam muito diferentes. Na verdade, existem versões uniestatais e biestatais do direito de retorno. A oposição se baseia em um grande temor entre quem acredita que os judeus perderão sua maioria demográfica em Israel e que o resultado disso será um binacionalismo *de facto*. O pressuposto deles é o de que um Estado judaico só pode ser preservado pela vantagem demográfica, ainda que se possa apostar corretamente que algumas formas de judaísmo ou judaicidade se oporiam a qualquer forma de dominação desse tipo; essas versões do judaísmo sem dúvida seriam descartadas como anti-israelenses, e decerto não são sionistas. Mas isso é menos importante para esse argumento do que outras três respostas. A primeira é normativa: nenhuma ordem política democrática tem o direito de garantir vantagem demográfica para qualquer etnia ou grupo religioso em particular; a segunda é estratégica: a perda de vantagem demográfica para a população judaica em Israel certamente melhoraria as perspectivas para a democracia na região. Minha terceira réplica é, por mais estranho que pareça, descritiva: formas de binacionalismo *de facto* já tomaram forma, e elas são distintivamente *ignóbeis* (assim como existem processos de distribuição de terra em andamento, patentemente injustos). Vemos as formas ignóbeis de binacionalismo nas ruas militarizadas de Jerusalém Oriental, onde os palestinos têm de defender suas casas contra a reintegração de posse por parte de israelenses de direita que invocam os direitos dos judeus sobre propriedades ocupadas pelos palestinos – em alguns casos há mais de cem anos – e cujos esforços

---

[7] Para Arendt, o Estado-nação que busca representar um grupo nacional está estruturalmente fadado a produzir e reproduzir uma classe apátrida. Ver "The Nation-State and the Rights of Man", em Hannah Arendt, *The Origins of Totalitarianism* (Nova York, Harcourt Brace Jovanovich, 1951) [ed. bras.: "O declínio do Estado-nação e o fim dos direitos do homem", em *Origens do totalitarismo*, trad. Roberto Raposo, São Paulo, Companhia das Letras, 1989, p. 300-36].

são, na maioria das vezes, apoiados por tribunais israelenses e garantidos pela polícia israelense[8].

Também encontramos formas ignóbeis de binacionalismo nas perversas dependências econômicas que se formaram entre os assentamentos na Cisjordânia e trabalhadores palestinos que, impedidos de viajar para outros locais de trabalho, fornecem bens e serviços para os assentamentos. É profundamente irônico pensar nessa troca entre palestinos e israelenses como uma forma de binacionalismo, uma vez que essas formas mal corresponderiam às alianças escolhidas e semideliberadas que encontramos esporadicamente em Budrus, Bil'in e outras cidades ao longo do muro de separação, onde anarquistas israelenses e palestinos resistem à força militar israelense. Essas alianças não ignóbeis são claramente mais marginais que as principais formas ignóbeis de binacionalismo. Uma terceira forma de binacionalismo ignóbil existe para os palestinos que são cidadãos nominais ou parciais do Estado de Israel, mas cujas perspectivas de emprego, habitação, educação e mobilidade são cada vez mais restritas por políticas legais e sociais[9]. Como argumentou Samera Esmeir, Israel *nunca* foi um Estado judaico; ele sempre incluiu, pela subjugação, não judeus, palestinos cristãos e muçulmanos, drusos e beduínos – e, em Jerusalém, uma quantidade enorme de pessoas de várias fés que têm bons motivos para reivindicar aquela cidade e sua história e terra multivalentes. Na verdade, a luta para atingir uma vantagem demográfica para os judeus é uma maneira de confessar que a condição de maioria já é precária, e que é sempre preciso travar uma luta militar, política e cultural para manter esse desequilíbrio político que favorece desproporcionalmente a população judaica sobre todas as outras – e favorece os judeus de origem europeia em relação aos judeus árabes e aos de ascendência espanhola, ou seja, tanto os *mizrahim* quanto os *sefardim*.

A verdade é que Israel se define como uma nação judaica fundada sobre princípios de soberania judaica, o que significa que é um Estado comprometido em manter os palestinos como uma minoria permanente (e, quando eles se tornam numerosos demais dentro de suas fronteiras, gerenciar a população com mais destituições de direitos, expulsões e contenções). De vez em quando, políticos israelenses discutem abertamente a expulsão total da população palestina, mas devemos notar que até mesmo esse passo, se fosse dado um dia, comprometeria Israel

---

[8] Meron Benvenisti, "United We Stand", *Kan'an 48*, 2 fev. 2010, disponível em: <https://kanan48.wordpress.com/2010/02/02/united-we-stand-by-meron-benvenisti>, acesso em: 5 dez. 2016; e, do mesmo autor, "The Inevitable Binational Regime", disponível em: <www.americantaskforce.org/daily_news_article/2010/01/22/1264136400_13>, acesso em: 5 dez. 2016; ver também a conferência "Israel/Palestine: Mapping Models of Statehood and Paths to Peace", realizada em 2009, que incluiu Benvenisti e muitos outros (disponível em: <www.yorku.ca/ipconf>, acesso em: 5 dez. 2016). Ver também Ali Abunimah, *One Country: A Bold Proposal to End the Israeli-Palestinian Impasse* (Nova York, Metropolitan, 2006); Azmi Bishara, "4 May 1999 and Palestinian Statehood: To Declare or Not to Declare?", *Journal of Palestine Studies*, v. 28, n. 2, 1999, p. 5-16; Daniel Elazar, *Two Peoples... One Land: Federal Solutions for Israel, the Palestinians, and Jordan* (Latham, MD, University Press of America, 1991); Oren Yiftachel, "Neither Two States Nor One: The Disengagement and 'Creeping Apartheid' in Israel/Palestine", *Arab World Geographer*, v. 8, n. 3, 2005, p. 125-9.

[9] Ver as diversas publicações do Adalah sobre direitos dos palestinos israelenses, incluindo o relatório de 2007, "Adalah's Report to the UN Cerd in Response to the List of Issues Presented to Israel", disponível em: <www.adalah.org/eng/intl07/adalah-cerd-feb07.pdf>, acesso em: 5 dez. 2016.

a uma guerra permanente na fronteira e, assim, a uma perturbação permanente com as pessoas que o Estado não só expulsou, como precisa *manter fora* de suas próprias terras. Portanto, as reivindicações israelenses de soberania dependem de estratégias permanentes de expulsão e contenção, e essa é uma maneira de manter uma relação permanente com os palestinos. Não há nada na estratégia de plena expulsão que supere a condição de proximidade indesejada e envolvimento permanente; ela simplesmente dá continuidade, em outra forma, para o que Darwish descreve como "eu e o inimigo [...] intricados e enredados, presos numa terra de demasiada história e demasiados profetas"[10]. Também vemos aqui como descrever os palestinos como "minoria" só funciona se restringirmos a referência a quem vive com documentação dentro de fronteiras estabelecidas atualmente por Israel, sejam elas quais forem (na medida em que essa fronteira sempre avança no sentido da expansão de Israel). Por um lado, é preciso se opor à vantagem demográfica como um princípio racista e antidemocrático, e até mesmo defender os direitos das minorias, sem identificar os palestinos exclusivamente nos termos daqueles que se encontram na condição de minoria documentada dentro de Israel. Por outro, a própria luta contra a condição permanente de minoria deve ser associada à oposição à ocupação e também à defesa dos direitos dos refugiados, quer estejam dispersos, contidos em campos ou confinados nas zonas militarizadas.

Dada a demografia inconstante da região, a única maneira de dar continuidade ao projeto da vantagem demográfica – marco do sionismo contemporâneo – é reivindicando mais terras, despossuindo e expulsando mais pessoas de ascendência não judaica, principalmente palestinos e beduínos. Curiosamente, em 1999, Said previu que os judeus perderiam sua vantagem demográfica em 2010[11]. O que ele não previu foi como a Lei do Retorno poderia ser usada para fazer aumentar a imigração judaica, e como novos confiscos de terra e a demarcação de novas fronteiras poderiam alterar a demografia. Consequentemente, examinar a relação de uma minoria nacional sem plenos direitos de cidadania com uma ordem política que garante plenos direitos e benefícios apenas a uma maioria étnica ou religiosa específica – cuja condição majoritária é imposta por uma política de Estado – é apenas uma parte dessa imensa constelação. O sujeito que vive em subjugação colonial, sob ocupação e/ou em campos de refugiados, dominado pelas estratégias de contenção ou expulsão, nunca se encontra estável; de fato, no sul do Líbano, os campos de refugiados são tentativas de conter a população expulsa, e certamente poderíamos dizer que a contenção dá continuidade à própria estratégia de expulsão, um mecanismo contínuo para invalidar o direito de retorno e impedir seu exercício.

Ademais, a repetida conversão de quase cidadãos com direito à terra em pessoas que vivem sob ocupação revela a ligação estrutural entre essas duas categorias; além disso, quem vive sob ocupação é expulso num sentido, mas não no que identificamos geralmente com o diaspórico. No entanto, a expulsão dos quase cidadãos e o

---

[10] Najat Rahman e Hala Khamis Nasser (orgs.), *Mahmoud Darwish, Exile's Poet*, cit., p. 323.
[11] Edward W. Said, "The One State Solution", *The New York Times*, 10 jan. 1999; ver também Adel Iskander e Hakem Rustom (orgs.), *Edward Said: A Legacy of Emancipation and Representation*, cit., especialmente a segunda parte.

confisco de terras mostram que os quase cidadãos, os sujeitos da ocupação colonial e o exílio estão internamente ligados, e que existem mecanismos para a conversão em formas cada vez mais extremas de despossessão. Alguns parecem estar dentro das fronteiras, outros vivem sob ocupação dentro de fronteiras controladas, mas exteriorizadas, e outros ainda estão fora dessas duas fronteiras e, nesse sentido, são diaspóricos. Ainda assim, provavelmente cometeríamos um erro se reservássemos a palavra *diaspórico* apenas para a última condição, pois vemos que a pressão em direção à diáspora está presente o tempo todo como a força e o objetivo desse processo em que se dá a conversão de status. Na verdade, sem a ideia de diáspora, seríamos incapazes de apreender a conversibilidade de status e seu movimento sistemático na direção unilateral da despossessão. Ao mesmo tempo, é fundamental lembrar que a despossessão também acontece *in situ*, sem movimentação, mas apenas por uma mudança de status, perda de terras ou outra privação de direitos, incluindo a regulamentação arbitrária dessas práticas. E como obviamente as populações palestinas diaspóricas conseguem com frequência cidadania em outros lugares, o movimento nem sempre termina com a negação permanente de direitos. Contudo, a negação do direito de pertencer *à Palestina* não é superada pela obtenção de direitos e cidadania pelos palestinos em outros lugares. A negação persiste, assombrando o sentido mais novo de pertencimento; ela continua sendo uma injustiça global sem reparação, tanto histórica quanto contemporânea, ou seja, uma catástrofe em curso.

Nesse contexto, estou apenas tentando expor o argumento relativamente simples de que não podemos nos referir às minorias, aos que vivem em terrenos ocupados e aos expulsos como se pertencessem a categorias estáveis, pois não existe maneira atemporal de distinguir entre uma e outra, e certamente existe um conjunto de mecanismos para converter uma categoria na outra, rumo a mais uma despossessão. O sionismo depende de vários pressupostos contraditórios, mas um deles pode ser formulado dessa maneira: (a) Israel é governado por princípios de soberania judaica e é, ele mesmo, um Estado judaico, e (b) Israel, justamente por não ser um Estado totalmente judaico, deve lutar para manter sua vantagem demográfica sobre as minorias não judaicas. Para manter sua vantagem demográfica, Israel requer três processos com relação ao povo palestino: minorização, ocupação e expulsão. Ao mesmo tempo, Israel precisa encobrir continuamente a lacuna permanente entre sua reivindicação de ser um Estado judaico e sua luta para manter a vantagem demográfica por *não ser* um Estado judaico. O que quero dizer é que essa última luta explica de muitas maneiras o processo de conversão que acabei de descrever. O projeto de manter a vantagem demográfica judaica não só *pressupõe* processos ativos de minorização e despossessão, inclusive confiscos de terra, mas *requer*, para sua existência, essas práticas contínuas de colonialismo de povoamento. Ele precisa multiplicar e ampliar essas estratégias, bem como continuar comprometido no que podemos chamar de uma eternidade política. Em outras palavras, podemos entender essas práticas colonizadoras como *vinculantes*, que unem Israel a seus colonizados por todo o tempo, constituindo assim, nos termos do colonialismo, uma outra forma, talvez mais fundamental, de binacionalismo ignóbil.

De fato, o que Israel faria sem suas populações subjugadas e expulsas, sem seus mecanismos de despossessão? Na verdade, se a forma atual de Israel não tivesse seus mecanismos de despossessão, o Estado destruiria a si mesmo. Nesse sentido, a ameaça a Israel decorre de sua dependência da despossessão e da expulsão para existir. Portanto, não se trata de limpar a barra de Israel contemporâneo ou de implementar reformas, mas de superar uma estrutura fundamental e contínua de subjugação colonial que é essencial para sua existência. Desse modo, quando perguntamos o que seria de Israel sem a subjugação dos palestinos, estamos levantando a questão de que é impossível pensar em Israel como o conhecemos sem a subjugação. Sem esta, surge alguma coisa que não Israel – mas é possível conceber algo assim? O que quer que seja, não se trata da destruição do povo judeu, e sim do desmonte da estrutura da soberania e da vantagem demográfica do povo judeu. (Outro argumento poderia mostrar claramente que isso seria melhor para os judeus e para todos os habitantes da região, e não levaria à destruição nem do povo judaico, nem do palestino, tampouco de qualquer outro povo). O que Israel faria ou seria sem a contínua despossessão dos palestinos? O que acontece quando colocamos essa questão lado a lado com aquela proposta pelo título de um poema de Mahmoud Darwish, "Sem o exílio, quem sou eu?", e também por um verso recorrente, "o que faremos sem o exílio?". As perguntas parecem revelar um futuro sob as condições em que tem sido impedido, ou em que só é possível pensá-lo como repetida subjugação.

Para falar do que significa "interpelar o futuro", retorno a algumas das últimas reflexões políticas de Said. A primeira está presente em suas razões para passar de uma solução biestatal para uma solução uniestatal no fim da década de 1990. A segunda pode ser encontrada em seu esforço explícito de pensar a história palestina e judaica em conjunto, chamando atenção para o caráter diaspórico de suas diferentes histórias. Em relação a essa última problemática, ele fala de como a relação com a alteridade é o que constitui a identidade dos dois povos, condição que vem do fato de terem sido dispersos e de terem vivido entre aqueles a quem claramente não pertenciam, muitas vezes numa proximidade não desejada; trata-se de modos de vida derivados de fontes culturalmente heterogêneas. Obviamente, ele não está dizendo que as duas condições são iguais, ou que as histórias sejam estritamente análogas; tampouco está retornando ao holismo cultural de *A Land of Two People* [Uma terra de dois povos], de Martin Buber[12].

Said parece se perguntar seriamente se, para pensar a condição dos refugiados, existem recursos históricos que possam ser derivados dessas histórias de exílio ao

---

[12] Martin Buber, *A Land of Two Peoples: Martin Buber on Jews and Arabs* (org. Paul Mendes-Flohr, Chicago, University of Chicago Press, 2005). Essa noção anterior de binacionalismo supunha a discreta homogeneidade do povo "judeu" bem como do "palestino", reafirmando, assim, a hegemonia asquenaze e recusando o caráter diaspórico de ambos os povos. A tentativa de Buber de articular um referencial binacional no final da década de 1940 e durante parte da década de 1950 fracassou em criticar plenamente o projeto de colonialismo de povoamento. Ao separar o sionismo cultural do sionismo político, ele conseguiu pensar num binacionalismo cultural, permitindo que o sionismo político continuasse intacto. Mesmo a autoridade federal que ele propôs com Judah Magnes e Hannah Arendt em 1946-1947 não chegou a contestar o pressuposto colonial do sionismo político. Na verdade, o próprio Buber se referiu a formas de "colonialismo concentrador" para os palestinos, como se tais propostas fossem politicamente neutras e aceitáveis.

mesmo tempo divergentes e convergentes[13]. Ele lembra o povo judeu de sua condição de exilados, errantes e refugiados, e pede-lhes que partam dessa especificidade para atingir princípios mais gerais que protegeriam os direitos das minorias e dos refugiados contra a expulsão e a contenção forçadas. Para Said, a existência diaspórica se constitui em meio à heterogeneidade cultural, transpondo as diferenças – na verdade, afirmando a diferença ou pluralidade como condição de sua própria existência. Quando propõe essa questão em seu curto volume *Freud e os não europeus*, ele dá grande importância à ideia de que Moisés é egípcio e, portanto, uma figura representativa do judeu que habita terras árabes e vem delas, e é, ele mesmo, um judeu árabe[14]. O que mais importa aqui, no entanto, não é o Moisés que conduz o povo pelo deserto, mas aquele que *vagueia*, tema reafirmado muitas vezes por filósofos judeus, entre eles Franz Rosenzweig, que resistem à resolução sionista para a vida judaica e questionam se o território político na Palestina deveria ser o objetivo da política judaica. Said toma um caminho interessante nos estudos sobre Moisés colocando-o entre os refugiados, apelando para o "caráter diaspórico, desalojado" da vida judaica. Além disso, Said destaca a aliança dessa versão diaspórica da judaicidade "em nossa era de vastas transferências populacionais, de refugiados, exilados, expatriados e imigrantes" (FNE, p. 81).

Como se clamasse por uma abordagem judaica ao binacionalismo que se liberte de seu compromisso com as formas sionistas de colonialismo de povoamento em nome de uma ordem política que começasse com o entendimento dos direitos dos refugiados, Said continua: "A força desse pensamento, acredito, é que ele pode ser articulado dentro e dirigir-se a outras identidades sitiadas, [...] as tratando como feridas seculares, perturbadoras, desabilitadoras, desestabilizadoras" (FNE, p. 82). "Articulado dentro" e "dirigir-se a" constituem duas modalidades de aliança que surgem das diásporas convergentes que não são exatamente a mesma nem podem ser. Said pergunta se devíamos continuar pensando nessa ideia de dois povos diaspóricos vivendo juntos, em que o diaspórico limita as condições de obter identidade a partir dessa situação de viver com o outro e entre o outro, uma base potencial para um binacionalismo menos ignóbil. Um está articulado ao outro, e, nesse sentido, dirigem-se um ao outro, interpelam-se e não podem ser pensados fora desse modo de interpelação.

Para seguir rumo a formas menos ignóbeis de binacionalismo, os judeus israelenses teriam de deixar sua judaicidade de lado em toda consideração de cidadania e direitos dos refugiados; de maneira paradoxal, mas também fundamental, esse afastamento se daria com muita facilidade pelo recurso, justamente, a suas próprias histórias de exílio, a fim de inferir um conjunto de princípios que defenderia, sem ressalvas, os direitos de todas as minorias e refugiados, a oposição à contenção e à expulsão coercitivas, e a necessidade de desarticular o controle

---

[13] Edward W. Said, *Reflections on Exile and Other Essays* (Cambridge, Harvard University Press, 2000) [ed. bras.: *Reflexões sobre o exílio e outros ensaios*, trad. Pedro Maia Soares, São Paulo, Companhia das Letras, 2003].
[14] Idem, *Freud and the Non-European* (Londres, Verso, 2003) [ed. bras.: *Freud e os não europeus*, trad. Arlene Clemesha, São Paulo, Boitempo, 2004].

militar e colonial sobre as fronteiras, os recursos naturais e as liberdades humanas. Repetindo, usar uma história de sofrimento para falar de outra não depende de analogias estritas. Na verdade, é justamente no momento em que as analogias fracassam que a tradução começa e certos princípios se tornam generalizáveis. Um desses princípios seria: nenhum direito para os refugiados é legítimo se seu próprio exercício produzir uma nova população de apátridas.

Embora pareça que Said se refere aqui aos recursos culturais e históricos para repensar o binacionalismo, é importante notar que sua obra segue na direção dos princípios políticos e da concepção de uma nova ordem política. Embora muitas pessoas associem o binacionalismo a uma solução biestatal, para Said o binacionalismo é a base de uma solução uniestatal. Uma das razões que tornam problemáticos os projetos binacionais ou de coexistência que buscam cultivar a boa vontade cultural "dos dois lados" é o fato de não tratarem da estrutura do colonialismo de povoamento pelo qual se dão as práticas fundacionais e repetidas de despossessão. Na verdade, o referencial que instaura uma igualdade artificial dentro de um grupo de encontros, por exemplo, em que cada lado dá voz à sua experiência, não só apaga as relações de poder que existem entre eles, como usa o pressuposto estrutural da igualdade na mesma reunião ou projeto para mascarar e assim proteger e fomentar a estrutura do domínio colonial israelense[15].

Podemos dizer algo semelhante sobre as formas de boicote que visam apenas os assentamentos, ou as universidades construídas nos assentamentos, ou sustentam que apenas a ocupação da Cisjordânia está em questão, e que a libertação da Cisjordânia acabaria com os objetivos do boicote. O Movimento Global de Boicote, Desinvestimento e Sanções inclui em seus objetivos os direitos dos palestinos despossuídos em 1948, bem como os direitos prejudicados dos palestinos israelenses, porque não é possível restringir o problema da subjugação palestina à ocupação. Se fizermos isso, concordaremos não só em esquecer as reivindicações de 1948, em sepultar o direito de retorno, mas também em aceitar formas injustas de discriminação maioritária dentro das fronteiras atuais de Israel. Não veremos a ligação estrutural entre a exigência sionista de vantagem demográfica e as formas multivalentes de despossessão que afetam os palestinos que foram obrigados a se tornar diaspóricos, que vivem com direitos parciais dentro das fronteiras ou que vivem sob ocupação na Cisjordânia, na prisão a céu aberto de Gaza ou em outros campos de refugiados na região. Se a coexistência requer que se aja dentro do referencial renegado do poder colonial, então o poder colonial se torna precondição da coexistência. Isso significa que a coexistência só existe se o poder colonial continuar onde está e sumir de vista. Ainda que essa solução não seja a primeira que vem à mente de quem insiste na troca cultural e na recíproca abertura de si, ela continua sendo a estrutura do que fazem. Esse caminho não é errado por ser pré-político, mas porque reproduz uma política injustificável – baseando um projeto de igualdade ostensiva na desigualdade estrutural. Talvez os projetos de coexistência dessem mais certo se tivessem como único objetivo a anulação do poder colonial e da

---

[15] Agradeço aqui a Manal Al Tamimi – as conversas que tivemos sobre a exclusão de considerações de poder nos grupos de encontros entre israelenses e palestinos influenciaram minhas ideias sobre esse assunto.

força militar israelenses. Meu palpite é que as coalizões seriam construídas com mais facilidade, e com isso conseguiríamos vislumbrar o que significaria uma coexistência substancial. No momento atual, existem pouquíssimos sinais de formas promissoras de binacionalismo como esta, o que me leva de volta à minha primeira pergunta.

Como é que, há apenas onze anos, tanto Said quanto Darwish conseguiram se abrir para um futuro? Há razões históricas, certamente, mas outras razões aparecem quando consideramos as formas de interpelação usadas por eles. E talvez nenhuma seja mais marcante que a forma de interpelação final que Darwish guardou para Said na ocasião de sua morte. É provável que ninguém tenha dado voz de maneira mais clara à condição da proximidade indesejada, aos modos de serem unidos no antagonismo e sem contrato, do que Mahmoud Darwish. Ele não imaginou exatamente uma solução para o problema, mas deixou claro que esse terrível "abraço" tem de se tornar outra coisa, e que o exílio representa uma certa placa de sinalização para o futuro.

Em seu poema escrito na ocasião da morte de Said, chamado "Edward Said: A Contrapuntal Reading" [Edward Said: uma leitura em contraponto][16], Darwish escreve um diálogo entre os dois:

> Ele também disse: Se eu morrer antes de você,
> deixo como legado o impossível.
> Perguntei: Está muito longe o impossível?
> Disse ele: A uma geração de distância.
> Perguntei: E se eu morrer antes de você?
> Disse ele: Darei meus pêsames ao Monte Galileia
> e escreverei: "a estética é chegar
> ao equilíbrio". E agora, não se esqueça:
> Se eu morrer antes de você, deixo como legado o impossível.

Nessa voz, atribuída a Said, Darwish fica entregue ao "impossível" (em algumas traduções, "tarefa impossível"). Dito duas vezes, trata-se de uma deixa ou uma herança, uma injunção estética para chegar à forma mais alta de concordância – de *mulaa'im* (acordo, reunião). Que tarefa é essa, e, se é impossível, como Darwish pode assumi-la como sua? A impossibilidade é reafirmada diversas vezes ao longo do poema. É uma impossibilidade de estar situado e ter uma língua própria. Vejamos outros versos do mesmo poema, nos quais Darwish descreve Said:

> Ele caminha no vento, e no vento
> conhece a si mesmo. Não há teto para o vento,
> não há casa para o vento. O vento é a bússola

---

[16] Mahmoud Darwish, "Edward Said: A Contrapuntal Reading", *Cultural Critique*, v. 67, 2007, p. 175-82; ver também Mahmoud Darwish, "Counterpoint: Homage to Edward Said", *Le Monde Diplomatique*, jan. 2005, disponível em: <www.bintjbeil.com/articles/2005/en/0129_darwish.html>, acesso em: 16 jan. 2017, e "Counterpoint: For Edward Said", em *If I Were Another* (Nova York, Farrar, Straus and Giroux), p. 183-92. O próprio Said usa a ideia de análise contrapontística em *Cultura e imperialismo* para indicar a condição vacilante de "localização" no exílio. Edward W. Said, *Culture and Imperialism* (Nova York, Knopf, 1993) [ed. bras.: *Cultura e imperialismo*, trad. Denise Bottmann, São Paulo, Companhia das Letras, 2011].

> que aponta o Norte do estranho.
> Diz ele: sou de lá, sou daqui
> mas não estou lá nem aqui.
> Tenho dois nomes que se encontram e se separam...
> Tenho duas línguas, mas há muito não me lembro
> qual é a língua dos meus sonhos.[17]

Depois, no mesmo poema, é Darwish quem pergunta a Said sobre a identidade, e a voz de Said rapidamente transforma a questão no problema do exílio:

> E a identidade?, perguntei.
> Disse ele: É uma autodefesa...
> A identidade é a criança que nasce,
> mas, no fim, é invenção de si, e não
> uma herança do passado. Sou múltiplo...
> Dentro de mim, um exterior sempre novo.
> Pertenço à questão da vítima. Não fosse eu
> de lá, teria treinado meu coração
> para lá nutrir uma galhada de metáforas...
> Carregue então sua pátria para onde for, e seja
> narcisista se preciso for
> *O mundo exterior é exílio,*
> *exílio é o mundo interior.*
> O que é você no meio dos dois?[18]

A força contrapontística do poema envolve duas vozes; um modo interrogativo de interpelação respondido pela voz do outro, uma prosopopeia de Said. A voz central, aparentemente de Darwish, pergunta a Said sobre como foi quando ele voltou para sua casa em Talbiya, em Jerusalém: ele estava com medo? A voz de Said responde: "Não consegui encarar a perda, face a face. Fiquei parado à porta, como um mendigo. Como pedir permissão de estranhos que dormiam na minha própria cama?". Ele está dentro do bairro, até mesmo dentro de casa, mas continua exilado, dando a entender que o exílio é interno e externo ao mesmo tempo, ou melhor, que o exílio perturba a estabilidade dessa mesma distinção. O exílio acontece dentro da divisa e fora dela, uma vez que continuamos fora quando dentro e, quando fora, em algum sentido persistimos dentro.

Darwish coloca poesia na boca de Said, nutrindo-o com suas próprias palavras, mas depois o volta para os leitores e, dessa maneira, acaba nos nutrindo. Mas é na voz desse Said que ouvimos: "o poema acomodaria/ a perda, um fio de luz reluzindo/ no cerne de um violão". E depois, como se para explicar, este verso: "a estética nada mais é que a presença do real/ em forma/ Num mundo sem céu, a terra/ se torna abismo. O poema/ um consolo, um atributo/ do vento...". Esses versos são então seguidos por uma série de advertências:

---

[17] Mahmoud Darwish, "Edward Said: A Contrapuntal Reading", cit., p. 176-7.
[18] Ibidem, p. 177 (grifos meus).

Não descreva o que a câmera pode ver
de suas feridas. E grite de modo a ouvir a si mesmo,
e grite de modo a saber que está vivo,
e vivo, e de modo que a vida na Terra seja
possível.[19]

É difícil saber como interpretar a última transição: "E grite" – é uma ordem ou uma recomendação? Ou estaria a voz proclamando uma proibição? "Não descreva o que a câmera pode ver de suas feridas e *não* grite de modo a ouvir a si mesmo". Essa conjunção aqui, *e*, tem a função de um pivô, de modo que se pede ao "você" interpelado para não descrever o que a câmera vê de suas feridas, pois a câmera já registrou a ferida. Esse "você" do poema pode fazer alguma coisa com a voz, alguma coisa que a câmera justamente *não pode* fazer? Ficamos presos, contrapontisticamente, entre as duas leituras (é possível começar a se perguntar se o contrapontístico é a forma poética para a tarefa impossível, que mantém em seu interior uma forma de divisão de si). A ambiguidade continua com uma repetição introduzida pela conjunção *e* – "e grite de modo a saber que está vivo". Essa voz diz para gritar? O que ela parece dizer repetidas vezes é que um conjunto de conjunções é possível, e que essas ligações *não* se seguem logicamente, e que *não* se seguem causalmente. O "e" une duas frases que parecem não se encaixar numa unidade. Ele constrói uma sequência lateralmente, pressionando a horizontalidade da metonímia, e nós só podemos acompanhar as viradas e imaginar o que está acontecendo à medida que prosseguimos. O "e" que começa a passagem não causal da advertência para o que parece ser uma série de imperativos repete-se, então, dentro do próprio imperativo: "E grite de modo a ouvir a si mesmo,/ e grite de modo a saber que está vivo,/ e vivo, e de modo que a vida na Terra seja/ possível". No verso seguinte, parece que o imperativo é dito por Said, mas mesmo a voz de Said articula-se nesse ritmo contrapontístico, reafirmando e contestando a mesma afirmação, e por vezes estabelecendo uma ambiguidade entre uma e outra.

No verso seguinte, vemos uma luz se aproximando: ainda usando uma linguagem de legado e necessidade imperativa, diz a voz de Said: "Invente uma esperança para a fala". Esse verso é a princípio perturbador, pois poderíamos esperar que o que se pede do poeta é que invente uma fala *para a esperança*. Mas não, o imperativo é inventar uma esperança *para a fala*, uma vez que, ao que parece, a fala carece de esperança. E então prossegue: "invente uma direção, uma miragem para expandir a esperança. E cante, pois a estética é liberdade". No final dessa estrofe, parece que já deixamos o grito para trás, ou melhor, o grito agora está incorporado à canção, e entramos no estético. Esse grito é levado para dentro da canção que agora toma seu lugar. Chegamos lá por meio de uma série de conjunções que nunca são causais. O movimento é metonímico. No mesmo poema, Darwish escreve: "A metonímia dormia à margem do rio;/ não fosse a poluição/ poderia cingir a outra margem" (p. 178). Um verso extraordinário porque a metonímia

---

[19] Ibidem, p. 181.

não só é ela mesma personificada – uma imagem sobre a outra –, mas aparentemente está dormindo sozinha, incapaz de fazer as ligações que só podem acontecer pela contiguidade e proximidade. Afinal, a metonímia nos mostra como passar de uma coisa para outra com a qual a primeira evidentemente não tem muito em comum. Nessa cena poética, não há como cruzar o rio, poluído do jeito que está. Uma toxicidade demasiada se põe no caminho do que poderia ser um contato surpreendente ou feliz, na verdade, uma forma de envolvimento altamente catexizada, quiçá o tipo de enfrentamento indesejado que pertence a um vínculo ignóbil.

Retornemos por um momento à sequência de Darwish, pois, quando o grito vira canção, nós entramos numa região estética igualada à liberdade. Como devemos entender o estético aqui? Temos diversos exemplos, inclusive a ideia de que se deve inventar *uma esperança para a fala*, uma direção, *uma miragem* para expandir a esperança, e somos incitados a cantar uma canção que pertence ao estético, o que por fim é a liberdade. O poema traz a seguir uma série de declarações, talvez representando as diversas maneiras de inventar a esperança para a fala. O "eu" – Darwish – faz uma observação sobre sua própria enunciação e a assume: "Digo: a vida que não pode ser definida/ exceto pela morte não é vida"[20]. Em seguida, é como se o poema passasse para uma série de indicações cênicas ditas de outro lugar. As vozes parecem não estar em lugar nenhum, e o tempo de sua fala permanece incerto:

Diz ele: viveremos.
Então que sejamos mestres das palavras
Que tornam seus leitores imortais...[21]

A estrofe nos faz parar para pensar, uma vez que ele, Said, já se foi, e no entanto está aqui, no poema de Darwish, falando no presente, talvez impossivelmente imortalizado na palavra, e realizando um ato de fala com confiança em seu próprio nome, mas também como uma pluralidade. O "nós" que viverá com certeza são os palestinos, mas também Said, que vive na presença poética que Darwish fornece, na solidariedade e no tempo presente estendido. É a voz de Said ou a de Darwish que faz isso acontecer? Ou isso acontece justamente por não sabermos ao certo qual é a voz de Said e qual é a de Darwish, e qual delas está representada ali como pertencente a cada palestino? Esse ritmo contrapontístico toma para si os dois escritores, mas é Darwish, que ainda vive, quem aparece dando vida a Said. Isso parece se dar pela interpelação a Said, que interpela Darwish em retorno, mas também pela interpelação a todos os outros. De que maneira essa interpelação dá vida ou inventa a esperança? Como a Nakba, em certos aspectos, nunca cessa de acontecer, nunca se assenta como história, resta a questão de qual outro tempo ainda poderia ser possível. Em determinado momento, Darwish escreve: "Não sou eu nem ele [Said] que pergunta; é um leitor que pergunta: o que a poesia diz em tempo de catástrofe?"[22]. Poderíamos acrescentar: o que o dizer da poesia faz para revelar um futuro para além da catástrofe?

---

[20] Ibidem, p. 182.
[21] Idem.
[22] Ibidem, p. 180.

Ao fazer essa pergunta, talvez ainda estejamos seguindo a transição do grito para a poesia. Estaria isso relacionado à tarefa impossível que Said teria deixado para Darwish? Como já vimos, não está claro se o grito deveria ou não deveria ser dado, e parece que o que surgiu do grito foi uma canção, e em seguida uma verdadeira ode à estética, concebida como liberdade, algo que poderia ter saído de um tratado do idealismo alemão escrito no século XIX. No entanto, para entender a tarefa impossível, talvez precisemos retornar por um instante aos seguintes versos: "e grite de modo a saber que está vivo,/ e vivo, e de modo que a vida na Terra seja/ possível".

O Said do poema deixa claro que a tarefa *não é* atingir a possibilidade, talvez nem mesmo uma vida possível: ele deixa como legado o impossível. Vejamos os versos mais uma vez, o primeiro e o último repetem um ao outro, embalando tudo que é dito no meio: "Se eu morrer antes de você, deixo como legado o impossível". Num verso que ressoa as parábolas de Kafka, a voz de Darwish pergunta: "Está muito longe o impossível?", e a voz de Said responde: "a uma geração de distância". Estamos certos em perguntar, é claro, se a vontade dele é o impossível ou o possível, uma vez que, se o impossível está a uma geração de distância, então ele é possível – apenas não o é para nós. O verso ressoa a famosa ironia de Kafka: "Há muita esperança, uma esperança infinita, mas não para nós". Kafka escreve essas palavras depois de explicar que nossa vida não passa de um mau humor de Deus, um de seus pensamentos suicidas. O estranho desse momento é que dá a entender que Deus certamente tem outros humores, mas que nossa vida não faz parte deles[23]. Algo parecido parece acontecer com Said e a questão de deixar como legado o impossível. É claro, pode nos restar entender esse paradoxo: uma vida possível é a que deixa como legado o impossível. O "eu" que representa a voz de Darwish no poema já havia afirmado: "a vida que não pode ser definida/ exceto pela morte não é vida".

Então como podemos entender o impossível – ele é justamente a vida que não é definida pela morte, mas por algum horizonte da vida? Na verdade, será que Said está recebendo de Darwish uma ocasião poética para continuar vivendo de modo que a vida dos palestinos se torne possível? É isso que acontece quando Darwish se refere a Said num presente impossível mesmo aqui, na ocasião de sua elegia: "*Diz* ele: viveremos". Isso não é uma narração de eventos passados: não é um rumor otimista – "ele disse que viveremos!". Não, é como se Said dissesse isso agora, no presente, e o dissesse para todo e qualquer palestino, um "nós" ilimitado, um enunciado que se estende através do tempo. A vida de Said, portanto, está ligada à vida palestina, e a pluralidade surge sem forte ou trincheira.

Essa vida é possibilitada pela palavra de Said, pelo menos no mundo desse poema. É claro, ninguém pode tornar a vida possível por meio da palavra, mas talvez aqui a palavra de Said, transmitida no tempo presente, em que Said não vive mais, torne a vida dele ainda possível por meio de sua voz. Nessa imortalização de Said está implícita a noção de que, se ele cessar de falar, os palestinos cessarão

---

[23] Curiosamente, essa declaração, entre outras, liga Kafka à poética da diáspora. Ver o meu "Who Owns Kafka?", *London Review of Books*, v. 33, n. 5, 3 mar. 2011.

de viver. Paradoxalmente, é a palavra de Darwish que o carrega aqui, mesmo que seja Said quem fala na primeira pessoa, de lugar nenhum e sem nenhum sentido claro do tempo presente. Algo foi inventado *para* a linguagem, e é Said falando justamente no tempo em que não pode mais falar, assegurando a vida coletiva de seu povo num tempo que está além do tempo catastrófico; esse poema, então, justamente inventa uma esperança para a fala. E talvez também transmita palavras e afirmações com a força performativa para declarar e prever que "nós viveremos". É uma declaração de esperança, mas também de uma confiança imperscrutável, dadas as ameaças à vida, a erosão lenta e esporádica, porém sistemática, da vida cotidiana sob a ocupação. Certa confiança e segurança algo altivas já estão presentes quando "ele", Said, nos diz: "Então que sejamos mestres das palavras/ Que tornam seus leitores imortais…".

Podemos certamente perguntar se nesse momento Darwish não provê as palavras a fim de tornar Said imortal, uma vez que ele está ali, em algum presente misterioso, ainda falando – uma tarefa impossível, na realidade, e todavia a tarefa que Darwish deve cumprir. Mas o que Darwish o faz dizer é precisamente "vida imortal" – sim, para os leitores, mas para cada palestino, no interior, no exterior, ou em ambos, que lê Darwish ou Said para encontrar uma maneira de viver o impossível, que equivale a viver fora da determinante ameaça de morte, sendo a morte menos um problema existencial e mais o ar venenoso do dia a dia, a incursão repentina, o bloqueio persistente, a destruição previsível, a expulsão e a contenção reiteradas. Desse modo, por meio do poema, Darwish dá vida a Said, que dá vida a todos os palestinos. E é essa afirmação quase inefável e impossível que conduz o poema para seu encerramento. Os últimos versos são uma despedida, e nossa expectativa é de que sejam uma despedida para Said. Mas Darwish escreve simplesmente estes dois versos: "Adeus,/ Adeus, poesia da dor".

A saudação a Said deixa para trás a poesia da dor, uma vez que, nessa ode contrapontística, o grito efetivamente se transmuta em canção, e essa canção é dedicada a Said, que deixou a Darwish, mas também a seus leitores, a tarefa de deixar como legado o impossível. Desse modo, o poema se torna o próprio exercício desse deixar como legado e o cumprimento da herança. Se tivermos de honrar o desejo final de Said, a poesia da dor será então superada pela poesia que deixa como legado o impossível. De quem é o legado? Por fim, ele não pertence exclusivamente a Darwish, tampouco a Said, mas os palestinos que, nos termos do poema, se tornaram seus leitores e adentraram naquela vida e liberdade impossíveis através de sua forma estética. E a forma é uma interpelação que adverte e exorta seu leitor, incita-o a agir, a falar, a inventar e a deixar como legado o impossível, que não é apenas um futuro diferente da catástrofe perpétua, mas uma ruptura da catástrofe, a qual seria a própria possibilidade do futuro. Na década de 1940, Walter Benjamin escreveu com presciência contra as falsas noções de progresso que só produzem torres de destruição por onde passam, posicionamento com uma clara distância crítica da historiografia progressista do sionismo. Em termos precisos, a catástrofe não é uma cadeia de eventos em que algo do passado leva a algo no futuro. Sob as condições da catástrofe, só existe uma catástrofe, e ela continua a acontecer: "sem cessar amontoa escombros sobre escombros"* num tempo presente que é o tempo da destruição reiterada. É claro, os modos e as estratégias de expulsão e ocupação mudaram e mudam, mas se imaginarmos que abordando esta ou aquela mudança – os assentamentos, o Partido Likud, o muro – chegaremos à solução para a subjugação colonial e a expulsão do povo palestino, será porque não entendemos a catástrofe em sua monstruosidade e repetição.

Poderíamos desejar que o poema se tornasse uma casa ou uma pátria que pusesse um fim no exílio, mas o poema não é um lugar, e suas divisas não estão fechadas. Nesse sentido ele é utópico, abre-se para uma pluralidade evocada pela cena de sua interpelação. O poema dá existência a Said e o abriga em sua linguagem, mas também incita e constitui o povo exatamente nessas condições em que a autodeterminação é tão radicalmente cooptada ou solapada. Na verdade, poderíamos dizer, citando Darwish, que o poema está "onde a identidade se abre para a pluralidade/ não um forte ou uma trincheira"[24].

Quando Darwish pergunta "O que faremos sem o exílio?" no poema chamado "Who Am I, Without Exile?" [Sem o exílio, quem sou eu?], publicado em 1999, ele dirige a questão aos outros, mas também a uma terra e uma época em que esse problema poderia de fato surgir[25]. Afinal, o que significaria viver numa época em que não houvesse pensamento para além do exílio? O estranho a quem ele dirige o poema é outro alguém, mas também ele mesmo. Parece ser uma questão para um binacionalismo que dependeria de descartar os mitos da nação:

> Nada resta de mim que não seja você, nada resta de você
> que não seja eu, o estranho massageando a coxa de outro estranho.
> estranho! O que faremos com o que nos resta
> da calma e de um cochilo entre dois mitos?
> E nada nos carrega: nem a estrada, nem a casa.[26]

Darwish, portanto, está largado com um estranho anônimo num deserto de terras inexploradas. Em outro lugar, ele se refere ao próprio poema como um lugar de exílio. O que faríamos sem a poesia? Contrariando todas as expectativas, ele não nos dá nenhuma direção, e sim uma nova cartografia política. Darwish evoca Said em sua ode contrapontística: "Diz ele: sou de lá, sou daqui,/ mas não estou lá nem aqui". Quem pode dizer esses versos? Aqueles que estão dentro do Estado de Israel: certamente. Os palestinos na Cisjordânia ou em Gaza: certamente. Nos campos de refugiados no sul do Líbano: sim. O exílio refere-se à separação, mas a aliança se encontra justamente ali, ainda não em um lugar, em um lugar que era e é, e no lugar impossível do ainda não, acontecendo agora.

---

\* Walter Benjamin, "Sobre o conceito de história", em Michael Löwy, *Walter Benjamin: aviso de incêndio: uma leitura das teses "Sobre o conceito de história"* (trad. Wanda Nogueira Caldeira Brant, trad. das teses: Jeanne Marie Gagnebin e Marcos Lutz Müller, São Paulo, Boitempo, 2005), p. 87. (N. T.)
[24] Mahmoud Darwish, "Edward Said: A Contrapuntal Reading", cit., p. 178.
[25] Idem, *The Butterfly's Burden* (Port Townsend, WA, Copper Canyon, 2007), p. 89-91.
[26] Ibidem, p. 91.

# Índice Remissivo

Abraão, 54, 72
Abu Mazen (Mahmoud Abbas), 210
Abu-Lughod, Lila, 114, 116
  *Nakba: Palestine, 1948, and the Claims of Memory*, 114-6
Adalah (Israel), 180
afastamento, 11-4, 17-8, 72, 120, 131
  dos quadros de referência centrados no judaico, 12-5, 24, 35, 103, 121, 131, 217
  e ética do afastamento de si, 15, 24, 35
Agostinho, 126
*Ahabath Israel*, 57
AIPAC (American Israel Public Affairs Committee), 122
Alcorão, 20
Allan, Diana K., 116
alteridade, 15-6, 40, 114
  e origens judaicas, 39-40, 125
  e perturbação constitutiva da autonomia e da univocidade, 15, 40
  e relacionalidade ética, 15, 21, 26, 35, 46-7, 49, 157, 216
  e tradução, 18, 21, 26
  *ver também* pluralidade
antissemitismo, 29, 55, 66, 82, 103, 122-3, 125, 128, 135-6, 138-40, 142-5, 158, 188-9, 204-5
  e crítica de Israel, 11, 29, 121-2, 188, 204

apatridia, 30, 35, 104-5, 125-6, 133, 138-40, 145-8, 150, 152-3, 156-7, 166, 181, 199, 209, 211-2, 218
  *ver também* Estado-nação; refugiados
árabes, 42, 44-5, 58, 125, 142-3, 146, 148-9, 189, 198
  e origens judaicas, 23, 38, 40, 142, 200, 213, 217
  *ver também* judaicidade
Arendt, Hannah, 23, 29, 57-8, 82-3, 103, 114, 124, 126-9, 203, 216n
  e coabitação, 32-3, 51, 103-5, 116, 124-6, 129-32, 155-7, 169-71, 174, 178-80
  *A condição humana*, 141, 148n, 176, 178
  e crítica do Estado-nação, 30, 33, 43-4, 104-6, 119, 125-6, 135, 138, 140, 145-53, 156-7, 212
  *Eichmann em Jerusalém*, 57, 104, 129n, 130, 136, 142, 144, 158-70
  *Escritos judaicos*, 23n, 44n, 127, 137-41, 145-6, 149
  eurocentrismo de, 143-4
  *The Jew as Pariah*, 44, 58n
  e judaicidade, 23, 121, 124, 137-8, 140, 143, 156, 178
  sobre o julgamento de Eichmann, 136-7, 142-4, 155-76, 179, 197
  *Origens do totalitarismo*, 104, 121n, 125, 138, 145, 146n, 147-8, 150-1, 153, 212n

sobre o pensar e o julgar, 157-63, 166, 168, 172-8
e política em Israel/Palestina, 33, 43-4, 58, 104, 124-5, 133, 136, 138, 141-2, 145-9, 152-3, 157, 180-2, 212
sobre sionismo, 30, 43-4, 105, 122-57, 199
*Sobre a revolução,* 44, 152
Aristóteles, 71
Asad, Talal, 21, 23, 25n, 120, 121n, 169n
asquenazes, hegemonia dos, 37, 39, 55, 123, 200, 216n
*ver também* judaicidade
*Aufbau,* 138
Auschwitz, 188-9, 193, 197, 203-4

Babel, 111
Balibar, Étienne, 25-6
Baudelaire, 113
Begin, Menachem, 188-9, 201, 204
Beirute, 58, 188-9, 201, 212
Ben-Gurion, David, 34, 44, 105
Benjamin, Walter, 20n, 22, 26, 48, 73, 82, 116, 129-30, 134-5, 176, 201, 210
e história, 75-6, 98-9, 103-17, 127-8, 133
*Illuminations,* 128
e o messiânico, 75-6, 79, 82-3, 91-5, 97-100, 103, 107, 109-13, 117, 127, 133, 156
*Origem do drama trágico alemão,* 128
"Para uma crítica da violência", 75-102, 17
*Passagens,* 106
e sionismo, 75, 81-2, 224
"Sobre o conceito de história", 48, 76, 98-9, 104, 106-7, 109-10, 113, 127-9, 225n
"A tarefa do tradutor", 26n, 76, 94n
e violência divina, 76-9, 83-97
Bergson, Henri, 81

Bíblia, 39, 65
Biletzki, Anat, 27n
binacionalismo, 13-6, 27-9, 34, 37, 39-40, 59, 114, 124, 135, 145, 156, 207, 210, 212-3, 215, 216-9, 225
e diáspora, 16, 24, 37, 114, 156, 181-2, 210-2, 216-8
formas ignóbeis de, 14, 27, 212-3, 215, 217
Brecht, Bertolt, 114
Bresheeth, Haim, 115
Buber, Martin, 33, 43-7, 56-7, 81, 125, 138, 145, 149, 169, 216
*A Land of Two Peoples,* 45-6n, 81n, 216n
Burg, Avraham, 199-200
*The Holocaust Is Over, We Must Rise from Its Ashes,* 169n, 196n, 199

cabala, 128
Caim, 187
Caruth, Cathy, 115-6
católico, 54, 120
cidadania, 11, 23, 26-7, 41-2, 82, 102, 104, 114, 119, 123-5, 135, 138, 146-7, 181, 214-5, 217
Cisjordânia, 13, 39, 45, 213, 218, 225
coabitação, 11, 13-4, 18, 20, 24, 30, 39, 55, 57, 103, 105, 108, 114, 116, 126, 128, 133-5, 149, 155, 174, 180, 182, 209
como condição de vida ética e política, 16, 51, 68-9, 104, 122-4, 129, 181
*vs.* cooperação e coexistência, 46
não escolhida, 32-3, 51, 104, 129-31, 155-7, 169, 178-9
Cohen, Hermann, 79, 81, 125n, 143-4, 156-7, 160
*Ethic of the Pure Will,* 79
Connolly, William, 120, 130
Coré, 87-8
cristianismo, 23, 53, 81, 120
Cristo, 107

*Crônica de um desaparecimento* (filme), 115
culpa, 52, 59, 76, 79-81, 84-90, 92-7, 99-101, 163-5, 168, 172, 187, 189, 192
   coletiva, 137, 158, 168
   expiação da, 80, 85, 88-90, 93, 95, 187
   e sobrevivência, 187-8

Darwish, Mahmoud, 35, 57, 103, 131n, 207, 210, 214, 216, 219
   e elegia a Edward Said, 59n, 219-25
   *Memory for Forgetfulness*, 58-9
   sobre a vida palestina, 222-5
Declaração dos Direitos do Homem, 150
Delbo, Charlotte, 193
   *Auschwitz and After*, 193
Derrida, Jacques, 22, 47, 82-3, 111, 193
   *Espectros de Marx*, 82
Deus, 25, 31, 48, 58, 79-81, 85-7, 91n, 100, 120, 127, 140, 164, 223
   Deus judaico, 80, 86, 100
Dia da Independência de Israel, 209
diáspora, 25, 56-7, 127, 155, 196, 214
   e judaicidade, 11, 15-6, 23-4, 29, 32, 37, 46, 56, 81n, 122, 140, 153, 156, 203, 217
   palestina, 39, 105, 114, 125, 208, 210-2, 215-6, 218
   princípios éticos e políticos da, 11, 15-6, 24-6, 37, 40, 59, 103, 114, 122, 125, 155-6, 181, 203
   *ver também* exilados/ exílio
direito, 30, 34-5, 39, 43, 68, 73, 83, 146-7, 149, 158, 165, 168-9, 172-4, 199
   internacional, 104n, 180-2, 207-9
   israelense, 23, 28, 38, 119
   judaico, 80-1, 119
   e juízo, 162, 166, 172
   positivo, 77, 86-8, 91-3, 96, 158-9, 171
   como vinculante do sujeito, 76-82, 84-6, 89-91, 95-6, 98
   e violência, 75-93, 97-8, 102
direitos, 27, 30, 68, 105, 121-2, 126, 131-3, 145-53, 162, 166, 177, 182, 202, 207-15, 217
   a terra e propriedade, 16, 45-6, 57, 65, 69, 207-8, 211, 214
   de autodeterminação, 15, 27, 30, 39
   de cidadania, 42, 135, 147n, 214
   de fazer crítica pública, 103, 121
   de pertencimento, 104, 131-2, 182, 215
   dos palestinos, 13, 16, 23-5, 27, 30, 38, 125, 208-15, 217-8
   humanos, 27n, 30, 104n, 139, 145-6, 147n, 150-2, 181
   para os apátridas, 126, 145, 148n, 153, 156
   *ver também* refugiados; retorno
domínio colonial, *ver* Israel; Palestina

Eichmann, Adolf (julgamento), 32, 51, 104, 129-30, 136-7, 140, 142-4, 152, 155, 157-76, 179, 183, 197
*Eretz Yisrael*, 28
Esaú, 65
Esclarecimento, 139, 147n
   francês (Iluminismo), 13
Esmeir, Samera, 213
esquecimento, 56, 76, 100, 103, 116, 129, 133, 183, 192, 201, 210
Ésquilo (*Oréstia*), 162
Estado-nação, 33, 56-7, 105, 114, 140-1, 147n, 171, 201, 207-8
   crítica do, 30, 32, 44, 119, 123, 125-6, 135, 138, 145-6, 148, 150-1, 156-7
   direito e, 135, 145, 152, 181-2, 207
   *vs.* federação, 141, 148-50, 152, 156
   e homogeneidade, 32, 104-6
   e produção da apatridia, 104, 138, 145-6, 148, 152-3, 156-7, 181, 199, 212

exilados/ exílio, 11, 14-5, 23-6, 34, 37n, 43, 56, 114-6, 122, 125-8, 132, 138, 146, 152, 155-6, 181-2, 200, 207-25
   *ver também* diáspora; Nakba; refugiados

Falk, Richard, 181
Fanon, Frantz, 142
fascismo, 35, 71, 82, 91, 98-9, 114, 125n, 138, 140-1, 146, 153, 188, 202
   *ver também* nazista(s)
felicidade, 79, 89, 92-3, 95-6
Felman, Shoshana, 116
Foucault, Michel, 39
Freud, Sigmund, 40, 56

Gadamer, Hans-Georg, 20
*galut*, 15, 24, 127, 155
Gaza, 13, 29, 39, 45, 56, 97, 101, 105n, 123, 180, 196n, 203, 218, 225
genocídio, 32, 41, 113, 130, 155-6, 158, 168-70, 173-4, 177
   e o não pensar, 157-8, 174
   nazista, 23, 33-5, 39, 41, 52, 115-6, 126, 179, 199, 202
Goldstone, Richard (*Relatório Goldstone*), 180-1
Gottlieb, Susannah, 126n, 161-2n
Grodzinsky, Yosef, 33
   *In the Shadow of the Holocaust*, 33

*Haaretz*, 56, 101, 203
Habermas, Jürgen, 16-7, 20n, 119n
Haifa, 43, 59
Hamacher, Werner, 96
Hamas, 180
Hammami, Rema, 115
Hegel, G. W. F., 110, 124, 131n
Heidegger, Martin, 151, 169
Herzl, Theodor, 121
Hezbollah, 101
Hilel, 48, 126, 141

Hirschkind, Charles, 23, 120
história,
   apagamento da, 76, 210
   e convergências da, 25, 103, 114, 117, 128-30, 132, 134, 217
   dos oprimidos e do sofrimento, 14, 38, 48-51, 53, 55, 71, 75-6, 103-5, 107-8, 110-4, 117, 127-9, 133-4, 138-9, 152, 158, 208, 216-8
   e o messiânico, 48-50, 75, 107, 113, 117, 127-8, 133, 156
   progressiva, 75, 103, 105-6, 110, 113, 117, 128-9, 156
   transposições culturais e políticas da, 19, 24-6, 28, 30, 34-5, 39-40, 114-7, 125-8, 133-4, 183-4, 186, 188, 191, 193-5, 197-8, 200-1, 203, 205
Hitler, Adolf, 41, 44, 144, 199n, 202
Holocausto, 52, 183, 185-90, 195-205
   exploração política do, 188-90, 196-205
   implicações éticas e políticas do, 33, 183-90, 196-205
   *ver também* genocídio; Israel
humano, 70, 72, 84, 87-8, 93, 100, 106-7, 127, 130, 133, 151-2, 169n, 175-9

Ihud (organização), 44
Iluminismo, *ver* Esclarecimento
Independent Jewish Voices (Reino Unido), 122
Inquisição Espanhola, 209
interdependência, 134, 177, 179
islamismo, 23, 55
Israel
   crítica de, 11-3, 16, 29, 34, 38, 40-4, 82, 121-4, 127, 136, 143-4, 188-90, 196, 203
   como fundador do Estado soberano judaico, 16, 23, 28, 34, 38, 43-4, 82, 114, 125, 127, 136, 141,

144-5, 152, 157, 186, 197-9, 211, 213-8
e Holocausto, 34, 39, 41, 52-3, 126, 136, 138, 159, 163-4, 183, 186, 188-90, 196-205
e vantagem demográfica judaica, 34, 42, 44, 55, 125, 211-6, 218
violência colonial, militar e do Estado de, 11-2, 14-6, 23-30, 33-4, 38-9, 41-5, 51, 53, 56, 58, 68, 97, 101, 105, 121-6, 133-4, 145-8, 152, 156, 180-1, 186, 188-90, 196-202, 204-5, 207-18
*ver também* judaicidade

J Street, 122
Jacó (Bíblia), 54, 65
Jakobsen, Janet, 23, 120
Jaspers, Karl, 142, 166
Jerusalém, 57, 68, 142, 199n, 213, 220
  e Eichmann, 143, 155, 160-1, 163-4, 166-7, 169-70, 177
  Jerusalém Oriental, 212
Jewish Voice for Peace, 122
Jews for Justice for Palestinians, 122
judaicidade, 23, 35, 137
  alemã, 138, 142-3, 147
  asquenaze, 37, 39, 55, 123, 200
  e Europa, 125, 138-9, 141-5, 150, 152
  origens árabes da (*mizrahim*), 23, 39, 55, 123, 142, 200, 213
  origens espanholas da (*sefardim*), 23, 39, 55, 123, 142, 200, 213
  e recursos éticos e críticos, 11-15, 23, 27, 32, 35, 47, 52-3, 121-2, 141, 156, 217
  referenciais excludentes e excepcionalidade da, 12-5, 23, 27, 55, 69, 103, 116, 124, 139, 156
  e relacionalidade com os não judeus, 15, 24, 27, 29, 37, 42, 46, 56, 103, 122, 131, 156, 213
  representação israelense da, 11-3, 23, 29, 46, 50-2, 122-3, 140, 203-4

secularismo e, 11, 13-4, 23-4, 40, 43-4, 119, 138, 140-1
*ver também* Israel; sionismo
judaísmo, 20n, 23, 32, 35, 37-40, 43, 52-6, 66, 69, 79-80n, 81, 100, 119, 121, 125, 128, 138, 140-2, 157, 197n, 203, 212
*ver também* judaicidade
judeus árabes, 38, 40, 142-3, 200, 213
julgamento, 89, 99, 136, 140, 142, 152, 155, 157-64, 166-7, 170, 174, 176-7, 180, 197
justiça, 11-5, 27-30, 33, 41, 47-8, 51-2, 62, 73, 82, 89-90, 95, 117, 121-6, 128-9, 135, 141, 143, 147n, 152-3, 209, 211-2, 215, 218
  e direito, 176, 180-2
  e Holocausto, 126, 183, 187, 202, 204-5
  e julgamento de Eichmann, 136, 160-70, 172
*ver também* ordem política

*kadish*, 30
Kafka, Franz, 19, 25, 48, 50n, 98-99, 104-5, 108, 127, 223
  e Odradek, 100, 105, 108-9, 112
Kant, Immanuel, 51, 131, 143-4, 156-7, 171, 178
  e Eichmann, 159-61, 179
Kohn, Hans, 33, 45n

Lacan, Jacques, 160
Laplanche, Jean, 19
Laub, Dori, 116
Lei do Retorno (Israel), 24, 211-2, 214
Leto (mito de Níobe), 84, 94-5
Levi, Primo, 29, 33, 116, 183-205, 210
  *Os afogados e os sobreviventes*, 186-7, 190-2, 205
  *É isto um homem?*, 186
  *Il Manifesto*, 203
  e Israel, 183, 188-9, 198, 203-5
  *La Repubblica*, 189, 203-4

Lévinas, Emmanuel, 16, 18-22, 32, 37, 46-57, 61-73, 92
  *Autrement qu'être* (*Otherwise than Being*), 52n, 61, 66, 68, 72n, 131n
  *Difficult Freedom*, 32n, 48-54, 63, 66
  sobre Israel e o sionismo, 47, 50-55, 66-7
  e messianismo, 47-50, 55
  *Novas interpretações talmúdicas*, 69-72
  e perseguição, 51-6, 66-9
  e substituição, 67-9
  *ver também* "o rosto"
Líbano, 53, 97, 101, 189, 203, 214, 225
Likud, Partido, 225
  *ver também* Begin; Israel
Lispector, Clarice, 25
Locke, John, 41, 45
Luria, Isaac, 127
Lyotard, Jean-François, 198

Madison, James, 152
Magnes, Judah, 44, 125, 149, 216n
Mahmood, Saba, 23, 120
mandamento ético, 19-20, 47, 49, 55, 61-3, 65-6, 69, 71-3, 79-81, 86-94, 96, 101
  *ver também* responsabilidade
Marburgo, escola de, 143, 156
marxismo, 54, 82, 111
máxima socrática, 71
memória, 68, 97, 99, 107, 109-10, 114-7, 128-9, 132-34, 181-203
  cristalização da, 185-6, 191-2, 195
  e trauma, 115-6, 190-8
  *ver também* rememoração
Mendelssohn, Moses, 139
messiânico, o, 14, 20n, 22, 47-50, 55, 75-6, 79, 81n, 82-3, 91-100, 103, 107-13, 117, 127, 133, 140n, 144, 156, 197n
  e escrita, 111-3
  e história dos oprimidos, 75-6, 110-3, 117, 127-8, 133

  como interrupção do tempo histórico progressivo, 48-9, 75, 95, 97-100, 107-13, 127-8, 133
Messias, 48-9, 95, 107, 109
*1948* (filme), 115
mizrahim, *ver* judaicidade
Moisés, 19, 46-7, 72, 86
  e origens egípcias, 37-40, 55, 217
Montesquieu, 41
Movimento Global de Boicote, Desinvestimento e Sanções, 218

nação, 15, 28, 30, 40, 56-7, 75, 110, 114-6, 130, 135, 138, 152, 157, 171, 207, 225
  judaica, 140-1, 144-5, 152, 213
  e memória, 115, 182, 200
  palestina, 28, 30, 114, 207-8, 210-1
  e relação com a pluralidade, 18, 27-8, 33, 67, 104-6, 123, 125, 130-1, 141, 146-7, 150, 171
  sem Estado-nação, 141, 150-52
  e território, 24, 28, 145, 148
  *ver também* pertencimento; Israel
nacionalismo, 46-7, 103, 115, 125, 199
  crítica do, 29, 103, 110, 114-6, 122, 125n, 133, 135, 138-42, 145-6, 149, 152-, 155, 181-2, 199, 207
  descentramento do, 57-9
  e discurso político, 18, 42
nacional-socialismo, 38, 105, 144, 156
  *ver também* nazista(s)
Nações Unidas, 25, 149
  sobre direitos humanos dos palestinos, 181
Nakba, 34, 105, 114, 116, 148, 201, 209n, 210-1, 222
narrativa, 33-4, 106, 110, 115, 117, 127-8, 168, 183-95, 201
  e memória, 183, 185, 190-5, 200-1
  e refutação do revisionismo, 183, 185-6, 190, 192-5, 201, 205
  *ver também* testemunho
nazista(s), 35, 53, 126, 130, 143, 156,

158-60, 168-9, 178, 188, 190-2, 195-6, 198, 203-4
Alemanha, 126, 153, 172, 189
campos, 34, 55, 82-3, 115, 136, 147, 183, 185-8, 198
regime, 23-4, 29, 52, 126, 136, 156, 196
*ver também* genocídio; Holocausto
Nietzsche, Friedrich, 17
Níobe (mito), 84-5, 87-9, 94-5
normas, 32, 56, 64, 77, 98, 122, 130, 147n, 155-6, 158-9, 161, 164, 166-8, 170, 173-4, 176-9, 181, 197, 212
Novo Testamento, 25

"o rosto" (Lévinas), 19, 46-7, 52, 54-6, 61-7, 69
e os sem-rosto, 47, 55-6
obrigação, *ver* responsabilidade
ocupação colonial, *ver* Israel
Operação Chumbo Fundido, 11, 101
ordem política, 38-50, 75, 135, 148, 152, 156, 203, 215, 218
e alteridade, 15, 35, 40, 47
anticolonial, 14, 16, 28, 33, 57, 217-8
democrática, 27-8, 33, 44, 177, 212
e ética, 35, 57, 62, 64, 67, 69
federalista, 42, 44, 124-5, 145, 148-50
legitimidade da, 12, 28, 42-3, 47, 124, 153
não violenta, 29, 39, 42, 56, 64-5, 71, 209
pós-nacional, 24, 26, 114, 125, 152, 210n
pós-sionista, 14, 28, 41-3, 141, 217
e o princípio de lamentação, 30
sobre princípios de igualdade e justiça, 12-4, 27, 33, 42, 57, 64, 117, 124, 126, 147n, 202
*ver também* binacionalismo; diáspora; pluralidade
Outro, o, *ver* alteridade

Palestina, 15, 33, 35, 39-41, 47, 68, 75, 97, 101, 103-4, 126, 134-5, 138, 141, 145, 150, 152, 181, 202, 207-25
despossessão e ataques israelenses contra a, 12-4, 16, 23-4, 27-8, 30, 32-4, 38-9, 42-5, 52-3, 105, 114-6, 124-6, 133, 146, 148, 153, 156, 189, 196, 198, 203-4, 208-16, 218, 225
e nação, 27, 34, 57, 114, 207-8, 210
*ver também* binacionalismo; diáspora
palestinos israelenses, 28, 41, 115, 213n, 218 19, 31, 112, 216
Pansa, Giampaolo, 189
Paulin, Tom, 196
Pellegrini, Ann, 23, 120
penitência, *ver* vingança
perdão, 76, 86, 98-101, 141, 184
perseguição, 52, 121, 162, 181, 201, 203
e responsabilidade, 52-6, 66-7
pertencimento, 17, 25, 40-1, 57-8, 125, 130-2, 138-54
direitos de, 104, 131, 182, 215
e ética, 32, 53, 56, 130, 143, 155, 181
modos de, 12-4, 30, 40, 104, 130, 133, 135, 143, 182
nacional, 56, 75, 104, 110, 125, 129, 133, 138, 140, 145, 148-9, 152, 171, 201
Piterberg, Gabriel, 127
Platão, 88, 91
pluralidade (e pluralização), 18, 30, 44, 57, 130-2, 139, 141, 149-52, 155-8, 167-8, 173, 177, 207, 217, 222-3, 225
*vs.* comunitarismo, 18, 131
e ética, 30, 64-5, 122, 130, 155, 181
e juízo, 157, 170-2, 179-80
ontologia da, 104, 133
e política da coabitação, 18, 30, 32, 103-5, 122, 126, 129-31, 133, 155-7, 174-82

poesia, 220, 222-5
precariedade, 40, 55, 63-4, 101, 177, 179, 202, 213
Primeira Guerra Mundial, 144, 146, 147n
Primeiro Congresso Sionista (1897), 121, 143
protestante, 54, 120

*Quadros de guerra*, 133, 134n

Raba (Talmude), 71
Rashi, 48-9, 65
Raz-Krakotzkin, Amnon, 15n, 127-8, 142-3n
refugiados, 30, 33-4, 56, 103-5, 133, 138, 157, 209-12, 216-7
   direitos dos, 24, 34, 39, 103, 114, 122, 181, 209-12, 214, 217
   e Estado-nação, 125-6, 145, 148, 157
   judeus, 33, 145, 153, 157
   palestinos, 105, 116, 148, 210-1, 218, 225
   *ver também* exilados; apatridia
relacionalidade, 15-6, 30, 53, 55, 69, 72, 122
   e formação do sujeito, 16, 18, 21, 46, 53, 102, 134, 159, 175
   e judaicidade, 15-6, 122, 183
   e responsabilidade, 49, 51, 54, 63, 65, 183
   *ver também* alteridade; "o rosto"; judaicidade
religião, 11-8, 20, 30-3, 47, 53-5, 114, 144, 156, 202, 210
   e Israel, 23-4, 33, 41-2, 58, 212
   na vida pública e em discursos seculares, 17-8, 23-7, 41, 43, 119-22, 135, 140-1
rememoração, 103, 106-17, 127-8, 134-5, 156
   política da, 103, 106-110, 116, 135
responsabilidade, 18, 49, 51-2, 54, 56, 61, 63, 65-8, 71-2, 81, 85, 89, 92-3, 131, 158, 160, 171-2, 177, 179, 183, 186n, 187-8, 202-3
   anarquismo da, 72, 79, 90
   e direito coercitivo, 78-80, 85, 88, 90, 93
   do messiânico, 49
   *ver também* mandamento ético
retorno, 15, 22-4, 26, 50, 56, 115, 127-8, 198, 203
   direito de, 15, 23-4, 188, 208-12, 214, 218
   Lei do, 24, 211-2, 214
Revolução Americana, 104, 143, 152
Revolução Francesa, 152
Rogat, Yosal, 158, 161-3
   *The Eichmann Trial and the Rule of Law*, 158n, 161, 162n
Ronell, Avital, 19
Rose, Jacqueline, 50
   *The Question of Zion*, 50, 140n, 197n
Rosenzweig, Franz, 46, 79-81, 86, 125, 156, 217
   *The Star of Redemption*, 46, 79n, 81, 86n, 125

Sa'di, Ahmad, 114, 115-6n
   *Nakba: Palestine, 1948, and the Claims of Memory*, 114
Sabbatai Zevi, movimento de, 140
Sabra e Chatila, massacre de, 188-9
Said, Edward, 15, 24-5, 35, 37-40, 46-7, 56-7, 59n, 67, 103, 114, 116, 125-6, 130, 156n, 207, 208n, 210, 214, 216-25
   *Freud e os não europeus*, 24, 37n, 40, 56, 217
   *Orientalismo*, 39
   *ver também* Darwish
Sartre, 66-7, 103, 128n, 140
Schmitt, Carl, 82-3, 176
Scholem, Gershom, 63n, 75, 79, 81-2, 99, 110n, 156
   e Arendt, 57, 124-8, 136-9, 141-2, 144, 151-3, 178

*Major Trends in Jewish Mysticism*, 126
secularismo, 11, 13-4, 17-8, 23-7,
   40-1, 43-4, 97, 119-20, 128, 133,
   138, 140-1, 217
*sefardim*, *ver* judaicidade
*sefirot*, 110, 127
Segunda Guerra Mundial, 33, 105,
   125, 146, 156, 189, 205
Sharon, Ariel, 188-9, 204
Shoah, *ver* Holocausto
si-mesmo,
   e alteridade, 16, 24, 46-7, 49, 133
   e angústia da responsabilidade, 61,
      67, 71
   e cidadania, 102
   e coabitação, 134
   e exigência ética, 18, 24, 46-50, 67,
      73, 133, 141
   relatos de, 184, 190
   e socialidade plural, 158, 162, 172-5
   e tradições religiosas e culturais, 32
   *ver também* relacionalidade
Simon Wiesenthal, Centro, 68
sionismo, 23-4, 29-31, 33-, 35, 38-40,
   44, 46-7, 50, 55, 75, 81, 103,
   119-53, 181, 196, 214-5, 218, 224
   e antissionismo ou não sionismo, 12,
      28-9, 35, 44, 53, 140, 212
   cultural, 28, 46, 57, 125, 141, 216n
   espiritual, 45, 125
   e judaicidade, 13-4, 29, 35, 53, 119,
      122, 212, 217
   oposições ao, 12, 29, 40-1, 43, 81,
      121, 125, 128, 134, 139-43, 149,
      199, 207, 217
   político, 12-4, 16, 27-8, 31, 38, 46,
      105, 123-5, 128, 134, 156, 199,
      216n
   "pós-sionismo", 41-4
   e reivindicações de terra, 28, 34
   na vida pública, 119-21
   *ver também* Israel
soberania, 13, 15, 18, 20, 28, 34, 38,
   43-5, 81, 104n, 123, 125, 141,
   144-5, 149-50, 152-3, 155, 157,
   176-8, 180, 213-6
   *ver também* Israel
Sodoma e Gomorra, 164, 168
sofrimento, 52-3, 92-3, 96, 115-7, 123,
   132-5, 153, 187-8, 197-8, 200-1,
   204-5, 218
   apreensão do, 94, 196
   e ética, 48-52, 56, 64, 71, 132
   e juízo, 48-50
   memória do, 109-10, 129, 134,
      191-2, 195-6
   e o messiânico, 48n, 49, 76, 92-6,
      117, 127
Solução Final, 136, 159, 163
   *ver também* nazista(s)
solução uniestatal, 37, 42, 212, 216,
   218
Sorel, Georges, 79-80, 95
   *Reflexões sobre a violência*, 78-9
Spivak, Gayatri Chakravorty, 21

Talmude, 70-3
   *ver também* Lévinas
Taylor, Charles, 16-7, 23, 119n, 120
Tel-Aviv, 43
Terceiro Reich, 190
   *ver também* nazista(s)
testemunho, 116, 184-5, 188, 191, 194
   *ver também* narrativa
Tocqueville, Alexis de, 143
Torá, 48n, 63n, 72
tradições, 11-4, 17-8, 20-2, 24-5, 27,
   30, 35, 37n, 46-7, 48n, 50, 53-5,
   57, 70-1, 80, 81n, 120, 122, 124n,
   125, 127-8, 141, 144, 162, 181
tradução, 17-22, 25-7, 31, 38, 115,
   132-4, 197, 202, 218
   em Benjamin, 22, 26, 111-2, 116, 133
trauma, 34, 52, 72n, 115-6, 133,
   183-4, 190-8, 199n, 200-3, 205

universalização, 27, 31-2, 47, 50-5, 66,
   70-3, 124, 135, 144, 153, 181, 187

e particularismo, 31, 50-1
e pluralização, 130-1, 177

Vestfália, 104
  Tratado de, 104n
vingança, 47, 51, 53-4, 67, 80-1, 96-7, 99-100, 129, 161-3, 166-8, 170
violência de Estado, 11-2, 30, 33, 39, 41-2, 44-5, 96-7, 146, 156, 189-90, 195, 202-4
  crítica da, 12-4, 24, 82, 87, 91, 95, 97, 121-3, 199, 202-4
  *ver também* Israel
violência, 11-4, 25-6, 30, 32-4, 42, 47, 50, 63-9, 71, 73, 75-103, 121-4, 134, 146, 152, 156, 189, 195, 198
  e autodefesa, 35, 38, 65, 90, 97, 101, 149, 196, 201
  divina, 48, 76, 78-97

legal, 77-9, 81, 75-91, 95, 176
e não violência, 19, 64-7, 69, 71, 77, 81
*ver também* Israel; violência de Estado
vulnerabilidade, *ver* precariedade

Warner, Michael, 120
White, Hayden, 183-5, 190, 192-4, 204
White Paper (1939), 145
Wiesel, Elie, 191, 198
Winnicott, Donald, 16

Zertal, Idith, 34, 190n, 197-8, 199n
Zochrot, 208, 209n
"zona cinzenta", 186, 190
  *ver também* Levi

# Sobre a autora

Judith Butler é professora Maxine Elliot dos Departamentos de Retórica e de Literatura Comparada, além de codiretora do Programa de Teoria Crítica, da University of California, em Berkeley. É também professora da cátedra Hannah Arendt e do Departamento de Filosofia da European Graduate School, em Saas-Fee, na Suíça. Recentemente foi laureada com o prêmio Andrew Mellon por seu destaque acadêmico na área de humanidades. É membro do conselho consultivo da organização Jewish Voice for Peace e faz parte do quadro executivo da Faculty for Israeli-Palestinian Peace, nos Estados Unidos, e do centro cultural The Freedom Theatre, no campo de refugiados de Jenin, na Palestina.

A autora nasceu em Cleveland, Ohio, nos Estados Unidos, em 1956. Cresceu numa família judia e foi iniciada no pensamento filosófico aos 14 anos por um rabino da sinagoga local. Cursou o Bennington College e, depois, a Yale University. Em 1979 recebeu a bolsa Fulbright para estudar na Heidelberg University. Em 1984 obteve o título de Ph.D. em filosofia na Yale University. Seus estudos em filosofia tiveram início com o idealismo alemão, a fenomenologia e a Escola de Frankfurt. Foi após seu Ph.D. que ela se voltou para o pós-estruturalismo, para o qual sua obra tem dado grande contribuição.

Seu rigor acadêmico é acompanhado pela leitura crítica e original de textos nas áreas de filosofia, psicanálise e literatura, desafiando os confins de cada disciplina. Justamente por isso, e para além disso, ela é conhecida por sua voz crítica no debate sociopolítico. Suas qualidades como pensadora se refletem em sua abertura para tratar das questões do presente e em seu engajamento apaixonado no diálogo com seus contemporâneos dentro e fora da academia.

Seus interesses políticos e acadêmicos não se restringem ao Oriente Médio e ao Estado de Israel. Butler escreve sobre violência e injustiça em diversas partes do mundo, tendo como foco principal as guerras conduzidas pelos Estados Unidos. Transfobia na Turquia, tortura em Guantánamo, violência policial contra manifestantes pacíficos nos Estados Unidos, antissemitismo na Alemanha e discriminação racial nos Estados Unidos são alguns dos temas aos quais ela também já se dedicou em seus textos.

Tem diversos livros publicados no Brasil, entre eles *Problemas de gênero*, *Relatar a si mesmo*, *Quadros de guerra* e *O clamor de Antígona*.

Memorial em Sabra, sul de Beirute, pelo massacre ocorrido em Sabra e Chatila entre 16 e 18 de setembro de 1982.

Publicado em 2017, 35 anos após o genocídio nos campos de refugiados de Sabra e Chatila, em Beirute – evento que chamou a atenção da opinião pública para o problema dos refugiados palestinos e dos territórios palestinos ocupados por Israel –, este livro foi composto em Adobe Garamond Pro, corpo 10,5/12, e reimpresso em papel Avena 80 g/m² pela gráfica Lis, em setembro de 2021, para a Boitempo, com tiragem de 500 exemplares.